계몽의 이데올로기와 대상

이 연구는 한국학중앙연구원이 지원하는 2014년 한국학총서(한국 근현대 총서) 개발 사업 (AKS-2014-KSS-1230003)에 따라 이루어진 것입니다.

지은이

허재영: 단국대학교 교육대학원 교육학과 부교수. 일본연구소장. HK+ 사업 책임자.
『일제 강점기 교과서 정책과 조선어과 교과서』, 『우리말 연구와 문법교육의 역사』 외 다수의 논저가 있음

정대현: 문학박사 협성대학교 교양교직학부 교수(한국어교육 전공).
『문제로서의 언어』(공동) 외 다수의 논저가 있음

윤금선: 동덕여자대학교 교양교직학부 조교수.
『경성의 劇場漫談』, 『우리 책읽기의 역사』(1~2), 『그림연극에서 뮤지컬 대본까지』, 『우리말 우리글 디아스포라의 언어』 외 다수의 논저가 있음

김정애: 건국대학교 국어국문과 초빙교수.
『문학치료를 위한 구비설화 활용 방식에 대한 연구』 외 다수의 논문이 있음

김경남: 단국대학교 일본연구소 HK연구교수.
『시대의 창, 근대 기행 담론과 기행문의 발전 과정 연구』, 『실용작문법』(엮음) 외 다수의 논저가 있음

한국 근현대 학문 형성과 계몽운동의 가치 05

계몽의 이데올로기와 대상

© 허재영·정대현·윤금선·김정애·김경남, 2019

1판 1쇄 인쇄__2019년 03월 05일
1판 1쇄 발행__2019년 03월 10일

지은이__허재영·정대현·윤금선·김정애·김경남
펴낸이__양정섭

펴낸곳__도서출판 경진
등록__제2010-000004호
이메일__mykyungjin@daum.net
블로그(홈페이지)__mykyungjin.tistory.com
사업장주소__서울특별시 금천구 시흥대로 57길(시흥동) 영광빌딩 203호
전화__070-7550-7776 팩스__02-806-7282

값 25,000원
ISBN 978-89-5996-602-8 93300

계몽의 이데올로기와 대상

허재영·정대현·윤금선·김정애·김경남 지음

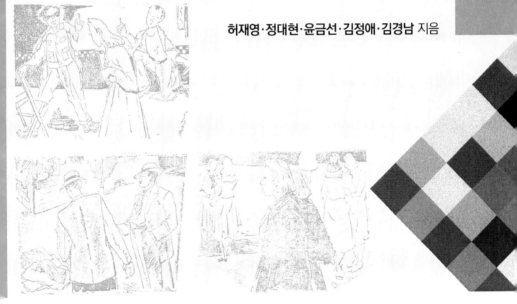

학문은 어떤 현상에서 문제를 발견하고 그것을 해결하는 논리적인 사고 과정과 그로부터 이론이나 법칙을 산출하는 과정을 말한다. 학문의 목적이 진리를 탐구하는 데 있다는 말은 학문적 성실성을 의미할 뿐 아니라, 학문적 진리가 곧 지식 또는 이론이나 법칙을 탐구하는 데 있다는 말과 같다. 학문의 본질이 합리성과 실증성에 있다는 데카르트나 베이컨적 사고 역시 학자라면 누구나 공감하는 바이다.

학문의 발달, 곧 지식과 이론의 발달은 한 사회와 역사의 발달을 의미한다. 특히 전근대의 '수기치인(修己治人)'을 목표로 하는 학문과는 달리, 지식 산출을 목표로 하는 근대의 학문 발달은 한 사회의 발전뿐만 아니라 역사적 진보를 기약하는 전제가 된다. 이 점에서 최근 한국의 근대 학문 형성과 발전 과정에 대한 관심이 높아진 것도 자연스러운 현상일 것이다.

이 총서는 2014년 한국학중앙연구원이 지원하는 한국학 총서 개발 사업 '근현대 학문 형성과 계몽운동의 가치'의 결과물이다. 연구를 처음 시작할 때, 연구진은 근현대 학문사를 포괄할 수 있는 지식 기반 데이터 구축과 근현대 분과 학문의 발전 과정을 기술하고자 하는 거시적인 목표를 세우고 출발하였다. 그 과정에서 근현대 한국 학문사의 주요 정신적 기반이 '계몽'에 있었음을 주목하였다.

지난 3년간의 연구 과정에서 연구진은 수많은 자료와 씨름하였다. 출발 당시 1880년대의 자료를 기점으로 1945년까지 각종 신문과 잡지,

교과서류의 단행본 등을 수집하고, 이를 주제별로 분류하는 작업을 진행하였다. 그 가운데 근대 계몽기 잡지의 경우 '학문 분야별 자료'를 분류하여 9종의 자료집을 발간하기도 했다. 자료집은 학회보(잡지)에 수록된 논설·논문 등을 학문 분야별로 나누어 8종으로 출판하고, 권9는 분류 기준과 결과를 별도로 편집하였다. 연구 과정에서 시행착오를 줄이기 위해 지속적으로 월례발표회를 가졌으며, 연구진 각자 개별 논문을 쓰기도 하였다. 그러면서도 근현대 학문 형성과 발전, 계몽운동의 전개 과정 등과 관련된 자료가 수없이 많음을 확인하게 되었다.

총서는 제1권 '한국 근현대 지식 유통 과정과 학문 형성 발전', 제2권 '한국 근대 계몽운동의 사상적 기반', 제3권 '계몽의 주체로서 근대 지식인과 유학생', 제4권 '학문 사상과 근현대 계몽운동의 지향점', 제5권 '계몽의 이데올로기와 대상', 제6권 '일제 강점기 계몽운동의 실제', 제7권 '계몽의 수단: 민족어와 국어'로 구성되었으며, 집필 과정에서 통일성을 기하기 위해 집필 원고에 대하여 각 연구원의 동의를 얻어 연구 책임자가 일부 가감하기도 하였다.

다행히 3년의 연구 기간을 거쳐 제출한 결과물에 대해 익명의 심사자들께서 '수정 후 출판' 판정을 해 주셔서, 수정 의견을 반영하여 책을 출판할 수 있게 된 것을 기쁘게 생각한다. 여전히 아쉬움이 많지만, 이번에 다루지 못한 내용은 후속 연구를 기약하며 총서 집필을 마무리한다. 과제 심사를 맡아 주신 심사위원 여러분과 책의 출판을 맡아 주신 양정섭 경진출판 사장님께 거듭 감사의 말씀을 올린다.

2018년 12월 연구 책임자 씀

목차

6

제1장 계몽의 이데올로기와 대상

허재영

1. 계몽의 본질

계몽철학과 관련된 저서 가운데 국내에서 비교적 많이 알져진 책으로 아도르노와 호르크하이머가 저술한 『계몽의 변증법』이 있다. 이 책은 1947년 암스테르담에서 초판이 간행된 이후 전세계적으로 널리 알려졌으며, 국내에서는 2001년 김유동 교수에 의해 번역되어 문학과지성사에서 출간되었다. 이 책이 우리에게 흥미를 끄는 점은 '계몽의 개념'에 대한 저자들의 인식 때문이다.

축자적인 의미에서 '계몽'은 '앎', 곧 '지식'을 보급하는 일을 의미한다. 달리 말해 '무지'한 대중을 '앎의 세계', '지적인 세계'로 이끈다는 뜻이다. 이 점에서 '계몽'이라는 용어는 시대와 사회를 초월한 보편적인 가치를 지닐 수 있다. 그럼에도 『계몽의 변증법』 '서문'에서는 '계몽'과 '신화(神話)'를 동질적인 것으로 간주한다. 아니, 좀 더 명료하게 말한다면 '퇴행된 계몽'과 '신화'를 동질화한 것이다. 이 대목을 구체적으로 살펴보자.

　우리는 우리가 뒤엉켜 들어간 구체적인 역사적 형태나 사회 제도뿐만 아니라 이 계몽 개념 자체가 오늘날 도처에서 일어나고 있는 저 '퇴보의 싹'을 함유하고 있다는 것 또한 분명히 인식하고 있다고 믿는다. '계몽'이 이러한 퇴행적 계기를 자각하지 못한다면, 계몽 스스로가 자신의 운명을 돌이킬 수 없는 것으로 만들게 될 것이다. (…중략…) 계몽이 '신화'로 퇴보하게 된 원인은 이러한 퇴보를 위해 고안된 민족주의적·이교적 또는 다른 현대적 신화에서 찾을 수 있는 것이 아니라 진리에 대한 두려움 속에서 경직된 '계몽' 자체에서 찾을 수 있다는 것을 보여주고자 하는 이 단상들의 모음집에서 위에 대한 이해를 도모할 수 있으리라 믿는다.[1]

　『계몽의 변증법』에 쓰인 '신화'라는 용어는 분명 '비현실적' 또는 '비합리적'인 의미를 내포한다. 계몽철학이 이성주의와 합리주의를 기반으로 한 철학이라는 점을 고려한다면, 비록 '퇴행적'이라는 수식을 붙였지만, '계몽'과 '신화'를 같은 가치로 서술하는 것은 일반인이 쉽게 납득하기 어려운 논리로 보인다. 그런데 저자들의 논리를 잘 살펴보면 무지로부터 탈피하고자 하는 계몽의식이 원시적인 신화나 마법을 벗어나게 할지 모르지만, 인간이 만들어낸 다양한 지식이 결국 그 지식을 만들어낸 사람들을 위한 또다른 신화가 될 수 있다는 점을 고려한다면, 아도르노나 호르크하이머의 논리가 모순된 것으로 볼 수는 없다. 그렇기 때문에 저자들은 '계몽의 개념'을 설명하면서, 베이컨의 "지식의 목표는 방법, 타인의 노동 착취, 그리고 자본이다."라는 말을 인용한다.
　계몽사상이 이성적 인간이 자연과 그 자신에 대한 무지로부터의 탈출을 목표로 하고, 그로부터 다양한 학문을 발달시켜 왔다면, 계몽운동

---

1) 아도르노·호르크하이머, 김유동 역(2001), 『계몽의 변증법』, 문학과지성사, 15쪽.

전개 과정에서 일어나는 지식 보급 과정은 지식 생산자와 수요자의 관계를 전제로 이해하지 않으면 안 된다. 달리 말해 동시대의 사회 구성원으로 살아갈지라도, 생산자로서 지식인 또는 계몽운동의 주도자와 수요자로서의 대중, 곧 계몽운동의 대상이 어떤 관계에 놓여 있는가를 살펴야 한다는 뜻이다. 이 점에서 계몽 사상가나 운동가는 인간 사회의 진보를 부르짖는 선구자에서 인간을 억압하는 또다른 위치에 놓일 수도 있다. 20세기 전반 문화철학과 과학의 문제에 관심을 기울였던 에른스트 카시러가 1932년『계몽주의 철학』[2] 서문에서 계몽철학에 대한 낭만주의자들의 비판을 소개한 것도 이러한 의미에서 타당성을 얻는다.

이 문제는 한국 계몽운동사를 분석할 때에도 좀 더 주목해야 할 과제 가운데 하나이다. 반복 진술이 될 수 있지만 한국사회에서도 '계몽'을 부르짖는 주체와 '누구'를 계몽하고자 하는가 하는 객체의 문제를 어떻게 규정하는가는 계몽운동에 대한 평가를 달리하는 기준이 될 수 있기 때문이다. 한국사회에서 '계몽'이라는 표어가 만연되었던 1930년대 일제 강점기 농촌 담론의 하나를 살펴보자.

【 啓蒙運動의 業績과 금년의 準備[3] 】

啓蒙運動이 始作된 지 세돌 맞는 반가운 여름이 닥처왔다. 學業을 맞치고 그리운 故鄕으로 도라갈 夏期放學, 어떤 學生은 山으로 바다로! 心身의 健全을 爲하야 休養하러 갈 때이다. 우리는 여러분의 앞날, 보다 나은 學業의 躍進을 爲하여 이도 勸하는 바이나 그러나 이때를 當할 때마다 放學의 一部分을 提供하여 洞里 글 모르는 동생들을 爲하여 쉬운 글자나 가르처 주라는 가장 緊急하고 가장 쉬운 付托을 또다시 하는 바이다. (…중략…) 이같이 그들은 여러 學生들을 苦待苦待하고 잇다는 것을 이저서는 안 된

---

2) 에른스트 카시러, 박완규 역(1995), 『계몽주의 철학』, 민음사.
3) 林炳哲(1933), 「啓蒙運動의 業績과 今年의 準備」, 『신동아』 제3권 제7호, 1933.7.

다. 우리는 여러 學生들의 一方的 好意만을 强要하는 것이 아니라 社會란 連鎖的 關係가 잇다는 것을 잘 알 줄 믿는다. 우리의 農村 農民들이 논밭에서 흘리는 그 구슬땀의 結晶으로 여러분이 修學하는 것을 생각할 때 스스로 어떠한 義務 責任感을 느끼지 않을 수 없을 것이다. 이러한 義務感을 느끼면서도 實行치 못한다는 것은 또한이거니와 느끼지 못한다면 그런 人物은 社會的 存在를 認定키 어렵다 하지 않을 수 없다. 우리는 여기에서 緒言을 結論삼아 말하거니와 맛당히 朝鮮의 學生은 이러한 義務感을 느낌이 正當한 일이라고 믿는 바이다. 그러나 實行에 잇서서는 個人의 境遇, 家庭의 事情 如何에 따라 難易가 잇스리라고 믿으나 한여름 동안 十餘日 乃至 二十餘日 午前만을 洞里 兒童들에게 가갸……와 123을 가르처 주는 것이 그러케 큰 犧牲이라고는 볼 수 없다. 一生을 社會, 民族을 爲하여 받치는 例를 世界 어떤 나라 歷史에서도 차즐 수 잇거니와 一年에 十餘日을 베여 남을 爲하는 것이 過重한 犧牲이오, 못할 일은 아닐 줄 믿는 바이다.

이 담론은 이 시기 보편적으로 읽을 수 있는 농촌 계몽 담론의 하나이다. 필자는 신동아사 편집위원이었던 임병철로, 당시의 지식인 가운데 한 사람이며, 그가 전제로 한 계몽의 주체는 '학생계급', 객체는 '농촌 농민'이다. 또한 계몽해야 할 내용은 '가갸'와 '123'의 문자 해득 능력이다. 이러한 차원에서 동아일보의 학생 계몽대 파견과 관련한 신남철(申南澈)의 '계몽이란 무엇이냐'라는 논설은 일제 강점기 '계몽'에 대한 지식인의 사유 방식을 함축적으로 보여준다.

【 啓蒙이란 무엇이냐: 學生 啓蒙隊의 動員을 機會하야[4] 】
"인간은 본래 自由로운 것이다. 그러나 그는 到處에서 鐵鎖에 억매어 잇다."
고 저 위대한 18세기의 불란서 사상가 룻소는 사회계약론의 冒頭에 말하

---

4)『동아일보』, 1934.6.20.

엿엇습니다. 이 말은 너무나 유명한 말입니다. 내가 더 說明을 가하지 않드라도 스스로 理解될 말이 아니겟습니까. (…중략…) 여러분들의 煩悶보다 못하지 않게 괴로워하엿고 목전의 形便에 만족하지 않엇섯습니다. 그리하야 그들은 放浪도 하엿고, 亡命도 하엿고, 또 客死도 하엿습니다. 그들은 正當한 秩序와 人間의 自由를 위하야 불덩이같은 熱情에 북바처 잇엇습니다. 목전에 잇는 내일을 생각하는 것과 같이 人間의 權利와 社會의 秩序를 이리저리 궁굴리어 생각하여 보앗고 따저서 批判도 하엿습니다. 그 권리와 그 질서를 위하야 스스로 내 몸을 던젓습니다. 그것이 내 자신을 더 잘 살리고 또 크게 하는 보람 잇는 일이라고 생각하엿습니다. 먼저도 말한 바와 같이, 自由이어야 할 사람에게 삼중사중으로 얽혀 잇는 그 무서운 鐵鎖를 끊어버리랴고 하엿습니다. 그것이 즉 제 자신을 몇 겹으로 묶고 잇는 鐵鎖까지도 끊어버리는 것이라고 確信하엿든 것입니다. (…중략…) 自由로워야 할 인간의 가지가지 鐵鎖 중에서 가장 悲慘하고 苦痛인 것은 無知의 鐵鎖입니다. 그러한 철쇄를 철쇄인 줄 모르고 잇는 그들은 따라서 그 悲慘하고 苦痛인 處地를 벗어나지 못하고 마는 것입니다. (…중략…)

아! 그 철쇄를 고리고리 끊어 헤칠 勇士는 그 누구인고! 보면서도 모르고 들으면서도 모르는 그들에게 知識을 주어야겟습니다. 그리하야 그들의 人間으로서의 權利와 自由를 깨닫게 하야 주어야겟습니다. 中世紀의 어떤 哲學者는 '無知의 知'를 말하엿습니다. 그러나 그것을 말하는 것은 속임수입니다. "아는 것은 힘이며(스치엔티아·에스트·포렌티아) 또 그것은 至上의 原理인 것입니다." 여러분은 당신들의 知識을 그 아는 이만치 고통과 철쇄에 매어 잇는 그들과 나누어 가지며, 그리하야 그들로 하여금 스스로 그 철쇄를 끊는 第一步를 내드디도록 協力하야 주어야겟습니다. 啓蒙이란 것은 即 이것입니다.

학생 계몽대에게 보내는 이 글에서 필자는 '인간은 도처에서 철쇄에 얽매어 있다'라고 전제한 뒤, 철쇄 가운데 가장 비참하고 고통스러운 것이 '무지(無知)'의 철쇄라고 규정한다. 이러한 등식은 전형적인 계몽철학의 한 면을 반영한다. 그러면서 청년의 고통이 낭만적인 시인(詩人)을 꿈꾸는 데 있어서는 안 되며, '자유'와 '권리', '사회 질서'를 번민하고 스스로 몸을 던지는 사람이 되어야 한다고 주장한다. 문예사상이 풍미했던 1930년대의 사회상을 반영하듯, 그는 '셸리, 키츠, 로사, 하이네, 푸시킨'등의 문인을 거론하며, 그들의 번민이 낭만적 시인이 되는 데 있지 않았음을 강조한다. 그러면서 "당신들의 지식을 고통과 철쇄에 매어 있는 그들(민중)과 나누어 가지는 것"이 계몽이라고 규정한다.

문자 보급운동을 맞이하여 쓴 글이기 때문에, 철학자 신남철의 입장에서도 청년 학생들의 계몽의식을 촉구한 것은 당연한 일이다. 그렇지만, 이러한 의식은 단지 신남철에 한해서 환기되는 것은 아니다. 이 점은 '계몽이란 무엇인가'의 '회고 일편'에서도 더 자세히 드러난다.

【 啓蒙이란 무엇인가: 回顧 一片5) 】

조선의 땅에 '啓蒙'이란 말이 웨처진 지는 벌서 오랩니다. 단순한 의미의 계몽이 아니라 일정한 目的을 위한 意識的인 운동으로서 출발한 지는 적어도 12·3년 이상의 시간적 距離를 가지고 잇습니다. 한참 當年의 저 怒濤와 같이 나려 밀린 '팜풀레트' 群을 우리는 記憶할 수가 잇겟습니다. 東京에서 京城에서 십전 십오전 하는 불과 이삼십 頁 내지 사오십 頁의 小冊子가 그때의 활발한 모양을 回想케 합니다. 아마 현대의 젊은 世代로서 그 소책자의 怒濤의 餘沫을 받지 않은 사람은 없겟지요. 京鄕을 勿論하고 坊坊谷谷에 생긴 靑年會 등의 단체는 모두 그러한 소책자를 備置한 文庫가 잇엇다고 합니다. (…中略…) 東京 等地에서 出版되는 書籍은 곧 이곳의 눈과 귀를 울렷습니다. 그곳에서 課題된 問題들은 하나도 빼지 않고 이곳에서도 論議되는 듯하엿습니다. (…中略…)

---

5) 『동아일보』, 1934.6.21.

驕慢 不息하는 역사의 齒車는 조곰도 머므르지 않고 모든 것을 運轉하야 제 갈 곳까지 가게합니다. 그러나 또한 인간의 노력없이 역사는 만들어지지 않습니다. 모든 것이 제 갈 곳으로 가자면, 인간 노력의 契機的 又는 主體的 參與(이것은 좀 어려운 말이나 얼른 말하자면 '몸소 들어가 關係한다.'는 뜻으로 解하여도 좋습니다.)가 잇어야 합니다. (…中略…)

사실로 그 啓蒙의 結果는 컷습니다. 지금의 朝鮮이 이만큼이라도 自身의 敎養을 가질 수 잇게 된 것은 그 運動에 의존하는 바 적지 않을 것입니다. 그러나 아직! 전 인구의 70% 이상이 文盲의 불행한 狀態에서 헛되이 오늘날 오늘날을 보내는 것을 생각할 때 어찌 아득하지 않습니까. 밥과 옷을 주는 동시에 '글'도 주어야겟습니다. 밥과 옷을 요구하는 것은 인간 생활을 유지하는 근본 조건이나 인간은 그 根本條件만으로서는 인간일 수가 없습니다. 그 근본 조건의 충족과 동시에 文化로서의 敎養의 第一步인 '글'을 가지지 않으면 아니됩니다. (…中略…) 흔히 啓蒙의 時代라고 일커러지는 시대는 대개 과학을 요구하는 동시에 唯物的인 思想이 前面에 나와 잇는 때이엇습니다. 우리는 그러한 예로서 17·8세기 소위 '啓蒙의 時代'를 들 수가 잇습니다. 現在 朝鮮의 社會에 글을 주어야겟다고 또는 科學思想을 普及하여야겟다고 하는 웨침은 그것의 嚴密한 의미는 且置하고라도, 결코 우연한 것이 아닙니다. 조선은 지금 자신의 敎養을 좀더 前進시키랴고 애쓰고 잇습니다. 여러분이 如何한 私念으로 나오든지 또는 나오게 되든지 여러분들의 出陣을 요구하고 잇는 조선의 文盲 大衆은 확실히 어떠한 긴장한 의식에의 過程에 잇는 것입니다. 그들은 여러분의 군세인 협력을 바라서 마지 않습니다. 무엇보담도 그들은 學生 諸君에게 '글'을 알리라고 요구하고 잇습니다.

비록 짧은 글이지만, 여기에는 계몽철학의 개념과 지향점, 일제 강점기 조선의 계몽운동의 특징 등이 집약되어 있다. 신남철이 주목하는 계몽의 시대는 1920년대 초 이른바 '문화정치시대' 이후의 일이다. 이는 사적(史的) 차원에서 계몽운동사를 철저히 분석한 것은 아니다. 짧은 논설문임을 고려할 때 계몽운동사에 대한 사실적, 역사적 분석을 기대하는 것은 무리한 일이지만, 적어도 우리는 이 글을 통해 일제 강점기 지식인들의 사유 방식을 찾아낼 수 있다. 그 중 대표적인 것이 철학 사조로서의 계몽사상에 대한 개념적 이해를 전제로, '문맹퇴치'를 그 시대의 우선적 과제로 제시한 점이다. 비록 '과학사상 보급'을 포함하고 있지만, 이는 '문자 보급' 이후(또는 동시)의 일이다.

결론적으로 말해 근대 계몽기의 계몽 담론이 문자 보급을 포함하여 추상화된 근대 지식 보급에 있었다면, 일제 강점기의 계몽은 문자 보급을 우선시하는 경향을 보인다는 사실을 확인할 수 있는 셈이다. 마치 '계몽'은 '문맹퇴치'를 의미하는 것처럼 해석되는 분위기가 형성된 것이다. 이와 같은 분위기에서 당시의 지식인은 계몽의 주체와 객체, 계몽 방법 또는 수단에 관한 논의를 이끌어 가는 사람, 또는 선각자로 자임하는 경우가 많았다.

여기서 주목할 점은 '지식인', '주체', '객체', '수단(방법)'의 관계를 어떻게 규정할 것인가에 있다. 달리 말해 계몽의 이데올로기를 생산하고 확산하는 지식인들의 의식은 어떠한가, 그들이 곧 계몽의 주체인가, 계몽의 주체를 별도로 설정했다면 그 이유는 무엇 때문인가, 계몽의 객체는 왜 등장하는가, 그리고 무엇을 일깨워야 할 것인가 등의 문제가 이 관계 속에서 해명되어야 한다는 말이다.

2. 지식인과 계몽 이데올로기

한국의 계몽운동이 근대 계몽기의 추상적인 지식 보급론에서 일제 강점기의 문자 보급론으로 전환되는 과정에서 계몽운동의 주도자는 누구였을까? 그들은 '무지한 국민', '무지한 대중'을 어떻게 인식하고, 어떤 태도를 보였을까? 이 문제는 계몽의 이데올로기를 분석하는 데 중요한 단서가 된다.

근대 지식의 형성 과정에서 등장한 계몽 담론에서는 지식인과 계몽의 주체가 그다지 분리된 것처럼 보이지 않는다. 개항으로부터 1896년 재일 관비 유학생이 등장하기 전까지, 시대를 앞서 간 일부 지식인들이 근대 지식 수용의 필요성을 역설하지 않은 것은 아니지만, 그들 스스로 청년이나 학생을 전제로 계몽의 필요성을 역설하는 경향을 보이지는 않는다. 오히려 그들 스스로 서구 지식을 적극적으로 수용하는 계몽의 주도자들이다. 특히 근대 지식을 적극적으로 수용하고자 했던 유학생들의 경우 이러한 경향이 더 뚜렷하다. 예를 들어 1896년 재일 유학생들의 『친목회보』에 나타난 취지를 살펴보자.

【 會旨6) 】

今에 吾人이 旨를 立ᄒ고 憤을 發ᄒ야 外邦에 遊ᄒ야 學問을 另着홈은 聞見을 淵博ᄒ고 知識을 牖明ᄒ야 國家 政治의 基礎와 棟梁을 自期ᄒ고 文明 開化의 精神과 骨子를 自任ᄒ자 홈이니 原意도 極히 深遠ᄒ고 抑亦 各自 一己上의 擔負ᄒᆫ 職責도 甚히 重大홈이라. 萬一 相導相輔ᄒᄂ 方便을 謀치 아니ᄒ면 麗澤ᄒᄂ 效도 無ᄒ고 勸勉ᄒᄂ 道도 無ᄒ야 利益 實際에 妨害가 或 有ᄒ면 國家의 敎育ᄒᄂ 道를 負ᄒ고 人民의 期望ᄒᄂ 意를 沮홈이라. 此를 恐ᄒ야 是에 親睦會를 創立ᄒ야 日後 大成홀 根本 坏墣(배복)을 建ᄒ 노니 諸員은 十分 注意ᄒ야 各自 勉勵ᄒ고 互相輔導ᄒ야 鞏固ᄒᆫ 基와 廣大 ᄒᆫ 業을 立ᄒ야 堂堂ᄒᆫ 我 大朝鮮 國民의 本領을 培達ᄒ고 文化의 實力을 養成ᄒ자 齊心相期ᄒ야 鞠躬盡瘁ᄒ기를 表홈이라.

번역 지금 우리들이 뜻을 세우고 분발하여 외국에서 학문을 하고자 하 는 것은 문견(聞見)을 넓히고 지식을 열어 국가 정치의 기초와 동 량이 됨을 스스로 기약하고 문명개화의 정신과 골자를 자임하고자 하는

---

6) 대조선인 일본 유학생회 편찬(1896.10), 『친목회회보』 제1호, 회지.

것이니, 본뜻도 극히 심원하고 또 각자 자기 일신상 맡은 직책도 심히 중대하다. 만일 서로 이끌고 보조하는 방편을 꾀하지 않으면 학문을 윤택하게 하는 효과도 없고 권면하는 방법도 없어 이익과 실제에 혹은 방해가 되면 국가의 교육하는 도리를 저버리고 인민이 기대하는 뜻을 억제하는 것이다. 이를 두려워하여 이에 친목회를 창립하여 일후 대성할 근간을 만들고자 하니 제원(諸員)은 충분히 주의하여 각자 면려하고 서로 인도하여 공고한 기초와 광대한 업을 확립하여 당당한 우리 대조선 국민의 본경을 배양하고 문화의 실력을 양성하자. 마음을 모아 서로 기약하여 국궁진췌하기를 바란다.

이 단체의 '회지(會旨)'에서는 '견문을 넓히고 지식을 여는 일'이 '국가 정치의 기초와 동량'이 되는 일과 동일시한다. '국가의 교육하는 도리'와 '인민의 기대'를 언급하고 있지만, 그들 스스로 국가와 인민을 위해 어떤 일을 어떻게 해야 하는지에 대한 구체적인 의식을 나타내지는 않는다. '실력 양성', '국궁진췌'라는 표현 자체도 관념적이고 추상적인 느낌을 준다.

근대 계몽기의 이와 같은 의식은 1896년 '독립협회'의 취지에도 나타난다. 『대조선독립협회회보』 제1호(1896.11)에 실린 안경수(安駉壽)의 '독립협회 서문'의 일부를 살펴보자.

【 獨立協會序[7] 】

頃者 同志數人議欲建設獨立協會 僉言歸好衆贊有成 將有長養圓滿之實就 而要其規例則槩取天下文字刊以漢文或國文務至披閱之便宜 而農學 醫學 兵學 數學 化學 氣學 重學 天文學 地理學 器械學 格致學 政治學 如是等諸學書籍 及見聞盡數取集 取次參證 先之淺近 繼之高遠俾有合於浸入漸開之旨矣. 且於當世

---

7) 안경수(1996), 『대조선독립협회회보』 제1호, 1896.11.

誰某人 經綸之說 智略之論之送於本會者 無論漢文 國文 半漢國文 即取其符於
道理 得於高明 足有涉於世教者 並皆登諸搨本彙爲成書 課月分布 一以闡揚幽
沈 一以開豁知見 一以補闕治化 一以外禦人侮洶及時之要務 不世之盛事也.

번역 근래 동지 몇 사람이 독립협회를 만들고자 하여 말이 돌던 중 여
러 사람이 찬성하여 장차 원만한 성취를 이루게 될 것으로 보인
다. 그 규례에 대개 천하의 글을 수집하여 한문 혹은 국문으로 간행하여
두루 보게 하는 데 편의하도록 힘쓰니 농학, 의학, 병학, 수학, 화학, 기학,
중학, 천문학, 지리학, 기계학, 격치학, 정치학 등 제반 학문 서적과 견문
한 바를 모아 참고하고 증명하여 먼저 천근한 데서 시작하여 점차 고원한
데 이르게 하여 점차 개명에 젖어들게 함에 보탬이 되도록 하는 취지이다.
또한 세상일을 맡은 어느 누구나 경륜의 설과 지략의 논을 본회로 보내면
한문, 국문, 반한국문을 물론하고 곧 그 도리에 맞게 취하여 고명을 얻고
세상을 교화하는 데 족한 것은 아울러 모두 탁본을 등재하여 책을 만들어
매월 보급할 것이니, 한편으로 유침한 것을 드러내고, 한편으로 지견을
개명 활달하게 하며, 한편으로 치화를 보궐하며 한편으로 타인의 능멸을
막고 시세의 요무를 삼고자 하니 세상의 다시없는 훌륭한 일이다.

독립협회가 탄생하기까지의 과정을 간략히 기술한 이 글에서 당시의
지식인들은 '천하의 글을 수집하여 한문, 또는 국문으로 간행하는 일'
을 통해 '개명 활달(開明豁達), 치화 보궐(治化補闕), 어인 모구(禦人侮洶),
시지요무(時之要務)'를 삼는 데 목표를 두었다. 이 점에서 지식인 주도의
개명운동은 '국문 간행'으로 표현되는 지식 보급운동을 의미하며, 그것
은 인민 대중보다도 국가와 군주를 전제로 한 애국 활동으로 인식되는
경향이 있었다.8)

---

8) 근대 계몽기 '국가', '국민', '인민', '민족' 등의 개념이 혼란스럽게 사용된 이유도 여기에
있다.

이에 비해 일제 강점기의 계몽운동은 주체와 객체의 분리 현상이 뚜렷해 보인다. 이러한 분리는 1920년대 전반기부터 시작된 것으로 보이는데, 이른바 '문화운동(文化運動)'의 기반으로서 '문자 보급'의 필요를 주장하는 글에서 빈번히 찾아볼 수 있다.

【 朝鮮文化 普及의 一 方法: 朝鮮글을 獎勵하라[9] 】

이제 朝鮮의 文化를 發達하며 普及케 하고자 할진대 일부 학자의 研究는 吾人의 論할 바ㅣ 아니어니와 一般으로는 漢文의 使用을 설사 全廢는 못할지라도 最小限度에 止하고 朝鮮文의 使用을 獎勵하야 그 普及과 發達을 獎勵함이 必要하다 하노라. (…中略…) 볼지어다. 루테루의 宗敎改革은 中世紀의 舊態를 革罷하고 近世紀의 新生面을 開拓한 第一 方法으로 如何한 手段을 取하얏는가. '聖經을 獨逸語로 飜譯'하얏도다. 此는 何를 意味함인고. 獨逸 國民을 라틴어의 拘束으로부터 解放하고 眞理의 光明을 自國語로써 一般 民衆에 廣布함이니 루테루가 만약 朝鮮人 중의 頑固한 자와 如하야 自國文을 천시하고 라틴어를 존숭하얏더면 그 엇지 將來의 케테, 실렐 갓흔 文學者가 生하얏스며 간트, 헤겔 갓흔 哲學者가 續出하야 吾人의 소위 燦然한 독일의 문화가 출현하얏스리오. 獨逸語로 聖經을 번역함은 실노 독일을 위하야 慶賀할 쑨 아니라 全世界의 문명을 위하야 독일의 文化의 創造者로 이를 祝賀함이 가하도다. 연즉 진리가 엇지 독일에만 適用될 바리오. 우리 朝鮮이 쏘한 그러하기를 吾人은 바라야 마지 아니하노라. (…中略…) 그러면 朝鮮文을 獎勵하는 方法이 果然 如何한고?

이 사설은 '조선 문화'의 독립과 발달을 위해 '조선글'을 장려해야 하며, 장려 방법을 제시한 글이다. 여기서 '조선글'은 일제 강점기 일본어가 '국어'로 강제되고 일본문이 '국문'으로 강제되는 상황에서 사용

---

9) 사설 「朝鮮文化 普及의 一方法: 朝鮮글을 獎勵하라」, 『동아일보』, 1920.9.20~9.22.

된 용어이다. 물론 한국인의 입장에서 국어와 국문의 가치를 인식하고, 지식 보급 차원에서 '국문 번역'의 중요성을 논의한 것은 이보다 훨씬 이전의 일이다. 적어도 근대 계몽기 출현한 다수의 '국문 관련 논설'[10]은 자국어의 발견이라는 차원에서 근대성을 보인 중요한 변화였다. 그뿐만 아니라 1880년대 박영효와 같이, 이른바 개화파 지식인들이 '국문 번역'과 '국문 교육'을 강조한 것도 일제 강점기의 조선 문화 보급을 위한 조선글 장려운동의 전단계에 해당한다.

여기서 주목할 일은 조선글 장려에 대한 구체적인 방안이다. 이 사설에서 제시한 방법은 크게 두 가지인데, 첫째는 '누습 타파(陋習打破)'로 명명된 조선글에 대한 인식 변화를 촉구하는 것이며, 둘째는 '조선문의 실용화(實用化)'로 명명된 '외국 문화의 조선어 수입'과 '조선어로 된 예술 창조'이다. 전자는 외국 문화를 조선어로 수입해야 한다는 차원에서 조선어 번역을 의미하며, 후자는 조선인의 생활과 감정을 표현하기 위해 조선어로 소설, 시가, 작곡, 연극 등을 써야 한다는 뜻이다.

이처럼 1920년대 전반기에는 '문화운동(文化運動)', 또는 '조선 문화'라는 용어가 지식인들이 주로 사용하는 용어가 되었다. 이러한 문화주의는 일제 강점의 가혹한 동화 정책 하에서 조선 민족 생존의 방편으로 인식된 데서 비롯된 것으로 볼 수 있다. 이러한 문화운동은 1920년 초 『동아일보』나 『개벽』을 중심으로 한 민족운동가들의 주된 슬로건이었으며, 이는 정치적으로 자유롭지 못한 상황에서 '개조(改造)'와 '실력 양성'을 주장하는 논리였다. 다음은 『동아일보』 창간 직후 연재되었던 논설의 일부이다.

---

10) 이에 대해서는 이응호(1973)의 『개화기의 어문운동사』(성청사), 고영근(1998)의 『한국 어문운동과 근대화』(탑출판사), 허재영(2010)의 『근대 계몽기 어문정책과 국어교육』(보고사) 등과 같이 지속적인 연구가 있었다. 또한 근대 계몽기의 국문론과 관련된 자료도 고영근·김민수·하동호 편(1977)의 『역대한국어문법대계』(탑출판사)에서 정리된 바 있다.

【 世界 改造의 劈頭를 當하야 朝鮮의 民族運動을 論하노라.(三)[11] 】

조선의 民族運動이라 하얏스니 이는 國家學的 槪念인 '國民'의 운동을 의미함이 아니오, 역사학적 혹은 인류학적 개념인 '民族'의 운동을 의미함이니, 곳 작년 3월 이래로 全半島를 風靡한 저- 일대 운동을 社會學的으로 研究하고자 함이라.

대개 민족운동이란 명칭에는 二個 개념이 포함되얏스니 (一)은 民族이오 (二)는 運動이라. 此 兩者의 意義가 果然 엇더한고? (…中略…) 吾人의 所謂 民族的 運動이라는 것은 일정한 理想을 向하야 意識的으로 하는 精神的 혹은 社會的 運動인즉, 如斯히 社會學的으로 觀察하건대 그 是非曲直은 여하간 작년 이래의 朝鮮人의 一大 運動은 조선인의 민족적 운동이라 단정할 수 잇다 하노라. (…中略…)

天命이 維新하도다. 방금 天下萬民은 各復其性하며 各守其分하야 永遠平和의 世界를 現出코자 改造에 孜孜 努力 중이니 우리 朝鮮 民衆의 맛당히 쌔일 바 엇지 아니리오. 아니라, 우리 朝鮮 民衆은 임의 世界의 大潮流를 乘하야 쌔도다. 動하도다. (…中略…) 그 方法이 오즉 二뿐이니 (一)은 政治的 方法이오 (二)는 社會的 方法이라. 余는 이제 政治的 方法에 대하야 論할 自由가 無하거니와 社會的 方法에 就하야 一言을 費할진대 (一) 우리 조선 사람은 '한덩어리'가 되어야 할지니 (…中略…) (二) 널피 世界에 눈을 쎠서 文明을 輸入하며 頑固를 擲棄하고 活動하며 (…中略…) (三) 經濟의 發達을 圖謀하야 그 基礎를 堅固히 하며 그 自存을 保할지며 敎育의 擴張을 힘써 人材를 供給하며 (…中略…) (四) 이와 갓치 하야 社會 各方面의 實力을 充實히 하야써 文化의 幸福을 受하며 民族의 使命을 遂할지니 이 곳 余의 朝鮮 民族運動의 社會的 方法이라 하노라.

이 논설은 3.1독립운동의 좌절 이후 시대 상황과 민족운동의 성격을

---

11) 「世界 改造의 劈頭를 當하야 朝鮮의 民族運動을 論하노라」, 『동아일보』, 1920.4.2~4.7.

요약적으로 말해 준다. 이 논설에서는 근대 계몽기 이후 정립된 '국가'와 '민족'을 구분하는 논리를 기반으로 하였으며, '운동'이 내포하는 지향점을 명시하고 있다. 이 지향점은 정치적 자유가 억압된 상황에서 사회운동 차원으로 민족의 '단합', '세계 문명 수입', '경제 발달과 교육 확장 도모', '각방면의 실력 확충'으로 요약되었다.

그럼에도 이 논설에서는 제목부터 '개조(改造)'를 담고 있고, "천명(天命)이 유신(維新)하도다. 방금 천하만민은 각각 그 본성을 회복하며 각자 그 분수를 지켜 영원 평화(永遠 平和)의 세계를 현출(現出)코자 개조에 힘써 노력 중"이라고 서술하였다. 이러한 논조는 마치 기미독립선언서에서 세계 평화의 대세가 조선의 독립을 자연스럽게 가져다 줄 것이라는 인식과 크게 다르지 않다. 다만 기미년 독립운동이 일제에 의해 일종의 '소요 사태'로 간주되고, 무력에 의해 억제된 상황에서 사회운동으로서 개조운동이 제창되었고, 이 개조운동의 실행자로서 청년 학생들이 지목되었다.

【 學友會 巡廻 講演: 文化運動의 第一陣[12] 】
東京에 留學하는 朝鮮 靑年으로 組織된 學友會는 그 主催로 今般 夏期放學을 이용하야 조선 全道 各地에 巡廻講演을 行하기로 決定한 바, 그 辯士와 日程과 場所는 本報에 임의 報道하엿거니와 이제 吾人은 그 意義를 潛思함에 尤益深長함을 覺하야 玆에 특히 一言으로써 全社會의 愛護와 同情을 希望하는 동시에 同團에 대하야 一大 成功을 祝하며 장래 如此한 企圖를 繼續 不止하기를 請하고자 하노라. 或者는 同團 辯士 중에 작년 二月 중 東京서 發布한 朝鮮獨立宣言書에 署名하고 縲絏(유설) 중에 在하다가

---

12) (사설)「學友會 巡廻 講演」, 『동아일보』, 1920.6.29. 이 순회 강연은 동경유학생회 주최로 동아일보가 후원하였으며, 연사로 '김도연 김종필, 최원순, 윤창석, 김준연, 고지영, 이종근, 박승철, 변희용, 김년말, 박석윤, 박정근, 서춘, 김송은, 임세희, 신기동, 한재겸, 이동제' 등이 참여하였다.

近間 出獄한 者 多數히 참가함으로써 이를 指하야 學術講演이라는 美名下에 或種의 政治的 宣傳을 行하는 자라 하야 當局의 警戒를 要望하는 誹謗의 聲을 發하는 者 有하나 그러나 이는 吾人의 贊成키 難한 小兒이라 하노니 (…中略…)

東京 留學生의 다수는 조선 內地에서 상당한 기초적 知識을 修하고 渡海 入東 하야 장차 조선 민족의 前進할 바 途를 覺悟하얏슬 터이니 그 材 엇지 朝鮮文化增進에 더욱 適當하지 아니한고. 實노 文化運動의 先鋒隊라 稱하겟도다. 吾人은 今次 朝鮮 文化運動의 第一陣이라 하노라.

이와 같이 재일 유학생들이 귀국 강연을 시작한 역사는 1900년대에도 있었던 것으로 보이는데,13) 1920년대부터는 재일 유학생회의 조직적인 계몽 강연이 시작되었다.14) 이 강연회는 1920년 7월 18일 단성사의 김도연(金度淵) 강연 도중 경찰에 의해 강제 해산되었다.15)

이와 같은 상황은 일제 강점기 문화운동이 갖는 한계를 그대로 보여준다. 당시의 문화운동은 식민 통치 하의 자유롭지 못한 상황에서 정치운동 대신 사회운동 차원에서 진행되었고, 청년과 학생, 일반 민중을 대상으로 한 '개조론적 계몽주의'를 기반으로 하였다. 주지하다시피 개조론은 19세기 이후 지속되어 온 '진화론'과 '문명론'을 토대로 한 사상이며, 문명론은 문명의 우열, 야만과 문명의 대립, 등식화된 진보사상 등을 기반으로 '저급한 문명', '비문명적 태도'를 개조해야 한다는 논리를 수반한다.

이러한 과정에서 일제 강점기의 계몽운동은 계몽을 주도하는 지식층

---

13) (잡보)「講演禁止」,『황성신문』, 1910.3.1. "少年雜誌社의 主催로 卒業 歸國한 留學生 諸氏가 漢城 各學校의 學生 諸君과 學理講演을 爲하야 再昨日 正午에 圓覺寺 內에서 講演會를 開하기로 하엿더니 警察署에 禁止로 講演을 不得하엿더라."

14)「강연회 소식」,『학지광』 제21호, 1921.1 참고.

15)「巡廻講演團 永永 解散」,『동아일보』, 1920.7.19. 당시 해산 사유는 강연단이 일제의 병합을 비판하여 치안법을 어겼기 때문이라고 하였다.

과 이를 수행하는 청년·학생, 계몽의 대상인 민중이 분리되는 상황에
이르렀다. 이러한 상황은 1930년대 언론사 주최 '학생 계몽대'(브나로드
운동) 활동에서 더 극명하게 드러난다. 유용태 외(2010)에서는 이 운동
을 '브나로드, 지식인과 노농 대중의 결합'이라는 표현을 사용하였지
만,16) 당시 언론사에서 내세웠던 문맹퇴치운동을 실천해야 할 계급은
'학생'들이었으며, 이 운동을 주도한 지식층과 학생, 대중의 결합이 어
느 정도 이루어진 것인가에 대한 실증적인 자료에 대한 평가가 충분히
이루어진 것은 아니다. 이 문제는 엄밀히 말하면 당시 지식 보급운동에
사용된 교재와 그 교재의 교육성과 등을 면밀히 분석할 때 해결될 수
있다.17) 그뿐만 아니라 식민 지배자들 또한 식민 통치에 필요한 '비정
치적', '기능적' 지식 보급운동을 전개하기에 이른다. 『동아일보』 1921
년 3월 31일부터 4월 5일까지 연재된 최상현의 '인물 평정의 준비론'과
같은 논설은 이러한 경향을 대변한다. 이 논설에서는 '현대 청년의 사
상'을 평정하면서 현대의 인물 평가 기준이 '문벌, 외표(外表), 금전, 학
식, 명예' 등이 기준이 되어서는 안 되며, '성공'과 '노력의 정도'를 기준
으로 해야 한다고 주장한다. 특히 성공 담론에서는 "일본의 대정치가
(政治家) 이등박문(伊藤博文)이 엇더한 청년에게 훈유(訓諭)한 처세(處世)
의 잠언(箴言)이라고 잡지(雜誌) 『일본일(日本一)』에 이와 갓치 기재된 것
을 보앗다. '성패(成敗)는 부족개의(不足介意)요 다만 지성(至誠)뿐이라.
운명의 호불호(好不好)로 혹희혹비(或喜或悲)하는 것은 대장부의 할 바
아니니라.' 나는 이 격언을 보고 그의 인격(人格)은 하여간 그의 식견(識
見)이 탁월(卓越)한 것을 쎄다랏다. 이 세상에는 실로 불의의 재화(災害)
가 만타. 실화(失火)하면 화재(火災)를 일으키는 것은 자연(自然)의 법칙
(法則)이니 여하(如何)히 수단(手段)이 만혼 실업가(實業家)라도 그의 고용

---

16) 유용태 외(2010), 『함께 읽는 동아시아 근현대사』 1, 창비, 336쪽.
17) 이에 대해서는 제7권에서 좀 더 많은 논의를 할 예정이다.

인이 만일 실화하면 그의 경영하는 은행이나 회사가 한 줄기 흑연(黑煙)으로 화(化)해 바리는 비경(悲境)은 기피(忌避)치 못할 것이다."[18]라고 서술한다. 당시 청년들에게 성공 담론이 어느 정도 퍼져 있었는가를 보여줄 뿐 아니라, 이른바 '지성', '성심'이라는 이름 아래 식민지 피지배인의 비참한 생활상이 은폐되고 있음을 확인할 수 있다.

3. 계몽 주체의 시대의식

국권 침탈의 위기 상황에서 근대 계몽기를 이끌었던 지식인들에게 1910년대 무단통치는 침묵과 변절을 강요받는 시대였다. 계몽의 주된 요소가 '지식 보급'이라는 점을 고려한다면, 일제 강점기 지식인들의 시대의식은 이 시대 한국적 계몽운동의 특징을 기술하는 데 중요한 요소가 될 것이다. 다음은 무단통치기 청년 학생의 진로를 주장하는 논설의 일부이다.

【 靑年 學生의 進路[19] 】

大抵 今日에 學問을 修흠은 來日의 應用을 要코저 흠이라. 若 虛榮的으로 但高遠離行흔 學問에만 馳心ㅎ다가 及其 卒業흔 後에ᄂ 一事一物의 應用이 無ㅎ면 從前의 勞苦를 虛費흠은 고사ㅎ고 目下의 飢寒이 滋甚흠은 奈何오. (…中略…) 諸君이 各種의 實地 學問을 卒業ㅎ야 各其 所修를 應用ㅎ야 生活을 裕足케 흘지며, 或 口腹의 憂가 無ㅎ고 絶人의 聰明이 有ㅎ면 更히 如何흔 學問을 轉修ㅎ던지 誰가 此를 不可라 ㅎ리오. 吾人이 言ㅎᄂ 바ᄂ 升高自卑와 行遠自近ㅎ기를 希望흠이라.

---

18) 최상현(1921), 「인물 평정의 준비론」, 『동아일보』, 1921.4.3.
19) (사설) 「청년 학생의 진로」, 『매일신보』, 1913.10.16.

『매일신보』에 실린 이 사설은 무단통치기 식민 지배자들의 교육 논리를 적절히 보여준다. 이 사설에서는 당시 유학생들이 '정치', '사회문제'를 연구하는 것은 '허영적'이자 '현실에서 동떨어진 것'으로 규정하고, '실지 응용(實地應用)'이 가능한 실업 학문에 전념하라고 충고한다.

식민 지배이데올로기와 논조는 다르지만, 1920년대 문화운동의 풍조 하에서 제기된 민족 담론이나 계급론이 '교육만능론'으로 이어지는 것도 계몽 주체의 시대의식의 한계와 밀접한 관련이 있다. 다음은 노자영(盧子泳)의 '교육진흥론'의 일부이다.

【 教育振興의 理由[20) 】

웨 이 教育問題를 第一 몬저 解決하여야 하며, 웨 이 教育에 全心 努力하여야 할가? 이것은 임의 여러 先輩의 만히 主張한 바이오, 또는 社會 全般이 理解하는 바이매 별로히 큰 소릭할 것도 업거니, 勿論 우리가 남과 갓치 살아보자고 하는 境遇에는 남과 갓치 살아볼 方法을 알아야 할 것은 贅言을 待하지 아니하는 바이다.

몬저 이 問題를 말하기 전에 우리가 웨 이다지 못살고 이다지 못싱겼스며 이다지 뒤써러지고 이다지 업수임 밧는 것을 싱각하여 보라. 그것은 말할 필요도 업시 남과 갓치 배우지 못하고 남과 갓치 아지 못하고 남과 갓치 쌔치지 못한 까닭이 안인가? 우리도 日本 사람과 함쯰 사오십년 전에 갓치 배우고 갓치 쌔치고 갓치 알앗스면 東洋文化를 자랑하며 東洋文化를 홈자 차지하리만치 아니되엿슬가? (…中略…)

世上에 第一 불상하고 第一 가엽슨 사람은 아지 못하고 빈우지 못하고 쌔지 못한 사람이다. 아! 朝鮮 사람이 아지 못하고(漢文字밧게는 아모 것도 漢文이라도 그 글자만) 배우지 못하엿스니 아니 不祥하고 무엇하랴?

---

20) 노자영(1920), 「교육진흥론(1)」, 『동아일보』, 1920.9.10.

노자영의 '교육진흥'의 목적은 '남과 같이 사는 것'을 전제로 현재 '조선의 상태'를 비판하고 부정하며, 일본이 '동양문화'를 건설했다는 통념을 수용한다. 이는 곧 '배우지 못한 사람', '깨지 못한 사람'을 동정하는 논리로 이어지고, 이들을 개조하기 위해 교육 진흥을 해야 한다는 결론에 도달한다. 흥미로운 것은 그가 외친 사회 부호(富豪)들을 향한 '교육진흥'의 구체적 방안인데 그 내용을 살펴보면 다음과 같다.

【 富豪家에게 一言[21] 】

富豪家 諸氏여! 당신의 돈에는 비록 당신의 땀과 피가 잠겨 잇슬지라도, 아니 당신의 돈이 아무리 앗가울지라도 그 <u>鐵櫃를 조금 열어 金錢 銀錢을 써어내라!</u> 그리하야 朝鮮敎育을 위하야 좀 努力하라! 당신네들이 철궤에 영영히 자물쇠를 잠그면 돈이 어대서 나아오며 무엇으로 敎育을 振興하겟는가? (…中略…) 여러분이여. 이제부터는 당신의 돈에서 삼분의 일만 써내라. 그리하야 <u>外國 留學을 좀 獎勵하라.</u> <u>朝鮮 內地 敎育도 물론 당신네</u> 손에 의뢰함이 막켓지마는 그것은 여러 사람이 합하야 하고, 외국에 <u>學生을 보내는 일 한아는 당신들이 전책임을 지라.</u>

조선 부호에게 교육진흥의 책임을 환기하고자 한, 노자영의 논설은 1920년대 초의 사회사상과 밀접한 관련을 맺고 있다. 이 시기 조선의 사상계의 2대 조류는 '민족주의'와 '사회주의'였다. 이 점은 『동아일보』 1922년 10월 3일자 사설 '조선 사상계의 장래'에서도 잘 요약되어 있다. 이 사설에서는 조선 전통의 사상이 중국을 탈피하여 구미, 러시아와 접촉하게 되면서 기독주의, 과학주의, 사회주의, 민족주의 등 각종 '주의(主義)', '사상(思想)'이 유입되었으나, 그 중 가장 농후(濃厚)한 사상이 '민족주의'와 '사회주의'라고 하였다. 이에 따르면 '민족주의'의 대두에는

---

21) 노자영(1920), 「교육진흥론(4)」, 『동아일보』, 1920.9.14.

조선의 역사적 감정과 환경의 형세가 주요인으로 작용하고, '사회주의'
는 세계 조류의 하나이자 적색 러시아를 배경으로 한다[22]고 하였다.
어떤 형태이든 1920년대 전반기의 지식인들이 '민족주의'와 '사회주의'
의 영향을 받지 않은 사람은 거의 없다. 노자영이 '부호가'들에게 교육진
흥의 책임을 부르짖은 것도 계급 담론의 사회적 영향과 무관하지 않다.

사상운동의 흐름이라는 차원에서 1920년대 민족주의자와 사회주의
자의 민중 계몽에 대한 태도가 동일하다고 보기는 어렵지만, 당시 사회
지도자의 입장에서는 '지배계급(유한계급)'과 '피지배 노동자·농민 계
급'의 대립, 또는 세분화된 계급을 인식하고자 하였지만, 민족 개념과
계급 개념의 융화나 민중에 대한 지도자로서의 사회의식에 대해서는
다소 둔감한 상태에 있었던 것으로 보인다. 이 시기 노동문제에 관심을
기울였던 유진희(兪鎭熙)[23]의 논설을 살펴보자.

【 勞働者의 指導와 敎育: 此編을 特히 勞働共濟會 諸君에게 呈함[24] 】
吾人은 如斯한 점에도 불평을 抱합니다. 우리 조선인의 사회는 他를 敎訓
하며 指導하랴는 階級과, 他에게 교훈과 지도만 受하랴는 二階級밧게 볼 수
업슴이, 이것이외다. 시대를 착오한 舊思想이란 것을, 자기의 당연한 天職
으로 알고, 사사물물에 就하야 他를 교훈 지도하랴 하며, 쏘 如斯히 알
權能이 잇는 것 가치 確信합니다. 이 事實이 不知不識間에 얼마나 사회 일반

---

22) 『동아일보』, 1922.10.3. "將來 朝鮮社會의 思想 系統을 形成하려 하는 양대 主義가 有하니
하나는 民族主義며 하나는 社會主義라. 전자는 朝鮮의 歷史的 感情과 環境의 形勢에 起因
하고 쏘한 文物 輸入의 捷徑이 되는 日本人의 '大和魂' 즉 民族主義에 대하야 刺激을 加하
며 感受가 銳하야 그 色彩를 鮮明히 하며, 그 主義를 鞏固히 한 것이 사실이며, 후자는
生活上 意識과 世界의 潮流에 挑發되며 쏘한 交通의 관문이 되는 赤露를 背負하야 직접
간접으로 그 影響 波及을 感受할 것도 사실이라."
23) 유진희(1893~1949). 충남 예산 출신으로, 1921년 조선노동공제회를 창설하고, 1925년
조선공산당을 창당한 뒤, 1927년 체포되어 4년형을 선고받았다. 『동아일보』 1920년 5월
1일~2일 「노동자의 지도와 교육」, 5월 5일~8일 「세계 노동운동의 동향」을 연재했다.
24) 『동아일보』, 1920.5.1.

에 害毒을 與함은 오즉 사회의 眞相을 考察할 賢明한 識者를 待하야 首肯함을 得하리이다. 如斯히 하야 우리는 민중의 多數는 自故自導의 정신이 喪失되엿소이다. 다만 名士 識者의 訓導에만 依憑하랴 합니다. 민중의 건전한 發達上으로 보아 결코 기우가 아니외다. 금일의 世界 理想은 교훈과 지도를 가급적 僅少케 하랴 합니다. (…中略…) 우리 사회에서 금일에 出現한 '勞動共濟會'가 노동자의 指導機關인 色彩가 濃厚한 점에서, 吾人은 가장 心慮熟考를 不已하노니, 그 관계자 諸君의 眞切한 연구를 懇望치 아니치 못합니다. 공제회 발기인의 대부분이 僱主階級 乃至 第三階級의 諸君을 網羅한 점에서, 吾人은 더욱 勞動階級을 위하야 深慮함을 마지 못합니다. 毋論 共濟會를 過渡期의 一機關으로는 존중하지마는 그에게 勞働 指導의 使命은 期待치 아니하랴 합니다. 自此로 共濟會나 惑 此와 類似한 기관이 勞働者 指導의 任에 當한다 함은 더욱 僱主로만 조직된 단체가 指導者되랴하는 생각은 벌서 출발점부터 誤謬된 것이라 합니다. 特히 근일 治者階級들이 口頭禪으로 하는 溫情主義라는 迷論(溫情主義란 것은 强者階級이 弱者階級을 一時 糊塗하랴는 瞞奢的 수단에서 나온 말이외다. 主義의 不純分子를 侵入케 함은 眞理에 대한 不敬이며 아울너 矛盾이외다.)을 가지고 勞動運動의 正面에 立함은 노동문제의 純眞한 發達을 妨害함에 不過함이외다. 또 僱主 乃至 第三階級으로 된 如斯한 團體가 指導者됨에 가장 不適當한 理由는 자기자신이 직접으로 第四階級이 아닌 까닭에 正當한 理解를 期치 못하는 동시에 勞動階級 全體의 害物을 除去할 수도 업스며 따라서 노동계급의 정면의 大敵인 特權階級에게 買收되기도 쉽고 交歡 握手하기도 쉬웁소이다. 그리하야 이 中間階級은 노동자의 진정한 進行의 迷惑物과 障碍物을 作할 憂慮가 잇다 함이외다. 반다시 杞憂가 아닐가 합니다.

이 논설은 조선노동공제회 설립과 관련한 논설로, 당시 공제회가 고용자를 중심으로 설립되어 노동계급의 입장을 대변할 수 없음을 비판한다. 이 단체는 1920년 4월 12일 노동문제 해결을 목표로 결성된 단체로, 그 당시 조선의 주요 지식인들이 참여하였다.[25] 이 공제회는 전국에 지부를 두고, 잡지『공제(共濟)』를 발행하며, 노동문제와 관련한 강연회를 개최하였다. 1920년 5월 1일 종로 청년회관의 강연은 박중화의 사회로, 공제회 취지에 대한 박이규의 강연, '부조와 경정'이라는 제목의 강명식(金明植), '나의 늣긴 바 문뎨'라는 제목의 정태신(鄭泰信) 등의 강연이 이어졌고, 본래 장덕수(張德秀)가 강연하기로 되었으나 불의의 사고로 강연하지 못하고 그 대신 염상섭(廉尙燮)이 '로동조합의 문뎨와 이에 대한 세계의 현상'이라는 제목의 강연을 하였다. 유진희가 '노동자의 지도와 교육'에서 제기한 문제는 '노동자가 아닌 사람들'이 공제회를 조직했다는 점에서 비롯된다. 이에 대해 그는 다음과 같이 말한다.

【 勞働者의 指導와 教育[26] 】

지도자의 精神이 如何히 高潔하다 하나, 勞動階級 以外로부터 突入한 指導者의 多大數는 소위 知識階級 乃至 宗敎家, 博愛 慈善主義 등이니, 이 階級의 사람들은 自己 階級에 潛伏한 一種의 信仰과 理想 或은 先天的 偏見이 잇슴을 免키 어려우니, 博愛 慈善主義는 純眞치 못한 慈愛病, 宗敎家는 宗敎的 執妄, 知識階級은 知識階級 特有의 氣質가튼 것을 各各 所有하고 잇소이다. 이 편견, 집망, 특질은 熱心 잇는 運動者되게 할 有力한 原因이지마는 그 결과는 恒常 勞働者를 自己의 思想圈內로 引入하랴 합니다. 함으로 노동자 자신이 蒙하는 바 迷惑은 결코 적은 것이 아니외다.

要컨대 指導란 점을 너무 중시치 말고, 노동자 자신이 自進하야 문제의 해결을 自己의 力으로써 遂行할 만한 機運을 促進할지며, 노동자 자신이 自進하야, 무슨 主義를 奉하고, 무슨 理想의 洗禮를 바더 노동자 자신이 당초부터 運動의 전면에 서도록 그들의 인류적 良心을 刺戟하면 足하다

25) 「노동공제회 창립」, 『동아일보』, 1920.4.12. 당시 회장은 박중화(朴重華), 총간사 박이규(朴珥圭), 의사장 오상근(吳祥根) 등이 참여하였다.
26) 「노동자의 지도와 교육」, 『동아일보』, 1920.5.2.

함이외다.

이 비판에 나타난 것처럼, 이 시기 노동운동의 주도자는 노동자 자신이 아니다. 이 점은 노동운동 자체가 지식인의 계몽운동에 그치거나, 심지어는 식민 지배자, 자본가들에 의해 주도됨을 의미한다.

이와 같은 상황에서 1920년대 계몽 담론은 '교육 준비론', '사회 개조론'으로 이어진다. 교육 준비론은 식민지 조선의 현실이 과거 선조들의 잘못에서 비롯된 것이며, 현재 비참한 현실을 극복하기 위해서는 민중을 계도하고 교육하여 미래를 준비해야 한다는 논리이다. 다음 논설도 이를 대변한다.

【 民衆運動者에게: 一動에 正義의 熱誠이 잇고 一靜에 人道의 重量이 잇스라27) 】

現代 朝鮮이 復活함에 必要한 努力은 一二에 그치지 아니하리라. 然이나 모든 運動에 並行을 要하며 恒久를 要하고 間斷을 不許하는 것은 吾人이 只今에 다시 言及할 餘裕도 업시 教育이다. 教育이 有함으로 未來의 生命이 有하리니 教育에 對한 活動이 生命에 對한 活躍이다. 과거의 羞恥를 이로 인하야 면하며, 장래의 생존이 이에서 維持하리니 교육적 사업! 교육적 운동의 白熱化 이것이 吾族의 과거에 대한 雪恥戰의 一勝이오 來頭하는 險路의 開拓이라. 現況을 말하는 자 教政을 責하며, 未來를 말하는 자 教育을 主張하니, 교육이 무기오, 교육이 병사로다. 그럼으로 금일 吾族에 대하야 救濟者! 教育者오, 功勞者! 教育者라. 이러한 견지에서 吾人은 모든 사업을 教育化하는 것이 현대 조선—成功 前의 朝鮮이 取할 정당한 進路라고 하노라. 조선은 準備를 要하고 준비는 教育的이라고 밋는다. 社會運動의 先驅者여! 훈련이 적은 조선 민중은 訓練을 要하며 教育을 要한다. (…中略…)

---

27) (사설) 「민중운동자에게」, 『동아일보』, 1923.4.6.

先驅者 諸君! 제군의 금일의 行하는 행위의 결과가 미래 朝鮮 民衆의게 유전될 토대며 地盤이오 資力이다. 微弱함에 自棄하지 말라. 一動에 正義의 熱血이 잇고 一靜에 人道의 重量이 잇서야 할 터이니, 이것이 그대로 流動하야 미래 민중의 정신이 될 것이다. 그리하야 新歷史의 展開가 시작될 것이다. 제군아! 제군은 우리 先祖의 罪를— 그 역사를 미래 민중의게 傳하지 마라. 吾人은 금일 조선 민중의 實際運動과 그 態度에 대하야 이 이상에 論及하고자 아니하고 오직 諸君의 注意를 促하며 諸君의 공정한 義憤心에 조선의 미래 민중을 위하야 一言을 加할 쑨이다.

민중운동자를 대상으로 한 이 사설의 논리는 '현재 조선의 부활'을 위해 민중운동자들이 준비를 해야 하며, 그 준비는 교육을 수단으로 해야 한다는 것이다. 이들 민중운동자들은 사회운동의 선구자이자, 역사를 개척해 가는 인물로 간주된다. 이들은 결코 민중과 동일시되는 인물은 아니다. 이 점은 『동아일보』 1923년 1월 22일의 논설에서는 좀 더 극명하게 드러난다. 「지도자의 필요: 민중시대의 일 경향」이라는 제목을 갖고 있는 이 사설은 '역사(歷史)의 선도자(先導者), 민중의 지도자(指導者)'란 부제를 달고 있다. 이 사설에서는 "근대(近代)는 영웅시대가 거(去)하고 민중시대(民衆時代)가 래(來)하얏다 하는도다. 쏘 인적요소(人的 要素)는 그 의의(意義)를 멸(滅)하고 다만 물질(物質)과 물질(物質)의 운동(運動) 발발(反撥)에 불과하다고 창도(唱道)하는도다. 과연 영웅(英雄)이 거(去)하고 민중(民衆)이 래(來)하얏스며 인(人)은 멸(滅)하고 물(物)만 존(存)하는가?"라고 반문하고, "오인(吾人)은 사실(事實)에 조(照)하야 반다시 그러치 아니한 기다(幾多)의 현상(現象)을 발견하나니 보라, 민중(民衆)은 결국 민중(民衆)이로다. 그 조직체(組織體)로 보아 산만(散漫)한 군아(群我)요, 그 의식체(意識體)로 보아 단순(單純)한 충동(衝動)에 불과(不過)하는도다. 민중(民衆) 자체(自體)의 고유(固有)한 창조(創造)의 기능(機能)이 유(有)한 것을 상상(想像)치 못할지니, 오인(吾人)은 민중(民衆)

자체가 예술을 창작하얏다 함을 문(聞)치 못하얏스며, 쏘 민중 자체가 과학(科學)을 연구(硏究)하얏다 함을 문(聞)치 못하얏도다. 소위 민중정치니 민중예술이니 함은 다만 민중(民衆)을 배경으로 혹은 정치에 혹 예술에 엇던 한 별개의 개성(個性)이 그 본연을 발휘(發揮)함에 불과한 것이 아닌가"라고 규정한다. 이와 같은 논리는 계몽운동의 특징을 적절히 보여준다. 이 사설에 따르면 '민중운동자'는 민중과 대립하는 또 다른 형태의 영웅일 수밖에 없다.

이러한 영웅은 민중을 개조해야 한다. 이것이 1920년대 전반기에 광풍처럼 밀어닥친 '개조론'의 논리의 하나이다. 1920년 6월 '조선청년연합회기성회'가 조직되고, 이어서 '불교청년회', '기독교청년연합회' 등의 단체가 결성된 뒤, 1924년 3월 2일 '조선청년총동맹'이 결성되기까지 이 시기 각 언론에서는 '청년 지도자'들을 대상으로 한 각종 개조론이 수없이 게재되었다.[28]

개조론은 말 그대로 기존의 조직이나 구조, 사물과 의식을 고쳐 다시 만드는 것을 의미한다. 김택호(2003)에서 개화기의 국가주의와 1920년대의 민족개조론의 관계를 고찰한 바 있듯이, 한국사회에서 개조론은 근대 계몽기부터 본격적으로 등장한 사유 방식의 하나로 볼 수 있다. 엄밀히 말하면 개조 의식은 계몽 의식과 본질적으로 통하는 개념이라고 볼 수 있다. 대중의 의식을 깨우쳐 밝히고자 하는 계몽 의식은 자연스럽게 '개조론'으로 이어질 수 있는 셈이다. 그런데 한국사회에서는 1920년대 본격적으로 '개조론'이 문제시되었다. 이 점은 한국의 개조론과 관련된 다수의 선행 연구를 통해서도 쉽게 증명할 수 있는데, 허수(2009)의 「제1차 세계대전 종전 후 개조론의 확산과 한국 지식인」이나 장규식(2009)의 「1920년대 개조론의 확산과 기독교사회주의의 수용·정착」은

---

28) 이에 대해서는 허재영(2016)의 「일제 강점기 청년운동과 청년독본」(『어문논집』 68, 중앙어문학회)을 참고할 수 있음.

이 과정을 적절히 분석한 대표적인 논문이다. 이뿐만 아니라 김용달(1997), 최주한(2004, 2011), 오병수(2006), 박슬기(2011) 등에서는 이광수의 민족개조론이나 『개벽』에 등장하는 개조론에 대해 다양한 관점의 분석을 시도하였고, 류시현(2009)에서는 안확의 개조론, 박만규(2016)에서는 도산 안창호의 개조론을 분석하였다.

개조론은 1920년대를 풍미했던 사회적 담론으로서, 당시에도 개조의 대상이나 성격에 대해서는 수많은 논란이 있었다. 『동아일보』 1921년 4월 28일자 유우근(柳友槿)의 「내적 개조론의 검토」에서는 당시 유행했던 개조론을 다음과 같이 제시하고 있다.

【 內的 改造論의 檢討[29] 】

社會 改造에 對한 根本思想이 確立치 못한 까닭으로 因하야 改造를 主張하는 一部 識者의 間에도 互相 意見의 衝突이 生할 쑨 아니라, 此로 因하야 社會問題의 歸趣에 不少한 障碍를 與한다. 試하야 一部 論者의 改造說에 耳를 傾하면 彼等의 人心의 改造-精神의 改造—쏘는 內的 改造—를 주장한다고 말한다. 彼等의 엇더한 말로써 表示하든지— 或은 人心의 改造라고 하든지 或은 精神의 改造라고 하든지 쏘는 內的 改造라고 하든지 쏘는 心性의 改造라고 하든지 쏘는 自我의 改造라고 하든지 그 歸着하는 結論은 '社會 改造의 根本意는 制度의 改造에 잇지 아니하고, 人心의 改造에 잇다.' 하는 것이다. 即 彼等은 內的 改造論者로 自處한다. 그러나 동일한 內的 改造論者 중에도 或은 制度의 改造—物의 改造—의 先決問題로 人心의 改造-內的 改造를 주장하고, 或者는 制度의 改造 그것보다도 人心의 改造 그것이 社會 改造의 目的이라고 주장한다. 다시 말하면 前者는 現實 社會가 不完全한 것을 覺하고, 그 制度의 不完全한 原因이 그 社會를 構成한 各個人의 精神이 不完全함에 잇슬 쑨 아니라, 現代人의 精神이 制度의 改造를 欲求하

29) 유우근(1920), 「내적 개조론의 검토」, 『동아일보』, 1920.4.28.

리만한 程度까지 至치 못하엿슴으로 現實 社會制度를 改造하랴면 반듯이 먼저 現代 人心으로 하야금 制度의 改造를 欲求하도록 精神을 改造함이 必要하다기보다도 오히려 그것이 社會 改造의 中心問題이라고 主張하는 것이오, 後者는 現實 社會制度에 대하야서는 不完全삼을 覺함이 업고(其實은 沒批評으로 因한 것이지마는) 따라서 現代의 起伏하는 모든 問題의 根底에 橫溢하는 人生苦, 社會苦, 時代苦 등은 제도의 罪가 아니라 한갓 人心의 罪라고 한다. 그러함으로 制度의 改造를 云云하는 것보다도 人心의 改造를 主張할 쑨 아니라 社會制度 그것은 根本的으로 改造하지 못할 것으로 보는 동시에 制度 改造論者의 處地에 대하야는 積極的 反對의 態度를 取하는 것이다.

이 글에 따르면 당시의 개조론은 '인심 개조', '정신 개조', '내적 개조', '물적 개조', '사회 개조', '제도 개조', '자아 개조' 등 다양한 명칭으로 불리고 있었으며, 이를 종합하여 '내적 개조'라고 할 때, '정신 개조'보다 '사회제도 개조'가 더 중요하다고 믿는 개조론자와 '사회제도 개조'는 불가능하며 '인심의 개조'만 가능하다고 주장하는 개조론자가 있었다고 정리할 수 있다. 당시 유우근은 계급론적 관점(階級論的 觀點)에서 제도 개혁이 선행되지 않는 내적 개조론은 오류(誤謬)이며, 사회 환경이 인류의 의식을 결정한다는 마르크스주의의 관점에서 '심적 개조'와 '물적 개조'를 구분하는 것은 무의미한 일이라는 주장을 논증하고자 하는 목적에서 '내적 개조론'을 검토하였는데, 이는 이 시기 개조론의 상당수가 사회 제도의 개혁보다 '개인의 의식 개조'를 주장하는 내적 개조론이 유행했음을 의미한다.

일제 강점기의 '개조론'과 관련된 논란은 『개벽』 제23호(1922.5)에 게재된 이광수의 '민족개조론'에서 비롯되었다. "나는 만혼 희망과 쓸는 정성(精誠)으로 이 글을 조선민족의 장래가 어써할가, 어찌하면 이 민족을 현재의 쇠퇴(衰頹)에서 건져 행복과 번영의 장래에 인도(引導)할가,

하는 것을 생각하는 형제와 자매에게 돌입니다"라고 시작하는 '병언(幷言)'의 서두와는 달리, 민족 개조론은 조선 민족 쇠퇴의 원인을 '이조(李朝)의 악정(惡政)'에서 찾고, 이 악정이 '허위(虛僞)', '빙공영사(憑公營私)'에서 비롯된 것이며, 민중의 '나타(懶惰)', '겁나(怯懦)', '신의와 사회성의 결핍(缺乏)'이라는 도덕성의 부족 때문이라고 매도한 데서 논쟁이 격화되었다. 이러한 논쟁의 일면은 『동아일보』 1922년 6월 4일자 최원순(崔元淳)의 기서(寄書)에서도 지적된 바 있는데, "(1) 소위 劣惡하다는 朝鮮民族性은 엇더한 것을 意味하는가?, (2) 民族性 改造의 倫理的 根據가 무엇인가?, (3) 한 민족성이 優善하다 劣惡하다 判斷하는 그 標準이 어대 잇는가?, (4) 朝鮮人의 過去 變遷을 '다 無知蒙昧한 野蠻 人種이 自覺업시 推移하야 가는 變化와 갓흔 變化외다.' 하는 理由는 어대 잇는가?, (5) 民族 改造는 道德的일 것이라고 하는 말은 무엇을 가라치는가?"[30] 라는 다섯 가지 질문을 제기하며, 이광수의 '개조론'을 비판한다. 오문석(2013)에서도 지적한 바와 같이, 1920년대 개조론은 '진화론'과 '문명론'의 영향 아래, 세계 대전 이후 자본주의 모순에 대한 지식인들의 집약된 반응의 하나였다. 특히 3.1독립운동의 좌절에 따라 개조론이 더욱 고조(高調)되었는데, 이때의 개조론은 민족운동과 결합한 형태와 자본주의 모순이나 마르크스주의를 기반으로 한 사회개조론 등 다양한 형태를 띠고 있다.[31] 이러한 상황에서 이광수의 '민족개조론'은 그 자체로서 식민 지배이데올로기의 변형된 형태, 곧 문명과 야만의 대립 구도

---

30) 「在東京 崔元淳, 李春園에게 問하노라: 民族改造論(開闢 五月號 所載)을 읽고」, 『동아일보』, 1922.6.3~6.4.

31) 기존의 개조론 연구에서는 1920년대 개조론을 유형화한 사례가 없다. 다만 김형국(1999, 2001)에서는 '민족개조론'에 중점을 둔 연구가 이루어졌고, 장규식(2009)에서는 '기독교 사회주의'의 차원에서 개조론을 다루었다. 그러나 개조론의 유형화 가능성은 김형국(1999)에서도 찾아볼 수 있는데, 이 논문에서는 1919년부터 1921년까지의 개조론 수용 양상에서 논의해야 할 대상으로 '개조론이 일본 지배이데올로기의 변형된 내용', '한국 지식인들에게 수용된 개조론의 형태'를 제시하고 있다. 후자는 1920년대의 개조론의 유형과 밀접한 관련을 맺는다.

에서 야만 상태를 벗어나기 위한 순응적 도덕 개조론을 제창한 것으로 판단할 수 있는 셈이다.

4. 계몽의 객체 인식과 불완전성

근대 계몽기 지식 보급론으로부터 본격적인 민중 계몽운동이 전개되기 시작한 1920년대 한국사회에는 '민족주의'와 '사회주의'가 중심 사상을 이루었다. 일제 강점기의 민족주의 운동과 사회주의의 역사에 대해서는 좀 더 실증적인 고찰을 필요로 하나,[32] 다음 논설은 이 시대 지식인들의 양대 사상에 대한 인식을 잘 보여준다.

> 【 朝鮮 思想界의 將來: 民族主義와 社會主義[33] 】
>
> 그 中에도 가장 濃厚한 色彩를 가지고 장래 조선사회의 사상 계통을 形成하려 하는 양대 主義가 有하니 하나는 民族主義며 하나는 社會主義라. 전자는 조선의 歷史的 感情과 環境의 形勢에 起因하고 쏘한 物物 輸入의 捷徑이 되는 日本人의 '大和魂' 즉 민족주의에 대하야 刺激을 加하며, 感受가 銳하야 그 색채를 선명히 하며, 그 주의를 鞏固히 한 것이 사실이며, 후자는 生活上 의식과 세계의 潮流에 挑發되며 쏘한 교통의 關文이 되는 赤露를 背負하야 直接 間接으로 그 影響 波及을 感受할 것도 事實이라. 吾人은 본래부터 이 양대 사상에 대하야 더욱 硏究할 필요가 有하며 될 수 잇는 대로 協調의 필요가 有한 것을 覺悟하노라. 그 이유는 頑固한 民族主義는 왕왕히 排他思想을 挑發하며, 極端에 至하면 軍國主義에 陷하나니 이는 독일의 失敗가 殷鑑이 쏘한 兹에 在치 아니한가. 그럼으로 금일의 民族

---

32) 이 총서 권1에서 살핀 바와 같이, 국내에 '민족주의'나 '사회주의'의 역사에 관한 연구서는 헤아리기 힘들 정도로 많다.
33) (사설) 「조선 사상계의 장래: 민족주의와 사회주의」, 『동아일보』, 1922.10.3.

은 排他 征服의 民族主義가 아니라 協調 共榮의 民族精神을 修練치 아니하면 아니될 것이며, 쏘한 過激한 社會主義는 왕왕히 階級 憎惡와 同族 分裂의 우려가 不無하도다.

이 글에 나타난 바와 같이, 1920년대의 양대 사조는 '민족주의'와 '사회주의'였다. 당시 민족주의는 식민 지배 하에서 조선 민족의 자존심을 회복하기 위한 주요 이데올로기였으며, 사회주의는 러시아 혁명의 영향 하에 사회주의 지식인들의 희망으로 간주되었다.

1920년대 민족주의나 사회주의(또는 종교적인 차원에서) 표방한 주된 슬로건은 앞서 살펴본 바와 같이 '개조(改造)'였다. 이 개조론에서 주목할 사실은 '개조의 대상이 무엇인가?'라는 문제와 '어떻게 개조해야 하는가?'이다. '민족개조론'이나 '사회개조론'의 분화는 전자에 대한 사상적(思想的) 차이를 반영한 것으로 볼 수 있으며, 이에 따라 개조의 방법에 관한 논의도 달라진다. 기독교 사회주의 차원에서의 개조론은 민중적 기독교 또는 예수촌 건설운동과 같이, 개인의 의식 개조보다 사회제도를 개조하는 방향을 주장한 경우도 있고,[34] 종교와 도덕성·윤리의식의 개조를 강조한 안확의 개조론,[35] '협동'과 '단결'을 목표로 한 개인 수양의 차원을 강조한 도산 안창호의 개조론[36] 등 개조 대상과 방법에 대한 논의는 동일하지 않다. 이러한 차이는 식민지 조선의 정치상황에서 기인한 점도 적지 않은데, 1920년대 식민 체제하에서 이광수 류의 민족개조론과 달리 사회제도의 개혁이나 정치적인 문제 등에 관한 논의가 자유롭지 못했음은 당연한 사실이다. 다음 논문도 이러한 상황을 대변한다.

---

34) 이에 대해서는 장규식(2009)를 참고할 수 있다.
35) 안확의 개조론은 『자각론』, 『개조론』 등에서 구체화된다. 안확의 개조론과 관련된 연구로는 류시현(2009)를 참고할 수 있다.
36) 도산의 개조론은 이현주(2000), 박만규(2016) 등을 참고할 수 있다.

【 최정순(崔珵淳) '사회 개조의 사회학적 고찰'[37] 】

개인 심의가 사회 심의에 影響하며 社會心理가 社會制度에 影響하야 상호 影響的 關係에서 항상 變遷 變改하여 가는 其中에, 社會 進步가 有하며 社會 幸福이 有하나니, 故로 <u>進步的 理想的 個人이</u> 당시대의 社會制度에 대하야 항상 不滿을 感하는 것과 社會制度가 <u>支配 數個人의 新理想</u>에 順應되도록 變改 又는 改革된 것은 社會 進步의 過程에서 起하는 必然의 現象이라고 云하겟도다. 社會 其物이 성질상으로 動的이며 進步的인 것이 制度의 變改 又는 廢止를 要求하며, 制度의 變改 又는 廢止가 社會 進步를 促進하며, 社會 幸福을 增進하나니라. (…中略…) 筆者는 <u>如此히 重大한 意義와 責任을 有한 現代 社會組織 特히 政治組織과 經濟組織이 如何한 弊害와 缺陷을 有하며, 웨 多大數의 生長을 促進함에는 너무 不公平하며, 웨 改造의 運命을 取치 아니치 못하겟다는 論에 대하야는 不幸히 玆에 公論할 自由를 有케 못하는 바이나, 然이나 하여간 從來 社會改造家 諸輩의 現代 社會組織 攻擊의 焦點이 國家의 越權行爲와 財産分配의 不公平에 在한 것을 發見할 時 讀者 諸賢의 先見的 想測이 必有할 줄 思惟하노라. 然則 吾人은 發見된 弊害와 缺陷을 除去 矯正하야서</u> 吾人의 新理想에 順應되는 完全無缺한 制度를 建設하려 할 것 가트면 즉 小數者의 生長을 本位로 하는 <u>不公平한 制度를 改造하야서 萬人의 生長</u>을 促進하는 理想的 制度를 建設하려 할 것 갓흐면, 如何한 順序와 如何한 方向을 取하여야 하겟는가?

—『동아일보』, 1923.6.15~16

최정순의 논문에서 주목되는 것은 '현대 사회조직, 특히 정치조직과 경제조직이 여하한 폐해와 결함'을 가지며 '생장 촉진에 불공평'하여 개조해야 함에도 이를 논할 자유를 가지지 못했기 때문에, 제도 개조의 차원에서 '발견된 폐해와 결함'을 '제거·교정'하는 방안만을 논의한다

---

[37] 최정순(1923), 「사회 개조의 사회학적 고찰」, 『동아일보』, 1923.6.15~6.24.

는 것이다. 달리 말해 '정치·경제적인 문제'를 자유롭게 논의할 수 없는 식민지 현실에서 '개조'의 방법은 '개인의 수양(修養)', '사회도덕 함양' 등과 같은 '수양론'이나, 이를 주도하는 '청년 지도자론'으로 귀결될 가능성이 높아지는 셈이다. 이러한 상황에서 1920년대 각 지역에서는 '수양회'를 표방한 청년단체가 활발하게 조직되었으며,[38] '자수(自修)', '자양(自養)'을 중심으로 한 '수양론'이 청년운동의 주된 이데올로기의 하나로 자리를 잡았다.[39]

  이러한 차원에서 일제 강점기의 계몽운동은 '무엇을 계몽해야 하는가?', 또는 '왜 계몽이 필요한가?'라는 문제에 대한 심각한 토의가 이루어지지 못한 상태에서, '소년운동', '청년운동', '노동운동', '농민운동', '여성운동' 등의 각종 사회운동이 우후죽순처럼 전개된 면이 있다. 이점에서 일제 강점기의 각종 사회운동, 특히 계몽운동의 성격을 정리할 필요가 있다. 참고로 『동아일보』 1925년 1월 1일자 적성산인(赤城山人)의 「조선 사회운동 개관」은 1920년대 전반기의 사회운동이 갖는 성격을 이해하는 데 도움이 된다. 이 논문에서는 1924년 벌어진 조선의 사회운동을 '사상운동', '노농운동', '청년운동', '학생운동', '형평운동', '여성운동'으로 나누어 정리하였는데, 3.1독립운동 직후부터 본격화된 조선의 사회운동이 1924년을 기점으로 '조직화', '통일화'되고 있음을 긍정적으로 평가하고 있다. 물론 적성산인의 글은 사회주의 계급사상이 만연된 시대에 작성된 것이므로, 계급적 관점에서 사회운동을 바라본 면이 있으나, 이에 따르면 당시의 사회운동(계몽운동을 포함하여)은 '부르주아적 민족운동' 또는 '문화운동'에서 '계급적 사회운동'으로 발

---

38) 1920년 『동아일보』에서 찾을 수 있는 '수양회'를 표방한 각 지역 청년단체로는 신풍, 김제, 익산, 강계, 나주 등 30여 개에 이른다.

39) 이현주(2003), 조배원(2000), 정연욱(2013) 등과 같이, 일제 강점기 수양론과 관련된 연구는 주로 '수양동우회'와 관련되어 있다. 수양동우회는 1926년 도산을 중심으로 조직된 단체이나, 엄밀히 말하면 이 단체가 조직될 수 있었던 시대적 배경에는 개조론과 수양론을 중심으로 한 지도론이 존재했다.

전해 간다는 입장을 취하고 있다. 비록 한계를 갖는 논문일지라도 이 글에 등장하는 당시의 조선 사회운동의 상황을 종합하면, 식민 경찰의 압박, '박춘금'으로 대표되는 '각파유지연맹(各派有志聯盟)' 하의 각종 친일 단체40)의 방해 속에서 '조직화', '통일화'를 목표로 각종 활동을 전개하고 있었다.

【 朝鮮 社會運動 槪觀: 結論41) 】

조선 社會運動은 당국자의 高壓的 政策이 잇슴도 不拘하고 반동분자의 阻害가 잇슴도 불구하고, 운동의 역사가 일천함도 불구하고, 금일의 成籍을 보게 된 것은 과연 長足의 進步라 할 것이다. 조선은 小弱國으로 아직 封建制度를 버서나지 못한 째에 外國의 資本主義의 침입을 바더, 朝鮮人의 생활은 自然 破壞의 비운을 면치 못하엿다. 경제적, 정치적의 이중삼중의 壓迫에 呻吟하는 조선 민족은 항상 生活不安과 思想의 苦痛으로 不滿의 氣分과 態度를 取하지 안할 수 업게 되엿다. 이러한 사회생활을 배경으로 한 조선 민족은 삼일운동을 일으키엿고 경제상태의 急速한 變化는 마참내 社會運動을 일으키엿다. 불과 사오년의 역사를 가진 朝鮮의 社會運動이 위대한 戰跡은 업스되, 조선에는 부루쥬아 文明이 근거를 깁히 두기 전에 사회운동이 대두하엿슴으로 사회 全體에 밋친 影響이 타국에 비하야 濃厚한 것이 사실이다. 더욱이 과거 일년의 조선 사회운동을 總觀하면 氣分에서 組織으로 分立에서 統一로 운동의 陣容이 整頓된 관이 잇다. 이에 轉換期를 넘는 조선의 사회운동이 小數 思想家의 손을 쩌나 農村에서 工場에서 街路에서 실제운동이 전개될 것이니, 곳 사회운동의 民衆化이다. (1924. 12.24)

---

40) 각파유지연맹은 '국민협회(國民協會), 소작인상조회(小作人相助會), 대정친목회(大正親睦會), 상애회(相愛會), 유민회(維民會), 동광회(同光會), 유도진흥회(儒道振興會), 동민회(同民會), 교정회(矯風會)' 등 11개 친일 단체가 결성한 단체로 '관민일치, 대동단결, 노자(勞資)협동'을 표방하면서, 공산주의 운동과 독립운동을 탁상공론이라고 공격하였다고 한다.
41) 『동아일보』, 1925.1.1.

이 글에서는 조선의 사회운동 역사가 짧고, 식민 상황에서 외국(일본)의 자본주의가 쉽게 침투한 상황에서 부르주아 문명이 자리잡기 전에 사회운동이 농후하게 되었다고 진술한 뒤, 1924년의 사회운동이 '기분'에서 '조직'으로, '분화'에서 '통일'을 지향하는 전환기에 있다고 결론을 내린다.

그런데 문제는 이러한 전환기가 일제의 강점 상황에서 조선 민중 전체의 각성과 독립으로 쉽게 이어질 수 없었다는 사실이다. 이 점은 각각의 사회운동, 또는 계몽운동이 갖는 본질적 한계이다. 이 점은 1920년대 전반기 식민지 조선의 양대 사상으로 일컬어진 '민족주의'와 '사회주의'에 대한 대립에서 극명하게 나타난다. 민족운동의 경우 사회주의를 계급적이라고 비난하고, 사회운동의 경우 민족 문제보다 조선 사회 내부의 계급 문제에 집착하는 경우가 나타난다. 엄밀히 말하면 식민지 조선의 경우 민족 문제와 계급 문제는 분리하기 어려운 과제였다. 당시의 자본과 계급은 곧 식민 지배자들과 분리되지 않으며, 조선 민족이 처해 있는 상황은 식민지 피지배 계급 전체의 문제에 해당한다.

이 점에서 일제 강점기 사회운동은 그 목적하는 바나 적절한 수단을 찾는 데 어려움을 겪었던 것으로 볼 수 있다. 계몽운동에서도 각각의 운동이 무엇을 지향해야 하는가라는 문제에 대한 충분한 답을 얻지 못한 상태에서 일차적으로 '문맹퇴치', '문자보급'에 힘쓰게 되고, 경우에 따라서는 '계몽'의 외피(外皮)를 쓴 '유사 계몽운동' 또는 '사이비 계몽운동'이 일어나기도 하였고,[42] 일제의 '농촌진흥운동', '자력갱생운동'과 같은 식민지 생산성 제고를 위한 운동까지도 계몽의 틀 속에서 조선 민중에게 일정한 영향을 주는 결과까지 낳은 것으로 볼 수 있다.

---

42) 예를 들어 1930년대 일본의 농민운동을 본뜬 농도원의 농촌 청년 계몽운동 등이 이에 해당한다. 이에 대해서는 뒤에서 좀 더 상세하게 논의할 예정이다.

제2장 계몽의 대상자로서의 민족과 국민의식

정대현

1. 의식 형성과 개념 변화

1898년 4월 9일 재일본 유학생 친목회에서 발행한 『유학생친목회』 제6호에는 원응상(元應常)이 쓴 '개화의 3원칙'이라는 글이 실려 있다. 관비 유학생으로 게이오대 보통과를 졸업한 뒤, 동경 법학원 법률과에 재학중이던 원응상은 개화에 대해 다음과 같이 말한다.

【 開化의 三原則1) 】

開化라 홈을 此世上에 誰가 不知ㅎ오릿가마는 太牛 禿髮洋服으로 佛帽나 戴ㅎ고 米靴나 納ㅎ고 時計 尺杖은 隨手不釋ㅎ야 自以謂 歐米 開化風에 一層 高尙흔 듯 階級업시 自由나 說 ㅎ고 團合업시 獨立을 唱ㅎ야 外觀皮想의 如此흔 開化者는 도리혀 開化의 進路를 防遮흔두 ㅎ오. 大抵 開化라 홈

---

1) 원응상(1898), 「개화의 삼원칙」, 『친목회회보』 제6호, 대조선 재일본유학생친목회.

은 羲經에 開物成務化成天下 八字롤 引用略刪ㅎ야 드만 開化라 名稱홈이니 此는 英語에 시예리쓰슌(CIVILIZATION)의 意義롤 探究ㅎ야 支那人이 意譯ㅎ 바ㅣ요, 開化 二字의 意義롤 存心致意ㅎ야 古今 天下 萬般 狀態롤 回轉思量ㅎ니 何代에 自然, 社會, 一個人 等 三勢力으로 人心力을 刺擊ㅎ야 狀態롤 左右치 아니흔 써 업드 ㅎ오.

번역 개화라고 하면 이 세상에 누가 모르겠습니까만, 대부분 민머리에 서양 복장으로 프랑스 모자를 쓰고 미국 신발을 신고 시계와 지팡이를 손에서 놓지 않고 스스로 구미의 개화풍에 한층 더 고상한 듯, 계급 없이 자유나 설파하고, 단합 없이 독립을 부르짖어 외관상 이와 같은 개화라는 것은 도리어 개화의 진로를 방해한다고 합니다. 대저 개화라는 것은 희경(羲經, 역경＝주역)의 '개물성무화성천하(사물을 열어 천하를 이루는 데 힘씀)'라는 여덟 자를 인용하고 줄여 쓴 것으로 다만 '개화'라고만 부르는 것이니, 이는 영어의 '시빌라이제이션'의 뜻을 탐구하여 중국 사람들이 의역(意譯)한 것이며, 개화라는 두 자의 뜻을 마음 깊이 생각하여 천하 고금의 만반 상태를 돌이켜 생각하면 어느 시대에나 자연, 사회, 개인 등 세 가지 세력으로 사람의 힘을 자극하고 충격하여 상태를 좌우하지 않았던 때가 없었다고 합니다.

이 글에 따르면 '개화'라는 용어는 『희경』(주역, 역경)의 '개물성무화성천하'를 줄여 쓴 말로, 서양 지식이 수용되면서 중국인이 시대에 맞게 의역한 말이다. 이 용어뿐만 아니라 근대 계몽기 중국과 일본의 학술 용어 가운데에는 전통적인 용어를 시대에 맞게 변용하여 쓴 것들이 많다. '계몽(啓蒙)', '유신(維新)' 등과 같은 용어들도 근대 이전의 중국 문헌에서 찾아볼 수 있는 용어들이나 근대 계몽기에 이르러 새로운 뜻으로 쓰이게 된 말들이다.

이와 같이 기존에 쓰였던 용어가 새로운 학술 용어나 전문 용어로 쓰일 경우, 개념상의 혼란이 발생할 수 있다. 이러한 차원에서 기존의 문헌과 대비하여 근대 계몽기에 널리 쓰이게 된 용어를 정리하고자 한 시도도 나타나는데, 비록 국내 문헌은 아니지만 1913년 주상부(周商夫)가 편찬한 『신명사훈찬(新名詞訓纂)』(중국: 상해소엽산방)도 그 중 하나이다. 주상부는 중국 저장성 향현 사람으로 중화민국의 대표적인 학자의 한 사람이며, 『신명사훈찬』은 전래의 『설문자해(說文字解)』에 준하여, 그 당시 중국에 만연되었던 외래적 학술 용어(특히 의역된 용어)를 정리하여 풀이하고자 한 책이다. 이 책에 따르면 '정치' 분야의 '공화(共和), 문명(文明), 유신(維新), 교육(敎育), 통상(通商)' 등과 같은 용어는 근대 이전의 문헌에서도 쓰인 용어들이다. 다음을 살펴보자.

【 政之屬 第一[2] 】

共和: 『史記 周紀』周公召公二相行. 政號曰共和. 按共音恭. 法也. 共和猶云法. 周召公共和十四年. 是爲年號紀元之始.

번역 『사기 주기』주소공이 두 재상과 함께 정사를 돌본 것을 공화라고 일컫는다. 생각건대 공(共)은 음이 공(恭)이니, 법(法, 본받음)을 의미한다. 공화는 법이라고 하는 것과 같다. 주소공이 공화한 14년이 연호 기원의 시작이다.

文明: 『易』文明以止. 人文也. 『荀子禮論編』文謂法度也. 『賈子道術』知道者謂之明. 『儲光羲詩』文明叶邦選.

번역 『역경』문으로 지극함을 밝힌 것이 인문이다. 『순자예론편』문은 법도를 일컫는다. 『가자도술』도를 아는 것을 일컬어 명이라고 한다. 『저광희시』문명은 나라의 인선을 적합하게 한다.

이 책에 쓰인 '공화'는 현대 정치학의 '공화' 개념과는 거리가 멀다.

---

2) 周商夫(1913), 『新名詞訓纂』, 上海: 上海掃葉山房.

예를 들어 『대한흥학보』 제12호(1910.4)의 곽한탁(郭漢倬)의 '조약개의 (條約槪意)'에 쓰인 "주권국은 다른 국가와 조약 체결권이 어떤 사람의 수중에 있는지 여부가 각국 헌법에 의해 정해져, 일반으로 논하면 군주 전제국(君主專制國) 또는 입헌군주국(立憲君主國)에서는 군주에게 있고, 공화국(共和國)에서는 행정 장관 또는 행정 장관과 상원에서 맡는 것이 보통이오."라고 할 때의 공화국은 정치 체제(또는 국가 체제)를 뜻하는 공화국이다. '문명'의 개념은 이보다 더 복잡한데, 『신명사훈찬』의 문명은 '법도를 밝게 하는 것', '인재를 바르게 쓰는 것' 등을 의미하나, 이 용어는 '자연(自然)'과 대립하는 개념으로, 인류가 이룩한 물질적·기술적·사회 구조적 삶의 양식을 포괄하는 개념으로 사용된다. 특히 근대 계몽기에는 '문명'과 '개화'가 합쳐져 '비문명', '야만', '반문명(半文明)', '반개화(半開化)'와 대립하는 개념으로 쓰일 경우도 많다.

'개념(concept)'이란 '어떤 사물 현상에 대한 일반적 지식'을 의미한다. 오그덴과 리차드(Ogden C. K. & Richard I. A., 1923)에서는 어떤 언어 기호 (symbol, name)의 개념을 "사물·지시물·대상(thing, referent, object)이 지시 하는(refer to, adequate) 의미(meaning, concept, thought)"의 관계로 나타낸 바 있다. 마찬가지로 특정 개념을 나타내는 용어는 특정 지식을 표현하 는 언어 형식으로 이해할 수 있는데, 일반적으로 관념적이거나 추상적 인 의미보다 사실적이고 구체적인 의미를 갖는 형식을 지칭하는 용어 로 쓰일 때가 많다. 그러나 개념어 형성 과정이 일시적이고 순간적인 것은 아니다. 경우에 따라서는 기존의 용어가 새로운 개념을 획득하기 도 하고, 때로는 새로운 개념을 나타내기 위한 번역어나 신조어를 만들 기도 한다.

근대 계몽기의 국가 의식과 민족의식도 마찬가지이다. 전통적인 '국 (國)'과 '가(家)'의 개념이 정치 체제로서의 국가로 전환되는 과정이나, '민(民)'과 '족(族)'이 '민족' 개념으로 전환되기까지는 일정한 시간이 필 요했으며, 이러한 용어를 사용하는 사람들 사이에서도 '국가'와 '민족'

개념이 동일했던 것은 아니다. 더욱이 근대 지식으로서 국가와 민족 개념이 일반 민중의 의식으로 자리 잡는 과정은 지식 번역과 수용 과정에 비해 좀 더 시간이 필요했던 것으로 보인다.

2. 근대 계몽기 국가·사회·민족 개념어의 용법

2.1. 일가(一家)와 국가(國家), 인민과 국민

근대 계몽기에 정치 체제로서 국가 개념이 본격적으로 도입되었음은 국가학과 관련한 다수의 저술에서도 쉽게 확인된다. 예를 들어 『만세보』 1906년 9월 18일부터 11월 22일까지 연재된 「국가전체론(國家全體論)」[3] 이나 백륜지리(伯倫知理, 부룬칠리) 저, 안종화 역(1907)의 『국가학강령』 (김상만서포), 김상연 역술(1907)의 『국가학』, 정인호(1908)의 『국가사상 학』[4] 등 국가학 관련 저술이 다수 등장한다. 1900년대에는 이러한 저 역서를 통해 국가의 개념이나 국가학 연구 방법 등이 비교적 체계화되 었다. 예를 들어 『만세보』의 '국가전체론'은 '국가의 개념', '국가와 사 회의 차이점', '국가와 사회의 관계', '국가의 편성(국가 편성 원리, 입법부, 원수, 행정부, 3권 관계, 3권 분립 원리)', '입법부', '원수편', '행정부' 등이 소개되었으며, 김상연(1907)에서도 '국가의 정의', '국거학 및 연구법', '국가의 이상과 실상', '국가의 기원', '인민과 국민의 차별', '사회와 종 족', '국가와 가족', '국가와 개인', '국가의 흥망', '국가가 목적인지 수단 인지', '국가 목적에 관한 잘못된 견해', '국가의 진목적', '정체(政體)의

---

3) 이 자료는 한문으로 발표되었으며, 김효전(2005)에서 번역되었다.
4) 김효전(2003)의 『국가사상학』(관악사)에 따르면, 이 책은 양계초의 '국가사상변천이동 론'(1901), '각국헌법이동론'(1899)을 정인호가 중역한 것이다. 양계초는 『청의보』에 '헌 법 백륜지리 저 국가론'을 중국어로 번역한 것으로 알려져 있다.

구별', '주권', '정권(政權)의 구별', '전제군주 정체', '입헌군주 정체', '공
화정체', '2국 간의 병립관계', '2국 간의 종속 관계', '국가 연합제' 등과
같이 근대 정치학의 한 분야로서 국가학과 관련된 체계적 지식을 제공
하고 있다.

그러나 이 시기 '국가' 개념이 이들 저서에 등장하는 개념과 동일하
게 사용된 것은 아니다. 다음을 살펴보자.

【 愛國性質[5] 】

現今 世界列强을 觀ᄒ건딕 皆其全國 人民이 愛國ᄒᄂ 性質이 有ᄒ야 國
事를 自己의 事로 擔着ᄒ며 國權을 自己의 權으로 重視ᄒ며 國恥를 曰自己
의 恥라ᄒ며 國榮을 曰自己의 榮이라ᄒ야 其國을 富코져ᄒ며 其國을 强코
져 홈이 一般 性質이오 一般 義務라. 今에 大韓 人民은 何故로 國家思想이
甚히 冷淡ᄒ요. 玆大韓國을 將ᄒ야 誰의 國이라 ᄒᄂ고. 但히 君上의 國으
로만 謂치 못ᄒ 것이오, 官紳의 國으로만 謂치 못ᄒ지라. 萬一 國家가 不保
ᄒ면 人民은 將次 何處로 往ᄒ야 圖存홀고. 土地도 他人의 所有가 될 거시오,
財産도 他人의 所有가 될러니와 自身의 生命도 쏘흔 自意로 主管치 못홀지
니 國을 愛치 아니ᄒᄂ 者ᄂ 곳 其身을 愛치 못ᄒᄂ 者니라. 未知케라 大韓
人民은 平日 官吏의 虐政을 久苦홈으로써 官人을 對ᄒ야 嫉視之心이 有ᄒ
야 然흔가. 此ᄂ 不然흔 거시 兄弟鬩于墻이나 外禦其侮라 ᄒ얏스니 今日를
當ᄒ야 엇지 前日 嫌恨으로써 國家의 急을 不顧ᄒ리오. 噫라 人民이 無ᄒ면
其國이 無홀거시오 其國이 無ᄒ면 其民이 無홀지니 試思ᄒ라. 大韓一國은
二千萬同胞의 國이 아닌가. 其民이 愛國ᄒᄂ 性質이 無ᄒ면 곳 人民이 無흔
國이니 他人이 엇지 此를 取치 아니ᄒ리오. 萬若 其國이 亡ᄒ면 곳 其民의
罪라. 然則 其國을 愛흔다홈은 其國을 富强코져 홈이니, 其國을 富强코져
ᄒ면 衆智와 衆力으로 以홀지니 一二人의 愛國이 十百人의 愛國을 當치 못

---

5) 『대한매일신보』, 1905.10.18.

ᄒ고 十百人의 愛國이 千萬人의 愛國을 當치 못홈은 其理가 瞭然ᄒ지라. 現今 時代ᄂ 智力競爭之世라 力莫强於衆力이오, 智莫大於衆智니 社會가 아니면 衆力을 聯合지 못ᄒ고 敎育이 아니면 衆智가 發達치 못ᄒᄂ니 是故로 世界 列强이 皆社會의 聯合과 敎育의 發達로써 國家의 權利를 充足ᄒ고 人民의 生活을 安全케 ᄒᄂ지라. 大韓 人士도 아모조록 社會를 聯合ᄒ야 團體를 固結ᄒ며 敎育을 擴張ᄒ야 知識을 增進케ᄒᄂ 거시 愛國ᄒᄂ 實地 事業이오, 또 德相俾思麥이 有言ᄒ되 余의 所知ᄂ 赤血과 黑鐵ᄯᆞᆫ이라 ᄒᆞ얏스니 現今 時代ᄂ 赤血과 黑鐵의 力이 아니면 能히 國家를 維持치 못ᄒ고 人民을 保全치 못ᄒᄂ니 大韓 風氣가 如其히 委靡不振ᄒ다가ᄂ 畢竟 彊土ᄂ 他人의 佔奪를 被ᄒ깃고 種族은 將次滅絶之懼을 不免ᄒ리니 可不念哉며 可不患哉아. 幸히 赤血과 黑鐵의 目的으로써 一種 特性을 養成ᄒ면 愛國ᄒᄂ 人民이 될이니 公으로ᄂ 國權을 可히 回復ᄒᆯ 거시오 私로ᄂ 生命을 可히 圖存ᄒᆯ지니 勉之勉之ᄒ라.

번역 현금 세계열강을 보면, 모두 그 전국 인민으로 애국하는 성질이 있어, 국가사를 자기의 일로 담당하고 국권을 자기의 권리로 중시하며 국치를 자기의 치욕이라고 하며, 국가의 영화를 자기의 영화라고 하여 그 국가를 부유하게 하고자 하며, 그 국가를 강하게 하고자 함이 일반적인 성질이요, 일반 의무이다. 지금 대한 인민은 어째서 국가사상이 심히 냉담한가. 이에 대한국을 장차 누구의 국가라고 하는가. 단지 군주의 국가라고만 하지 못할 것이요, 관료 신사의 국가로만 일컫지 못할 것이다. 만일 국가를 보존하지 못하면 인민은 장차 어느 곳에서 살아가며 생존을 도모하겠는가. 토지도 타인의 소유가 될 것이요, 재산도 타인의 소유가 될 것이며 자신의 생명도 또한 자의로 주관하지 못할 것이니, 국가를 사랑하지 않는 자는 곧 자기 자신을 사랑하지 못하는 자이다. 알지 못하겠다. 대한 인민은 평일 관리의 학정에 오랫동안 고통을 받았기 때문에 관인을 대하면 질투심이 있어 그러한가? 이는 그렇지 않은 것이 형제가 담장에서 싸울지라도 밖으로는 그 수모를 막는다고 하였으니, 금일에 전일의 혐오와 한 때문에 국가의 위급을 돌아보지 않겠는가. 아! 그 인민이 없으면 국가가 없을 것이요, 국가가 없으면 인민이 없을 것이니, 생각하라. 대한 일국은 이천만 동포의 국가가 아닌가. 그 국민이 애국하는 성질이 없으면, 곧 인민이 없는 국가이니, 타인이 어찌 이를 취하지 않겠는가. 만약 그 국가가 망하면 곧 그 인민의 죄이다. 그러므로 그 국가를 사랑한다고 하는 것은 그 국가를 부강하게 하고자 하는 것이니, 그 국가를 부강하게 하고자 하면 중지(衆智)와 중력(衆力)으로 할 것이니, 한두 사람의 애국이 열 명 백 명의 애국을 당할 수 없고, 열 명 백 명의 애국이 천만인의 애국을 당하지 못하는 것은 그 이치가 명확하다. 지금 시대는 지력 경쟁의 시대이니 여러 사람의 지혜보다 강한 힘이 없고, 중지보다 더 큰 지혜가 없으니, 사회가 아니면 중력을 합치지 못하고, 교육이 아니면 중지가 발달하지 못하니, 그러므로 세계열강이 모두 사회(단체) 연합과 교육 발달로 국가의 권리를 충족하고 인민의 생활을 안전하게 한다. 대한 인사도 아무쪼록 사회를 연합하여 단체를 굳게 하며, 교육을 확장하여 지식을 증진케 하는 것이 애국하는 실제 사업이요, 또 독일의 비스마르크가 말하되, 내가 아는 바는 오직 적혈(赤血, 애국심)과 흑철(黑鐵, 무력)이라고 하였으니, 지금 시대는 적혈과 흑철의 힘이 아니면 능히 국가를 유지하지 못하고 인민을 보전하지 못하니, 대한의 풍기가 이와 같이 위미부진하면 필경 강토는 타인의 점탈을 입을 것이며, 종족은 장차 절멸의 두려움을 면하지 못할 것이니 이를 생각하지 않고 두려워하지 않을 수 있는가. 다행히 적혈과 흑철을 목적으로 일종 성질을 양성하면 애국하는 인민이 될 것이니 공적으로는 국권을 회복할 수 있을 것이요, 사적으로는 개인 생명을 능히 보존할 것이다. 힘쓰고 힘쓰라.

이 논설에는 '국가', '인민', '동포', '종족' 등의 용어가 다수 등장한다. 여기에 쓰인 국가는 '인민의 집합체', '일정한 토지 소유' 등을 특징으로 하며, 인민의 국가사상은 '국가사(國家事), 국권(國權), 국치(國恥), 국가의 영화(榮華)' 등과 관련한 의식을 의미하는 것으로 풀이된다. 그런데 이 글에 등장하는 '종족'이나 '인민'은 단순히 국가 구성원을 지칭하는 개념일 뿐, 국가 구성원으로서의 '국민(國民)'이 무엇인지에 대한 의식은 쉽게 찾아보기 어렵다. 이러한 경향을 좀 더 뚜렷이 보여주는 사례가 '일인', '일가', '일국'의 관계를 규정하는 논설류이다. 다음을 살펴보자.

【 愛國ㅎ는 誠心[6] 】

大抵 邦國云者는 一團의 人民으로 一幅의 土地를 占有ㅎ고 一定흔 權利를 能行홈을 謂홈이라. 所以로 人類는 彼此의 區別이 無ㅎ나 邦國은 爾我의 定線이 有ㅎ야 國君도 其所主國을 謂ㅎ야 吾國이라 ㅎ며 政府도 其所在國을 謂ㅎ야 吾國이라 ㅎ고 國民도 其所居國을 謂ㅎ야 吾國이라 ㅎ나니 此는 國君과 政府와 國民이 其 國家에 對흔 地位는 雖異ㅎ나 其 存亡과 利害와 憂樂이 國家에 對흔 大同休戚은 一般인 故이라. 今에 國君과 國民을 勿論ㅎ고 其 國家에 對흔 責任을 若一不善ㅎ야 國이 國된 體面을 損失ㅎ면 其 土地와 主權을 不得保守홈은 姑舍ㅎ고 其 一身의 生活홈도 不能흘 거시오. 但히 一身의 生活홈을 不能흘 쑨 不啻라. 其 名도 從ㅎ야 絶滅흘지니 此ㅣ 各自愛國ㅎ는 誠心의 自出ㅎ는 所由라. 且 此 名이 一次 絶滅인딕 永爲不存이면 亦 或 可也어니와 其 金的 李的의 私名은 雖 云絶滅이나 其 某國民 某人族이라 稱ㅎ는 公名은 不無ㅎ야, 世界上 人類에 竝數치 못ㅎ고 某山獸 某水魚와 同一히 指呼ㅎ나니, 此 公名이라 홈은 實로 吾人類된 者의 自重自愛흘 者이로다. 假令 我韓國人으로 言ㅎ야도 韓國人 三字가 重大흔 公稱이라. 是以로 吾人의 韓人된 者는 其 姓名은 誰某이든지 勿論ㅎ고 如是重大흔 韓國人이라 稱ㅎ는 公名을 同有ㅎ야 强弱의 定分이 無흔지라. 然이나 此 名을 尊重이 홈은 此心이 堅實홈에 在ㅎ나니 苟 使此心으로 一定 特立이면 百折不屈ㅎ야 使外物로 此 生은 可奪이로딕 此 心은 不可奪이오 此 業은

6) 김관식(1907), 「愛國ㅎ는 誠心」, 『대한유학생회학보』 제2호, 1907.4.

可毁인뎡 此心은 不可毁홀 거시오 此 心이 不實ᄒ야 一次 不美ᄒ 行止가 有홀진딕 外國人은 必曰 韓國人이 如此ᄒ다 謂홀씨니 卽 一人의 惡行으로 全國人이 其 汚名을 共當홈이니 然ᄒ기 吾人의 共有ᄒ 韓國人이라 稱ᄒᄂ 公名의 職責을 欲守홀딘딕 此 名을 父母의 名보담 一層 重大히 尊敬ᄒ야 他人에게 受汙치 勿ᄒᄒ며 此 心을 金石과 如하 堅執ᄒ야 外物에 隨變치 勿ᄒ 고 雜是小權細利라도 自己의 私物로 認定ᄒ야 決코 外人에게 讓與치 勿홀 지어다. 個人의 私權細利가 會合ᄒ야 國家와 公權大利을 作ᄒ나니 大槪 此 道가 我韓國에만 獨然홈이 안이라 天下의 何國人이든지 皆如此ᄒ야 英吉 利人은 英吉利人이라 稱홈이 其 國人의 公名이오 佛蘭西人은 佛蘭西人이라 呼홈이 亦 其 國人의 公名이라. 萬國의 普同ᄒ 通義로다.

번역 대저 방국(邦國)이라고 하는 것은 한 단체의 인민이 한 폭의 토지를 점유하고, 일정한 권리를 행사하는 것을 일컫는 것이다. 그 까닭에 인류는 피차의 구별이 없으나, 방국은 너와 내가 정해진 경계선이 있어, 국가의 군주(國君)도 그 사는 곳을 일컬어 '우리나라(吾國)'라고 하고, 정부(政府)도 그 국가 소재를 일컬어 '우리나라(吾國)'라 하고, '국민(國民)'도 그 사는 나라를 일컬어 '우리나라'라고 하니, 이는 군주와 정부와 국민이 그 국가에 대한 지위는 다르나, 존망과 이해, 근심과 기쁨이 국가에 대해 함께 근심 걱정하는 것은 일반이기 때문이다. 지금 군주와 국민은 물론, 국가에 대한 책임이 좋지 못해 나라가 나라된 체면을 손실하면, 그 토지와 주권을 보호하지 못하는 것은 고사하고, 그 일신의 생활도 불가능할 것이요, 다만 일신 생활이 불가능할 뿐 다름 아니라 그 이름도 절멸할 것이니, 이것이 각자 애국하는 성심(誠心)이 스스로 나타나는 이유이다. 또 이 이름이 한번 절멸하는 것이 영원히 존속할 수 없다면 또한 모르지만 김이니 이니 하는 개인의 이름은 혹 절멸할지 모르나 어느 나라 어느 종족이라고 일컫는 공적인 이름은 없지 않아, 세계상 인류와 나란히 하지 못하고, 어느 산짐승 어떤 물고기와 동일하게 불릴 것이니, 이 공적인 이름이라고 하는 것은 실로 우리 인류된 자의 자중자애하는 것이다. 가령 우리 한국인으로 말하더라도 한국인 세 자가 중대한 공적 칭호이다. 그러므로 우리들 한인(韓人)된 자는 그 성명이 누구든지를 물론하고, 이와 같이 중대한 한국인이라고 칭하는 공적 명칭을 공유하여 강약의 정해진 본분이 없다. 그러나 이 이름을 존중하는 것은 마음을 견실하게 하는 데 있으니, 진실로 이 마음이 정해져 확립되면 백절불굴하여 외물로 이 생명은 빼앗을 수 있으나, 이 마음은 빼앗을 수 없고, 이 업은 훼손할 수 있으나 이 마음을 훼손할 수 없을 것이요, 이 마음이 부실하여 한번 불미한 행위가 있다면 외국인은 반드시 한국인이 이와 같다고 말할 것이니, 곧 한 사람의 악행으로 전국 인민이 그 오명을 함께 당할 것이니, 그렇기에 우리들이 공유하는 '한국인'이라고 칭하는 공적 명칭의 직책을 지키고자 한다면, 이 이름을 부모의 이름보다 한층 중대하게 존경하여 타인에게 더러움을 남기지 말고, 이 마음을 금석과 같이 지켜 외물에 따라 변하지 말고, 작은 권리와 이익이라도 자기의 개인 소유물로 여겨 결코 외인(外人)에게 양여하지 말아야 한다. 개인의 사권(私權)과 작은 이익이 합쳐져 국가와 공권(公權) 큰 이익을 만드니, 대개 이 방법이 우리 한국에만 그런 것이 아니라 천하의 어떤 나라든지 모두 이와 같아, 영국인은 영국인이라고 칭함이 그 국민의 공통된 이름이요, 프랑스인은 프랑스인이라고 부르는 것이 또한 그 국민의 공통된 명칭이 만국의 보편적 공통 의미이다.

이 논설에 나타나는 '방국', '인민', '국군', '정부', '국민' 등은 국가와 사회, 개인과 국민의 관계에 대한 사회 구성원의 공통된 의식을 전제로 한 것이라기보다 '한국인'이라는 막연한 의식을 전제로 한 개념을 갖는다. 특히 '군주', '정부', '국민'의 관계에서 '군주'는 통치자를 의미하며, '정부'는 전통적인 '조정(朝庭)' 또는 군주의 지휘를 받는 관료나 관리를 지칭하는 경우가 많았다. 1900년대 이후 국가의 성립 요건이 '국민, 영토, 주권'을 세 가지 요소로 한다는 점을 인식하면서도, '국민'이나 '주권' 개념이 일반인에게 뚜렷이 인식되지 못했던 이유는 '국가'를 전통적인 '일신·일가(一身一家)'의 확장체로 인식했기 때문으로 보인다. 달리 말해 개인이 모여 가(家)를 이루고, 가(家)가 모여 국(國)을 이루며, '국'은 '군주'와 같은 의미를 지닌다는 사유 방식이 지속적으로 계승되어 왔다는 뜻이다. 그렇기 때문에 '충효일치(忠孝一致)'가 강조되고, '가'를 벗어난 '국'의 개념이 부정되는 경우가 일반적이었다. 다음을 살펴보자.

【 정부에 관한 인식 】

ㄱ. 夫 政府者는 養民之關이라. 善養則 民和而國治ㅎ고 不善養則 民怨而政亂ㅎㄴ니 故로 治世之政府는 宜上恩德ㅎ야 與民共樂ㅎ고 亂世之政府는 浚民膏澤ㅎ야 以資肥慾ㅎ니 譬之一身컨딕 心은 君과 如ㅎ고 胃는 政府와 如ㅎ고 肢節은 民과 如ㅎ지라. (…中略…) 惟我大韓政府가 自十數年來로 賂章을 全寵ㅎ야 上으로 堯舜ㅈ타신 大皇帝陛下의 聖德을 不宣ㅎ고 下으로 殘民의 財産을 賊奪ㅎ야 無名之稅와 不辜之殺이 一國에 徧滿ㅎ니 於是乎人民들이 政府視ㅎ기를 初에는 猛虎ㅈ치ㅎ더니 終에는 仇讎ㅈ치ㅎ야 沸鬱所激에 全國이 大病을 受ㅎ야 正히 良手에 慨歎홀 바이러니 橋歎盛哉라.[7]

> **번역** 대저 정부라는 것은 양민(養民)의 기관이다. 정부가 잘하면 백성이 화합하고 나라가 다스려지며, 잘하지 못하면 백성이 원망하고 정치가 혼란스러워지니 치세(治世)의 정부는 마땅히 성상의 은덕으로 여민동락하고 난세의 정부는 백성의 고혈을 빨아 사욕을 살찌우니, 인신으로 비유하면 심장은 임금과 같고, 위는 정부와 같고, 팔다리는 백성과 같다. (…중략…) 오직 우리 대한 정부가 십수 년 이래로 뇌물을 좋아하여 위로 요순 같은 대황제 폐하의 성덕을 펼치지 못하고, 아래로 잔약한 백성의 재산을 탈취하여 이름 없는 세금과 까닭 없는 죽음이 일국에 가득 퍼졌으니, 이에 인민들이 정부 대하기를 처음에는 맹호처럼 여기더니 나

---

7) (논설) 『황성신문』, 1898.11.2.

중에는 원수처럼 여겨 울분이 끓고 격분하여 전국에 큰 병이 되어 정히 솜씨마다 개탄하는 바이니 탄식할 일이다.

ㄴ. 政府人民之表準[8]: 夫政府者는 人民之表準也라. <u>政府ㅣ 正則 人民도 亦 正ㅎ고 政府ㅣ 不正則 人民도 亦不正ㅎᄂ니</u> 假如 政府之上에 多賢良方正之 人則 人民도 亦多趨於賢良方正之路ㅎ고 政府之上에 多直言極諫之士則 人民 도 亦多趨於直言極諫之途ㅎ며 政府之上에 多讒諂面諛之人則 人民도 亦多趨 於讒諂面諛之徑ㅎ며 政府之上에 多貪饕盜窃之人則 人民도 亦多趨於貪饕盜 窃之門ㅎ며 政府之上에 多侫邪詭妄과 淫佚浮蕩之人則 人民도 亦多趨於侫邪 詭妄淫佚浮蕩之習ㅎᄂ니 凡政府之所爲을 人民이 應之如桴鼓之捷과 影響之 速ㅎ야 行一政發一令에 無有不隨感而應을 (…中略…) 然則 政府之一動一靜 과 一善一惡이 皆人民之所感化者則 <u>爲政府者ㅣ 不其難且愼重乎아.</u> 是以로 民俗之邪正善惡은 惟在乎政府之導達如何오 邦國之治亂安危는 亶係乎政府 之正不正如何而已니 <u>在政府之上ㅎ야 操風化之權者ㅣ 罔念此表準之義ㅎ고 雖幽獨隱微之際라도 苟或 有絲毫陰私之事면 必爲全國人之所覺察</u>이온 而況 公行不善ㅎ고 欲使人民으로 不趨於不善이면 其亦難矣乎哉니 嗚乎라 政府 諸公은 可不愼歟아 可不警歟아.

> **번역** 정부와 인민의 표준: 대저 정부라는 것은 인민의 표준이다. <u>정부 가 바르면 인민도 바르고, 정부가 바르지 못하면 인민도 바르지 못하니</u>, 가령 정부의 상층에 어질고 바른 인물이 많으면 인민도 또한 바르고 어진 길로 들 것이며, 정부의 상층에 직언하고 간언하는 인사가 많으면 인민도 또한 직언하고 간언하는 길을 걸을 것이며, 정부의 상층에 참소하고 아첨하는 무리가 많으면 인민도 또한 참소 아첨하는 길로 갈 것이며, 정부의 상층에 탐학 절도하는 사람이 많으면 인민도 또한 망령되 고 속이고 음란하고 분탕한 습성을 기를 것이니, 대범 정부가 하는 바는

---

8) (논설) 『황성신문』, 1903.1.21.

인민에게 응당 북채와 같이 **빠르게** 영향을 미쳐 하나의 정치를 행하고 명령을 내리는 데 따르고 감응하지 않는 바가 없어 (…중략…) 그러므로 정부의 동정과 선악이 모두 인민에게 감화를 미치니, <u>정부(政府)가 되어 어려워하고 신중해야 하지 않겠는가.</u> 이런 까닭에 인민 풍속의 사악과 바름, 선악은 오직 정부의 지도 여하에 달려 있을 뿐이며, 방국(邦國)의 치란과 안위는 정부의 바름과 바르지 않음에 관계할 뿐이니, <u>정부의 상층에 있는 자는 인민 풍속 교화의 권리를 조정하는 것에 바른 기준을 고려해야 하고, 오직 홀로 은미(隱微)할 때라도 진실로 조금도 사사로이 할 일이 있으면 반드시 전국 인민이 깨우치고 살피게 해야 할 일이거늘,</u> 하물며 공적인 행위를 바르게 하지 않고 인민으로 하여금 옳지 못한 데 나가게 하면 그 또한 어지러운 일이다. 아, 정부 제공은 신중해야 하지 않겠는가. 신중해야 하지 않겠는가.

1898년 11월 2일의 논설은 '헌의6조'를 제출한 데 따른 논설로, 근대적 국가 지식이 도입되던 시점에 쓰인 글이다. 이 글에서는 민본주의 전통에 따른 군주국의 정부 역할을 제시하면서, '대한 정부가 십 수 년 이래 뇌물'을 좋아했다는 기록을 남겼다. 이는 '정부=조정'의 개념을 탈피하지 못했음을 의미하는데, 이러한 경향은 '정부는 인민의 표준'이라는 논설에도 반영된다. 곧 '정부가 되는 일'은 '관료가 되는 일'을 의미하며, 관료는 인민을 교도(敎導)하고 풍속을 교화하는 역할을 담당한다고 인식한 결과이다. 근대 계몽기 국권의 소재에 따라 '군주국, 공화국'의 구분이나 '입헌주의' 사상이 도입되었을지라도,[9] 그것이 일반 민중의 의식을 변혁하기까지는 더 많은 시간이 필요했던 셈이다.

---

9) 이 시기 발행된 '국가학', '정치학' 관련 저역서에서는 국체(國體)와 정체(政體)에 관한 지식이 비교적 상세히 나타난다. 또한 1905년에는 '헌정연구회'라는 연구 단체가 생겨나기도 했다. 이에 대해서는 『황성신문』 1905년 7월 15일 8월 3일까지 8회에 걸쳐 연재된 '헌정요의(憲政要義)'를 참고할 수 있다.

'일가(一家)'의 집합체로서 '국가'를 인식하는 것이나 '정부'를 '조정'으로 인식하는 것 등은 근대 국가 지식의 도입에도 불구하고 전근대적 국가 개념이 혼재되어 있음을 의미하는 것이다. 이 점은 '인민'과 '국민' 개념어의 경우도 마찬가지로 보인다. 당시 교과서의 하나인 김상연 역술(1907)의 『국가학』을 살펴보자.

【 人民과 國民의 差別 】

通俗의 用法을 從홀 時에는 人民과 國民 間에 差別이 無ᄒ되 學問上에는 十分 其 用法을 區別치 아니ᄒ나 然이나 <u>學問上에도 國을 據ᄒ야 其 用法이 大異흔 故로 混雜의 獘가 亦 不少ᄒᄂ니</u> 假令 英語에 所謂 '쎄-샥루'[10]의 文字는 開明의 觀念을 包含흔 者로되 日耳曼人은 反히 '네-손'[11]의 文字로써 此 意味를 用ᄒ니 英語 '네-손'의 文字 意味는 日耳曼人이 用ᄒᄂ '호구루' 文字의 意味와 相異흔지라. <u>今에 國民과 人民의 差別의 例를 示홀진되</u> 中古 日耳曼人은 人民으로셔 國民이라 ᄒ되, 其後에 一國民된 日耳曼 人民이 分ᄒ야 數國民이 되얏스니, 卽 日耳曼 人民은 人民으로는 一이나 國民으로는 數個에 分ᄒ얏더니, 今日에 至ᄒ야 一次 分裂흔 日耳曼人이 再次 結合ᄒ야 一國民을 成ᄒ얏는지라. 人民과 國民이 擧皆 歷史의 生産物로써 人民은 元來 心理上의 變遷을 依ᄒ야 起흔 者라 謂ᄒᄂ니, 玆에 <u>一種 人類가 集合ᄒ야 其他 集合體와 相異흔 生活을 狀態와 社交의 風氣가 發達ᄒ야 漸次 其 子孫에게 傳홈에 至ᄒ야 始乃 人民이 生出ᄒ니, 此를 復言ᄒ면 人類는 偶然히 結合홈을 由ᄒ야 곳 人民되기 不能ᄒ고, 其 人民되는 形을 造ᄒ기ᄭ지는 數時代의 實驗과 變遷을 要ᄒ야 人類가 永久흔 結合을 依ᄒ야 生ᄒᄂ 特質과 文化를 子子孫孫에게 傳홈에 至흔 後에 비로소 人民이란 者ㅣ 成홈을 得ᄒ되,</u> 彼 國民은 此를 反ᄒ야 人民과 如히 心理上의 變遷으로 由홈

---

10) 쎄-샥루: 피플(people).
11) 네-손: 네이션(nation).

이 아니오, 全혀 政治上 變遷을 依호야 起혼 者ㅣ니, 卽 國民은 國家的 團結이오, 人民은 開化的 團結이라.

번역 통속의 용법을 따를 때 인민과 국민 간에는 차이가 없으나, 학문상에서는 그 용법을 충분히 구별하지 않으면 안 된다. 그러나 학문상에도 국가를 근거로 하여 그 용법이 큰 차이가 있으므로 혼잡한 폐단이 적지 않으나, 가령 영어에 소위 '피플'이라는 문자는 '개명(開明)'이라는 관념을 포함한 것인데, 독일인들은 반대로 '네이션'이라는 문자로 이 의미를 사용하니, 영어의 '네이션'은 독일인이 사용하는 '호구루'라는 단어와 다소 차이가 있다. 지금 국민과 인민이 다른 예를 보이면, 중고시대 독일인은 인민을 국민이라고 하였으나 그 후 국민된 독일 인민이 나뉘어 수개의 국민이 되었으니, 곧 독일 인민은 인민으로는 하나이나 국민으로는 수 개로 분리되었는데, 지금 일차 분열한 독일인이 재결합하여 하나의 국민을 이루었다. 인민과 국민은 모두 역사의 산물로 '인민'은 원래 심리상 변천에 따라 생긴 것이라 하였으나, 이에는 한 종족의 인류가 집합하여 기타 집합체와 다른 생활 상태와 사교의 풍기(風氣)가 발달하여 점차 그 자손에게 전하여 곧 인민이 만들어지니, 다시 말하면 인류는 우연히 결합하여 인민이 되는 것이 아니라, 그 인민이 되는 형상을 만들기까지 오랜 시대의 실험과 변천을 요하여, 인류가 영구히 결합하는 데서 생겨나는 특질과 문화를 자손에게 전하는 데 이르러야 비로소 인민이라는 것이 성립되는데, 저 국민은 이와 반대로 인민과 같이 심리상의 변천에서 비롯되는 것이 아니라 정치상 변천에 따라 생겨난 것이니, 곧 국민은 국가적 결합체요, 인민은 문명 발달에 따른 결합체이다.

이 교과서에서는 인민의 성립 과정이 심리적·문화적 특징을 전제로 하는 데 비해, 국민은 국가를 전제로 정치적으로 형성된다고 파악하였다. 달리 말해 인민은 한 종족의 문화와 풍속, 심리 상태가 자손에게 전달되면서 형성되는 개념인 데 비해, 국민은 정치상 국가가 만들어지면서 생겨난다는 것이다.

'신(身)', '가(家)', '국(國)'의 상관관계는 『대한매일신보』 1909년 7월 15일부터 17일까지 연재된 논설 '신가국(身家國) 삼 관념(三觀念)의 변천'에서도 뚜렷이 나타난다. 이 논설에 따르면 국가 개념의 역사는 '일신'의 개념만 존재하는 제1기부터 '일가'의 관념만 존재하는 제2기, 일가와 국이 병존하는 제3기를 거쳐 국가 관념만 중시되는 제4기로 발전한다고 한다. 이는 '국가주의'를 중심 이데올로기로 하는 근대 제국주의의 특징을 고려한 진술이나, 국권 침탈기 국가 존망의 위기나 국권 상실기 '국가'가 존재하지 않는 상황에서 '일신', '일가', '인민', '국민'과 관련한 적절한 계몽의식으로 이어지는 데는 한계를 가질 수밖에 없었다. 그렇기 때문에 일제 강점기에 이르면 '국가'와 '국민' 개념은 식민정책을 옹호하는 논리로 전환되고, '인민'이라는 개념 대신 '종족' 또는 '민족' 개념이 확산되는 셈이다.

2.2. 단체와 사회

근대 계몽기를 지탱해 온 '문명개화', '진화와 진보' 이데올로기 하에서 이를 이끌어 갈 주도 세력의 하나로 빈번히 거론된 것이 '단체'와 '사회'라는 용어이다. 야나부 아키라(柳父章, 1982)의 『번역어의 성립』[12]에 따르면 '사회'라는 용어는 근대 일본에서 '소사이어티(society)'를 번역하여 사용한 용어로 알려져 있다. 이에 따르면 '소사이어티'가 없는 일본에서 후쿠자와 유키치(福澤諭吉)은 '소사이어티'를 '인간 교제'라는 용어로 번역하였는데, 나카무라 마사나오(中村正直)의 경우 '회(會)' 또는 '사(社)'라는 표현을 사용하였으며, 후쿠자와 유키치(1876)의 『학문을 권함』에 이르러 '소사이어티'에 해당하는 '사회'라는 용어가 쓰였다는

---

12) 야나부 아키라, 김옥희 역(2011), 『번역어의 성립』, 마음산책.

것이다.

그런데 초기의 번역어가 대부분 그렇듯이, 근대 계몽기 한국에서도 '사회'라는 용어는 '소사이어티'가 갖고 있는 '공동생활을 영위하는 집단'의 개념보다는 결사체로서의 '회(會)'나 '사(社)'의 의미를 갖는 경우가 많았다. 다음을 살펴보자.

【 '사회'라는 용어의 의미13) 】

凡物之理가 舊ᄒ면 老ᄒ고 新ᄒ면 壯ᄒ며 舊ᄒ면 腐ᄒ고 新ᄒ면 鮮ᄒ며 舊ᄒ면 板ᄒ고 新ᄒ면 活ᄒ며 舊ᄒ면 滯ᄒ고 新ᄒ면 通ᄒ나니 此ᄂ 天地의 自然ᄒ 原理라. 今에 大韓政府와 社會의 情形을 觀ᄒ니 政府ᄂ 舊習의 弊로써 老腐板滯ᄒ다 謂ᄒ기도 無怪ᄒ거니와 至若諸般社會ᄒ야ᄂ 皆新發起新成立ᄒ 者라. 何故로 壯鮮活通ᄒᄂ 精神을 不見ᄒ깃ᄂᆫ요. 此ᄂ 一般 社員이 深思 硏究ᄒᆯ 者라. 大凡人之精神이 專一ᄒᆫ데 凝聚ᄒ면 聰明이 倍常ᄒ야 動力이 裕餘ᄒ고 精神 汗漫ᄒᆫ데 費用ᄒ면 聰明이 耗散ᄒ야 動力이 缺乏ᄒ나니 政府ᄂ 原來少數ᄒ 人員으로 諸般 政務를 摠轄ᄒ 故로 精神이 有限ᄒ되 人民 社會ᄂ 多數ᄒ 人員으로 各其 專一ᄒ 業務가 有ᄒ 故로 精神이 無限ᄒ니 此ᄂ 社會力이 國家를 富强케ᄒᄂ 비라. 彼文明各國의 社會를 觀ᄒ라. 天文을 達코져 ᄒ면 天文學會가 有ᄒ고 地理를 攷코져 ᄒ면 地理學會가 有ᄒ고 諸般 礦學會와 農學會와 商學會와 工學會와 史學會 等이 有ᄒ야 各其 社員의 知識과 學問을 合ᄒ야 專門 講求ᄒᄂ 故로 能히 事事를 新關ᄒ야 精微ᄒ고 靈妙ᄒ 거슬 無不透得收用ᄒᄂ지라. 今大韓國 中에 諸般 社會가 各其主旨 目的이 有ᄒ나 宗敎會와 商業會를 除ᄒ 外에ᄂ 實學上의 專一ᄒ 規模가 完備타 謂치 못ᄒᆯ지니 所以로 壯鮮活通ᄒᄂ 新精神이 아즉 社會으로 生出치 못ᄒᄂ지 不知ᄒ거니와 余ᄂ 諸般 社會 中에셔 新學問에 卒業ᄒ 者를 得ᄒ야 各其 專門學業會 規模를 組成ᄒ야 一般人士의 專一ᄒ 精神을

---

13) (논설) 『대한매일신보』, 1905.5.14.

培養흠으로 十分 企望ᄒ노라.

무릇 사물의 이치가 오래된 것은 노쇠하고 새로운 것은 장엄하며, 오래된 것은 부패하고, 새로운 것은 신선하며, 오래된 것은 판에 박히고, 새로운 것은 활달하며, 오래된 것은 침체하고, 새로운 것은 통달하니, 이는 천지자연의 원리이다. 지금 대한 정부와 사회의 사정을 살펴보면 정부는 구습의 폐로 노쇠 부패 침체했다고 일컬음도 괴이하지 않거니와 제반 사회에 이르러는 모두 새로 발기하고 새로 성립된 것들이니 어찌 장엄하고 신선하고 활통하는 정신을 보지 못하겠는가. 이는 일반 사회 구성원이 깊이 생각하고 연구할 것이다. 무릇 사람의 정신을 되는 대로 두고 등한히 하면 총명이 배가 되어 활동력이 충분하고, 정신이 한만한 곳에 힘을 쓰면 총명이 소모되어 활동력이 결핍하니, 정부는 원래 소수의 인원으로 제반 정부를 총괄하는 까닭에 정신이 유한하나, 인민의 사회는 많은 인원으로 각기 전일한 업무가 있어 정신이 무한하니, 이는 사회의 힘으로 국가를 부강하게 하는 바이다. 저 문명 각국의 사회를 보라. 천문을 통달하고자 하면 천문학회가 있고, 지리를 연구하고자 하면 지리학회가 있고, 제반 광학회와 농학회, 상학회, 공학회, 사학회 등이 있어 각기 구성원의 지식과 학문을 합해, 전문 분야를 강구하는 까닭에 능히 일마다 새로 개척하고 정신이 미묘하여 영묘한 것을 꿰뚫어 수용하지 못하는 바가 없다. 지금 대한국 중에 제반 사회가 각기 그 취지와 목적이 있으나, 종교회와 상업회를 제외하면 실학(實學)을 전문으로 하는 상황이 완비되었다고 일컬을 수 없으니, 그러므로 장하고 신선하고 활통한 정신이 아직 사회에 생겨나지 못하는지 알 수 없으나 나는 제반 사회 중에서 신학문을 졸업한 자를 얻어 각기 전문 학업회 규모를 조성하여 일반 인사의 전일한 정신을 배양할 것을 매우 기대하고 바란다.

여기서 '사회'는 '단체(團體)'와 같은 의미를 지닌다. 곧 사회는 자연적으로 성립하는 것이 아니라 '발기', '성립'의 인위적 과정을 거쳐 생성된다. '천문학회, 지리학회, 광학회, 농학회, 상학회, 공학회, 사학회' 등과 같이 특정 목적을 갖고 출발한 연구 단체나, '종교회, 상업회' 등과 같이 인위적 목적에 따라 결성한 단체들이다.

이처럼 인위적 집단, 단체를 의미하는 '사회'의 용법은 경우에 따라 특정 목적의 집단이 아니라 의식을 공유하는 사람들이나 상태를 나타낼 경우도 있는데, 다음은 근대 계몽기 '사회'라는 개념이 다의적으로 쓰인 사례의 하나이다.

【 社會[14) 】

社會라 ᄒᄂᆫ 거ᄉᆫ 多少 恒久ᄒᆫ 關係로 共同生活ᄒᄂᆫ 諸人의 一團體라 定義홈을 可히 得홀지라. 大抵 人이 科學上 目的에 相同ᄒᆫ 者ᄅᆯ 包括ᄒᆞ고 不然ᄒᆫ 者ᄅᆯ 排斥ᄒᄂᆫ 諸部類의 下에 團結을 得ᄒᄂᆫ지라. 然而此團體ᄂᆫ 但 思想家의 心中에 存在홀 ᄯᅢᆫ이오 一 社會난 아니라. 是에 反ᄒᆞ야 鐵道 列車 內에 集合은 가장 雜多ᄒᆫ 性質을 包含ᄒᆞ야 其 關係가 甚히 偶然ᄒᆞ나 一種의 社會ᄅᆯ 連結ᄒᆞ얏고 且演說場裡에ᄂᆫ 비록 暫時間이ᄂᆫ 演說者ᄂᆫ 聽衆의 共同 興味ᄅᆯ 結合홈도 一社會라. 然則 數代間에 同一ᄒᆫ 生活을 永續ᄒᄂᆫ 家族도 一社會오 瞬時 集合도 ᄯᅩ 一社會라 稱홀 者도 有ᄒᆫ지라. 故로 社會란 거ᄉᆫ 長ᄒᆞ던지 短ᄒᆞ던지 共通生活을 分擔ᄒᄂᆫ 諸人의 一團體ᄅᆯ 指홈이라. 然而其發展ᄒᆞ야 一定의 職能을 遂ᄒᄂᆫ 小社會와 此等 小社會ᄅᆯ 包含ᄒᄂᆫ 大社會의 間에ᄂᆫ 重要ᄒᆫ 差別이 有홈으로써 某 學者ᄂᆫ 是等 小社會ᄅᆯ 指ᄒᆞ야 '社會的 機關' 或은 '社會的 團體'라 稱ᄒᆞ얏스니 此ᄂᆫ 진실노 個人과 個人에 屬ᄒᆫ 大社會 中間에 位ᄒᆫ 者인ᄃᆡ 其 社會의 骨骼(골격)되고 構造된 者ㅣ니라. 生物學上의 語ᄅᆯ 藉ᄒᆞ야 말홀진ᄃᆡ 其機關이라 稱홀 만ᄒᆫ 者라. 然則 社會라 ᄒᄂᆫ 말은 其中에 諸社會的 團體가 存在ᄒᆫ 大形體ᄅᆯ 指홈이니 社會가 此等 小團體와 異홈은 確定ᄒᆫ 一職能을 遂ᄒᆞ기ᄅᆯ 爲ᄒᆞ야 存在ᄒᆫ 거시

---

14) 이인직(1906), 「사회」, 『소년한반도』 제1호, 1906.11.

아니라 故로 社會는 其任務를 竭ᄒ기보다 차라리 小團體의 任務를 竭케 ᄒ는 者라. 社會는 彼都市와 其他 地方的 團體와 或 國民 政治的 團體가 一致됨을 謂ᄒ이라. 其範圍가 地球上 民族이라는 語와 同一ᄒ나니 泛言(범언)ᄒ건딕 社會는 文化의 型式과 一致ᄒ지라.

사회라고 하는 것은 다소 항구한 관계로 공동생활을 하는 모든 사람의 한 단체라고 정의하는 것이 마땅하다. 대저 사람이 과학상 목적에 서로 같은 것을 포괄하고, 그렇지 않은 것을 배척하는 여러 부류 아래, 단체를 결성하게 된다. 그러므로 이 단체는 단지 사상가의 마음에만 존재할 뿐이요, 한 사회는 아니다. 이에 비해 철도 열차 내에 모여 있는 사람들은 가장 복잡한 성질을 포함하여, 그 관계가 심히 우연적이나 일종 사회를 이루고, 또 연설장 내에서 비록 잠시나마 연설자가 청중의 흥미를 합쳐 놓은 것도 한 사회이다. 그러므로 여러 대에 동일한 생활을 영속하는 가족도 한 사회요, 순간에 모여 있는 집합도 또한 하나의 사회라고 칭할 수 있다. 그러므로 사회는 길든 짧든 공통생활을 담당하는 여러 사람들의 단체를 지칭한 것이다. 그러므로 그것이 발전하여 일정한 기능을 이루는 소사회와 이들 소사회를 포함하는 대사회 사이에는 중요한 차이가 있으니, 어느 학자는 이들 소사회를 지칭하여 '사회적 기관' 혹은 '사회적 단체'라고 하였으니, 이는 진실로 개인과 개인이 속한 대사회의 중간에 위치한 것으로 그 사회의 골격이 되고 구조된 것이다. 생물학의 용어를 빌려 말하면 '기관'이라고 칭할 만한 것이다. 그러므로 사회라는 말은 그 중 여러 사회적 단체가 존재하는 큰 형태를 지칭하는 것이니, 사회가 이들 소집단과 다름은 확정한 한 개의 직능을 달성하기 위해 존재하는 것이 아니라, 사회가 그 임무를 다하기보다 오히려 소집단의 임무를 다하게 하는 것이라고 할 수 있다. 사회는 저 도시와 기타 지방적 단체, 혹은 국민의 정치적 단체가 일치되는 것을 일컫는다. 그 범위가 지구상 민족이라는 말과 동일하니 범연히 말하면 문화의 형식과 일치한다.

'사회학'이라는 학문을 소개하기 위해 '사회'의 개념과 특징을 설명한 이 글에서는 '사회'를 '단체'나 '집단'의 의미로 사용하기도 하고, '소사회', '대사회'를 구분하여, '대사회'를 민족 개념과 동일한 것으로 규정하기도 한다. 이와 같은 혼란은 학술 용어로서의 혼란뿐만 아니라, 근대 계몽기 '가족', '종족', '민족' 등의 개념과 의식 혼란으로 이어질 수 있다.

2.3. 국민의식 형성과 변질

국권 상실의 위기 속에 격렬했던 '애국사상(愛國思想)'은 비록 '국가'와 '민족' 개념의 혼란, '제국주의'에 대한 적절한 대응 방식 등에서 한계를 보일지라도, 1900년대 민족의식 형성에 큰 기여를 하였음은 부인할 수 없는 사실이다. 이러한 입장에서 『대한매일신보』 1910년 2월 22일부터 3월 3일까지 연재되었던 '이십세기 신국민(新國民)'이라는 논설은, 국권 상실 직전의 '국가', '국민', '민족'의 개념이 어떤 의미를 갖는지 잘 보여준다.

이 논설에서는 당시의 세계 추세를 '제국주의', '민족주의', '자유주의'의 세계로 규정하고, 한국 국민의 각오와 분발이 필요함을 주장하였다.[15]

【 (일) 국민과 끼닷는 일: (갑) 세계의 추세[16] 】

(1) 이셰계는 뎨국쥬의를 숭샹ᄒᆞᆫ 셰계라. 강ᄒᆞᆫ쟈가 약ᄒᆞᆫ쟈를 슴키고 큰쟈가 적은쟈를 병탄홈은 녯적브터 잇ᄂᆞᆫ바ㅣ라 그러나 근셰에 이거시 더옥 밍렬ᄒᆞ여 이 뎨국쥬의가 온텬ᄒᆞ에 진동ᄒᆞ니 어시호 구라파 렬강국

---

15) 이에 대해서는 권4 제2장을 참고할 것.
16) 『대한매일신보』, 1910.2.24~25(국문판).

이 긴 칙직을 들고 셰계에 횡힝ᄒ여 동으로 아셰아를 침로ᄒ며 대양쥬를
뎜령ᄒ고 남으로 아푸리카를 분할ᄒ여 구라파ㅅ 사름의 발ㅅ자최가 니ᄅ
ᄂ 곳에ᄂ 산천이 진동ᄒ고 구라파ㅅ나라의 긔ㅅ발이 늘니ᄂ곳에ᄂ 텬디
가 변ᄒᄂ도다. 영국에셔ᄂ 남아푸리카를 통일ᄒ여 큰털도가 남아푸리카
대류을 횡단ᄒ고 일변은 남아셰아를 뎜령ᄒ며 일변은 오스트랄리아를 전
관ᄒ엿고 법국에셔ᄂ 싸하라샤막 근쳐에 광대ᄒ 디단을 뎜령ᄒ고 마다가
스카를 정복ᄒ며 대양쥬의 여러섬을 뎜령ᄒ고 안남을 뎜탈ᄒ여 청국남방
을 엿보며 아라ㅅ난 즁아셰아와 동북아셰아를 뎜령ᄒ여 셔빅리아 대텰도
가 태평양을 련ᄒ고 아푸싼이스탄과 몽고를 엿보며 덕국과 포도아와 셔
반아와 하란국등은 각각 광대ᄒ 디방을 뎜령ᄒ여 싸을 긔쳑ᄒ며 인민을
이식ᄒᄂ되 열심ᄒ며 몃십년밧글 엿보지 아니ᄒ고 ᄌ슈만ᄒ던 북미합즁
국도 홀연 셔반아를 니긘후로 필리핀을 뎜령ᄒ고 하와이를 합병ᄒ엿스며
수천년 동양즁 외로온 셤ㅅ속나라로셔 ᄭ로된지 몃ᄒ못되난일본도 아라
ㅅ와싸화 니긔고 한국에 다리를 셰우고 만쥬에 셰력을 확쟝ᄒᄂ도다. (2)
<u>또 이셰계ᄂ 민족쥬의를 슝상ᄒᄂ 셰계라</u>. 저희 동족이면 합ᄒ고 저희와
다른 종족이면 닷토ᄂ거슨 샹고ㅅ적에도 이믜 잇던바ㅣ라 즁고이후로 그
경징이 더옥 심ᄒ며 더옥 참독ᄒ여 니긔ᄂ쟈ᄂ 그 위셰가 더옥 확쟝이되
고 지ᄂ쟈ᄂ 영영 쇠멸ᄒ니 이럼으로 빅인종이 아메리카에 횡힝ᄒ믹 적
인종이 얼마나 늡지못ᄒ고 아푸리카에 횡힝ᄒ믹 흑인종이 번셩치못ᄒ며
대양쥬에 횡힝ᄒ믹 말레이 인종이 졈졈 진멸이되여가며 아라ㅅ국밋헤 유
태인과 파란인들이 학되를 견되지못ᄒ며 그외에도 엇던민족이 엇던민족
을 니긔든지 니긔고 패ᄒᄂ 그ㅅ이에 참독ᄒ거슨 이로 말ᄒ기가어렵도다
오호−라 이셰상민족쥬의가 엇지 이디경에 니ᄅ뇨. (3) <u>또 이셰계난 ᄌ유
쥬의를 힘쓰ᄂ 셰계라</u>. ᄌ유쥬의ᄂ 구라파에셔 시작ᄒ바ㅣ라 뎨일ᄎ에
영국에셔 이쥬의로 큰혁명이 니러낫고 뎨이ᄎ에 법국에셔 이쥬의로 큰혁
명이 니러낫스며 이쥬의로 미국에 독립젼징이 잇셧고 이쥬의로 덕국이
부강ᄒ엿스며 이쥬의로 비리시가 ᄌ쥬가되고 이쥬의로 이태리가 통일이

되엿스며 이쥬의로 구라파각국이 복락을 누리고 이쥬의로 남아메리카 각
국이 즈쥬가 된지라 당시 구라파턴디에서 독보ᄒ던 신셩동밍도 물ᄉ거픔
ᄀᆺ치 살어지고 즈유공긔가 동셔에 미만ᄒ야 즈유쥬의를 비치ᄒᄂᆫ쟈ᄂᆫ 망
ᄒ고 즈유쥬의를 복죵ᄒᄂᆫ쟈ᄂᆫ 보죤ᄒ며 즈유쥬의를 거스르난쟈ᄂᆫ 쇠잔
ᄒ고 즈유쥬의를 슌히ᄒᄂᆫ쟈ᄂᆫ 강흥이 이러ᄒ도다.

국권 상실 직전에 쓰인 이 논설에서는 20세기 국제 질서가 '제국주의',
'민족주의', '자유주의'의 세 가지 사조에 의해 지배되며, 당시 한국이
열강의 각축장으로 위기에 빠져 있음을 강조한다. 이러한 상황에서 '국
민 도덕'으로 '평등', '자유', '정의', '의용(義勇)', '공공(公共)' 정신을 확립
해야 한다고 주장한다. 특히 20세기가 군국주의 시대에 접어들면서, 무
력이 구비되지 않으면, 국가와 국민을 유지할 수 없다고 주장한다.

【 國民과 武力[17] 】

二十世紀의 世界ᄂᆫ 軍國世界라. 强兵이 向하ᄂᆫ 處에 正義가 不靈ᄒ며 大
砲가 到하ᄂᆫ 處에 公法이 無用ᄒ야 오즉 强力이 有하며 오즉 强權이 有ᄒᆯ
쑨이니 慘懍ᄒ도다 斯世여. 試看ᄒ라. 彼六大强國이 揚揚ᄒ 意氣로 宇宙에
橫行흠은 何故오. 曰武力이 강ᄒᆫ 所이며 彼亞細亞 阿弗利加中 衆邦이 他人
의 笞打를 甘受흠은 何故오. 曰武力이 弱ᄒᆫ 所이니 嗚呼라. 此軍國 世界에
生ᄒᆫ 者ㅣ 엇지 此를 不思ᄒ리오. 是以로 目下列國이 所謂 武裝平和說을
藉ᄒ고 軍備에 汲汲ᄒ야 或戰艦이 數百隻에 達ᄒ며 或精兵이 數百萬에 達
ᄒᄂᆫ지라. 彼列國이 如斯히 强大ᄒ 戰鬪力을 擁有흠은 (一) 國民皆兵의 主
義로 兵制를 編ᄒ야 其國民된 者ᄂᆫ 반다시 兵役을 服ᄒ며 반다시 兵技를
鍊ᄒ야 其國民이 모다 强兵精卒인 所이며, (二) 物質文明의 進步를 隨ᄒ야
兵器가 益新ᄒᄂᆫ 等 所以라. 彼列國이 尙此 武力을 日益奮勵하야 彼陸軍 海

---

17) 『대한매일신보』, 1910.2.26~27.

軍으로 世界에 獨步하는 英法德露 等國도 오히려 軍備의 擴張을 競ㅎ야 其止가 無ㅎ도다. 又彼列國이 如斯히 物質的 武力만 강大흠이 아니라 精神的 武力이 亦愈勃勃히 興ㅎ야 其國民을 養成흠에 반다시 軍國民으로 以ㅎ며 其國民을 開導흠에 반다시 軍國民으로 以ㅎ야 義俠 忠勇 强毅 堅忍의 美德이 國民 腦中에 印흔 바된 故로 百折不屈 有進無退의 精神 氣力을 抱有하야 國家의 衛藩을 作ㅎ나니, 嗚乎라. 今世界 舞臺에는 國國이 스팔타國이오 人人이 스팔타人이로다. 韓國은 武力의 衰頹가 極度에 達흔 國이라. 其原因을 追究ㅎ건뒤 由來所尙이 悉皆彼列强과 背馳흔 故니, (一) 列强은 文도 崇ㅎ고 武도 崇하거날 韓국은 文만 崇ㅎ고 武는 抑ㅎ엿스며 (二) 列强은 人民이 兵役을 義務로 하는 同時에 榮光으로 ㅎ거날 韓국은 人民이 兵役을 奴役으로 知ㅎ엿스며 (三) 列强은 其民氣를 鼓發ㅎ거날 韓국은 民氣를 摧折흔 等 所以라. 是로 精神界와 物質界를 勿論ㅎ고 武力의 衰頹가 此極에 至흔지라. 今日 同胞가 果然 舞臺의 一席을 參코져 흘진뒤 不可不 精神界와 物質界로 此武力을 長흘지오.

번역 20세기의 세계는 군국 세계이다. 강병이 향하는 곳에 정의가 살아나지 못하며, 대포가 가는 곳에 공법(公法)이 무용하여 오직 강한 힘만이 있으며, 강한 권력만 있을 뿐이니 참담하다 이 세계여. 보라. 저 6대 강국이 의기양양하여 우주에 횡행하는 것은 무슨 까닭인가. 무력이 강한 까닭이며, 저 아세아, 아프리카의 여러 나라가 타인의 태타(笞打)를 감내하는 것은 무슨 까닭인가. 무력이 약한 까닭이니 아아, 이 군군 세계에 태어난 자가 어찌 이를 생각하지 않겠는가. 그러므로 지금 열국이 소위 무장평화설을 빙자하고 군비에 급급하여 혹 전함이 수백 척에 달하며, 혹 정병이 수백만에 달한다. 저 열국이 이와 같이 강대한 전투력을 갖게 된 것은 (1) 국민개병주의로 병제를 개편하여 국민된 자는 반드시 병역에 복무하며 반드시 군사 기술을 연마하여 국민이 모두 강병 정예한 군졸인 까닭이며, (2) 물질문명의 진보를 따라 병기가 날로 새로워지는 등의 까닭이다. 저 열국이 무력을 숭상하여 날로 분투노력하여 저 육군 해군으로 세계에 독주하는 영국 프랑스 독일 러시아 등의 나라도 오히려 군비 확장을 경쟁하여 그칠 바를 모르고 있다. 또 저 열국이 이처럼 물질적 무력만 강대한 것이 아니라 정신적 무력도 날로 발흥되어 그 국민을 양성하는 것이 반드시 군국의 국민으로 하며 국민을 개도하는 것은 반드시 군국의 국민으로 하여 의협(義俠), 충용(忠勇), 강의(剛毅), 견인(堅忍)의 미덕이 국민의 머릿속에 각인 된 까닭에 백절불굴 유진무퇴의 정신력을 갖추어 국가의 보위와 번성을 이룬다. 아, 지금 세계무대에 나라마다 스파르타 국이요, 사람마다 스파르타 인이다. 한국은 무력의 쇠퇴가 극도에 달한 나라이다. 그 원인을 고찰하면 숭상하는 것이 모두 저 열강과 반대인 까닭이니 (1) 열강은 문도 숭상하고 무도 숭상하는데 한국은 문만 숭상하고 무를 억제했으며, (2) 열강은 인민이 병역을 의무로 하는 동시에 영광으로 알거늘 한국은 인민이 병역을 노역으로 알았으며, (3) 열강은 그 인민의 기운을 고취 발동하지만 한국은 인민의 기운을 꺾기 때문이다. 그러므로 정신세계와 물질세계를 물론하고 무력의 쇠퇴가 이처럼 극에 달했다. 금일 동포가 과연 무대의 한 자리에 참석하고자 한다면 불가불 정신세계와 물질세계에서 이 무력을 길러야 한다.

국권 침탈의 상황에서 '무력'의 필요성을 강조한 이 논설은 강제 병합 직전의 국가적 위기상황을 구체적으로 드러낸다. 이러한 저항은 국권 상실 직전의 최후의 몸부림이다. 강제 병합 직전까지 『대한매일신보』는 '국민의 의무', '국민정신', '국민의 권한(권리)' 등을 역설하였는데, 비록 강제 병합을 막을 수는 없었을지라도, 이로부터 형성된 '권리의식'은 일제 강점기 '민족의식'을 형성하고 독립 정신을 북돋우는 데 밑거름이 되었다. 강제 병합 직전의 '국민의 권한'에 관한 논설을 살펴보자.

【 國民의 權限[18] 】
國民이 有ᄒ면 主權이 生ᄒ고 主權을 失ᄒ면 國民이 弱ᄒ나니 國民과

主權이 相須ㅎ야 須臾라도 分離치 못홀 者이로다. 民權이란 者는 法律政治에도 在혼 것시 아니오, 軍政警察에도 在혼 것이 아니라. 國家는 衆民의 團成體오, 主權은 衆民의 合成力이니, 主權을 一失ㅎ면 엇지 國民이라 稱ㅎ리오. 天下萬國이 各有主權ㅎ니 君主의 國은 君主의 主權이 有ㅎ고 民主의 國은 民主의 主權이 有ㅎ니 各其團體力을 隨ㅎ야 異同이 有ㅎ도다. 我韓은 元來로 君主가 主權을 掌握ㅎ던 國이라, 人民은 政府命令下에 在ㅎ야 塗炭에 驅入ㅎ던지 溝壑에 驅入ㅎ던지 喘息呼吸에 自由를 不得ㅎ야 其政이 善ㅎ면 而民이 安ㅎ고 其政이 不善ㅎ면 而民이 困ㅎ나니, 政府는 其地位가 雖高ㅎ고 其勢力이 雖大홀지라도 卽一種地位 及 勢力이 有혼 雇傭人이라. 且政府는 君主의 治를 佐成ㅎ는 者라. 故로 曰 管治者라 ㅎ고 人民은 政府의 令을 承受ㅎ는 者라 故로 曰 被治者라 ㅎ니, 君子와 野人의 別이 此를 謂홈이라. 人民은 政府를 視ㅎ기를 天上과 如ㅎ야 政令이 善ㅎ던지 惡ㅎ던지 猶恐不及ㅎ고 政府는 人民을 視ㅎ기를 草기와 如ㅎ야 生命이야 存ㅎ던지 亡ㅎ던지 不奪ㅎ야 不厭ㅎ면 上下가 相隔ㅎ야 其禍가 蕭墻의 內에서 必起홀지니 國權이 由是로 微弱ㅎ고 民權이 由是로 墮落ㅎ야 內用主權은 已失ㅎ고 外用主權이 又生ㅎ니, 海外列强이 投間抵隙ㅎ야 山梯海航이 我韓에 驅入ㅎ야 條約의 締結과 港灣의 開放과 鐵道의 敷設과 礦産의 開採와 荒蕪의 開拓과 森林의 斫伐과 漁業의 免許가 莫非國權이 未立혼 딕에셔 出혼 바이라. 保護의 權이 從此로 起ㅎ야 指揮下에 在혼 人民이 되엿스니 엇지 振發홀 力이 有ㅎ리오. 土地도 大韓 土地가 依然히 尙存ㅎ고 人民도 大韓人民이 依然히 尙存ㅎ야 外面으로 觀來ㅎ면 一髮이 不落ㅎ나 他人精神에 腦髓가 昏迷ㅎ야 一泥塑樣과 如혼즉 活動홀 力이 何處에서 從ㅎ야 生ㅎ리오. 國民의 智識氣力이 高尙活潑혼 然後에 主權을 可히 恢復홀지니 人民을 指導홀 者는 誰며 政府를 承服홀 者는 誰오. 政府와 人民이 肢體와 如히 合成ㅎ여야 國權도 可히 挽回ㅎ고 民權도 可히 復生홀지니 心腸은 他人의

---

18) 『대한매일신보』, 1910.6.19.

게 已奪ㅎ고 形體만 僅存ㅎ엿지 完全흔 人이라 稱ㅎ리오. 身體가 康健ㅎ고 精神이 灑落ㅎ여야 一身의 權限을 他人의게 讓渡치 아니ㅎ리로다.

번역 국민이 있으면 주권이 생기고, 주권을 잃으면 국민이 미약해지니 국민과 주권은 서로 응하야 잠시라도 분리하지 못할 것이다. 민권(民權)이란 것은 법률과 정치에 존재하는 것이 아니요, 군정·경찰에 존재한 것이 아니다. 국가는 무릇 인민이 모여 이룬 단체요, 주권은 인민의 합치된 힘이니, 주권을 잃으면 어찌 국민이라고 하겠는가. 천하만국이 각각 주권을 갖고 있으니, 군주의 국은 군주의 주권이 있고, 민주국은 민주의 주권이 있으니 각기 단체의 힘을 따라 다름이 있다. 우리 한국은 원래 군주가 주권을 장악했던 나라이다. 인민은 정부 명령 하에 존재하여 도탄에 빠지든지 구렁텅이에 빠지든지 잠시 숨 쉬는 데도 자유를 얻지 못하여 그 정치가 잘되면 백성이 편안하고, 정치가 좋지 않으면 백성이 곤궁하니 정부는 그 지위가 비록 높고 세력이 강할지라도 일종 지위 및 세력이 있는 고용인일 뿐이다. 이 정부(조정 관리)는 군주의 정치를 보좌하는 자이다. 그러므로 관치라고 일컫고 인민은 정부의 명령을 받는 자라 피치자라고 하니 군주와 야인의 구별이 이를 일컫는 것이다. 인민은 정부 대하기를 천상과 같이 하여 정부 명령이 좋든 나쁘든 오직 두려워하고 정부는 인민을 대하기를 초개와 같이 하여 생명이 유지되든 망하든 빼앗지 않고 싫어하지 않으면 상하가 서로 분리되어 그 재앙이 장내에서 일어날 것이니, 국권이 이로 말미암아 미약하고 민권이 이로 말미암아 타락하여 안으로 주권은 이미 상실하고 외부의 주권이 생겨나니, 해외 열강이 다투어 산과 바다로 우리 한국에 몰려와 조약 체결과 항만 개방과 철도 부석과 광산 개발과 황무지 개척과 산림 작벌과 어업 면허가 국권이 확립되지 않은 것에서 나오지 않은 것이 없다. 보호의 권리가 이로부터 생겨나 그들의 지휘 아래 존재하는 인민이 되었으니, 어찌 분발할 힘이 있겠는가. 토지도 대한의 토지가 존재하고 인민도 대한 인민이 의연히 존재하여 외면으로 보면 하나의 터럭이 떨어지지 않으나, 타인의 정신에 뇌수가 혼미하여 진흙 속에 빠진 모양과 같으니, 활동할 힘이 어느 곳에서 생겨나겠는가. 국민의 지식과 기력이 고상 활발한 연후에 주권을 가히 회복할 수 있을 것이니, 인민을 지도할 자가 누구며 정부의 명령을 따라 복종할 자가 누구인가. 정부와 인민이 신체와 같이 합성하여야 국권도 가히 만회하고 민권도 가히 회복할 것이니 심장은 타인에게 이미 빼앗기고 형체만 근근히 존재하면 어찌 완전한 사람이라고 하겠는가. 신체가 건강하고 정신이 씻겨야 일신의 권한을 타인에게 양도하지 아니할 것이다.

이 논설에서 '국권(國權)'은 대외 주권을 의미하며, '민권(民權)'은 국민의 권리를 의미한다. 한국의 국권은 군주에게 있고 '정부'와 '인민'의 관계는 전통적으로 '조정 관료'와 피치자로서의 '백성'의 관계에 있었다. 달리 말해 민권 개념이 불확실한 상황에서 대외적으로 국권이 미약하고 민권이 타락했다는 것이다. 제국주의 침략에 따라 각종 '보호권'이라는 명목이 생겨난 것은 이 권리 개념이 미약했기 때문이라는 것이다. 이처럼 대외적 국권과 대내적 민권 의식을 계몽한 것은 비록 국권 상실을 막는 기능을 하지는 못했지만, 일제 강점기 '민족의식'과 '계급의식'에 연계되어 식민시대의 저항 의식을 유지하는 데 결정적인 역할을 담당했음은 틀림없다.

3. 일제 강점기 민족, 국가, 국민의 의미

3.1. 국가 개념과 민족주의

1910년 8월 29일 이른바 '합병조약'은 "한국 황제 폐하(韓國 皇帝陛下) 급(及) 일본국(日本國) 황제 폐하는 양국 간의 특수(特殊)히 친밀한 관계를 고(顧)하여 호상 행복(幸福)을 증진(增進)하며 동양평화(東洋平和)를 영구히 확보하기 위하여 차(此) 목적을 달(達)코저 하면 한국을 일본국에 병합(倂合)함에 불여(不如)한 자(者)로 확신(確信)하여 자(玆)에 양국 간에 병합조약을 체결함으로 결정하니"라고 시작된다. 달리 말해 일제의 강제 병합이 '호상 행복 증진', '동양평화 확보'를 위한 것이라는 주장이다. 모두 8개 조항으로 이루어진 이 병합조약은 통치권 양여뿐만 아니라(제1조, 제2조), 한국 황제 및 황실에 대한 대우(제3조, 제4조), 병합 조약에 기여한 자에 대한 포상(제5조), 신제도 실시(제6조, 제7조) 등을 담고 있다.

여기서 주목할 점은 강제 병합 직후 일제의 식민통치 방침이다. 병합 조약에 나타난 것처럼 병합 직후 일제가 가장 먼저 착수한 것은 '황실령', '귀족령' 등을 통한 통치 계급 회유 정책이었다.

강제 병합 이전 '국가', '국민' 사상의 발흥에 비추어 볼 때, 식민통치가 지배계급 회유로부터 시작되었다는 사실은 근대 계몽기 형성된 국가의식과 민족의식이 식민시대를 극복하는 데 충분한 동력이 되지 못했음을 의미할 수 있다. 병합 직후 발표된 데라우치 총독의 훈유(訓諭)에서도 식민 정부의 '국민 개념'이 어떠했는지를 살필 수 있다. 이에 대한 『매일신보』의 사설을 살펴보자.

【 讀總督 訓諭[19] 】

　寺內 總督이 總督政治를 開始홀 際에 官僚 重要혼 者를 招集ㅎ야 一場 訓諭를 與ㅎ엿는듸 其全文은 本報에 已載ㅎ엿거니와 今者에 其大要를 略說ㅎ건듸 世界風潮가 日益 激烈혼 時代를 當ㅎ야 東洋에 大勢를 觀察ㅎ면 朝鮮이 亞細亞 中心地에 介在ㅎ야 政令이 日益 頹敗홈으로 人民이 塗炭 中에 陷落ㅎ야 國不爲國ㅎ고 民不爲民ㅎ는 境遇에 至ㅎ엿스니 依角의 勢를 防禦키 難홀지라. 日本 政府에서 保護의 任을 當혼 지가 五年에 至ㅎ얏스나

---

19) 『매일신보』, 1910.10.6.

生民의 至細艱情은 普濟키 難ᄒ고 稗政의 徵纖侵毒은 洞悉키 難ᄒ야 今回에 倂合은 終局에 目的이 아니라 政治를 改革ᄒ고 人民을 救濟ᄒ시라는 叡慮(예려)에서 出ᄒ신 바라. 目下에 急務는 新領土의 秩序를 維持ᄒ야 富源을 開發케 ᄒ며, 新人民을 扶挾ᄒ야 治平의 恩澤을 涵泳(함영)케 홈에 在ᄒ도다.

如何흔 善美흔 施設이 有홀지라도 實際에 適用치 아니ᄒ면 良好흔 效果를 得키 不能홀지니 朝鮮의 改善을 函圖ᄒᄂᆞ 것은 卽 帝國의 安寧이오 東洋平和의 主旨인즉 國威의 消長흔 影響이 今此 一擧에 在ᄒ도다.

官吏ᄂᆞ 國家의 喉舌이오 人民의 儀表라. 世態와 物情의 本末을 審ᄒ고 緩急을 稽ᄒ야 人民을 家人과 如히 視ᄒ고 (…中略…) 今此 總督의 訓諭를 一讀흔즉 明瞭 凱切ᄒ야 字字히 國民을 爲ᄒᄂᆞ 思想이오, 句句히 國民을 爲ᄒᄂᆞ 精神이라. 總督의 本旨를 解得ᄒᄂᆞ 官吏ᄂᆞ 其責任을 自覺ᄒ여 其職務를 自擔홀지어다.

人民으로 論홀지라도 今日을 當ᄒ여 如何흔 思想을 覺悟ᄒ고 疑懼를 抱치 勿ᄒ고 富源開發에 專意ᄒ며 守法 勸業ᄒ야 世界에 일등 國民과 幷肩ᄒᄂᆞ 것이 吾人의 義務라 ᄒ노라.

번역 데라우치 총독이 총독정치를 시작할 때, 관료의 중요한 자들을 모아 일장 훈유를 하였는데, 그 전문은 본보에 이미 게재하였으나 지금 그 대요를 간략히 설명하면, 세계 풍조가 날로 격렬한 시대에 동양의 대세를 관찰하면, 조선이 아세아 중심지에 들어 있어, 정치가 날로 쇠패하여 인민이 도탄 중에 빠지고, 나라가 나라답지 못하고, 인민이 인민답지 못할 지경에 이르렀으니, 날카로운 세력을 막기 어렵다. 일본 정부에서 보호의 책임을 맡은 지 5년이 되었으나, 생민의 지극히 어려운 사정을 구제하기 어렵고, 패정의 세세한 독을 제거하기 어려우니 이번 병합은 종국의 목적이 아니라 정치를 개혁하고 인민을 구제하고자 하시는 배려에서 나온 바이다. 지금 급무는 신영토의 질서를 유지하여 부의 원천을 개발하게 하며, 신인민을 도와 치평의 은택을 누리게 하는 데 있다.

어떤 좋은 시설이 있더라도 실제 적용하지 않으면 좋은 효과를 얻기 어려우니 조선의 개선을 위해 힘쓰는 것은 곧 제국의 안녕이요, 동양평화의 주지이니 국위의 소멸과 성장에 따른 영향이 이번 일거에 있다.

관리는 국가의 목구멍과 같으며 인민의 의표가 된다. 세태와 물정의 본말을 살피고 완급을 고찰하여 인민을 집안사람처럼 대하고 (…중략…) 이번 총독의 훈유를 읽어보니 명료하고 굳세어 글자마다 국민을 위하는 사상이요, 구절마다 국민을 위하는 정신이다. 총독의 본지를 해득하는 관리는 그 책임을 자각하여, 직무를 맡아야 할 것이다.

총독의 훈유를 평한 이 사설에서는 일제의 강점이 도탄에 빠진 조선의 인민을 구하고, 세계 대세에서 동양평화를 유지하며, 일본 제국의 안녕을 위한 방책이라고 강조한다. 특히 '신영토', '신인민', '국민' 등의 용어에서 강점 자체가 '국가주의'를 기반으로 한 '제국주의'의 팽창정책을 미화한 이데올로기를 표출하고 있음을 확인할 수 있다.

일제의 조선 침략 정책은 다양한 각도에서 연구가 진행되었다. 그중 하나로 일제 침략과 친일문제를 연구한 임종국(1982)에서는 일제의 사상 침략과 친일파 출현이 밀접한 관련을 맺고 있음을 밝힌 바 있다. 그는 "일제의 사상 탄압은 군과 경찰을 주축으로 하는 물리적인 방대한 힘에 의해서만 수행된 것은 아니다. 표면화된 사상 사건에 대한 이런 물리적·양성적인 탄압과 병행해서, 총독부는 반제·독립 노선의 분열 와해 및 민족의식 차체의 거세를 노린 비물리적·음성적인 온갖 책동을 또한 꾸준하게 추진시켰다."[20]라고 기술하였다. 이러한 인식을 바탕으로 사상 침탈의 역사를 기술한 그는, 친일과 변절 내역을 '직업적 친일분자', '한말 집권층의 친일', '민족진영의 변절', '좌익·반제 진영의 굴복', '친일 지주·예속 자본가', '일제 관료층의 친일' 등으로 구분하였다.

---

20) 임종국(1982), 『일제 침략과 친일파』, 청사, 32쪽.

엄밀히 말해 일제 강점기 친일 문제는 일반 민중의 문제가 아니라 황실을 비롯한 귀족, 일부 유학생 출신의 지식인, 신흥 지주와 사업가 등과 같이 식민지 조선 사회에서 영향력을 갖고 있던 인물들이었다. 이들 가운데 상당수는 근대 계몽기 '계몽(啓蒙)'을 전제로 민중을 계도 하는 일을 담당했던 인물들이다. 한국의 근대적 '계몽 문제'를 다루는 다양한 학문 분야의 연구 성과물에서 '계몽의 문제'를 다룰 때마다 제 기되는 문제 가운데 하나는 계몽의식의 불완전성이다. 예를 들어 시가 를 대상으로 한 박애경(2013)에서는 '조선 후기 개화기 시가 연구의 쟁 점'을 정리하면서 '근대성의 문제', '담당층의 문제', '통속화의 문제', '계몽의 문제' 등 네 가지 쟁점을 정리한 바 있다.[21] 비록 시가(詩歌) 분야에 국한된 것으로 보이지만, 이 논문에서 제기한 '대중화'의 문제 나 '계몽성'이 갖는 특징은 사상사나 사회운동사 분야에도 적용될 수 있다. "계몽은 다양한 실험과 모색이 다소 어지럽게 펼쳐지는 근대 전 환기의 징표라고 할 수 있다. 1894년 갑오개혁으로 촉발된 근대화 운동 의 핵심은 봉건적 잔재를 청산하고, 열강의 외압에 맞서 근대적 주권 국가를 건설하는 것이었다. '국가'라는 미지·미완의 공동체를 향한 염 원은 곧 문명개화의 열망으로 집결되었고, 계몽은 이를 실현하기 위한 통로인 동시에 이성이 내리는 준엄한 명령으로 받아들여졌다."[22]라는 진술은 근대 계몽기 '계몽 담론'의 특징을 적절히 요약한 것이다.

이러한 상황에서 국권을 상실한 식민지 조선의 지식인이나 민중에게 '국가' 개념이 갖는 의미는 근대 계몽기 '국가'에 대한 열망과는 전혀 다른 것이었다. 『매일신보』의 '일본', '일본어'를 지칭하는 '국가', '국어' 의 개념이 식민 지배이데올로기를 대용한 표현이라면, 피지배자로 전

---

21) 박애경(2013), 「조선 후기 개화기 시가 연구의 쟁점과 과제」, 『한일 근대어문학 연구의 쟁점』, 소명출판.
22) 이 구절은 고은지(2002)의 「개항기 계몽 담론의 특성과 계몽가사의 주제 표출 양상」(『우리어문』 182, 우리어문학회)의 일부분을 박애경(2013)에서 인용한 것을 재인용하였다.

락한 조선의 지식인과 민중에게는 '국가'와 관련된 각종 언어적 표현 (국어, 국사)이 더 이상 유효하지 않을 수밖에 없다.

앞서 살핀 바와 같이 '민족(民族)'이라는 개념이 '혈연 공동체', '지역적 공동체', 특히 '문화적 공동체'로서 '민족의식'을 형성하는 기반이라는 점은 근대 계몽기부터 형성되기 시작하였다. 그런데 1910년대 일제 강점 직후 무단통치 하에서 식민지 조선의 지식인들에게는 '민족' 개념이나 '민족주의'라는 용어 사용이 자유롭지 못했음이 틀림없다. 『매일 신보』의 경우 빈번히 '민족'이라는 말을 사용하기는 하지만, 그것은 일제 통치를 긍정적으로 수용하거나 홍보하기 위한 차원에서 사용하는 말일 뿐, '조선 민족'의 운명체적 공동의식을 지칭하는 표현은 아니었다. 이를 고려할 때, 재일본 유학생회 잡지인 『학지광(學之光)』이나 1910년대 대표적인 잡지인 『청춘(靑春)』을 주목할 필요가 있다. 이 두 잡지에서는 식민지 조선의 현실에서 '조선인의 자각', '청년의 각오' 등을 역설하면서도 '조선 민족'이라는 표현을 자유롭게 사용하지는 않는다. 그렇다고 조선에 대한 관심이 없는 것도 아니다. 예를 들어 『학지광』의 경우 '조선어의 가치'(제4호, 안확, 1915), '조선의 미술'(제5호, 안확, 1915), '조선 생직 장려계에 대하여'(제6호, 이강현, 1915), '조선의 문학'(제6호, 안확, 1915), '조선어학자의 오해'(제10호, 연구생, 1916), '조선 청년의 사치를 논함'(제12호, 박승철, 1917), '조선인의 생활과 산업 조합의 필요'(제12호, 최원호, 1917), '조선사의 각시대'(제12호, 오상근, 1917) 등과 같이 '조선(朝鮮)'이라는 표현으로 식민지 조선 관련 연구를 진행했다. 경우에 따라서는 '조선' 대신 '아(我)'나 '우리'라는 표현을 사용하기도 한다. '아학우(我學友) 사상계를 논함'(제4호, 문희천, 1915), '우리의 가정에 재(在)한 신구사상의 충돌'(제13호, 박승철, 1917) 등이 그것이다. 심지어는 '말을 반도 청년에게 붙임'(제4호, 현상윤, 1915), '반도 청년의 각오'(제4호, 김리준, 1915)와 같이 '반도(半島)'라는 용어도 빈번히 사용하였다.

【 말은 半島靑年의게 붓침23) 】

슯흐다. 諸君도 半島 靑年이오, 나도 半島 靑年이라, 일즉이 半島에 나서, 半島에 쎄가 자란 일이 共通되는 因緣으로 諸君과 나의 사이에 將次 쓴맛 단맛을 갓치할 義諦도 잇는 것이오, 싸라서 식은 말 더운 말 論難할 餘地도 잇는 것이로다. (…中略…) 그런즉 오늘날 半島 靑年의 事情이 이러하고, 半島 靑年의 實相이 이러하니 이에 한번 소리를 노아 울면 조흘넌가?! 하늘을 울어러 한번 크게 웃으면 조흘넌가?! 아아 諸君아. 精神이 잇거든 한번 눈을 들어 네의 발부리를 살펴 보아라. 世上이 너의로 하야곰 그러기를 許하는가. 쏘한 時運이 너의로 하야곰 그러기를 容恕하는가. 諸君아. 애닯고나. 엇지하면 우리도 새 局面을 한번 열어보고, 엇지하면 우리도 世界生活에 한번 參加하야 볼넌가? 眞實노 살고 십혼 諸君이어든 모름적이 쌔달을 것이오, 우리의 生으로 意味 잇는 生이 되게 하라는 諸君이어든 모름직이 살필 것이로다.

'조선', '아', '우리', '반도' 등의 용어는 무단통치기 조선인이 조선인을 지칭하는 대표적인 용어였다. 근대 계몽기 빈번히 사용된 '아국(我國)', '한국(韓國)' 등의 국가 개념 용어가 식민지 조선에서는 더 이상 민족적 계몽의식을 환기하는 용어로 더 이상 허용되지 않게 된 것이다. 이 점은 『청춘』도 마찬가지이다. '한샘 스승의 울음'(제2호), '팔도가(八道歌)'(제3호, 1914), '한글 새로 쓰자는 말'(제4호), '고조선의 지나 연해식민지'(제6호), '조선 불교의 변천', '아청년(我靑年)의 전도(前途)'(제8호), '조선의 조류(鳥類)'(제11호) 등과 같이 조선의 역사나 문화, 민족의식과 관련된 글을 쓰더라도 '국가' 개념이나 '민족' 개념 용어를 사용하지는 못했다.

그러나 용어 사용이 의식 부재를 의미하는 것은 아니다. 이 점에서

---

23) 현상윤(1915), 「반도 청년의게 붓침」, 『학지광』 제4호(1915.2), 학지광발행소.

식민시기 '민족' 담론이 본격화된 시점은 3.1독립운동 이후의 이른바 '문화정치시대'에 이르러서이다. '조선 민중의 표현 기관', '민주주의지지', '문화주의 제창'을 천명하고 출발한 『동아일보』는 1920년 4월 1일부터 4월 7일까지 연재한 '세계 개조의 벽두를 당하야 조선의 민족운동을 논하노라'라는 사설에서 민족운동을 다음과 같이 정의하고 있다.

【 世界 改造의 劈頭를 當하야 朝鮮의 民族運動을 論하노라[24] 】

朝鮮의 民族運動이라 하얏스니 이는 國家學的 槪念인 '國民'의 運動을 意味함이 아니오, 歷史學的 혹은 人類學的 槪念인 '民族'의 運動을 意味함이니, 곳 昨年 三月 以來로 全半島를 風靡한 저 일대 運動을 社會學的으로 硏究하고자 함이며, 그 將來 進展의 方法을 討論코자 함이라.

大槪 民族運動이란 名稱에는 2개 槪念이 包含되얏스니 (1)은 民族이오 (2)는 運動이라. 此 兩者의 意義과 果然 엇더한고?

民族은 歷史的 産物이라. 歷史의 共通的 生命 곳 國民的 苦樂을 한가지로 맛본 經驗과 國民的 運動을 한가지로 開拓한 事實이 업스면 도저히 民族的 觀念을 生하지 못하나니 이 업시 엇지 言語와 習慣과 感情과 禮儀와 思想과 愛着 等의 共通 連鎖가 有할 수 잇스리오. 이는 곳 民族을 形成하는 要素로다. 民族이 單히 個人이 多數히 集會한 것이 아니오, 또한 그의 獨特한 存在를 具有한 일개 實體니 個人은 代代로 生死 變遷할지라도, 民族이란 全體는 永永繼續하야 흘으는 生命이로다. 個人은 오히려 其中에서 生하며 其中에서 養育되야 一個 人格을 成하는 것이 아닌가. 個人의 物質的 生命은 勿論 自然이 與하거니와 精神的 그 人格은 그 社會 그 民族이 與하는 바이니, 우리의 人格 內容을 形成하는 道德 知識 宗敎 等은 實로 社會로부터 獲得한 것이로다. 따라 民族의 特性은 곳 移하야 個人의 存在 內容이 되는 것이며, 民族의 特性은 그 生活의 歷史에 의하야 形成되는 것이로다. (…中

---

24) 『동아일보』, 1920.4.6.

略…) 民族은 그 自身이 一個 實體라. 싸라 <u>固有한 意思와 目的이 有</u>하니 이 目的을 達하기 위하야 社會 共同의 意思로 發하는 運動은 곳 民族的 運動이라. 個人的 運動과 相異한 点은 그 民族的임에 在하도다. 民族的이라 함이 무엇인고 하면 그는 곳 上述한 바 民族의 目的을 歷史的 生命의 權威에 의하야 表現함을 意味하는 것이로다. 대개 個人을 觀察하는 方法이 種種이 有하니 但一적 個個人을 標準으로 觀察할 수도 有하며 但一적 存在인 社會의 構成 分子로 觀察할 수도 有하니 如此한 境遇에는 個人은 社會 內에 在하고, 社會는 個人 內에 在하야 渾然一體를 成하는 것이라. 然則 同一히 個人으로 由하야 發現되는 運動이라도 其間에 儼然한 民族的과 個人的의 區別이 存在하는 자는 前者오, 不然한 者는 後者니라.

<u>運動이라는 槪念 中에는 物質的과 精神的 兩方面을 包含</u>하야 그 範圍가 漠然하나 그러나 吾人의 <u>所謂 民族的 運動이라는 것은 一定한 理想을 向하야 意識的으로 하는 精神的 혹은 社會的 運動</u>인즉, 如斯히 社會學的으로 觀察하건대 그 시비곡직은 如何間 昨年 以來의 朝鮮人의 일대 운동은 朝鮮人의 民族的 運動이라 斷定할 수 잇다 하노라.

여기서 알 수 있는 것은 '민족'이라는 개념이 '국가학'과는 달리 '역사학적', '인류학적' 용어이며, '민족'을 역사적 산물로 인식한 점이다. 이러한 인식은 이 논설의 앞부분에 나타나듯이 프랑스 대혁명의 자유주의가 대내적으로 입헌주의, 대외적으로 민족주의를 양성하였고, 민족주의의 핵심을 이루는 '민족'이 역사적 공동체로서 '언어, 습관, 감정, 예의, 사상, 애착' 등의 관념을 기초로 '국가'와는 전혀 다른 의식을 형성한다고 하였다. 이는 일제 강점 상황에서 국가를 상실한 조선 민족으로서 '민족의식'을 기반으로 한 사회운동이 필요함을 역설한 것이다. 특히 3.1독립운동 이후 민족운동은 일개인의 집합체로서가 아니라 '목적'을 갖는 사회운동으로서 역할을 다해야 한다는 점을 인식하였다. 그러나 이러한 인식이 일제 강점기 조선 민중이 나아갈 길을 전적으

로 제시한 것인지는 좀 더 고찰해야 할 문제가 남아 있다. 왜냐하면 이 시기 민족운동은 이른바 '문명진보론'에 토대를 둔 '문화운동'에 국한되었기 때문이다. 물론 문화운동으로 국한된 데에는 1920년대 식민 정책이 비록 '문화정치'를 표방했을지라도, 정치운동을 허용하지 않은 데서 기인한다. 다음을 살펴보자.

【 世界 改造의 劈頭를 當하야 朝鮮의 民族運動을 論하노라[25] 】

道遠 任重하니 弘毅치 아니치 못할지며, 堪當치 아니치 못할지라. 그 方法이 오즉 二쑨이니 (1)은 <u>政治的 方法</u>이오 (2)는 <u>社會的 方法</u>이라. 余는 이제 政治的 方法에 대하야 論할 自由가 無하거니와 社會的 方法에 就하야 一言을 費할진대

(1) 우리 朝鮮 사람은 '<u>한덩어리</u>'가 되어야 할지니 實業이나 敎育이나 其他 社會的 萬般 經營에 個人個人이 하지말고 가능한 範圍 內에서 서로 協力하며 連絡하여야 할지라. 우리 民族의 在來의 일대 폐단은 猜忌하며 作黨하며 紛爭하며 妥協치 못함에 在하다. 이에 대하야 크게 경계할지며,

(2) 널리 世界에 눈을 써서 <u>文明을 輸入하며 頑固를 擲與하고 活動하며</u> 事爲에 孜孜하라. 靜은 滅亡은 取함이라.

(3) <u>經濟의 發達을 圖謀하야</u> 그 基礎를 堅固히 하며 그 自存을 保할지며 敎育의 擴張을 힘써 人材를 供給하며, 文明 促進의 動力을 培養할지며 諸般 社會의 惡習을 改良하야 道德의 唯新을 期할지니 要컨대 舊惡한 社會를 벗고 新善한 社會를 作할지어다.

이 논설의 필자는 사회운동으로서 민족운동이 나아갈 길에는 '정치적 방면'과 '사회적 방면'의 두 가지가 있음을 명시하고, '정치적 방법'에 대해 논의할 자유가 없기 때문에 '사회적 방법'만을 제시한다고 밝

---

25) 『동아일보』, 1920.4.7.

히면서, '조선 민족의 단결', '문명 수입과 완고 척결', '경제적 발달'을 제안하고 있다. 이러한 상황에서 일제 강점기 '민족주의'는 '문화주의' 와 동의어로 쓰일 경우가 많고, 문화주의는 곧 민족성과 민족 개조론으로 이어질 경우가 많다.

　엄밀히 말하면 민족성론은 근대 계몽기부터 출현한 민족 담론 가운데 하나이다. 예를 들어 『황성신문』 1904년 3월 31일자 논설 '한일인(韓日人) 성정풍기(性情風氣)의 부동(不同)'과 같이 국가 또는 민족을 대상으로 성격과 기질이 다르다는 논의[26]가 존재했으며, 식민 지배의 합리화를 위해 조선 민족의 나약성, 의뢰성, 당파성 등을 강조하는 분위기도 있었다. 이러한 민족성론은 1920년대 이른바 '민족운동', '문화운동' 지도자로 하여금 '개조론'을 주장하는 근거로 활용되었으며, 1920년대 후반부터는 조선 민족의 성질을 긍정적으로 기술하든, 아니면 부정적으로 기술하든 '민족성' 논의가 개조론의 또다른 형태로 변질된다. 특히 『동아일보』 1930년 11월 27일부터 12월 29일까지 26회에 걸쳐 연재된 김두헌(金斗憲)의 '민족성 연구'는 '민족성 담론'이 어떤 성격을 띠는지 잘 알려준다.

【 民族性 硏究[27] 】

　民族性은 그 민족이 가지고 잇는 문화의 影響을 바더 형성된 것이나 또 그 문화는 그 민족적 특성에 의하야 獨特한 내용을 가지고 발달하게 된 것이다. 그리고 일민족의 문화는 純全히 獨立한 것이 아니라 諸他民族의 문화와 相合하야 발달한 것임으로 그에 딸하서 점차 複雜한 내용을 가지게 된 것이다. 이에 모든 學術 其他 문화는 恒常 比較硏究를 要하게

---

26) 『황성신문』, 1904.3.31. 「한일인 성정풍기지부동(韓日人性情風氣之不同)」에서는 일본인은 무력(武力)을 숭상해 왔고, 우리나라는 국조 이래로 유교 학술을 숭상하여 기질상의 차이가 크다는 전제 아래 한국인의 분발을 촉구하고 있다.

27) 『동아일보』, 1930.11.27.

<u>된다</u>. 다만 學術샏 아니라 정치 외교 등의 實際問題를 解決함에 당하야서도 彼我의 특성을 알어두는 것이 쏘한 필요할 것이오, 쌀하서 <u>교육상 훈련상에 필요할</u> 것은 自明한 일이다.

世界 近史는 諸民族的 문화의 接觸이 顯著하게 촉진됨을 여실히 指示한다. 이제야 세계의 各民族은 공동의 舞臺에 활동할 時代가 되엿다. 물론 세계의 모든 민족이 그 機會均等을 享有하게 되엇다는 것은 아니지만, 如何間 現代의 문화는 역사적 쏘는 비교적 研究法에 의하야, 혹은 宗敎, 哲學, 혹은 文學, 藝術, 혹은 言語, 風俗 등등의 民族的 異同을 論하야 각자의 특질을 발휘하려고 努力한다. <u>민족의 생명은 오즉 문화에 잇슬 것이다. 그민족적 문화를 消失할 째, 그 민족은 벌서 존재의 가치가 업서질 것이다. 그리고 그 문화의 가치는 오즉 그 特殊한 곳에 잇슬 것이오, 그 문화의特殊相은 오즉 그 민족적 특성에 잇슬 것이다. 그럼으로 民族性을 消失함은 쏘하 民族的 文化를 消失하게 됨이오, 쌀하서 민족의 生命을 일케 됨은필연한 論理的 歸結이라 하겟다.</u> 民族性의 問題가 어찌 크지 아니하다 할수 잇스랴.

이 논문에 따르면 '민족성'은 그 민족이 갖고 있는 문화의 영향을 받아 형성된 특질이다. 민족성 연구는 비교문화의 방법을 사용하며, 민족성은 민족 고유의 '종교, 철학, 문학, 예술, 언어, 풍속'에 반영되어 있다. 이 논문에서는 마르크스와 스탈린, 퇴니스 등의 사회 또는 민족 개념을 소개하고, "민족은 영토, 종족, 전통, 언어, 역사, 풍속 등을 같이하며, 따라서 자연히 친밀한 특수 관계를 의식하고 있는 문화 공동태"라고 정의한다. 민족의 구성 요소나 민족의식의 성격에 대한 적절한 정의에도 '문화 공동태'로서의 민족운동이 '문화운동'을 지향한다는 점은 1920년대의 논리와 크게 다르지 않다. 다만 독일 심리학자 분트의 영향을 받아 민족 심리학과 인종학적 심리학을 구분한 점은 민족성 담론이 어떻게 변화할 것인지를 추론하게 한다.

이 논문에서 김두헌은 사회주의 '계급의식'을 바탕으로 한 민족성의 특징을 '시대에 따라 변화할 수 있는 것'으로 규정한다. 문화 공동태에 의해 민족성이 형성될지라도, 민족의 역사나 경험, 운명 등에 따라 민족성이 변화할 수 있다는 뜻이다. 이러한 과정에서 그는 바우어의 '우성학 (優性學)' 또는 '인종개조설(人種改造說)'이 성립되는 과정을 약술한다.

【 民族性 研究[28] 】

바우에르는 民族性 成立의 조건에 대하야 상세한 理論을 進展시켯다. 그리고 文化 共同態를 가장 重要視한 점, 諸多 要因을 종합하야 運命이란 槪念에 槪括한 점, 또 그 운명의 共同을 運命의 類似와 區別한 점, 등등이 그 중에 가장 取할 만한 卓見임은 是認한다. 그러나 그의 見解에는 다소 의심된 점이 또한 업지 안타.

첫재 自然的 遺傳에 관하야 다만 唯物史觀的으로만 解釋한 것이 그 독특한 方法인 것은 勿論이지만, 全然 '民族的 唯物論'이라는 것을 否認함에 대하야서는 한번 더 생각할 여지가 잇슬가 한다. 일반으로 개성에 관하야서는 일즉부터 先天的 性質과 後天的 성질을 구별하야 말한다. 루소는 벌서 個性의 自然的 影響(先天的)과 敎養的 影響(後天的)을 구분하야 말하얏다. 또 挽近엔 敎育心理學者로 저명한 도른다이크는 개성을 先天性과 後天性으로 구별하야 전자를 직접(祖先)遺傳과 間接(人種)遺傳으로, 후자를 敎育과 環境(家庭, 學校 등)으로 再分하야 설명하얏다. 이제 民族性에 관하야서도 또한 先天性과 後天性을 구분하야 말할 수 잇슬 것이다.

그러면 바우에르의 全然 否認한 '民族的 唯物論'이라 함은 과연 선천적 성질의 유전을 否認한다는 것일가. 또는 그것은 生理的 遺傳을 부인한다는 것인가. 바우에르는 유물사관과 유전학설과는 矛盾되지 아니함을 명백히 말하얏다. 그리고 다만 배종원형질이라는 遺傳 實體 그거이 祖先의

---

28) 『동아일보』, 1930.12.6.

역사에 의하야 物的으로 規定된 것으로서 把握하려 한 것이다. 여긔에 一種 不可解得의 의문이 잇지 안흘가. 즉 生理學的 遺傳說을 시인하는 동시에, 그것이 唯物史觀的으로만 規定된다는 점이 個體의 생리적 성질이 遺傳됨은 이미 멘델 法則을 爲始로 넓히 實驗遺傳會의 是認한 바이려니와 또 精神的 性質의 遺傳이 어느 程度까지 是認될 것이니, 벌서 이 사실을 基礎로 삼어 소위 '優性學'이 성립되고 人種改造說이 提唱되엇는 것이다. 이 精神的 性質의 유전을 是認한다면 民族性의 선천적 결정 요소를 또한 是認하지 아니할 수 업슬 것이다. 딸하서 胚種原形質이라는 유전 實體는 祖先의 역사에 의하야 '物的'으로만 규정된 것이 아니라, '精神的'으로도 규정될 것이라 하겟다. 다만 이 정신적 성질의 유전이라는 것은 아즉 그 결정적 결과를 確信하기 어려운 것이 現代 科學의 一般的 定說임으로 요컨대, 그 정신적 성질의 선천적 유전은 일반 民族性 成立의 要因으로 極히 微弱할 것만은 사실일 것이다.

또 한가지 바우에르가 副次的 條件으로 看做한 土地의 共同에 관하야서는 사실 바우에르의 생각하는 程度 이상으로 重要한 조건인 것을 附言하지 안흘 수 업는 것이다. 벌서 말한 바 스타린의 民族 槪念은 言語, 嶺土, 經濟的 連繫, 傳統的 心理 등 四要素를 지적하얏슴은 土地의 共同이 지극 중요함을 말한 점에 잇서서 바우에르에 대하야 일층의 卓見이라 하겟다. 즉 스타린에 의하면 性格의 共通性을 가질지라도 토지의 共通을 갓지 안흐면 民族的 共通性을 形成할 수 업다는 것이다.

'우성학', '인종개조론'의 핵심은 민족성의 선천적 요소, 민족 우열론 등과 결합할 때, 식민 지배의 합리화와 이어질 수 있다. 그뿐만 아니라 극단적 민족 우열론은 특정 민족 말살 정책을 유발하는 요인이 되기도 한다. 김두헌의 '민족성 연구'에서는 좀 더 객관적인 태도로 민족성을 연구하는 두 가지 방법론으로 '단순 관찰법'과 '정신 검사법'을 제시하고, 후자의 연구 방법에서 '인종적 우열론'이 탄생할 수 있음을 지적한다.

【 民族性 觀察 方法論29) 】

이 精神檢查법은 그 數量的 결과에 대하야 多少의 效果를 是認할지라도, 그 測定한 결과를 전부 承認함은 危險한 일이다. 원래 未開人에 대한 實驗은 마치 個性 檢査를 하는데 아동의 그것과 흡사하야 多大한 信賴를 두기 어려운 것이다. 이제 그 모든 缺點을 요약하면 이러하다.

1. 實驗時의 心理的 條件을 소위 문명인과 미개인 간에 똑가티 할 수 업는 것. 만약 그 心理的 條件을 다르게 하고 實驗한다면 그 결과를 그대로 비교할 수 업슬 것은 勿論이다. 예컨대 리바스의 實驗에 의하면 이러하다. 樟腦液을 가지고 嗅覺(후각)을 검사하는데 문명인은 조금이라도 무슨 嗅氣(후기)가 잇스면 확실이 장뇌액의 嗅氣를 感得하지 안트라도 즉시 후기가 잇다고 응답하는데 미개인은 분명히 장뇌액의 후기를 感得할 쌔 비로소 응답한다고 한다. 이러한 실험 결과는 그 刺戟域을 확실히 결정할 수 업슬 것이다.

2. 미개인이나 문명인을 물론하고 多數人員을 검사하는 데 모든 階級을 통하야 均一히 하기가 실험상 지극 곤란할 것.

3. 원래 성질의 차이는 許多히 氣質, 性格 방면에 顯著한 것임에 불구하고, 정신검사는 知的方面을 主로 하고 情意的 방면을 疏遠히 하게 됨으로 성질 전체를 관찰하기에 困難할 것.

4. 검사의 범위가 현존 생활의 표현 상태에 한정됨으로 民族性의 발전 形跡을 전연히 알지 못할 것 등등.

이 精神檢査라는 心理學的 方法에 대하야 쏘는 生物學的 方法으로써 心的 性質을 推定하자는 일파가 挽近 새로운 試驗을 하게 되엇다. 그 一般的 견해에 의하면 다음의 三點에서 人種的 性質의 優劣을 決定할 수 잇다 한다.

이 논문에 등장하는 '단순관찰법'은 "어떤 민족의 한정된 개인의 외

---

29) 『동아일보』, 1930.12.8.

형을 부분적으로 관찰하는 방법"이라고 정의된다. 단순관찰법이 민족성을 피상적으로 관찰하는 데 불과한 방법이기 때문에 신뢰성이 없음은 당연하다. 이에 비해 '정신검사법'으로 불리는 두 번째 방법은 '문명 민족'과 '미개 민족'의 정신 작용을 비교 분석하는 방법이다. 이 방법은 이미 '문명: 미개'의 두 연구 집단을 전제하고, 그들의 두뇌와 감각, 지각, 심리작용 등을 비교하고자 한 점에서, 과학적인 방법을 표방할지라도 '민족 우열' 또는 '종족 우열'의 결과를 예단할 수 있다. 이러한 점에서 민족성 우열론을 산출하는 민족성 연구법이 만연되면 '민족 말살론'으로 이어질 가능성이 높음은 논리적으로 자연스럽다.

사실 1930년대 민족성 담론은 식민지 조선보다도 일본 학계에서 더 많은 관심을 기울이고 있었다. 일본에서의 민족학은 역사학, 고고학, 민속학, 인류학의 발달과 함께 1890년대부터 시작된 것으로 보인다. 예를 들어 일본인의 체질에 관심을 기울였던 고가네이 요시교(小金井良精, 1859~1944)[30]와 아다치 분타로(足立文太郞)[31] 등은 이 시기부터 서양인과 일본인의 체질을 비교 연구하기 시작했고, 이들의 연구 성과는 1920년대 '인류학', '체질학' 등의 이름으로 집대성되기도 하였다. 역사학과

---

30) 고가네이 요시교(小金井良精, 1859~1944): 일본의 해부학자, 인류학자. 1890년 일본의 대학 남교(大學南校, 문부성 학제 도입 이전의 공교육 기관)를 졸업하고, 1872년 10월 동경대학 의학부 전신인 '제일대학의학교'에 입학하였다. 1880년 7월 동경의학교를 졸업하고, 1881년 베를린 대학에 유학하여 1882년 졸업하였으며, 1889년부터 동경제국대학 의학부 교수를 역임하였다. 1893년 「경구개(硬口蓋)의 해부에 대하여」, 1894년 「아리아 인종에 대하여」, 1904년 「일본 석기시대의 주민론」 등의 논문을 남겼다.

31) 아다치 분타로(足立文太郞): 생몰 연대는 미상이나 1895년 동경제국대학을 졸업하였다. 고가네이 요시교의 지도를 받고, 일본의 체질학 연구에 전념하였다. 1895년 졸업 논문으로 「경구개(硬口蓋)의 맥관구(脈管溝)」를 쓴 뒤, 「일본 석기시대의 미독(微毒)」 등을 썼으며, 1896년 오카야마(岡山) 의학전문학교 교수로 부임하였다. 1897년부터 1902년까지 20여 편의 논문을 발표했으며, 이때부터 일본의 '체질인류학'이라는 학문을 개척한 것으로 알려져 있다. 1900년 문부성 장학생으로 독일에 유학하였으며, 이때부터 황색 인종의 체질에 관한 관심을 기울였고, 1903년 귀국하여 교토 제국대학의 교수로 부임하였다. 1908년 「일본인의 족골(足骨)」, 「일본인과 지나인의 안근(眼筋)」 등의 논문을 발표하였으며, 1907년 대만 여행을 전후하여 인류학적 체질론에 관한 논문을 다수 발표하였다. 그의 논문은 1928년 『일본인 체질의 연구(日本人體質之硏究), 인류학』(岡書院)으로 발행되었다.

고고학 분야의 민족학 연구도 지속되어 1930년대 이후에는 일본 제국
주의의 식민정책을 뒷받침하는 이론을 제공하기도 했는데, 일제의 만
주 침략과 더불어 그 경향이 강화되기 시작한 것으로 보인다. 이 시기
부터 일본인 학자들은 중국 민족사나 문명사, 만주 연구에 한층 심혈을
기울였는데, 고토스에오(後藤末雄, 1933)[32]의 『지나 문화(支那文化)와 지
나학(支那學)의 기원(起源)』(東京: 第一書房), 아오키 마사루(靑木正兒, 1936)
의 『지나문학개설(支那文學槪說)』(東京: 弘文堂書房) 등이 나왔으며, 1940
년대 이후에는 인류학과 민족학이 식민정책과 이어져 다수의 중국 민
족사나 만주 관련 서적이 발행되었다. 그뿐만 아니라 1941년 일본 문부
성의 지원을 받는 '민족학연구회', 재단법인 '민족학협회'가 설립되기
도 했는데, 이 협회에서는 『민족학 연구』라는 기관지를 정기적으로 발
행하였다.

이와 같은 지적 분위기 하에서 식민지 조선에서도 민족성에 대한 관
심이 높아지는 것은 자연스러운 현상으로 보인다. 이들 가운데 일부는
민족 우열론에 영향을 받아 조선인의 민족성을 부정적으로 인식하는
데 익숙해져 있었다. 앞의 김두헌(1931)의 논문에서도 1920년대 개조론
자들의 민족 인식 태도를 긍정하는 면모를 보이기도 한다.

【 朝鮮의 民族性[33] 】

이제 그러면 朝鮮 民族性의 本色은 어대 잇슬가. 먼저 二三 先輩의 意見
을 들어보자. 安自山 씨는 그 著書『朝鮮文學史 附編』에 "祖先崇拜, 組織的
精神, 禮節, 淳厚多情, 平和樂天, 實際主義, 人道主義" 등의 7조목을 擧示 설
명하얏다. 이 견해는 확실히 일면 진상을 把握하얏슴이라 하겟스나 무론
전반적이라 하기 어려울 것이니 그 중에도 '組織的 精神'이라든지, '人道主

---

32) 고노스에오(後藤末雄, 1886~1967): 일본의 작가. 프랑스 문학자. 비교문학, 비교사상사
   연구자.
33) 『동아일보』, 1930.12.27.

義'라든지는 오히려 현실적 事象이라 하기보다 理想的 觀念이라 할 것이 올치 안흘가 한다. 또 씨는 최근에 『동아일보』지상(10월)에 발표한 "朝鮮 詩歌의 條理"에 의하면 혹은 "無特長하고 自然的하고 浮動的하다." 하얏스며 혹은 "創作力이 업고 團結力, 獨立性도 약하다." 하얏스며 혹은 "玉質과 가티" 溫良하고 明媚하야 극히 純正하다 하얏스며 그 외에 다양다기하게 말하얏스니 시가에 표현된 특성을 대강 斟酌할 수 잇는 것이나 그 일관된 根本的 特質이 어대 잇는가를 捕捉하기에 困難한 감이 업지 안혼 것이다.

또 李光洙 씨는 그 저작 『民族改造論』(조선의 현재와 장래 중)에 조선 민족의 근본적 성격으로서 "寬大, 博愛, 禮儀, 廉潔, 自尊, 自主獨立, 快活, 武勇" 등등의 조목을 擧示 설명하고 다만 附屬的 性格의 缺陷을 改造함으로써 조선 민족 개조의 사업이 가능할 것이라 하얏다. 또 最近에 崔鉉培 씨는 『朝鮮民族更生의 道』에 조선 민족의 특질이 知情意 三方面으로 보아 인류 구제와 인문 발달의 고원한 建國 理想을 가젓스며, 또는 平和, 禮儀, 武勇의 德과 藝術的 才能을 가젓스며, 또는 文字 其他 文明 施設의 다수한 器械를 創作 發明하얏다는 등등 해박한 文化史의 事實을 고증하야 극히 卓越함을 論述하고 다만 이러한 탁월한 소질을 발휘함으로써 민족 갱생에 대한 확신을 어들 수 잇다 하얏다. 이 二氏의 意見을 전부 承認하기는 어려울 점이 업지 안혼 것이나, 그 서술한 내용을 종합 取捨함으로써 어느 정도의 진상을 파악할 수 잇슬 것을 밋는 것이며, 더욱 그 主唱한 바 다가티 民族性을 중요시하고 또 그 근본적 특질이 결코 劣惡하지 안흠을 근거로 삼아 다소 조선 장래의 進路를 指示하려 한 점에 잇서서 이에 필자도 또한 共鳴하지 안흘 수 업는 바이다.

김두헌(1930)의 논문에서는 다카하시도루(高橋亨), 모리스 쿠랑 등이 제기한 조선 민족의 열등성을 소개하고, 이와 대립되는 안자산, 이광수, 최현배의 논리를 소개한다. 여기서 김두헌은 조선의 민족성이 열등하지 않다는 결론을 내리면서도 이광수류의 '민족 개조론'에 동조한다.

그렇기에 논문의 결론에서는 다음과 같이 주장한다.

【 結論 】

원래 民族性으로 말하면 마치 개성에 잇서서와 가티 各自 民族에 長短 優劣의 양면이 잇슬 것은 勿論일 것이니 그 劣短을 改善하고 그 優長을 발전할 것이 또한 民族性 연구의 최후의 문제가 아니될 수 업슬 것이다. 즉 民族性의 향상, 우월화가 가치론상 중요한 問題가 될 것이다. 그러면 민족성의 改造 또는 優化가 如何히 가능할가.

이 문제는 根本的으로 人性論이 선결문제일 것이나 여기에 詳論할 째가 아니니 다만 民族性論에 한할 수박게 업다. 르 본에 의하면 민족적 성격은 심리상, 체질상을 물론하고 그 附屬的 성격과 근본적 성격이 잇서 전자는 可變的임에 대하야 후자는 거의 不可變的이오 오즉 유전적 축적으로 인하야 遲遲한 變化가 잇슬 쑨이라 한다. 이러한 견해를 基礎的 根據로 삼고 이 可變的인 附屬的 성격을 改造함이 가능하다 하야 朝鮮民族의 根本的 성격은 결코 열악하지 아니지만 그 결함을 保持한 것은 오즉 부속적 성격이라 하야― 그 구체적 방책으로서 改造同盟의 組織을 提唱한 것이 이미 말한 바 李光洙 씨의 『민족개조론』이다. 이 씨의 견해는 그 주창된 즉후에 여러 비평 또는 非難도 적지 안헛슴을 筆者는 학생시대의 기억으로 暗暗히 남어 잇는 바이나 또한 필자로서도 전연 贊成치 못할 바 업지 안흔 것이나, 그 서술한 내용에 多分의 眞理를 포함하여 잇는 것을 是認한다. 일즉이 아놀드 토인비가 『민족성의 개조』를 제창한 바 잇섯스나 그는 단지 정치적 해석에 쯔치고 말엇슴에 대하야 씨의 견해는 道德主義, 實力主義를 근거로 삼은 점에 잇서서 더욱 贊意를 표한다. 그러나 씨의 論述의 출발점은 오즉 현실에 잇서 여러 가지 결함을 가진 朝鮮 民族性을 如何히 개조할가에 한하엿슬 쑨이니, 그러면 그 근본적 성격―그는 결코 劣性이 아닌 성격을 어쩌케 할가에 대한 문제는 의연 미해결한 그대로 남어 잇슬 것이다. 소극적으로 그 결점을 개조할 것도 필요하려니와 積極的으로 그 장점을 행상 발전할

것이 더욱 중요할 것이니 여기에 '민족성의 優化'가 남아 잇는 일대 문제
인 것이다. 딸하서 이에 대한 견해도 쏘한 적지 안흔 것이다.

이 논문에 따르면 1920년대 문화주의를 표방한 민족 담론에서 '개조
론'의 영향이 어느 정도였는지를 쉽게 짐작할 수 있다. 김두헌은 학생
시절 이광수의 '민족 개조론'을 접하고, 우리 민족의 열성(劣性)을 개조
해야 한다는 계몽 담론을 벗어나지 못한 상태에 있다.

이러한 상황에서 1930년대 후반 일제의 병참기지화 정책이 노골화되
고, 이에 따라 '국가주의'를 표방한 '황국신민주의'가 고조되면서, 민족
담론은 점차 쇠퇴한다. 『동아일보』의 학술 논문에서도 그러한 경향이
짙어지는데, 1935년 12월 7일부터 13일까지 6회에 걸쳐 연재된 소철인
(蘇哲人)이라는 필명의 '현대 사상의 혼란'에서도 '자유주의적 경쟁은 독
점주의'로 변하였으며, 사상에서도 '국가주의'가 대두되어 시민사회가
그것에 대항할 능력을 잃었다고 진술한다. 이러한 분위기는 친일의 키
워드인 '국민'이라는 용어의 만연을 가져왔는데, '국민문학'이 '민족문
학'이라는 용어를 대체했으며, 억압적인 사회 분위기 속에서 황국신민
화에 따른 '국체명징(國體明徵)'의 이데올로기가 사회 전반에 퍼졌다. 독
일에서 대두된 '나치즘'의 인종론이나 '유태 민족 문제'가 관심을 끌기
는 하였으나34) 국가론에 대한 관심이 더 높아졌으며, '조선 민족성'과
관련된 논의는 고대사나 신화, 또는 고문헌을 대상으로 하는 이른바
'조선학'에서 논의되는 상황으로 전락하였다. 이와 같은 상황에서 '인종
개조'나 '민족 개조'에 대한 논의는 끊임없이 지속되었는데, 『신동아』
제5권 제5호(1935.5) 최윤호의 '인종개조론'도 그 가운데 하나이다. 이
논문은 유전과 환경에 대한 논의로부터 '우생학(優生學)'과 '우경학(優境

---

34) 예를 들어 『신동아』 제4권 제4호(1934.4) 한치진의 「유태민족과 세계의 불안 상태」, 제4
    권 제10호 피유생의 「유태민족은 어대로?」 등이 이에 해당한다.

學)'을 소개하고 환경을 개선해야 한다는 우경학적 입장에서 '인종의 후천적 성질'을 개조해야 한다고 주장한다. 특히 '환경을 통제하는 방법'으로 '위생학'과 '교육 보급'을 제안한 점에서 전형적인 계몽의 이데올로기를 내포한다. 이러한 이데올로기는 계몽의 대상으로 '조선인', '조선 민중'을 설정했지만, 그들을 열등한 것으로 규정하고 개조해야 한다는 논리에 동조함으로써, 결국 계몽의 주체와 계몽 대상인 조선 민중의 부조화를 나타낸 것으로 볼 수 있다.

3.2. 사회주의와 계급론

1920년대 이후 한국의 사회운동에는 '민족주의'와 '사회주의'의 2대 사상이 대립하고 있었다. 이는 이 시기 사회운동사와 관련된 각종 자료에서 쉽게 파악할 수 있다. 다음을 살펴보자.

【 民族運動과 社會運動35) 】
일즉 우리는 ******鮮(식민지 조선)36)에 朝鮮人의 生***(생활운동) 民族運動과 社會運動의 이대 진영으로 전개될 것과, 이 이대 진영은 非常 時에 잇서서는 서로 협동될 것을 말하얏건이와 이제 그 이대 진영이 평시에 잇서서는 如何히 分野되야 如何히 進就할가 하는 실제적 형세에 대하야 다시 한 번 考察하여 보건대, 대체로 보아 社會的 經濟的, 時潮的의 삼방면으로 입론할 필요가 잇는바, 이제 본론으로 드러가는 前提로 하야 몬저 二 ****(사회사상)分子의 思想的 體****(체계로 말할) 것 갓흐면 新朝鮮 ******(정치, 문화, 사회)改革的 精神에 잇서 *** (사상적) 양파가 共通

---

35) 『동아일보』, 1924.11.23.
36) ***은 발표 당시 가림표이다. 일제 강점기 언론 검열에 따라 일부 용어는 삭제되거나 그 용어에 해당하는 부분을 가림표로 표시한 경우가 많다. 괄호 안의 표현은 연구자가 본래 표현을 추론하여 제시한 것들이다.

하지마는 그 內容에 이르러서는 顯著한 差異가 잇스니 말하자면 民族運動은 政治改革을 窮極 目的으로 함에 대하야, 社會運動은 政治改革을 一階段 又 手段으로 삼고, 그의 窮極 目的은 사회 개조, 즉 경제적 근본 개혁을 함에 잇는 것이니, 이럼으로 그의 필연적 歸着은 전자는 中産者的 입지에서 일반 中産社會의 특징인 保守的 경향이 만하게 될 것임에 싸라 그의 활동이 내부에서 潑溂(발자)치 못할 것이오, 후자는 無産者的 입지에서 左傾味가 澎湃할 것임에 싸라 외부에서의 支障이 深酷할 것이다. 그리하고 各히 그의 목적을 위하야 趨向하는 과정에 잇서 각히 주장할 바 실제문제를 一考하야 보면, 호상 背馳될 것이 적지 아니하지마는 그 가운데에도 크게 相違될 것은, 전자에 잇서서는 政治上 現實問題를 取扱치 아니치 못하게 되는 관계상 소위 自治를 云謂하는 反動運動者의 非行를 批難하면서 엇던 째에는 그들의 主唱하는 문제, 즉 행정상에 관한 문제도 취급하게 되는 것이 될 것이니, 이러한 실제문제는 우리의 장래에 잇서 원래 重大한 관계가 잇는 것이라. 그럼으로 우리는 이것을 感想과 氣分에서 속단치 말고 純眞한 理論으로써 그의 決定的 論爭을 試驗하야 보는 것을 切切히 바란다. 그리하고 여긔서 말하는 社會運動은 階級운동을 意味하는 것임을 특히 附言한다. (…中略…) 運動이 進展됨을 싸라 우에 말한 바와 가치, 思想上의 전환이 생길 것은 삼일운동 이후에 海外 又는 海內에 잇슴을 막론하고 진정한 民族運動을 行하든 者들의 現在의 所持한 思想은 대체로 보아 左傾하엿다 할 수 잇는 것으로만 본다 할지라도 밋을 수 잇는 사실로 안다. 그럼으로 첫재는 우리의 미약 고독한 것과 현재 朝鮮社會는 너무나 沈靜滯休(침정체휴)한 것을 생각하고, 둘재는 장래에 잇서 어느 程度까지는 合同이 되고, 어느 程度까지는 提携가 될 것을 생각할 것 갓흐면 平時에 잇서서도 이 두 運動 사이에는 그리 큰 溝渠(구거)가 잇지 아니할가 한다. 그러나 민족운동의 장래는 大勢로 보아 思想上의 轉換機가 잇슬 것이 임의 판명된 이상, 그의 初出發에 잇서 그 방면으로 旗幟를 세우는 것이 朝鮮社會를 위하야, 쏘는 勢力의 집중 통일을 위하야 絶對 企望할 바임에 싸라 우리는 저들로 하야금 그러케 되도록 企待하야 마지 아니한다.

이 논설은 1920년대 사회운동으로 '민족운동'과 '사회운동(계급운동)'이 대립하고 있음을 명시하고, 두 운동의 차이점을 밝히면서 '세력의 집중', 곧 두 운동의 통일을 촉구한다. 이 논설에 나타나는 '민족운동의 궁극 목적'이 '정치개혁'에 있다는 판단은 서구 계몽시대와 마찬가지로 '시민의 정치 참여'(일제 강점기에는 1920년대 초반부터 제기된 지방의 도평의회, 중추원 구성 등에 참여하는 일)를 목적으로 한다는 의미이며, 사회주의에서 정치개혁을 수단으로 삼는다는 것은 무산자 계급의 정치 투쟁을 의미하는 것이다. 이 논설은 중산계급의 민족운동을 '보수적', '자본주의적'이라고 비판하고, 식민지 조선에서 중산계급의 토대가 근본부터 무너지는 상황에서 준비론이나 실력 양성론은 적절한 사회운동이 될 수 없다는 입장에서 조선 사회의 사상이 '좌경화'하였다고 주장한다.

이러한 배경에서 1920년대 전반기 사회운동은 사회주의적 계급 이론이 만연되었다. 한국 공산주의 운동사를 살펴보면 1917년 러시아 혁명 이후 러시아 지역의 이주 한인(韓人)과 재만(在滿) 한인을 중심으로 만연되었고, 그 운동이 국내에 영향을 미친 것으로 알려져 있다.[37] 그러나 1920년대 사상(思想)으로서의 사회주의는 재일 유학생을 중심으로 일본의 사회주의 사상의 영향이 컸던 것으로 보인다. 예를 들어 1920년대 전반기 『동아일보』에 연재된 사회주의 이데올로기와 관련된 다수의 논문은 일본인의 논문을 번역한 경우가 많다. 다음을 살펴보자.

---

37) 김준엽·김창순(1967), 『한국공산주의운동사』, 아세아문제연구소; 이명영(1975), 『재만 한인 공산주의 운동 연구』, 성균관대학교 출판부.

【 1920년대 전반기 『동아일보』 소재 사회주의 이데올로기 논문 】

연대	필자	제목	부제	게재일자
1921		니콜라에 레닌은 엇더한 사람인가.		1921.6.3~ 1921.8.31 61회 연재
1922		社會主義와 個人主義		1922.2.24(1)~(11)
1922	이순탁	'말크쓰'의 唯物史觀		1922.4.18(1)~ 1922.5.8(18)
1922	李順鐸	막쓰 思想의 槪要		1922.5.11(1)~ 1922.6.23(37)
1922		生存權 槪論		1922.6.25(1)~ 1922.7.14(8)
1922		勞動價値說과 平均 利潤率의 問題	맑스의 價値說에 對한 批評	1922.7.7
1922	일기자	資本主義의 解剖		1922.7.3(1)~ 1922.7.16(11)
1922		맑스 勞動價値說에 對한 批判의 批判		1922.7.16(1)~ 1922.8.6(13)
1922	李順鐸	勞動價値說과 平均利潤率의 再論		1922.8.9(1)~ 1922.8.21(6)
1922		깐의 思想의 硏究		1922.8.16
1922	李灌鎔	社會의 病的 現象		1922.10.4(1)~ 1922.10.20(16)
1923	李順鐸	資本主義 生産組織의 解剖		1923.1.19(1)~ 1923.2.9(16)
1923	鮮于全	社會運動의 今後 觀測		1923.6.11(1)~ 1923.6.14(4)
1923	辛泰嶽	社會主義와 民族主義		1923.7.4(1)~ 1923.7.2(9)
1923		社會主義 批判 (一)	일본인 窒伏高信 氏의 『社會主義 批判』을 抄譯	1923.7.23(1)~ 1923.8.28(25)
1923	선우전	칼막스의 傳記를 讀하고		1923.9.10(1)~ 1923.9.13(4)
1923	洪利杓	無産階級 思想과 小쏠조아 思想	山川均	1923.9.19(1)~ 1923.9.25(7)
1923	金商圭	社會 內面的 生活 考察		1923.9.30(1)~ 1923.10.6(7)
1923	辛泰燮	資本制度의 崩壞 經路 (一)		1923.11.15(1)~ 1923.11.27(11)
1924		레닌-고리끼 (5회 연재)		1924.1.27(1)~ 1924.1.31(5)

이 표에 나타난 것처럼 이 시기 사회주의 이론을 소개한 대표적인 학자로는 이순탁, 이관용, 선우전, 신태악 등이 있다. 그 가운데 이순탁 은 일본에 유학하여 고베 상업고등학교, 교토 제국대학 경제학부를 졸 업한 경제사학자로 가와가미하지메(河上肇, 1879~1946)의 지도를 받았 다. 가와가미는 그 당시 대표적인 일본의 마르크스 경제학자로 1902년 도쿄 제국대학 법학원 정치계를 졸업하고, 1903년 도쿄 제국대학 농과 대학 실과 강사, 학습원 등 대학의 겸임 강사를 지내다가 1933년 치안 유지법으로 피검되었던 인물이다. 이순탁의 「자본주의 생산조직의 해 부」(1923.1.19~2.9)는 가와가미하지메가 일본의 사회주의 잡지 『사회문 제연구』에 게재한 「자본주의 생산조직의 진상과 생산력의 분배와 모순 의 증진」을 초역한 것이다. 그뿐만 아니라 그가 연재한 「말크쓰의 유물 사관」(1922.4.18~5.8, 18회 연재), 「막쓰 사상의 개요」(1922.5.11~6.23), 「노 동가치설과 평균이윤율의 재론」(1922.8.9~8.21) 등도 일본 유학 시절 공 부했던 내용을 기반으로 작성된 논문임에 틀림없다.

선우전(鮮于全)은 그 행적이 자세히 알려져 있지는 않으나, 「조선의 토지 겸병과 그 대책」(1923.11.24~1923.2.10, 52회),[38] 「산업조합에 대하 여」(1923.2.23~3.5, 8회), 「소작인과 상공업 노동자 지위와 경우 여하」 (1923.9.22~9.26, 5회) 등의 다수 논문을 발표한 것으로 볼 때, 1920년대 대표적인 사회 경제학자의 한 사람이었다. 그도 또한 「경제학에 관한 사실의 해석」(1923.9.14~15)이라는 제목으로 일본 경제학사 연구자 히 라누마(平沼, 와세대대학의 전 학장)의 논문을 번역한 것을 볼 때, 일본 경제사학의 영향을 적지 않게 받았을 것임을 짐작할 수 있다.[39] 신태악 의 「사회주의와 민족주의」(1923.7.4~7.12, 9회), 1923년 7월 23일부터 8월 28일까지 연재된 「사회주의 비판」, 홍리표의 「무산계급 사상과 소쏄조

---

38) 이 논문은 1923년 조선도서회사에서 단행본으로 출간되었다.
39) 이 논문은 히라누마가 『와세다대학보(早稻田學報)』 1923년 8월호에 게재한 「경제학 연수 (硏修)와 예상(豫想)」이라는 논문을 번역한 것이라고 밝혔다.

아 사상」(1923.9.19~9.25, 7회) 등도 일본인의 논문을 번역한 것임을 밝히고 있는데, 이러한 경향은 1920년대 전반기 사회주의 관련 지식 수용 경로가 일본 사회사상가들과 밀접한 관련을 맺고 있음을 의미한다.

여기서 주목할 것은 일본 사회주의 운동의 역사이다. 1936년 발행된 호리마코토(堀眞琴, 1898~1980)의 『정치독본(政治讀本)』(東京: 法制時報社)에 따르면 일본의 사회주의 운동은 1883년 성립되엇다가 바로 해산된 동양사회당(東洋社會黨)으로부터 시작된다고 한다. 그러나 일본의 사회 당이 본격화된 것은 1902년 5월 20일 아베이소오(安部磯雄, 1865~1949), 고토쿠슈스이(幸德傳次郎, 1871~1911) 등이 중심이 된 '사회민주당' 조직이다. 이 정당은 일본 최초의 무산자 정당으로 '사회동포주의의 확장', '군비 전폐', '계급제도 전폐', '생산 및 교통기관 공유', '재산분배 공평', '보통선거' 등을 정강으로 채택했다. 그 이후 1911년 이른바 '대역사건'으로 사회주의 운동이 전폐되고, 다이쇼 데모크라시 기간 조합 형식의 경제운동으로 존재하던 사회주의 정당은 1926년 말 농민노동당으로 재편된다. 이와 같은 역사 속에서 일본의 사회주의 운동도 제국주의 이데올로기와 충돌하면서 자연스럽게 전개되지 못했다.

식민지 조선에서 사회주의 운동의 좌절은 1925년 치안유지법 이후 극심해진다. 이는 『동아일보』 1926년 1월 1일자 성산학인의 '조선 사회 운동 개관'에서도 잘 나타난다.

【 조선 사회운동 개관40) 】
1919년의 삼일운동은 조선인의 民族的으로 再生하려는 격렬한 努力이엿다. 이 운동을 출발점으로 하야 이후 삼사년 동안 조선에는 敎育運動, 産業運動, 靑年運動 등의 민족의 재상을 目標하고 文化의 建設을 理想하는 운동이 극히 猛烈하엿다. 즉 1923년까지도 大部의 조선인, 일부의 少數者

---

40) 『동아일보』, 1926.1.1.

급진 社會思想의 소유자를 제하고는 누구나 다 그러한 運動에 의하야 능히 自家의 生活, 自民族의 生活의 安堵를 엇을 수가 잇고, 쏘한 能히 그 권리의 解放을 구할 수가 잇고, 재생의 活路를 발견할 수가 잇슬 줄로만 알앗섯다. 識者가 여긔에 노력을 傾注하고 民衆이 여긔에 呼應하고, 靑年이 여긔에 열중하야 조선 전토에는 民族運動, 文化運動의 氣分이 瀰滿(미만)하엿다. (…中略…)

1923년부터 조선에는 새로이 社會運動이 대두하야 그 氣勢를 張하게 되엿다. 이전에도 社會主義思想에 공명하는 자가 업지는 아니하엿섯다. 그 운동의 部類에 속한 會合, 雜誌, 出版物의 刊行, 소작쟁의의 사살이 잇기는 하엿섯스나 그 대부분은 사회주의사상의 윤곽, 사회운동의 색채까지도 분명치 못한 것이엿다. 혹은 일시적이엿고 극히 환상적이여서 實로 幾分運動의 準備期에 불과하엿섯다. 운동이 운동이라는 당시의 명칭까지도 부치기 어려울 만치 극히 幼稚하엿섯지마는 1923년에 대두한 刮目할 만한 新運動은 실로 그러한 초기의 준비운동이 잇섯슴으로 말미아마 分娩된 것이오, 出現된 것이다. 思想運動, 勞動運動, 靑年運動, 女性, 衡平 등의 여러 운동이 次第로 蔚起熾盛하야 1924년에는 즉 재작년부터는 그러한 여러 운동 단체는 서로 部類를 구분하야 각각 그 진영을 別設하고 그 내부의 정돈에 착수하엿섯다. (…中略…)

1924년까지의 조선사회운동, 즉 第一期의 운동과 基礎가 굿어지지 못한 운동이엿고 何等의 力을 가지지 못한 운동이엿다. 그 내용의 충실을 圖하는 것보다 그 선전에 주력을 기우려든, 말하자면 虛裝 勝勢의 운동이엿다. 主義 思想을 전파하고 보급식히는 것이 그 운동자의 唯一한 職分이엿섯다. 그러나 작년(1925)부터의 第二期의 운동은 비로소 기초를 잡은 力의 운동이엿다. 물론 第二期의 운동, 작년의 운동에서도 대외의 선전, 주의, 사상이 전파 보급이 不必要한 것이 아니엿고, 짜라서 그를 도외시한 運動이 아니엿섯지마는 그보다도 운동의 굿쎈 戰鬪力을 엇기 위하야 모든 힘을 物理的의 微妙한 힘을 만드는 것이 그 운동의 주인이오 目標이엿다.

그러나 他便으로 작년은 治安維持法이라는 怪法이 出現한 해이다. 사회운동의 取締가 좀 더 가혹하야진 해이다. 1923년의 日本 東京 震災 이후로 당국의 취체 압박이 그 극에 달하엿섯지마는 治維法 실시 이후의 취체야말로 高壓的이엿섯다. 社會 進化의 法則을 무시, 沒理解하는 자로는 口와 拳과 행동의 주도한 구속에서 이후의 조선사회의 寂然한 것을 豫想하엿슬 것이다. 그러나 원래 資本主義社會의 내부에서 발생하는 사회운동은 자본적 권력의 反動을 이미 豫期하는 것일 쑨 아니라, 반동이 심할수록 政策이 고압적일스록, 더욱 組織化하는 것이다. 그에 대책이 될 만한 巧妙한 수단을 案出하고 그를 謀避할 만한 陰謀的 활동을 연출하는 것이다. 치유법의 내용된 바가 일한합병 당시에 출현한 保安法이나, 삼일운동 이후에 실시된 制令과도 달나서 國體의 變革을 圖謀하고, 私有財産制度를 否認하는 無政府主義者와 共産主義者를 取締코저 하는 법령이라 당국자의 愚昧로는 그의 실시로 인하야 조선의 사회운동은 맛치 新芽가 嚴霜을 맛난 것 갓치 여지업시 鑿滅(착멸)될 줄, 적어도 沈衰하고 또 당분간은 대두치 못할 줄로 알앗슬는지는 알 수 업스나, 그러나 조선 사회운동에는 표면으로나 이면으로나 그로 인하야 何等의 影響이 잇지 못하엿다는 것보다, 작년 이래의 운동 상태는 그 전에 비하야 좀더 熾盛하는 것이엿다. 적어도 하등의 痛痒(통양)도 가치 안코 泰然히 그 당연의 밟을 常徑의 行程을 거럿섯다. 혹 대중운동에 몰이해한 자로써 조선 사회운동의 재작년 이래의 방향 전환의 사실을 皮相的으로 관찰하고, 그를 치유법 실시의 영향으로 아는 자가 잇슬는지 모르나 그러나 그는 큰 誤解이다.

1925년까지의 조선 사회운동을 개관한 이 논문에서는 1919년 3.1운동 직후의 '민족운동, 문화운동', 1923년 이후의 '사상운동, 노농운동, 청년운동, 여성운동, 형평운동', 1924년의 조직화 경향, 1925년 이후의 '치안유지법'의 영향을 중심으로 조선의 사회운동이 어떻게 변화했는가를 기술하고 있다. 사상운동은 사회주의 정치운동(특히 노농운동)의 사상적 기반과 관련된 운동이며, 노동운동은 소작쟁의와 관련한 주요 운동, 청년운동은 '조선청년총동맹' 성립과 관련된 사건, 여성운동은 조선여성동우회와 경성여자청년동맹 등의 여성 단체, 형평운동은 '백정계급의 해방운동'으로서 정위단 조직 등을 주요 내용으로 기술하였다. 물론 이들 운동과 각 단체는 상관관계를 갖고 있는 것들도 많다.

여기서 주목할 것은 1925년 각종 사회운동에 결정적인 영향을 미친 요인의 하나가 '치안유지법'에 따른 사회주의자들의 검거라는 사실이다. 특히 1925년 4월 20일 '전조선민중운동자대회(全朝鮮民衆運動者大會)' 불발 이후 수천 명의 대회 참가자들이 검거되었고,41) 사회주의자들을 중심으로 한 '적기(赤旗) 연맹'과 무정부주의자들을 중심으로 한 '흑기(黑旗) 연맹' 사건이 일어났다. 이에 대해 성산학인은 다음과 같이 진술한다.

【 思想運動42) 】

작년의 운동으로써 조선사회운동사상에 중대한 결과를 遺한 것은 저 無産者同盟 조선노동당, 북풍회, 화요회 등 4대 사상단체의 합동사건이엿다. 물론 이것이 조선의 運動線 전부를 총망라한 합동은 아니지마는 如何컨 혼돈과 결렬의 와중에서 何等의 整理와 統一이 업든 조선 운동선상에서 統一을 위한 4개 사상단체의 합동 결의는 그 운동의 근본정신으로 보아 當然한 귀결인 동시에 장차 통일되지 아니할 수 업는 朝鮮의 運動界에 示한 지도의 광명이엿다. 합동의 當者들도 합동에 의하야 좀 더 크고 혼일한 노력으로 新時期를 개척하여든 것이라, 4월 27일에 4 단체의 합동총회를 개최하려든 것이, 開會의 수시간 전에 돌연히 경찰 당국의 집회 금지로 인하야 동총회는 열니지 못하엿섯다. 쑨만 아니라 이후의 교섭에 의하야

---

41) 이때 검거된 인원은 4천 명에 이른다고 한다.
42) 『동아일보』, 1926.1.3.

그들의 禁止의 본의가 총회라는 합동 형식상의 등 會에 잇지 아니하고, 그 근본에 드러가서 합동 그것에 잇슴을 알게 되엇다. 개체 단체의 存在를 許하면서 그 이미 존재를 許하는 개체 단체의 합동은 不許한다는 극히 단순한 사실이다.

법리를 차즐 필요가 업는 朝鮮이오, 東洋의 首班을 誇張하야 法治 自由國家의 경찰이라 無理 不無理, 橫暴 非橫暴이 문제가 되지 안을 것이지마는 法은 원래 표시를 取締할 수 잇스나 意思 그것은 取締하지 못하는 것이다. 합동의 형식을 밟지 못할 수는 잇스나 이미 각자의 意로써 수행된 무형의 합동, 의사 합동을 何로써 강제할 것인가. 당국의 嚴令에 위반할 필요를 늣기지 안는 4단체는 6월에 이르러 각각 형식의 간판을 가지고 일 회관에 모히게 되고, 편의가 4단체 합동위원회라는 명목으로 대외 관계에 處하게 된 것이다.

이 진술은 1920년대 전반기 주요 사회주의 사상단체의 활동상과 이들을 탄압하고자 한 총독부 경찰의 성격을 잘 보여준다. 합동총회를 실행하지 못한 상태에서 사회주의 사상을 갖고 있다는 점만을 근거로 단속·검거의 대상이 되었고, 식민지 조선에서의 경찰력은 '법리'와 무관하며, 집회의 폭력성 여부와도 무관한 단속이 이루어진 셈이다.

이러한 상황에서도 1920년대 사회주의 사상의 전파는 급속도로 이루어졌으며, 각종 계급운동의 결과 노농운동의 단체 결성, 공장 노동자의 파업, 소작 쟁의 등이 끊임없이 이어졌다. 성산학인의 논문에 따르면 1925년 당시 공장 노동자로 파업에 참가한 인원은 2만 5천~6천 명에 이른다고 한다.

그러나 1920년대 사회주의 사상의 근저를 이루는 '계급 담론'에서도 '계급 개념'의 경직성이나 '유물사관'에 대한 오해, '역사 발전 법칙'에 대한 맹신 등의 문제점은 여전히 남아 있다.

사회학 용어로서 '계급(階級)'은 신분이나 재산 직업 등이 비슷한 사람들로 형성되는 집단을 의미한다. 근대 계몽기 계급 담론은 '완고한 양반'을 비판하거나, '사농공상(士農工商)'의 신분 의식을 비판하는 데 머물렀다.

흥미로운 것은 한국사회에서 계급 담론이 활발해진 시점이 일제의 강점 직후 식민통치 이데올로기를 확립하고자 한 때였다는 점이다. 이는 1910년대 『매일신보』에 등장하는 다수의 '계급 관련 논설'에서 확인할 수 있다.

【 民族의 階級[43) 】

　民族은 自是으로 一民族이로딕 自然 階級이 降殺不同ᄒ야 一賢 一不肖라도 必賢者는 尊ᄒ고 不肖子는 卑ᄒ며 一智一愚라도 智者는 尊ᄒ고 愚者는 卑ᄒ지라. 是以로 人類가 有生ᄒ 以來로 尊卑의 別이 裁然ᄒ야 尊者는 卑者를 使ᄒ며 卑者는 尊者에게 服ᄒ야 社會의 順序가 不紊ᄒ야 風化의 美範을 作ᄒ얏도다. 若 尊卑의 別이 紊亂ᄒ야 不肖子가 賢者를 斥ᄒ며 愚者가 智者를 侮ᄒ야 言必稱 彼도 人이오 我도 人이니 人固 一人이 何種의 階級이 有ᄒ리오 ᄒ고, 互相 矛楯ᄒ면 果然 良風美俗을 成ᄒ리라 謂ᄒ손가. (…中略…) 我 朝鮮도 古來로 尊卑의 階級이 切嚴ᄒ야 不肖子는 賢者의 敎導를 受ᄒ며 愚者는 智者의 指揮를 從ᄒ야 卑者가 惑 不善의 行을 作코저 ᄒ나 尊者를 畏ᄒ야 不能ᄒ며 卑者가 惑 不善의 事를 行코저 ᄒ나 尊者를 懼ᄒ야 不能ᄒ니 此가 卽 班族 及 常人의 一種 原因이라. (…中略…) 嗚呼라. 常人된 자는 自思ᄒ지어다. 諸君이 幾百年의 卑地에 處ᄒ을 抑冤ᄒ진딕 諸君도 學問을 習修ᄒ며 行動을 端正케 ᄒ야 班族의 知ᄒ는 바를 知ᄒ며, 班族의 行ᄒ는 바를 行ᄒ면 諸君도 自然 相當ᄒ 待遇를 受ᄒ지라.

> **번역** 민족은 자연 하나의 민족이지만 자연 계급이 늘 같지 않아서 조금의 현명과 불초라도 반드시 현자는 존귀하고 불초한 사람은 비천

---

43) 『매일신보』, 1911.3.14.

하며, 조금의 지혜와 어리석음이라도 지자는 존귀하고 어리석은 자는 비천하다. 이로써 인류가 생겨난 이래 존비의 구별이 뚜렷하여 존자는 비자를 부리며, 비자는 존자에게 복종하여 사회의 질서가 문란하지 않고 풍속교화의 아름다운 규범을 만들었다. 만약 존비의 구별이 문란하여 불초자가 현자를 배척하며 어리석은 자가 지자를 모욕하여 말만 하면 저도 사람이요, 나도 사람이니 사람이 진실로 같은 사람이니 어떠한 계급이 있겠는가 하고 서로 공격하면 과연 양풍미속을 이룰 수 있다고 하겠는가. (…중략…) 우리 조선도 고래로 존비의 계급이 뚜렷하여 불초자는 현자의 교도를 받고, 어리석은 자는 지자의 지휘를 따라 혹 좋지 않은 행동을 하고자 하나 존자를 두려워하여 하지 못하고, 어리석은 자가 혹 좋지 않은 일을 하고자 하나 존자를 두려워하여 하지 못하니, 이것이 곧 반족과 상인이 생겨난 원인이다. (…중략…) 아, 상민된 자는 스스로 생각할지어다. 제군이 몇 백 년 비천한 지위에 처함을 원망하고자 한다면, 제군이 학문을 습득하고 행동을 바르게 하여 양반이 아는 바를 알고, 반족이 행하는 바를 행하면 제군도 저절로 상당한 대우를 받을 것이다.

일제 강점 직후 쓰인 이 논설에서는 '반족'과 '상인'을 계급으로 인식하고, 계급 구별이 '현불현(賢不賢)', '지우(智愚)'의 차이에서 비롯되었다고 강변하며, '상인'이 비천한 대우를 받는 것은 '불현', '불초(不肖)', '불학(不學)'에서 비롯된 것이라고 주장한다. 봉건 질서를 옹호하며, 식민 지배를 당연시하고자 하는 논리를 표출하기 위해 '계급 구별'을 정당화한 것이다.

이러한 상황에서 '봉건적 계급' 담론과 '식민 이데올로기'는 불가분의 관계를 맺게 되는데, 1920년대 사회주의 계급 이론에서는 전자의 계급론에 비해 후자의 지배 이데올로기에 대한 비판이 미약할 경우가 많았다.

【 朝鮮 社會階級의 推移44) 】

歐羅巴의 歷史를 一見하면 中世紀 封建時代에는 社會의 中心 勢力이 貴族, 僧侶階級에 잇섯고, 近世紀 立憲政治에 와서는 一變하야 商工階級이 社會 中心에 處하게 되얏스니 곳 貴族階級은 權力과 尊嚴을 失墜하고 그 代에 資本階級이 權力과 尊貴를 누리게 되얏도다. 원래 도시의 발전은 封建制度를 打破하는 한 큰 原因이 되며, 도시의 발전을 싸라오는 상공업의 발전은 귀족의 세력을 減殺하는 큰 原因이 되나니, 도시는 自治를 의미하고 상공업은 金錢을 代表하는 것이라. (…中略…) 이제 朝鮮 社會階級의 推移를 싱각하건대 亦 貴族階級이 社會的 勢力을 失墜하고 商工業 階級이 此에 代하야 발흥하는 경향이 顯著하니 在來 朝鮮에서는 兩班이 아니면 出世하기 어려웟스며 貴族이 아니면 權力을 行使하기 어려울 쑨 아니라 사회생활에 잇서서도 兩班 常民의 區別이 엄격하야 전자의 후자에 대한 壓迫이 甚하얏도다. 그럼으로 재래에는 양반이 아니면 사람된 價値가 업섯스며 싸라 如何한 才能이 잇슬지라도 그 門閥이 兩班階級에 屬하지 아니하면 實地에 施할 機會를 엇지 못하얏스며 (…中略…)

이제 商工業階級의 발흥과 民主政治와의 關係를 論하건대 상공업계급은 前述한 바와 가치 귀족을 崇拜하지 아니하며 門閥을 尊重하지 아니하고 오즉 黃金을 念頭에 置하나니 이와 갓흔 階級이 會社의 中心이 되면 싸라 社會의 組織이 황금을 중심할 것은 물론이며, 상공계급은 귀족계급과 特異하야 그 수가 多한지라 此多數가 各히 黃金에 의하야 政權에 참여하게 되면 必히 貴族政治가 退하고 民主政治가 實現될 것이니 이는 理에 잇셔 맛당히 그러할 쑨 아니라 원래 상공업과 정치와의 관계는 긴밀하야 도저히 斷絶하기 어려운 점이 잇는지라 그 정치의 好否는 直히 상공업 존폐에 關하는 중대한 영향을 生하나니 (…中略…) 黃金萬能主義는 百般의 弊害를 伴하는지라 此로 因하야 社會의 墮落이 生하기 쉬울 쑨 아니라,

---

44) 『동아일보』, 1921.5.10~11.

現代 歐洲는 實地에 잇서 임의 此의 苦痛을 經驗하는 중이니 朝鮮의 新時代를 當하는 자는 맛당히 이에 鑑하야 깁히 警戒하는 바이 잇서야 할 것이로다. 곳이 피면 써러지는 운명을 동시에 그 중에 包含하는 것이니 상공업계급의 발흥이 그 自體의 倒壞를 促進하는 한 과정이 되지 아니할 것은 누가 能히 단언하리오. 후일에 朝鮮 社會階級의 推移를 論하는 자는 필히 第四階級의 勃興이라는 題目 下에 筆을 進할 줄을 吾人은 確信하야 疑心하지 아니하노라.

사회주의 계급 담론에서는 '귀족·승려 계급'을 제1계급, '무사 계급'을 제2계급, '상공업·자본 계급'을 제3계급, '노동자·농민' 등의 프롤레타리아 계급을 제4계급으로 설정한다. 이 논설에서도 제1계급인 귀족·승려에 대해 제3의 자본 계급의 발흥을 주장하고, 자본주의 민주정치 등이 황금만능주의에 기반하고 있기 때문에 제4계급이 대두될 것이라고 예측하고 있다. 그런데 엄밀히 말하면 1920년대 이른바 '자본계급' 형성이나 '상공업 발전'은 조선 민족의 입장으로 볼 때, 그다지 중요한 문제가 되지 않는다. 다수의 노농운동이 실제로는 일본 기업가나 동척(東拓)을 대상으로 한 것으로, '계급문제'가 본질적으로 '민족문제'에서 비롯된 것이었다. 그럼에도 '유물사관', '계급주의' 담론에서는 두 가지 문제의 본질을 동일선상에서 다루지 않는 경향이 많았다. 예를 들어 『동아일보』 1922년 2월 24일부터 4월 5일까지 11회에 걸쳐 연재된 '사회주의와 개인주의'에서도 '노동계급의 발흥'이나 '사회주의의 주장'이 '개인주의'와 대립되는 개념으로 설명한다. 사회 진화의 차원에서 계급 발전은 민족의 역사나 국가주의 또는 제국주의의 침략과 별개의 문제로 다루어지는 셈이다. 이러한 경향은 이순탁의 「말크쓰 유물사관」(『동아일보』, 1922.4.18~5.8, 18회)의 '사회 계급 발전'에 관한 설명도 마찬가지이다.

【 社會組織 進化論45) 】

　말크쓰의 意見에 의하면 大凡 사회계급의 발전에는 2시기가 잇다 한 것이니, 즉 他階級에 대하야는 이믜 형식상 일계급을 成하얏다 할 수 잇스나, 그 계급 自身이 아즉 일계급을 成하엿다고 言키 難한 상태에 잇는 경우가 그 제1기요, 그가 제2기에 進하면 그 自身이 일계급을 成함에 至한다 하는 것이라. 그래서 玆에 그 자신이 일계급을 成한다 하는 意味는 그 계급에 屬한 者가 계급적 自覺을 有함에 至한 것이오, 쏘한 階級的 自覺이라 하는 것은 일계급에 속한 자가 他階級者에 대하야 到底히 利害를 相容할 수 업는 地位에 잇는 것이오, 階級鬪爭을 한다 함은 그 계급에 속한 자가 不可避할 運命인 줄을 스사로 意識함에 이른다는 것이라. 尙且 말크쓰의 意見에 의하면 階級鬪爭은 제1기에는 경제적 투쟁에 止하야 單純히 경제상의 利益을 興奮함에 不過하지마는 제2기에는 更進하야 정치적 투쟁이 되어서 정치상의 勸力을 興奮하게 된다 함이니, 그러함으로 말크쓰는 階級이라 하는 말을 狹義로 쓸 쎄에는 제2기에 進한 階級만을 가라치나니 即 宣言書에 '無産者의 階級組織'이라던지, '무산자의 階級 形成이라'고 述한 것은 제1기의 계급적 自覺을 有치 아니한 單純하게 容觀的 일계급임에 지나지 아니한 者에게 階級的 自覺을 起케 하야 이를 제2기에 進한 階級이 되게 함으로부터 그와 동시에 主觀的 일계급을 成함에 이르게 함을 가라치도다. 쏘한 말크쓰는 계급투쟁이라 하는 말을 협의로 用할 時에는 제2기에서 하는 계급간의 정치적 鬪爭만을 가라친 것임으로 宣言書에 '일체의 투쟁은 일개의 정치적 투쟁이라'고 書함은 즉 이러한 理由라 하노라.

　이 논문에서 계급 문제는 '계급적 자각'과 '계급투쟁'의 두 가지 단계로 진행된다. 물론 이 이론은 마르크스의 유물사관을 소개하고자 하는 목적을 갖고 있기 때문에 1920년대 조선 문제를 대상으로 한 것은 아니

---

45) 『동아일보』, 1922.4.24.

다. 그럼에도 계급 자각과 계급투쟁이라는 단순화된 계몽의식은 식민지 조선의 사회 현실을 인식하는 데 여러 가지 한계를 내포할 수밖에 없었다.

이와 같은 차원에서 1920년대 중반부터는 문화주의를 주장하는 '민족 담론'과 계급주의를 주장하는 '사회사상'의 통일이 필요하다는 논의가 대두되기 시작한다. 『동아일보』에서도 1926년 이후 '민족운동'과 '사회주의 운동'이 어떤 관계를 맺는가에 대한 논의가 빈번히 이루어진 바 있는데, 다음 논설도 그 중 하나이다.

【 民族과 階級意識의 論點46) 】

일즉히 吾人은 本欄에서 여러번 民族意識이나 階級意識에 관한 意見을 발표한 바가 잇섯거니와 最近에 와서 또 이에 관한 議論이 적지 아니할 쓴 아니라, 어느 일방에서는 이에 관하야 理論에 捕虜되여 실제 사회의 進化過程을 밋처 생각하지도 못하는 誤謬에 써러지는 바가 적지 아니하다. 더욱히 어느 幽靈的 대상을 推想하고 그것이 실제에 잇서서 어느 勢力이나 잇는 것처럼, 또는 무슨 큰 作用이나 하는 것처럼, 여러 가지 형용사로 공격도 하고, 戲弄도 하며, 咀呪도 하야 독자로 하야곰 무용한 疑心과 심려를 가지게 하는 자도 잇스니 아모리 개론에 쓸니는 째라고는 할지라도 槪論에 遊戲도 이에까지 이르는 것은 過甚한 일이라고 할 것이다. 그러므로 이론도 잇서야 하는 것이지만은 실제를 살니는 理論, 실제사회의 진화과정을 確乎히 看破하는 이론이 아니면 그는 이론을 위하야 하는 이론에 불과함으로 밋는다.

現下 조선에 잇서서 民族意識과 階級意識이 解放運動의 意識으로 어느 정도의 差異가 잇느냐 하면 적어도 현실에 잇서서는 차이가 업는 것을 吾人은 단언한다. 즉 금일 우리 사회에서 해방운동을 써나서 무슨 意識이니 무슨

---

46) 『동아일보』, 1926.6.19.

意識이니 하야 論爭을 한다 하면, 그는 이론을 위하야 이론하는 한가한 사람들의 일이니, 吾人이 관지할 바가 아니오, 解放運動을 중심으로 하고, 사회 진보의 실제 현상에 관하야 관찰하면 민족의식과 계급의식간의 차이를 운위하야 기간의 불합치를 구태여 만드러 보려고 애를 쓸 理由와 必要가 어대 잇느냐. (…中略…) 그럼으로 현대와 如한 자본주의 국가하에 支配되는 弱小民族의 階級意識과 民族意識이 해방운동상에 구별될 특징이 무엇이냐, 그러한 弱小民族에게 施行되는 政治의 基本이 資本主義的 經濟原理에 잇는 이상, 약소민족에게서 구차히 경제상 의미의 階級意識과 정치상 의미의 民族意識의 區別을 실제 운동에 세우랴고 하는 것은 殖民地 政策의 經濟的 意義를 無視하려고 하는 誤謬라고 할 것이다. 그럼으로 적어도 해방운동상에서는 그 구별을 하려고 하는 것이 무용한 일이라고 단언하야 둔다.

약소민족의 계급운동에서 민족의식과 계급의식을 구분하는 것은 '해방운동'의 차원에서 큰 의미가 없다고 진술한 이 글은, 1925년 당시의 사회운동 경향을 뚜렷이 나타내는 표현이다. 양자의 구별은 분열과 배타로 이어지고, 그것은 식민 통치 수단에 적절히 이용될 수 있다. 이 점에서 1927년 2월에는 민족주의와 사회주의를 아우른 '신간회(新幹會)'[47]를 구성하기도 하였으나,[48] 1931년 5월 전국대표대회를 통해 완전 해소되었다. 이때 『동아일보』에 게재한 사설은 다음과 같다.

---

47) 신간회에 대해서는 스칼라피노, 이정식 외 역(1983), 『신간회연구』(동녘)를 참고할 수 있다.

48) 신간회 창립 대회는 1927년 2월 15일 기독교청년회관에서 열렸으며, 신석우(申錫雨)를 임시 의장으로, 서기는 김준연, 신현익, 장지연으로 하여 출발하였다. 기존의 신간회와 조선민흥회를 중심으로 구성되었으며, 회장 이상재, 부회장 홍명희를 선출하고, 15인의 간사를 선임하였다. 창립대회에서 신간회는 '1. 우리는 정치적 경제적 각성을 촉진함, 1. 우리는 단결을 공고히 함, 1. 우리는 기회주의를 일체 부인함'의 세 가지 조항을 강령으로 삼았으며, '김동진 김준연, 김탁, 권동진, 권재룡, 이갑성, 이석훈, 정태섭, 이승복, 이정, 문일평, 박동완, 백관수, 신석우, 신채호, 안재홍, 장지영, 조만식, 최익선, 최원순, 박래홍, 하재화, 한기악, 한용운, 한위건, 홍명희, 홍성희' 등이 발기인으로 참여하였다.

【 新幹會 解消 可決[49] 】

新幹會 全國代表者大會는 解消案을 絶對多數로 可決했다. 해소는 해체가 아니라 해소의 實踐은 今後에 남겨진 課題라는 것이 관념상으로 가능하지마는 사실에 잇서서 조선의 政治的 現實은 이 해소를 통해서 하는 실천을 가능케 할 可能性이 없으니 신간회는 만4개년 여의 업적을 남기고 인제는 일개의 역사상 존재로 化햇다 함이 無不可일 것이다.

신간회는 1927년 2월 15일에 "정치적, 경제적, 사회적 각성 촉진", "단결 공고", "기회주의 부인"의 삼대 綱領을 가지고 誕生하엿다. 그 강령 및 지도 정신을 통하야 該 團體는 비타합적 민족운동의 이론을 대표하며, 동시에 민족 單一黨의 수립을 목표로 하고, 出世함이 판명되어 全朝鮮的으로 4백의 지회를 가지고 4만의 회원을 擁하야 합병 이후에 初有의 일대 政治的 團結을 이루엇섯다. (…中略…) 겨우 生長期에 드러갓다고 볼 新幹會가 突然 解消의 波浪에 깨어진 것은 돌이어 意外의 일이라고도 볼 것이나 다시 冷觀하건대 이미 民族運動에서 出發한 新幹會로서 今日 解消함에 잇서서 階級運動에 대한 桎梏을 짓는다 함을 理由로 삼음이 新幹會를 主體로 보아 일종의 矛盾임에 틀림없다. 이 사실은 오즉 신간회가 주체의 지도이론이 缺如하고 客體의 이론에 附隨 또는 利用되어 잇섯다는 것을 證하는 것이다. 논리상에 잇서서 이것이 明白할 뿐 아니라 사실상에 잇서서도 신간회 내에 包括된 民族主義者層이 대체로 被動的으로 동원된 경우가 많고 自發的 지도정신에 의함이 아니엇던 것이 사실이라 함이 과언이 아니랄진대 금일 신간회가 주인을 잃은 집이 됨이 必然의 理가 아닐까 한다.

이 사설에 나타나듯이 신간회는 민족운동과 계급운동의 통일을 지향한 단체였으나, 언론사, 종교단체, 사회주의 사상가들의 의식이 일관되지 못했다. 신간회 해소의 주된 이유는 좌우파의 이념 대립 때문으로

---

49) 『동아일보』, 1931.5.18.

110

알려져 있는데, 명원호(1931)의 「신간회 분규 측면관」[50]에 따르면 신간회에 참여했던 조선, 동아, 중외일보 등의 언론사나 천도교의 주도권 쟁탈전, 좌우익 대립 등이 더 이상 신간회를 통일된 민족·사회운동을 전개할 수 없는 상황으로 전개되었기 때문이라고 한다.

【 新幹會 紛糾 側面觀 】

現 新幹會의 紛糾를 <u>左右派의 意見 不相容에 起因된 것</u>이라 하고, <u>본부측을 右, 支會側을 左</u>라고 갈나놋코 그들의 의견 내지 주장의 相違되는 바를 규명하여 본다면 <u>左派가 현하의 지도정신과 실천 임무가 몹시 非鬪爭的이요 微溫的이요 妥協的이여서 본래의 '모토'와 '슬로간'과는 太히 背馳되는 일종 교양단체와 비슷이 되어간다</u>는 강경한 비난과 공격을 내리는 데 反하야, <u>右側에서는 아직은 우리 大衆의 程度가 幼稚한 데다가 내외 정세에 鑑하야 투쟁은 不能하니 당분간 현하 정세를 參酌하야 엇던 국한된 범위 내에서 타협을 아니치 못한다</u>는 것이다. (…中略…)

이제 最後로 한 가지 論議치 아니치 못할 問題가 남앗스니 그것은 본부와 지회와의 충돌 분규로부터 胚胎될 必然性을 가진 지방에 산재한 회원들의 동태가 그것이다. 그네들의 동태 여하만이 新幹運動을 좌우하는 것임은 췌언을 不竢할 것이다. <u>民衆이 엇던 인물을 중심으로 하야 아모런 비판도 업시 그 인물이 소리치고 놉히 드는 旗幟 밋흐로 모혀들은 時代</u>는 벌서 지내간 지 오랫다. '슬로간'만에 팔니고 방울 소리만을 쫏는 盲目的 民衆은 이쌍에서 점차 그림자를 거드운다. "자네가 나서야만 民衆이 쏘차오네.", "내가 나스면 설마 가만히 잇지들이야 안켓지." 하는 쑴을 쌔쯔시 쌔인 指導者가 아니면 그들 民衆은 치여다는 볼지 몰나도 싸라오지는 안을 것이다. 이것이 先驅로 자처하는 인사들의 모름즉이 三省再顧할 바이며, 現下 大衆을 指導하는 정신의 골자가 숨어 잇는 것이다. 간판을 거부하

---

50) 명원호(1931), 「신간회 분규 측면관」, 『신민』 제65호, 1931.3.

며 實力을 渴望하는 필연적 정세이다.

吾人은 이 情勢를 모르는 指導者와 中心人物을 우리 大衆運動 線上에
一切 排擊한다. 대중의 支持가 업는 곳에 아모런 운동도 그 成果를 보지
못할 것은 불을 보기보다도 오히려 밝은 일이다.

민족운동과 사회사상의 결합으로 탄생한 신간회가 쉽게 해소된 데에
는 이른바 신간회 본부(종교단체 중심)와 경성지부의 갈등이 있었다. 구
체적으로 홍명희나 최린, 천도교 신구파의 갈등 등을 예시하면서 '재만
동포 피축사건(被逐事件)'에 대한 대응 방식의 차이 등이 좌우파의 의견
대립을 불러일으킨 것으로 규정한다. 이러한 사태 파악의 정당성 여부
를 떠나, 이 논설에서 주장한 것처럼, '슬로건'만 중시하는 사회운동,
대중의 지지를 받지 못하는 사회운동은 그 효과가 떨어질 수밖에 없다
는 지적은 일제 강점기 계몽운동의 한계를 적절히 드러낸 말이다.

3.3. 군국주의와 국민

일제의 만주 침략 이후 조선의 병참기지화 정책이 본격화되면서 식
민지 조선의 사상계에도 큰 변화가 일어난다. 1931년 9월 일제의 만주
침략은 '민족주의'나 '계급 담론'을 잠재우고 '국가주의', '국민주의'를
만연시키는 상황으로 바뀌었다. 특히 식민 통치 하에서 자유로운 사상
표출이나 사회운동을 전개하기 어려운 상황에서 식민 시대의 지식인들
은 자의든 타의든 군국주의 사상에 빠져들고, 친일의 길을 선택한 경우
도 많았다. 이러한 상황의 중심 이데올로기 가운데 하나가 '국가', '국
민'이다.

【 國民主義의 氾濫: 옳으나 그르나 내나라[51] 】
우리는 滿洲事變 以來의 日本國民의 완전한 擧國一致를 본다. 犬猿의 民

政黨, 政友會도 금일의 대외 國策에 대하야서는 서로 異見이 없을뿐더러 도리혀 서로 對外硬의 競爭을 하다싶이 하고 軍部의 행동에 대하야서도 일치한 後援과 禮讚을 하고 잇다. 정당뿐 아니라 언론기관도 그러하다. 오늘날 日本에서 발행되는 신문이나 잡지나 팸프렡이나가 전부 滿蒙 生命線說, 國難에 대한 擧國一致說을 테마로 삼고 그 이외의 思想은 마치 없는 것 같다. 이 현상을 日本에 國民主義의 復來이라고 한다고 누가 誤斷이라고 하랴. (…中略…) 새로 來復하는 國民主義의 特色은 무엇인가. 역사는 反復하면서도 결코 고대로 反覆하는 것은 아니다. 새로 來復하는 國民主義는 大戰 以前의 國民主義와는 如左한 점에서 判異할 듯하다. 이 의미에서 新國民主義라고 하야도 가할 것이다.

첫재로 今日의 世界의 支配階級이라고 할 資本閥의 勢力이 顯著이 減縮하고 그 대신에 軍閥과 밋 그 후원 하에 금일에 資本閥에게 驅使되고 잇는 有識 無産階級과 上海 勞農層의 單一黨的 結成이 中心이 될 것이오, 따라서 금일의 자본가 배경의 정당이 分解될 것이다. 둘재로 새로운 國民主義는 同 國民 間의 有無産 양계급의 투쟁을 완화하기 위하야 强力의 社會政策으로 농업 기타 생활 필수품 생산 기관의 국가 통제와 자본세 기타의 방법으로 일면 자본의 橫暴를 抑壓하고 他面 농민노동층의 생활을 보장하랴는 사회정책적 시설을 할 것이다.

이상은 一種의 想像說에 불과하거니와 어찌하엿으나 人道主義, 社會主義의 정신을 가미한 新國民主義가 금일의 최대한 時代精神인 것만은 부인할 수 없을 뜻다. "옳으나 그르나 내 나라"라는 19세기의 스르간은 금일에 와서 다시 光彩를 發하랴는 듯하다.

이 논설에서는 만주 침략에 따라 거국일치의 단결을 보이는 일본의 정치, 언론을 지칭하여 '국민주의의 복래', '신국민주의'라고 지칭하였

---

51) 『동아일보』, 1932.2.7.

다. 그런데 신식민주의는 '군벌과 군벌의 후원을 받는 자본가'를 중심으로 일당 지배체제를 구축할 것이며, 계급투쟁을 완화하기 위해 국가가 강력한 사회정책을 실시하는 것을 특색으로 하며, 그것이 자본가의 횡포를 막을 수 있기 때문에 '인도주의', '사회주의' 정신이 가미되었다고 주장한다.

이론적인 차원에서 '제국주의'에 대한 논의는 1920년대에도 등장한다. 예를 들어『동아일보』1923년 6월 3일자 동경 유학생 김영식의 기고문 '민족주의의 장래'에서는 세계주의(국제협동주의)의 도래에 따라 민족주의가 소멸될 것이라고 주장하면서, 근대 사상의 핵심인 민족주의의 두 가지 유형으로 '국민주의'와 '제국주의'를 서술하였다.

【 民族主義의 將來[52] 】

민족주의를 각기 가진 性質과 發展의 모양에 싸라서 此를 國民主義와 帝國主義라는 二種으로 區分할 수가 잇다고 생각한다. 제국주의라는 것도 결국 말하고 보면 國民主義 가온대 포괄되는 것이라고도 말할 수 잇스나 소위 帝國主義까지도 순전한 國民主義의 語로써 표현하랴고 함으로 나는 불평이 업슬 수 업다. 그만큼 帝國主義이란 일홈은 너머나 殺氣充滿한 非人道的 그 무엇이라고 閃光的으로 내 두뇌를 衝擊한다. 구별할 수도 잇고 구별하지 안해도 조흔 國民主義와 帝國主義, 가튼 갑시면 나는 구별해서 말하고 십다. 다른 학자들이나 혹은 직업적 愛國家들은 此를 엇더케 取扱하든지 나는 말하기를 國民主義라고 하는 것은 민족 관념이 정치적 意義 上에 作用하야 '榮光 잇는 我民族', '더 사랑스런 我民族'의 混一體는 어대 싸지든지 民族的으로 自由, 民族的으로 獨立하여야 하겟다는 것이니, 싸라서 그 程度로 말하면 자기 실현이라는 범위를 넘어갈 것이 아니겟다. 그러나 자기 실현이라는 정도를 일보 넘어 자기 最上, 自己 優越이라는 心境으

---

52)『동아일보』, 1923.6.4.

로 드러가서 他를 排斥하고 他를 壓迫하고, 他를 侵犯하는 경우에는 그를 帝國主義라는 명칭으로 부르고저 한다.

김영식의 기고문에서는 '국민주의'와 '제국주의'는 모두 민족주의에서 파생된 것으로 규정한다. 그런데 국민주의는 민족적 '자유', '독립'을 목표로 하는 주의이며, 제국주의는 '타를 배척'하고 '압박·침범'하는 주의라고 막연히 규정한다. 민족 소멸이나 계급소멸 사상을 견지하는 입장에서 '국민주의'나 '제국주의'를 구분하는 것은 역사 변천 과정의 한 단계일 뿐이다.

이와 같은 사상은 '제국주의'의 본질을 바르게 이해하지 못한 것임은 틀림없다. 그렇기 때문에 1920년대 문화적 민족운동에 치중한 개조론자들이나 계급투쟁의 관점에서 사회운동에 참여했던 지식인들이 1930년대 군국주의화된 일제의 식민 통치에 적절한 대응을 하지 못한 것도 사실이다. 앞의 논설 또한 군국주의화된 제국주의의 본질과는 전혀 관련이 없다. 엄밀히 말하면 제국주의는 '식민지배'를 통해 실현되며, 제국을 지탱하는 정치세력이 군부와 관련을 맺게 될 때 군국주의가 되는 셈이다.

1930년대 일본 군국주의의 지배 이데올로기는 '국가'와 '국민'이었다. 1936년부터 본격화된 신사참배, 국민교육, 국민정신, 국체명징 등을 강조하는 과정은 만주 침략 이후 본격화된 군국주의 일본의 팽창 정책의 전개 과정을 고스란히 드러낸다. 이러한 상황에서 식민시대 계몽적인 지식인들은 각종 사상의 통제 하[53]에서 '민족 담론'이나 '사회

---

53) 일제의 사상 통제는 1925년 '치안유지법' 이후, 식민 통치가 심화되면서 더 극심해졌다. 1928년 일본 공산당 사건 발생 직후 '위험 사상'을 교정한다는 명목으로 사회주의자들을 대거 검거하였으며, 이를 뒷받침하기 위해 '치안유지법'을 개정하였다. 이에 따라 사상범 독방 수용 제도가 실시되었으며, 1934년에는 '치안유지법'을 3장 부칙 38조로 대폭 수정하였다. 또한 1936년 12월 12일에는 '사상범 보호 관찰 제도'가 실시되어 '공산주의 운동 기타 사상'을 집중 관리하였다. 이때 보호 관찰소가 설치된 곳은 '경성, 평양, 대구, 신의주, 청진, 함흥, 광주' 등 7개 도시에 이른다.

사상'을 포기하고 군국주의 통치 이데올로기에 순응(또는 적극적 가담)하기에 이른다.

이러한 통제 속에서 1930년대 조선 지식인들의 '민족 담론'은 현실 문제를 떠난 '역사 문제'로 귀결하거나 '민족성' 또는 다른 나라의 사례를 소개하는 데 눈을 돌리거나 이민(移民) 문제에 관심을 기울인다. 예를 들어 『신동아』에 소재하는 유창선(1934)의 「조선 민족성의 형성과 그 변천 과정」(제4권 2호), 김명선(1936)의 「민족성과 조건 반사」 등은 현실과 관련이 없는 민족성 담론에 해당하며, 고유섭(1934)의 「조선 고적에 빛나는 미술」(제4권 10호), 백낙준(1935)의 「조선 서양문화 수입 경로」(제5권 1호), 「병자호란과 서양문화의 동점」(제5권 4호) 등은 역사를 주제로 한 담론이다. 신기석(1934)의 「재만 조선인 근황」(제4권 1호), 장현칠(1934)의 「만주 이민 문제」(제4권 12호), 최충우(1935)의 「재만 동포의 근황」(제5권 10호) 등은 만주 침략 이후 동포 문제를 다룬 논문이며, 김정실(1935)의 「팟쇼 독재의 국가 이념」(제5권 9호), 장응서(1935)의 「이탈리아 분쟁의 경위」(제5권 9호)는 독일의 나치즘과 이탈리아의 파시즘을 비판하는 내용을 담고 있다.

이러한 분위기에서 1930년대 전반기까지는 다수의 철학 사상이 소개되기도 했는데, 대중성을 띤 『신동아』의 경우 다음과 같은 논문이 실려 있다.

【 1930년대 전반기 『신동아』 소재 철학 사상 】

순번	게재일자, 필자, 제목
1	『신동아』 제2권 제10호, 1932.10. 玄相允, 陽明學과 日本 思想界
2	『신동아』 제2권 제10호, 1932.10. 薛泰熙, 行動의 哲學―東洋思想의 再吟味―陽明思想의 要約
3	『신동아』 제2권 제10호, 1932.10. 李鍾雨, 스피노사 誕生 三百年 記念＝스피노사 哲學의 特徵
4	『신동아』 제2권 제10호, 1932.10. 安浩相, 스피노사의 宇宙觀

순번	게재일자, 필자, 제목
5	『신동아』 제2권 제10호, 1932.10. 李灌鎔, 스피노사의 生活
6	『신동아』 제3권 제5호, 1933.5. 韓稚振, 洋과 時를 딸아 다른 人生觀 總論
7	『신동아』 제3권 제6호, 1933.6. (비상시 세계 고민상 타진) 오천석, 「혼란중의 세계 사상계의 동향: 인류 진전의 서광은 어대로부터」
8	『신동아』 제3권 제6호, 1933.6. (비상시 세계 고민상 타진), 李晶燮, 第二歐洲大戰의 打診
9	『신동아』 제3권 제6호, 1933.6. (비상시 세계 고민상 타진), 동경 金亨燦, 階級的으로 본 파시즘 本質論
10	『신동아』 제3권 제6호, 1933.6. (비상시 세계 고민상 타진), 「反猶大熱의 再燃: 亡國百姓 그들의 갈 곳은 果然 어데」
11	『신동아』 제3권 제6호, 1933.6. (비상시 세계 고민상 타진), 일기자, 中國 共産黨과 共産軍 現況
12	『신동아』 제3권 제7호, 吳天錫, 「딜렘머에 빠진 人類 思想 生活의 苦悶相: 混亂 中 世界 思想界의 動向 (下)」
13	『신동아』 제3권 제7호, 邊成烈, 「弱小國의 悲哀: 국제연맹은 누구를 爲해서 잇나」
14	『신동아』 제3권 제7호, 條約이 말하는 韓末 歷史
15	『신동아』 제3권 제11호, 1933.11. 유형기, 宗敎의 現在와 將來
16	『신동아』 제3권 제11호, 1933.11. 李晶燮, 最近 國際 思想界의 動向
17	『신동아』 제3권 제11호, 1933.11. 間島 共産黨 事件의 前後記
18	『신동아』 제4권 제11호, 1934.11. 신남철, 「나치스의 철학자 하이덱겔: 그의 簡單한 紹介를 爲하야」
19	『신동아』 제4권 제11호, 1934.11. 상해 申彦俊, 「思想界로 본 現代 中國: 그 史的 發展과 現勢」
20	『신동아』 제5권 제4호, 1935.4. 金賢準 , 現代 社會思想의 動向
21	『신동아』 제5권 제7호, 1935.7. 崔承萬, 영국 대철학자 럿셀이 현대 교원에게 하는 말
22	『신동아』 제6권 제4호, 1936.4. 李蓁城(이예성), 哲人 죤 라스킨
23	『신동아』 제6권 제8호, 1936.8. 胡適 著/홍성한 역, 莊子時代의 生物 進化論

대중성을 띤 종합잡지에서 '스피노자', '러셀', '니체', '하이데거' 등을 소개할 수 있었던 데는 이들 철학자들이 식민 통치를 부정하는 사상과 거리가 있거나 독일의 나치즘을 뒷받침하는 데 이용된 철학자들로 간주되었기 때문으로 보인다. 이 점에서 1930년대 사상계는 '독재주의'나 '전체주의'를 비판하면서도 세계 각국이 그러한 방향으로 변화하고 있다고 결론을 짓는 데 머물 경우가 많다. 그 중 하나로 김현준(1935)의 '현대 사회사상의 동향'을 살펴보자.

【 현대 사회사상의 동향[54] 】

지금 사람들은 絶叫하고 있다. 何故로 絶叫하는지 그들은 그 理由를 아지 못하고 있다. 今年부터는 國際的 危機, 1935·6年을 마지한다. 建艦競爭, 武器製造 競爭이 激化된다. 이것은 資本家的 파쇼 帝國主義 國家間에 衝動과 葛藤이오 國際 社會 心意를 驚動하는 것이 아닌가. 戰爭이냐 平和냐. 戰爭과 平和는 思想, 敎育, 産業, 軍事, 文化 其他 무엇무엇 할 것 없이 恒常 衝動과 刺激(자격)을 주고 또 一時的의 '에삐호'를 許企하야 歷史의 페지에 남아 있다. 이 問題는 有史以來로 今日까지 또 未來에도 永遠히 無限한 人類의 頭腦를 煩惱하는 問題이다. 키푸링 詩에 人類의 發達史는 戰爭이오 戰爭이다. 戰爭은 나이푸다 하는 語句를 發見할 수 있다. 그러하면 人類의 發達은 戰爭勝利를 爲한 努力의 結果라 하여도 過言이 아니다. 그러나 戰爭 그 自體가 目的이 아니오 戰爭은 國家가 目的을 達하기 위하야 一手段으로 不得已 行하는 것이다. 故로 戰爭은 手段이오, 目的은 平和다. 戰爭과 平和! 이 사이에 封建主義, 資本主義, 帝國主義, 國家主義, 軍國主義, 侵略主意, 社會主義, 共産主義, 自由主義, 獨裁主義 等等의 思潮 思想 主義 運動 等等이 恒常 不絶히 亂舞하는 가운데에서 破滅과 建設 變化와 返復으로 無限한 時間과 空間에 興亡盛衰의 起伏이 不絶하다.

김현준이 파악하는 1935~36년은 제국주의 파쇼(전체주의) 시대이다. 군국주의의 논리는 평화를 위해 전쟁을 수단으로 삼는다는 것이다. 국가주의 차원에서 이러한 논리는 각종 이데올로기를 산출하므로, 현대 사조로서 군국주의도 크게 이상할 것은 없다. 이러한 상황에서 독일과 이탈리아의 전체주의를 다음과 같이 평가한다.

---

54) 김현준(1935), 「현대 사회사상의 동향」, 『신동아』 제5권 4호.

【 현대 사회사상의 동향55) 】

如斯히 近年에 急激한 勢力으로 世界를 席捲하는 파시슴的 思潮는 元來 純全 體系化한 思想이 아니므로 多種多樣의 意味가 包藏되여 있다. 國民社會主義的 軍國主義的 國粹主義的 愛國主義的 等等의 色彩가 加味되었다. 然이나 最近에 있어서는 新官僚 이데올로기적 社會的 或은 民衆的 파시슴이 一般 潮流에 表現되어 있다. 特히 愛國的 國粹的 思想이 濃厚하다. 元來 뭇소리니 히틀러가 大戰 當時에 出征하야 軍事的 訓練을 받은 結果 軍國主義的 愛國主義 思想이 培養된 것도 事實이다. 그들의 主義와 感情이 各自 國民의 感情에 一致하야 一躍 世界的 怪傑의 地位를 占據한 것은 少許도 異常한 일이 아니다. 말하자면 히틀러 自身이 怪傑이 아니오, 怪傑을 만드러 준 獨逸 國民이 一種 怪傑이다.

김현준은 파시즘의 사조에 '국민사회주의', '군국주의', '국수주의', '애국주의' 등이 가미되어 있다고 주장하면서 그들이 '국민'과 '애국'을 부르짖는 현상에 주목한다. 물론 이러한 배경에는 1929년에 시작된 세계 경제공황과 블록 경제 등과 같은 외적 조건이 전제된다. 그 상황에서 독일 국민이 히틀러를 괴걸로 만들었다는 의미이다. 그런데 문제는 파시즘에 대한 김현준의 태도이다. 그는 '만주사변' 이후의 일본을 군부 중심의 군국주의 사상과 애국주의가 지배하는 사회로 규정하고, 이에 저항하는 움직임은 극히 미약하다고 결론을 내린다. 식민지 조선의 경우 세계대전 이후 대두된 민족주의, 사회주의 사상이 쇠퇴할 수밖에 없었고, '애매한 개량주의', '불철저한 주의자'들이 전향하고 일부는 지하운동으로 변화한 상황에서, "시대와 사회는 변화할지라도 국가와 민족의 안녕, 질서, 행복을 추구하는 것은 불변하는 진리"라는 입장에서 파시즘과 나치즘의 대두를 인정한다.

---

55) 김현준(1935), 「현대 사회사상의 동향」, 『신동아』 제5권 4호.

애매한 개량주의와 불철저한 이데올로기가 군국주의 식민 통치 하에서 자신의 신념을 버리고 쉽게 전향할 수 있음은 일제 강점기 친일적인 지식인과 언론에서도 쉽게 찾아볼 수 있다. 다음 사설은 이 경향을 나타내 준다.

【 國民精神 作興週間56) 】

11월 10일은 國民精神 作興에 관한 詔書 渙發 記念日로써 매년 同日을 전후로 하야 國民精神 作興 週間을 實施하야 오던 중 금년은 昨七日부터 來十三日까지를 同週間으로 정하고 각종 행사를 實行하는 동시에 "國家 興隆의 基本은 國民精神의 剛健 如何에 잇다"는 目標 아래서 앞으로 더욱 國民의 精神的 團結을 昂揚하고, 國家의 總力을 戰爭 目的 達成에 集中시킬 것을 강조하게 된 것은 長期戰下에 잇어서 일층 意義 잇는 일이라 하겟다. (…中略…) 무슨 運動 무슨 實踐躬行에 잇어서든지 생활에 餘裕가 잇는 사람들은 自然 回避가 되고 獨自的 閑逸을 가지게 되는 예가 만흐며 또 指導 的 地位에 잇는 사람들도 形式的 修飾에 그치는 嫌疑가 없지 안헛다. 즉 다시 말하면 이런 特殊階級에 속하는 사람들은 一般 民衆에 대하야 命令이나 하고 號令이나 부를 줄 알엇으며 심한 데 이르러서는 傍觀이나 하엿지 그 自身이 스스로 참가하고 실천하는 일은 적엇고, 모처럼 實行하는 일도 다소 流行性을 띠어서 운동 자체의 均衡이 서지 안는다는 것보다 상하가 一致 못되고 言行이 일치되지 못한 結果를 가저와서 항상 追隨만 하는 民衆에 미치는 影響이 不少하엿다.

'불완전', '다의적', '모호함' 등으로 표현되는 일제 강점기의 문화적 계몽주의는 군국주의 시대 일제의 강압에 의해 쉽게 변절될 수 있다. 만주 침략과 중일 전쟁 이후 '국가주의', '국체명징'은 이른바 '황국(皇

---

56) 『동아일보』, 1938.11.8.

國) 일본'으로 표현되는 일본 군국주의의 사상적 기반을 이루며, 이때 등장하는 '국민'은 '황국신민'을 의미한다. 이 논설에서 '국민정신 작흥'을 주장하고, 그 방침을 역설한 것은 1920년대 문화적 민족주의의 입장에서는 쉽게 동의하기 어려운 주장이다. 그럼에도 1938년 식민지 조선이 병참기지화되고 조선의 물질적, 인적 자원이 모두 수탈당하는 상황에서 식민지 지식인 가운데 상당수는 친일의 길로 들어선다. 이처럼 계몽운동의 주체자로서 지식인들이 쉽게 변절할 수 있었던 데에는 운동의 대상인 '민족'과 '민중의식'의 지향점이 뚜렷하지 못했던 데도 원인이 있었을 것이다.

제3장 노농단체의 형성과 노농운동

윤금선

1. 노농단체의 형성 배경과 추이

1.1. 노농단체 형성 배경

근대 시기 노동운동이 본격적으로 대두된 시기는 3.1운동 직후인 1920년대부터였다. 1920년대는 일제가 종래의 무단정치 대신 소위 '문화정치' 통치체제로 방향을 바꾼 시기이다. 또한 러시아 혁명과 세계 각지에서 전개된 피압박 민족들이 민족해방 투쟁으로 국내 민중들의 정치적 각성이 고양된 때이기도 하다. 특히 3.1운동을 통하여 터득한 경험과 러시아 혁명의 영향 등으로 대중들의 사회 문제에 대한 관심이 크게 고조된 시기로, 민족의 해방과 발전을 기하려면 노동자의 정치적 각성과 그 운동이 무엇보다 중요하다는 사상이 지배적인 시대였다.

이에 1920년 4월에는 전국적인 노동자 조직체로서 '조선노동공제회(朝鮮運動共濟會)'와 '노동대회(勞動大會)'라는 단체가 설립되었으며, 그 지부(支部)도 전국 주요 도시에 속속 결성되었다. 또한 1923년에 이르러서는 노동조합들을 총결사체인 '조선노동연맹회(朝鮮勞動聯盟會)'가 결성되었고, 1924년에는 '노동운동공제회(勞動運動共濟會)', '노동대회(勞動大會)', '조선노동연맹회(朝鮮勞動聯盟會)' 등 3단체가 대동단결하여 '조선노농총동맹(朝鮮勞農總同盟)'이라는 조직체로 보다 체계화되었다. 이와 동시에 노동자의 노동쟁의도 반일민족해방(反日民族解放) 투쟁의 성격을 띠고 고양되었으며 농민들의 소작쟁의도 전례없이 활성화되었다.[1]

김경일(2005)에서도 일제강점기의 노동운동은 민족독립을 궁극적 목표로 하는 민족해방운동의 일환으로서 성격을 가진다고 보았다. 당시 노동자들은 한국인이라는 이유로 임금수준, 노동시간, 작업환경 등에서 일본인과 구분되는 민족적 차별을 받았다. 이러한 점에서 차별적 임금이나 노동시간, 혹은 대우 개선에 대한 항의는 궁극적으로는 항일운동으로서 성격을 가졌다는 것이다. 식민지 상황에서 노동운동은 민족문제에 대한 관심이나 민족차별에 대한 반대를 기본적으로 내포하고 있었다. 실제로 노동조합의 조직이나 파업과 같은 대중운동의 무수한 사례들은 민족 차별 철폐를 내세우고 일본인 자본이나 식민지 경찰에 항의한 것이었다. 1930년대 이후 비합법운동에서는 조국 독립과 민족해방의 구호를 전면에 제기하였던 것이다.[2]

한편 김용달(1995)에서는 일제강점기 농민운동에 관하여 다음과 같은 견해를 보이고 있다. 즉 조선은 봉건사회의 주요한 생산관계인 지주·소작관계를 청산하지 못한 채 일본 제국주의의 식민지로 전락했다고 지적하고 있다. 이에 한국 농민의 절대 다수를 차지하던 소작 농민을 비롯한 농민대중은 구래의 봉건적 지주·소작관계의 청산을 통한 농민적 토지 소유의 실현과 일제의 식민지 지배와 수탈의 철폐를 통한

---

1) 강동진(1970), 「日帝支配下의 勞動夜學」, 『歷史學報』 제46집, 역사학회, 7~8쪽.
2) 김경일(1995), 『한국독립운동의 역사(29): 노동운동』, 독립기념관, 4쪽.

반제 민족 해방의 달성이라는 과제를 떠안게 되었던 것이다. 일제강점기 전 인구의 80퍼센트 이상이 농업에 종사하고 있던 산업구조 속에서 농민대중은 식민지 민중의 가장 주된 부분으로 일본 제국주의 대 식민지 민중이라는 식민지 사회의 기본모순 구조와 대결구도 아래에서 사회변혁과 민족해방운동의 동력이자 주력군이었다.[3]

아래에서는 위에서 제시한 노농단체 형성 배경 및 의미를 토대로 다음의 내용을 고찰하고자 한다. 첫째로는 노농단체 결성 추이를 살필 것이며, 둘째, 노동자 농민을 대상으로 한 계몽운동의 내용에 대해 분석하고자 한다.

1.2. 노동단체 결성 추이

1.1.1. 노동단체의 결성: 조선노동공제회(朝鮮勞動共濟會)

'조선노동공제회(朝鮮勞動共濟會)'는 한국 최초의 전국적인 노동단체로서 1920년 4월 11일에 창립된 결사체이다. 1919년 3.1운동 이후 노동문제에 대한 관심이 고조되면서 1920년 2월에 '조선노동문제연구회'가 결성되었고, 이를 이끌던 박중화(朴重華)·오상근(吳祥根)·박이규(朴珥圭) 등이 다시 조선노동공제회를 창립한 것이다. 다음의 기사에는 창립 직전 발기 총회 내용으로서 주축이 된 인물 및 참여 인원 등이 드러나고 있다.

【 노동공제회발기 】

勞動社會(노동사회)에 完全(완전)한 機關(기관)이 全無(전무)함을 慨歎(개탄)하야 朴重華氏(박중화씨) 外(외) 二百四十人(이백사십인)의 發起(발

---

3) 김용달(1995), 『한국독립운동의 역사(28): 농민운동』, 독립기념관, 11~15쪽.

기)로 勞動共濟會(노동공제회)를 組織(조직)하야 四月三日(사월삼일) 下午五時(하오오시)에 發起總會(발기총회)를 仁寺洞(인사동) 明月館(명월관) 支店(지점)에셔 開(개)하고 終後(종후) 進行(진행)할 一般方針(일반방침)을 硏究討議(연구토의)하얏는대 出席員(출석원)이 百五十餘人(백오십여인)에 達(달)하얏스며 當日(당일) 義捐金(의연금)이 五千餘圓(오천여원)에 至(지)하얏고 또 雜誌基金(잡지기금)을 趙誠惇(조성돈) 呂震民(여진민) 兩氏(양씨)가 負擔(부담)하야 創立總會(창립총회)가 開(개)하는 時(시)부터 機關雜誌(기관잡지)를 發行(발행)하게 되엿다더라4)

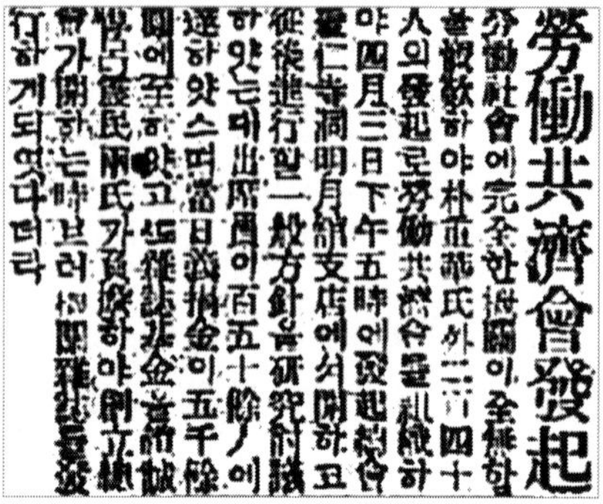
勞働共濟會發起
勞働社會에完全한機關이全無함을慨歎하야朴重華氏外二百四十人의發起로勞働共濟會를組織하야四月三日下午五時에發起總會를仁寺洞明月館支店에서開하고終後進行할一般方針을硏究討議하얏는대出席員이百五十餘人에達하얏스며當日義捐金이五千餘圓에至하얏고또雜誌基金을趙誠惇呂震民兩氏가負擔하야創立總會가開하는時브터機關雜誌를發行하게되엿다더라

〈그림 1〉「노동공제회발기」
(『동아일보』, 1920.4.6)

위의 글에 나타난 바, 노동단체가 전무함을 개탄한 박중화(朴重華) 외 240여 명이 1920년 4월 6일에 '조선노동공제회' 발기 총회를 개최하고 향후 단체의 방침을 토의하였는데, 당일 의연금이 다수 모금되었고, 특히 조성돈(趙誠惇)과 여진민(呂震民) 등이 잡지 기금을 부담하고 기관 잡지를 발행하기로 결정했다는 점이 주목된다. 이러한 과정을 거쳐 1920년 4월 11일에 창립 총회가 열리고 비로소 단체가 성립되기에 이른다. 창립 당시 선출된 임원 명단을 제시하면 아래와 같다.

회장 박중화(朴重華), 총간사 박이규(朴珥圭), 서무부 간사 고순흠(高順欽)· 김사용(金思容)·윤덕병(尹德炳), 경리부 간사 조용연(趙龍衍)·조태연(趙泰衍)·여환옥(呂煥玉), 교육부 간사 신백우(申伯雨)·홍증식(洪增植)·남

4)『동아일보』, 1920.4.6.

정석(南廷晳), 편집부 간사 유진희(兪鎭熙)·조성돈(趙誠惇)·남상협(南相協), 소개부 간사 이수영(李遂榮)·김기성(金基晟)·유양호(柳養浩), 구호부 간사 김두희(金枓熙)·차금봉(車今奉)·김광진(金光鎭), 조사부 간사 홍순녕(洪淳寧)·조정환(曹鼎煥)·홍창유(洪昌裕), 선전괘 박지권 김윤영, 의사회 의장 오상은(吳尙殷), 의사원 김명식(金明植)·장덕수(張德秀)·양제박(梁濟博)·서세충(徐世忠)·김병노(金炳魯), 박한영(朴漢永)·이광종(李光鍾)·허헌(許憲)·오상근(吳祥根)·박광희(朴廣熙)·강세형(姜世馨)·정운해(鄭雲海)·오긍선(吳兢善)·김기동(金箕東)·남정팔(南廷八) 등 20명.5)

신용하(1987)에 의하면 조선노동공제회의 임원들은 크게 선진적 지식인들과 노동자 대표들로 나눌 수 있다고 보았다. 또한 선진적 지식인들은 민족주의 계열과 사회주의 계열의 인물들로 다시 분류하고 있는데, 지식인들의 경우 민족주의 계열의 인물은 회장 박중화를 비롯하여 박이규, 장덕수, 오상근, 조성돈, 남상협, 오상은, 강세형, 양제박, 서세충, 이수영, 조용연 등이었고, 사회주의 계열은 윤덕병, 신백우, 고순흠, 김명식, 유진희, 김사용, 홍증식, 김두희 등이었다. 여기에 노동자 대표로는 차금봉, 최상덕, 홍재순, 김정식, 임태순, 민창식, 서경환, 최익진, 김길인 등이었다. 한편 회원은 노동자들이 다수로서 창립 총회에 참석한 발기인은 총 678명이었는데 이 중 392명이 노동자들이었다. 이를 보면 선진적 지식인들과 노동자 대표들을 지도부로 하여 대부분 노동자들이 일반 회원들로 구성되었음을 알 수 있다.6)

조선노동공제회의 결성 목적과 구체적 활동 계획은 「조선노동공제회에 대하야」(『동아일보』, 1920.4.17)를 통해 확인할 수 있다.

---

5) 김용달(1987), 『한국 독립운동의 역사: 농민운동』, 한국독립기념관, 40~41쪽.
6) 신용하(1987), 『한국근대사회사연구』, 일지사, 365~367쪽.

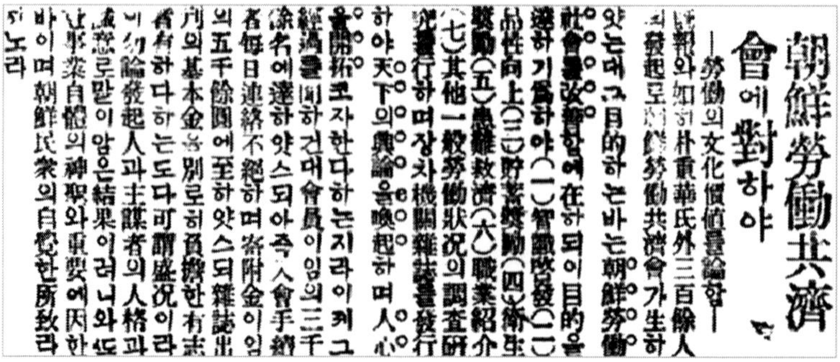

〈그림 2〉「조선노동공제회에 대하야」(『동아일보』, 1920.4.17)

【 조선노동공제회에 대하야 】

　　朝鮮勞動共濟會(노동공제회)가 生(생)하야얏는대 그 目的(목적)하는 바
는 朝鮮勞動社會(조선노동사회)를 改善(개선)함에 在(재)하되 目的(목적)
을 達(달)하기 爲(위)하야 一(일) 智識啓發(지식계발) 二(이) 品性向上(품성
향상) 三(삼) 貯蓄獎勵(저축장려) 四(사) 衛生壯麗(위생장려) 五(오) 患難救
濟(환난구제) 六(육) 職業紹介(직업소개) 七(칠) 其他(기타) 一般(일반) 勞
動狀況(노동상황)의 調査硏究(조사연구)를 行(행)하며 장차 機關雜誌(기관
잡지)를 發行(발행)하야 天下(천하)의 興論(홍론)을 喚起(환기)하며 人心
(인심)을 開拓(개척)코자 하는지라 이제 그 經過(경과)를 聞(문)하건대 會
員(회원)이 임의 三千餘名(삼천여명)에 達(달)하얏스되 아즉 入會手續者
(입회수속자) 每日(매일) 連絡不絕(연락부절)하며 寄附金(기부금)이 임의
五千餘圓(오천여원)에 至(지)하얏스되 雜誌出刊(잡지출간)의 基本金(기본
금)을 別(별)로히 負擔(부담)한 有志者(유지자) 有(유)하다 하는도다7)

　　위 기사문은 조선노동공제회 창립대회에서 발표한 취지문을 게재한
것으로서 '노동(勞動)의 문화가치(文化價値)를 논(論)함'이라는 부제 하에

---

7) 『동아일보』, 1920.4.17.

128

쓰여진 글이다. 이를 보면 조선노동공제회의 목적은 조선노동사회를 개선함에 있으며, 이를 위한 구체적인 실천 요강으로 1. 지식계발, 2. 품성향상, 3. 저축장려, 4. 위생장려, 5. 환난구제, 6. 직업소개, 7. 기타 일반 노동상황의 조사연구 등을 제시했으며, 기관잡지를 발행하여 관련 단체의 의론과 노동자들을 계몽하는 글들을 게재하고자 계획하고 있다. 한편 「노동자를 위하여 공제회를 발기」(『동아일보』, 1920.4.6)를 보면 창립대회에서는 위의 내용과 함께 다음과 같은 4가지 강령이 통과되기도 했다. 즉 첫째, 인권의 자유평등과 민족적 차별의 철폐를 기함, 둘째, 식민교육의 지양과 대중문화의 발전을 기함, 셋째, 노동자의 가술 양성과 직업소개를 기함, 넷째, 각종 노예의 해방과 상호부조를 기함' 등이었다.[8] 위 기사가 수록된 시기는 창립 즈음으로 당시 회원이 3,000여 명에 이르렀다는 내용을 볼 수 있는데, 창립되자마자 다수의 인원이 이 단체를 옹호하며 가입했음을 알 수 있다. 『개벽』에서는 노동자 입장에서 조선노동공제회의 창립이 어떠한 의의를 지니는지에 대해 다음과 같은 긍정적인 시각을 보이기도 했다.

【 이돈화(李敦化), 최근 조선사회운동의 이삼 】

노동은 세계를 통한 대(大)문제라. 고로 노동문제라 하면 누구나 그를 알게 되엇고 따라서 그의 진의의(眞意義)와 진활동(眞活動)에 至(지)하야도 상식이 잇는 자— 거의 다 그의 략의(略義)를 설명하게 되엇다. (…중략…) 이른바 사자(士者)는 상(上)으로 관직요로(官職要路)에 재(在)한 자로 하(下)에 일초시부득(一初試不得)한 부랑양반의 말류(末流)에 지(至)하기까지 그들의 생활은 전부가 농공상의 노력자로부터 엇더한 압박적 조건하에서 강도적 제공을 밧고 살아왓다. 그러한 악풍이 유행한 결과, 정당한 노력자도 자기의 생활을 활동할 원력(原力)을 일어버렷고 종(從)하야

---

8) 「노동자를 위하여 공제회를 발기」, 『동아일보』, 1920.4.6.

일반인민은 유의유식(遊衣遊食)으로써 무상안락, 무상(無上)의 수단으로 알아 왓다. (…중략…) 이제 이 조선에서 쇠약의 원기를 돌우켜 다소 건강의 상태에 회복하랴면 무엇보다도 먼저 유의유식(遊衣遊食)의 도배(徒輩)를 타멸(打滅)하고 노심노력(努心努力)의 양반을 부조함이 실로 무상(無上)의 상책이라 할지니 이점에서 조선노동공제회(朝鮮勞働共濟會)의 출래(出來)는 실로 천사복음(天賜福音)이 반도에 하강하엿다 할지로다.9)

〈그림 3〉 이돈화(李敦化), 「최근 조선사회운동의 이삼」(『개벽』 제2호, 1920.7.25, 18쪽)

위의 내용은 사회주의 계열의 잡지답게 계급주의적 시각을 드러내고 있는 내용이기도 하다. 사자(士者)와 농공상을 서로 대비된 계급으로 설정하고, 소위 양반이라는 사(士) 계급은 사농공상의 노동으로 유의유식(遊衣遊食)했다는 것이다. 이어지는 글에서는 조선노동공제회의 창립 목적과 7가지 실천 요강을 들면서, 본회가 노동자를 공제한다는 점에서 조선 사정에 적합한 단체라고 지적했다. 더불어 노동자의 지위도 평등하다고 강조하면서 그간 자녀 교육, 직업 보장, 질병과 재난을 구제하지 못하였지만, 동회(同會)의 결성으로 노동자들도 스스로의 노동의 댓가를 누리게 되었다는 점에서 노동공제회의 창립을 환영한다고 밝히기도 했다.

이렇듯 사회적인 호응 속에서 노동공제회는 창립 이후 노동자들을 전국적으로 조직화하였다. 우선 서울 본회와 전국 46개의 지회를 설치

---

9) 『개벽』 제2호, 1920.7.25, 23쪽.

하고,10) 약 6만 2천여 명의 노동회원을 가입시켜 전국적으로 노동자를 조직화하는 데 성공하였다.11) 이처럼 전국 각지에 산재하였던 기존의 노동단체들이 지부의 형식으로 가입하거나 또는 새로운 지부의 신설 등을 통하여 노동공제회는 전국 각지에서 노동단체들의 출현을 촉진하는데 지대한 역할을 하였으며, 창립 당시 678명이었던 회원 수는 1년 후인 1921년 3월에 17,889명으로 급속히 증가하였다.12) 이로써 무권리한 사회계층이자 무산 계급인 노동자층이 노동공제회에 의하여 전국적으로 조직화되어 하나의 사회세력으로 등장한 것이다.

한편 참고로 제시하자면, 조선노동공제회와 거의 같은 시기에 조직된 또 다른 전국적 조직으로는 노동대회를 들 수 있다. 이 단체는 노동자들의 상호부조와 인격의 향상, 그리고 의식의 발달 등을 목표로 1920년 2월에 김광제(金光濟) 등이 주도하여 결성하였다. 노동대회 역시 노동공제회와 비슷하게 소작 농민들을 회원으로 규합하였으며, 전국적으로 지부 조직에 착수하였다. 노동대회의 지부는 개성·평양·광주·신의주·청주·원산·연백·부여·마산 등지에 있었으며, 회원 수는 한때 8,000여 명에 달한 것으로 보고되고 있다. 노동대회는 곧이어 서술할 조선노동연맹회와 대립하여 차금봉(車今奉) 등의 조선노동공제회 잔류파와 함께 조선노농대회 준비를 추진하다가 1924년 4월 조선노농총동맹의

---

10) 각 지방 지회를 들면, 평양지회(1920.5), 대구지회(1920.5), 안악지회(1920.6), 개성지회(1920.6), 인천지회(1920.6), 강화지회(1920.7), 예산지회(1920.7), 황주지회(1920.7), 북청지회(1920.8), 군산지회(1920.8), 광주지회(1920.8), 정읍지회(1920.8), 안주지회(1920.8),신창지회(1920.8), 안동지회(1920.9), 함흥지회(19920.9), 신천지회(1920.9), 경주지회(1921.5), 원산지회(1920.9), 공주지회(1920.9), 통영지회(1920.10), 부산지회(1920.12), 영흥지회(1921.3), 고산지회(1921.3), 청진지회(1921.8), 보주지회(1922.3), 사천 곤명지회(1922.8), 하동 적량지회(1922.10), 강계지회(1922.11), 삼진지회(1923.5), 귀산지회(1923. 월 미상), 장성지회(1923. 월 미상), 진영지회(1924.1), 김제지회(1924..3), 감포지회(미상), 풍기지회(미상), 마산지회(미상), 포항지회(미상), 벌교지회(미상), 양양지회(미상), 함양 함해지회(미상), 가삼지회(미상), 횡주지회(미상), 군산소작인조합(미상), 의주지회(미상), 용산출장소(미상) 등이다.(신용하(1987), 앞의 책, 372~394쪽 참조)
11) 김용달(2009), 『농민운동』, 경인문화사, 41쪽.
12) 김경일(2005: 94).

조직에 합류하였다.[13]

1.2.2. 노농단체의 연합: 조선노농총동맹(朝鮮勞農總同盟)

1924년 4월 노농단체들은 운동역량을 집중하고 통일시키려는 전초 작업으로 전국적인 노농운동 조직으로 '조선노농총동맹(朝鮮勞農總同盟)'을 결성하였다. 조선노동공제회가 노동자의 계몽에 치중했다면, 이 단체는 본격적인 노동자 중심의 사회주의적 계급투쟁을 추구하였던 노동단체이다. 이 조직체의 등장은 이미 노동자들의 계급의식이 고양되어 더 이상 계몽적 지식인의 영도를 필요치 않게 되었음을 의미하는 것이기도 하다.[14] 조선노농총동맹의 창립 과정에는 전조선노농대회, 남선노농동맹, 조선노동연맹회 등 182개 단체가 참여하였고, 창립대회 출석자만도 167개 단체의 대표 204명이나 되었다. 이 같은 조선노농총동맹(朝鮮勞農總同盟)의 창립은 조선노동공제회의 해체 이후 전국 단위의 운동 조직을 건설하려는 사회주의자들과 노농 대중의 의지가 반영된 것이다.『삼천리』에서는 이와 같은 조선노농총동맹의 성립 과정을 다음과 같이 밝히기도 했다,

최근(最近)의 조선(朝鮮)의 사상운동(思想運動)을 그가 동경(東京), 대판(大阪)의 사상(思想) 여하(如何)에 영향(影響)하는 바가 만타. 그리고 북쪽으로부터 오는 영향(影響)도 크다. 따라서 조선노동공제회(朝鮮勞働共濟會)가 그 구성요소(構成要素)에 잇서 조직층(組織層)으로 보아 가장 진보적(進步的)의 사상(思想)을 파지(把持)한 이가 만엇음으로 그로부터 오는 영향(影響)이나 파동(波動)에도 가장 민감(敏感)하엿다. 상해고(上海狐),

---

13) 김경일(2005: 98).

14) 진덕규(1991), 「1920년대 社會主義 民族運動의 性格에 대한 考察: 조선노농총동맹을 중심으로」, 『한국독립운동사연구』 제5집, 독립기념관, 103쪽.

니시고(尼市孤)하고 해외(海外)의 운동(運動)의 고전(孤戰)이 격렬(激烈)할
사록 그의 파동(波動)이 드듸여는 선내(鮮內)의 사상단체(思想團體)에도
파급(波及)하고야 마럿다. 윤덕병(尹德炳), 신백우(申伯雨) 등(等)이 조선
노동공제회(朝鮮勞働共濟會)의 해체(解體)를 성명(聲明)하고 조선노동총
맹(朝鮮勞働聯盟)을 조직(組織)하얏스니 그가 1921년(年)이엿다. 그와 대
립(對立)한 의미(意味)에서 전선노농대회(全鮮勞農大會)가 조직(組織)되엿
으니 그는 1923년(年)으로 김사국(金思國), 강댁진(姜宅鎭) 등(等)이 그의
중요인물(重要人物)이고 그 해에 진주(晋州)에서 남선노농동맹(南鮮勞農
同盟)이 조직(組織)되엿스니 그는 전남북(全南北), 경남북(慶南北), 충남북
(忠南北) 등지(等地)에 산재(散在)한 각종(各種)의 노동단체(勞農團體)의
연맹체(聯盟體)이엿으며 서정희(徐廷禧), 정운해(鄭雲海), 이영민(李榮珉)
등(等)이 그의 중요(重要)한 역할(役割)을 탄임(坦任)하고 잇든 바 1922年
에 와서 비로서 조선노농총동맹(朝鮮勞農總同盟)이 조직(組織)되면서 전
기(前記)의 3團體(단체)는 해체(解體)햇다.[15]

위의 글은 조선의 사상운동의 전개상을 살핀 글로, 먼저 당시 일본과
동북아시아 및 러시아의 사회주의의 영향력으로 노동운동이 전개되었
음을 지적하고 있다. 특히 조선노동공제회의 조직은 이러한 움직임에
자극받은 진보적인 결사체로서, 시세에 민감한 단체로 보고 있다. 즉
해외 사회주의 운동의 파동에 따라 영향을 받아 1921년에 윤덕병, 신백
우 등이 조선노동공제회의 해체를 성명(聲明)하고 '조선노동연맹(朝鮮勞
働聯盟)'을 조직한 것이었다. 한편으로는 1923년에 조선노동동맹과 대
립된 입장을 지닌 김사국, 강댁진 등을 중심으로 '전선노농대회(全鮮勞
農大會)'이 조직되었고, 또한 같은 해에 진주에서는 서정희, 정운해, 이

---

15) 김경재(金璟載, 1934), 「최근 조선의 전변 25년간」, 『삼천리』 제6권 제7호, 1934.6.1, 62~
   63쪽.

영민 등이 전라남북, 경상남북, 충청남북 등지에 산재한 각종 노농단체의 연맹체로서 '남선노농동맹(南鮮勞農同盟)'를 조직하는 등 노동단체의 분열상을 보였다. 이러한 시기에 1924년에 '조선노농총동맹(朝鮮勞農總同盟)'이 조직되면서 앞서 제시한 3단체가 해산되고 노동운동의 연합체가

〈그림 4〉「조선노농총동맹 창립회 개최 장면」(『조선일보』, 1924.4.19)

결성되기에 이르렀던 것이다. 기존의 조선노동연맹이나 조선노농대회는 경성에 위치하고 있는 관계로 정치적으로는 의의가 있었으나, 실질적으로는 그 역량을 발휘하지 못한 단체였다. 반면에 남선노농동맹은 대동단결체로서 조선노농총동맹을 발기시킨 전초적인 단체가 된 셈이다. 즉 전조선을 통하여 노동단체 118개, 농민단체 114개를 합하여 총 232개의 단체를 망라한 대대적인 조직이었다.

조선노농총동맹의 구성원은 그 성격상 화요계(火曜系), 북풍계(北風系), 서울계로 나누어진다. 화요계의 전신은 1921년에 김한(金翰), 박일병(朴一秉) 등을 중심으로 결성된 무산자동맹(無産者同盟)으로 거슬러 간다. 무산자동맹은 계급운동을 표방하였으나 활동을 자유로이 전개할 수 없게 되자, 1922년 신백우(申伯雨), 윤덕병(尹德炳), 홍증식(洪增植), 구연흠(具然欽) 등을 주축으로 학술연구단체로 신사상연구회(新思想研究會)를 조직하였다. 그러나 연구회란 비활동적이요 무능하다 하여, 1923년이고 김찬(金燦), 김재봉(金在鳳), 윤덕병(尹德炳) 등이 보다 활동적인 조직체로서 화요회를 결성하였다. 한편 북풍회(北風會)는 1921년 김종범(金種範)이 조직했던 건설사(建設社)가 전신으로서 김약수(金若水), 정운해(鄭雲海), 송봉우(宋琫禹), 신철(辛鐵) 등이 중심으로 한 사상운동 단

체이다. 서울계(서울청년회)는 1920년에 결성된 일반청년단체로 장덕수(張德秀), 최팔용(崔八鏞), 김사국(金思國), 신백우(申伯雨) 등이 결성한 노동단체였다.16) 결국 조선노농총동맹은 이러한 3단체가 연합하여 결성된 단체라고 할 수 있다.

『동아일보』에서는 「발기(發起)에서 창립(創立)에」(1924.4.20)라는 제목으로 조선노농총동맹의 창립 행사를 다음과 같이 대대적으로 보도하기도 했다.

【 발기에서 창립에 】

조선로동총동맹 십팔일 의사 긔초위원 칠인을 션뎡하얏다 십팔일 오후 두시에 김지태(金知泰) 씨의 사회로 십삼도에서 뽑힌 십삼위원의 자격심사 보고가 잇섯는대 가결된 단톄가 삼십오 단톄이오 부결이 열한 단톄인데 그것은 대개 소작인 상조회 가튼 이류 단톄이요 특수 단톄 하나와 자격 단톄 하나도 부결되엿는 바 부결된 단톄 중 전라북도 순창 소작인 련합회(淳昌小作人聯合會)를 가입식히고 즉시 조선로농총동맹 창립총회(朝鮮勞農總同盟創立總會)를 조직하게 되니 출석 단톄가 일백륙십칠이오 대표가 이백사십 인 중 출석 대표가 이백사 인이라 오래 동안 끄러오든 총동맹은 이로써 성립되엿다.17)

위의 내용에 따르면, 1924년 4월 18일에 기초위원 7명을 선정하였으며, 전국 13도 대표 13위원의 자격 심사 보고가 있었다. 그 결과를 보면, 이날 참가단체 182개 중 참가자격이 있다고 인정된 단체는 135개 단체, 자격은 있으나 절차상 위배가 있다고 판단한 33개 단체, 사상단체인지 노동단체인지 성격이 모호하여 노동운동자의 보증이 필요하다고 결정

---

16) 김경재(金璟載, 1934: 62~63).
17) 『동아일보』, 1924.4.20.

한 단체는 5개 단체였다. 소작인상조회 서선지회 등 8개 단체는 이질 단체로 인정되어 부결되었으며, 재일본조선인노동단체는 특수단체로 가입시켰다. 그리하여 자격 있는 135개 단체 대표가 재심한 결과 167개 단체, 출석대표 204명으로 창립 총회를 성립시켰던 것이다.[18]

창립 총회에서 구체적으로 의결된 내용은 다음과 같이 보도되고 있다.

【 발기에서 창립에 】

동시에 남선로농동맹이나 로동련맹이나 로농대회나 모다 해톄하자는 의견이 잇섯스나 필경 뒤로 미루고 즉시 순서 위원 다섯 사람을 선뎡하야 순서를 작성케 하고 (…중략…) 규칙통과(規則通過) 십구일 오전 의사 십구일 오전 열시반에도 계속 개회하고 작일 참가단톄 이외의 청주소작인조합(淸州小作人組合) 외 다섯 단톄가 又 참가하고 순천무산자동맹회(順天無産者同盟會)를 가입식히자는 의견이 잇섯스나 그것은 사상단톄이니 이후 중앙집행위원(中央執行委員)이 처리하게 미루고 규측을 통과하게 되엇는데 명칭은 조선로농총동맹이라 하야 경성에 두고 가맹단톄의 부담금 기타의 수입으로 중앙상무집행위원회(中央常務執行委員會)를 두어 총무부(總務部), 재무부(財務部), 교육부(敎育部), 조사부(調査部), 편집부(編輯部), 로동부(勞動部), 소작부(小作部)를 두어 사무를 처리하고 집행위원은 때를 다라 상당한 수효를 뽑아 일을 하게 하되 뎡긔대회를 매년 사월에 한번식 개최하고[19]

위의 내용을 보면 4월 19일 창립 총회에서 명칭을 조선노농총동맹이라고 할 것과, 가맹단체의 부담금 등으로 중앙상무집행위원회를 두고 그 밑에 총무부, 재무부, 교육부, 조사부, 편집부, 노동부, 소작부 등을

---

18) 김용달(1995: 44~45).
19) 『동아일보』, 1924.4.20.

둘 것을 결의하였다. 그리고 정기대회를 매년 4월에 개최하기로 결정하였다. 이어지는 기사를 보면 가맹단체 대의원의 4분의 1이상의 출석으로 성립되며, 참가단체는 15명 이상의 노동자나 소작인을 가진 단체면 참가할 수 있게 하였다. 참가대표의 대의원 수는 회원 100명 이하의 단체는 1명, 500명까지는 2명, 1,000명까지는 3명, 1,000명 이상이면 매 1,000명마다 1명씩 더 참가할 권리가 있다고 규정하였다. 또한 화요파와 서울파 등을 총망라하여 정운해, 이학수, 권오설, 윤덕병, 서정희, 서태석, 강달영, 차금봉, 신백우 등 50명의 중앙집행위원을 선출하였다. 이로써 전국적 통일 노동운동 조직체인 조선노농총동맹이 성립을 보게 된 것이다.

조선노농총동맹은 창립 대회 직후, 조선노농총동맹은 임시대회에서 강령초안으로 "오인(吾人)은 노농계급을 해방하여 완전한 신사회의 실현을 목적한다. 오인은 단결의 위력으로서 최후의 승리를 얻는 데까지 철저히 자본계급과 투쟁한다. 오인은 노농계급의 현생활에 비추어 복리증진 및 경제적 향상을 도모한다." 등을 제시하였다. 노농계급의 해방을 표방하는 사회주의 이념이 짙게 투영된 조선노농총동맹의 강령은 이후 노농운동 조직의 발전은 물론 노농운동의 민족해방운동적 성격을 고양시켜 간 원동력이 되었다.[20] 한편 강령초안과 함께 노동문제, 소작문제 등에 관한 결의안을 다음과 같이 통과시켰다.

【노동임시대회】

조선로농총동맹(朝鮮勞農總同盟)에서는 이십일 오후 두시에 황금뎡 광무대(黃金町光武臺)에서 림시대회를 열고 로동문뎨(勞動問題)와 소작문뎨(小作問題)에 대하야 당시간 토의가 잇섯는데 긔초위원 정운해(鄭雲海)씨가 복안을 설명하고 조목을 따라 통과하였다. 노동문제(勞動問題) 각

---

20) 김용달(1995: 37).

디방에 로동자 단톄를 조직하고
원조하며 각 디방의 로동자상황
을 조사하고 로동운동의 근본정
신과 배치되는 이류(異流) 단톄
는 파괴하고 강습소와 "핌풀렛
트" 등으로 로동자의 계급의식
을 철저히 하고 로동자의 임금과
시간은 하로 8시간 삭전은 아모
리 적게 밧드래도 하로 일원 이

〈그림 5〉「노동임시대회」
(『동아일보』, 1924.4.22)

내는 들지 말게 한다 (…중략…) 소작문제(小作問題) 소작인 단톄는 각 디
방에 면(面)을 본위로 하야 군에 련합회를 두고 각 디방 소작인 상황을
조사하여 소작운동의 본지와 배치되는 이류(異流) 소작단톄에 대하야는
그것을 파괴하고 소작인 교양은 로동자 교양과 대동소이하며 소작료는
삼할(三割로 결의하엿다21)

위의 보도는 임시대회에서 결의한 노동문제(勞動問題)와 소작문제(小
作問題)와 관련된 의결 사항이다. 먼저 노동문제는 1. 각 지방의 노동단
체조직을 원조, 2. 각 지방의 노동자 상황을 조사, 3. 노동운동의 근본정
신과 배치되는 단체를 해산, 3. 강습소와 팸플릿 등으로 노동자의 계급
의식을 고양, 4. 노동자의 임금과 노동 시간의 결정(일일 8시간 노동/일원
이내의 임금) 등의 규정을 결의하였으며, 소작문제에 있어서는 1. 소작
인 단체는 각 지방 면(面)에 설립하고 군 단위 당 연합회를 배치, 2. 각
지방 소작인 상황을 조사하여 소작운동의 주지와 위배되는 단체 등을
해산, 3. 소작인 교양은 노동자 교양과 동일하며 소작료는 3할 등으로
결의하였다. 기타 이어지는 기사에서는 기관지를 발행할 것, 형평운동

---

21) 『동아일보』, 1924.4.22.

을 원조할 것, 청년운동의 계급의식을 철저히 고쳐시킬 것, '각파유지연합(各派有志聯合)'이라는 소위 어용 단체와 동일한 의미에서 『동아일보』의 성토대회 등을 결의하였다.[22]

위와 같이 조선노농총동맹의 노선이 사회주의 노선을 견지하고 민족개량주의를 배격하는 태도가 명백해지자 일경은 곧 임시대회의 해산을 명령하였다.

【 수백군중의 시위 】

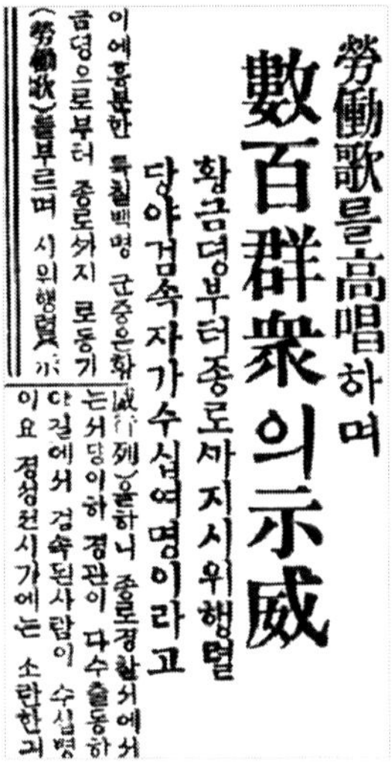

이에 흥분한 륙칠백명 군중은 황금덩으로부터 종로까지 로동가(勞動歌)를 부르며 시위행렬을 하니 종로경찰서에서는 서댱 이하 경관이 다수 출동하야 길에서 검속된 사람이 수십명이요 경성 전시가에는 소란한 긔분이 가득하엿다. (…중략…) 해산되기까지의 경과를 대강 들으면 광무대는 본뎡서 관내이라 본뎡서에서 다수한 경관이 출동하엿슬뿐아니라 종로경찰서에서 삼륜(三輪) 경부 이하 다수한 경관이 출동하고 경긔도 경찰부에서는 동고등과댱(同高等課長) 이하 다수가 출석하야 림시대회를 열자 림종환(林宗桓) 씨를 청하야 강령(綱

〈그림 6〉「수백군중의 시위」
(『동아일보』, 1924.4.22)

領) 중에 『우리는 완전단결로 자본주의와 끗까지 싸호자』는 말을 통과하면 해산을 식힌다 하니 (…중략…) 『각파련맹 토의에 과격한 말을 하면 해산을 식힌다』고 하니 의댱이 회댱에 그말을 선포하자 군중이 더욱 흥분되엿다가 드듸여 해산에까지 이르럿다.[23]

---

22) 동아일보사는 성토대회에 대해 「勞農總同盟決議中本社(노농총동맹결의중본사)에 關(관)한 것에 對(대)하야」(『동아일보』, 1924.4.23)에서는 이에 대한 유감을 표명하여 자사 입장을 변호하는 내용의 기사를 게재하기도 했다.

임시대회 당일 일경은 의장 임종환에게 강령 가운데 자본계급과 끝까지 싸운다는 항목을 통과시키거나, '각파유지연합'에 대해 부정적인 언급을 할 경우 회의를 해산시키겠다고 위협하였다. 이에 회의에 참석했던 군중들은 분노하여 노동가를 부르며 시위운동을 감행한 것이다. 그 결과 서울 시내 곳곳에서 군중과 경찰의 충돌사건이 발생하여 30여 명이 경찰에 구속되었고, 그 가운데 26명이 검사국에 송치되었다.

조선노농총맹은 노농자의 신사회를 이룩할 수 있는 사상을 고취하기 위한 방법으로 기관지의 발행을 결의함과 동시에 기타 사회주의 지향의 단체와의 협력을 모색하였는데, 그 중에는 당시 진보적 사회단체로 활동하였던 형평사운동(衡平社運動)과 진보적 청년운동과의 연대가 모색되었다. 조선노농총동맹의 이러한 활동은 점차 전국적으로 파급되어 여기에 가입한 조직체가 약 260여 개로 되었고, 회원 수도 53,000여 명에 이르렀다. 조선노농총동맹은 조선의 노동자·농민을 위한 전국연합체로써 역할을 담당하며 이후 노동쟁의나 소작쟁의를 직접 지도하였으며, 노동자의 권익옹호는 물론 전국적으로 노동자의 계급의식의 고양에 영향을 미쳤다.[24] 그러나 이와 같이 노동운동의 발전에 지대한 공을 세웠지만 노동단체와 농민단체를 따로 나누어 조직하지 못한 데서 오는 약점을 극복할 수 없다는 한계를 지닌 단체였다. 또한 그 창립 시기부터 집회조차 허용되지 않는 상황에서 표면적인 활동을 적극적으로 전개하기 힘들었다. 또한 간부들이 수차례 공산당원 검거사건에 연루되어 단체를 유지하기가 어려운 지경에 이르렀다. 결국 1927년 9월 7일에 조선노농총맹은 농민총동맹과 노동총동맹으로 분리하게 되었다.[25]

---

23) 『동아일보』, 1924.4.22.
24) 진덕규(1991: 105).
25) 민족사바로찾기국민회의(1995), 『대중운동』, 민문고, 116~117쪽 참조.

1.2.3. 노농단체의 분립: 조선농민총동맹(朝鮮農民總同盟)·조선노동
총동맹(朝鮮農民勞動總同盟)/조선농민사(朝鮮農民社)

앞서 살펴 본 바와 같이, 조선농민총동맹은 1927년 9월 조선노농총동맹에서 조선노동총동맹과 분리하여 결성되었다. 1926년 12월 조선노농총동맹은 "노농운동을 지식인의 사상운동이 아닌 농민·노동자의 노농운동으로 전환, 발전시킨다."는 내용의 '조선노농운동에 관한 신정책'을 발표하였다. 신정책의 주요내용은, 첫째 노동운동은 경제투쟁을 위주로 한 대중적 조합운동이어야 함에도 불구하고 과거의 운동은 소수 선각자의 사상운동 조직에 불과했다는 것, 둘째 노동자와 농민은 계급적 차별성이 있는 존재임에도 불구하고 양자를 한 조합 내에 혼합하여 운동의 발전을 저해하였으므로 앞으로는 분맹(分盟)을 한 뒤, 양 동맹 사이의 협조기관을 설치해야 한다는 것, 셋째 종래에는 정치투쟁을 부정해왔으나 차후에는 노농대중의 정치의식을 향상시켜 적극적인 정치투쟁을 전개해야 한다는 것 등이었다. 이에 따라 1927년 9월 6일 실시된 서면투표에 의해 조선노농총동맹은 조선노동총동맹과 조선농민총동맹으로 분립되었던 것이다.[26]

【 노동농민분립의 의의 】

재래(在來)에는 합동(合同)되어 잇던 노농(勞農)의 총기관(總機關)을 분리(分離)하야 노동자(勞動者)는 노동자(勞動者)끼리 농민(農民)은 농민(農民) 따로의 총기관(總機關)을 가지기로 하엿다. (…중략…) 절대다수(絶對多數)로서 노농(勞農)의 분리안(分離安)을 승인(承認)하게 되야 지금 와서는 노동동맹(勞動同盟) 농민총동맹(農民總同盟)의 결성(結成)을 보게되엿다 이와가치하야 조선(朝鮮)의 운동(運動)은 매우 정연(整然)한 형태(形態)

---

26) 김용달(1995: 49).

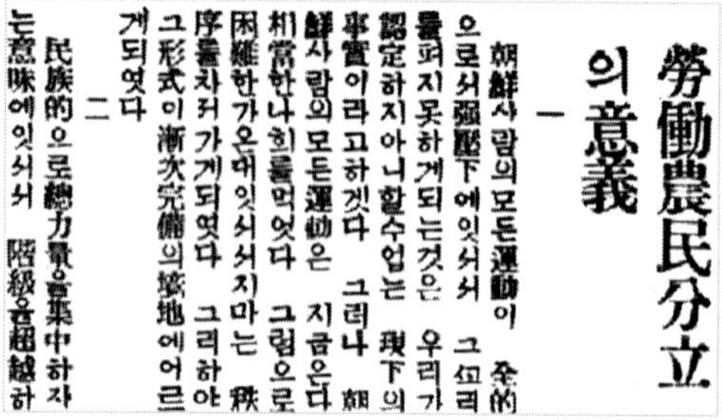

를 가지게되엿다 삼(三)
조선(朝鮮)은 농업국(農業
國)이다. (…중략…) 노동
계급(勞動階級)이 농민(農
民)을 더군다나 농업대중
(農業大衆)이 인구(人口)의
절대대부분(絶對大部分)

〈그림 7〉 「노동농민분립의 의의」(『동아일보』, 1927.9.9)

을 점령(占領)하고 잇는 나라에 잇서서는 그 맹우(盟友)로 하지 아니하면
아니될 것이다.27)

위의 기사는 노농총동맹(勞農總同盟)의 분립에 대한 당위론을 보여주
고 있는데, 즉 조선은 농업국으로 노동자 중 농민이 대부분을 차지하
며, 이에 노동자 단체와 농민 단체를 분리하는 것이 타당하다는 주장이
다. 결국 1927년 9월 서면투표에 의해 조선노농총동맹은 조선노동총동
맹과 조선농민총동맹으로 분리되는데,28) 당시 조선농민총동맹의 임원
은 중앙집행위원으로 경기송, 장준, 정학원, 송영섭, 김복수, 서태석, 신
준희, 조경서, 김익두, 김철환, 김용기, 한길상, 안상길, 강갑수, 안준,
천두상, 주병화, 인동철, 김병환, 이경석 중앙집행위원 후보로 정병용,
이주윤, 박창호, 중앙검사위원으로 박복영, 배종철, 유영준, 함연호, 유
용목, 중앙검사위원 후보로는 박공근, 김영우 등이 선정되었다.29)

조선농민총동맹은 1930년 8월에 행동강령 초안을 결정하였는데, 이
는 농민운동의 대강을 제시한 것으로 큰 의미가 있었다. 이를 보면, 첫
째 소작료 4할제 제정·소작권 강제이동 반대·영구소작권 확립 등 소작
관계 개선, 둘째 누에고치·면화 등의 공동판매 반대, 셋째 농회의 자주

---

27) 『동아일보』, 1927.9.9.

28) 「勞農總同盟兩立(노농총동맹양립) 原案(원안)대로 可決(가결)」, 『동아일보』, 1927.9.8.

29) 「양립된 양동맹의 위원 전부 선정」, 『동아일보』, 1927.9.9.

화 및 산림조합·축산조합·권농공제조합·산업조합 등 농민수탈 기관의 폐지, 넷째 계급적 협동조합의 촉성, 다섯째 단체행동권·단체교섭권 등 노동·농민운동을 탄압하는 악법의 철폐, 여섯째 언론·출판·결사의 자유 보장 및 도평의회·면협의회 등 일체의 집회 공개, 일곱째 청년부·부인부·농업노동자부·소년부 조직의 촉성, 여덟째 노동자계급과의 동맹, 아홉째 농민단체의 강화 및 전국적 통일 등을 내용으로 하는 것이었다. 정식대회 결의를 거친 것이 아니었지만 이는 민주적 제권의 쟁취, 노동자

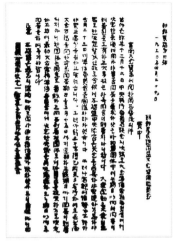

〈그림 8〉「조선농민총동맹 서면대회 찬부에 관한 회답 독촉의 건」(독립기념관 마이크로필름자료, 1927.9.9. 자료번호: 1-006466-003-0021)

계급과의 동맹 등을 행동강령으로 채택하여 산하 농민조합의 광범위한 지지를 받았다. 조선농민총동맹은 창립 직후에는 200여 개의 가맹단체, 1933년에는 35개의 가맹단체와 33,897명의 조직원을 거느린 농민운동의 전국적 지도체로 성장하였다.[30]

【 한병락(韓炳洛), 최근 조선의 전변 25년간 】

널니 13道 處處에 널니어 잇는 郡, 府, 島 單位의 농민조합 30단체가 모히어 현재의 농민총동맹 결성하고 잇는데 (…중략…) 이만한 세력을 이룬 것은 조선의 농민운동이 얼마나 강대하게 전개하고 잇슴을 말하는 것인 줄 암니다. 그런데 특별히 기록할 것은 우리 총동맹은 종래에는 각도(各道)에 연합회(聯合會), 조합(組合), 지부반(支部班)으로 조직 (…중략…) 우리 농민총동맹은 그 활동에 잇서서 놀납게 활발하여야 올홀 것이로되

---

30) 김용달(1995: 50).

아시는 바와 가치 우익(友翼) 노총(勞總), 청총(靑總)과 가치 일체(一切)의 집회금지를 당하고 잇서서 다소 외간(外間)에서 보기엔 부활발(不活潑)한 점도 잇슬 것이외다. 실상 집행위원회조차 겨우 간담회 형식으로박게 하여가지 못하는 터이외다.[31]

위 글은 1930년도 조선농민총동맹 중앙위원이었던 한병락(韓炳洛)의 글로서, 당시 농민총동맹의 성장세를 보여주고 있다. 그러나 창립 이래 거듭되는 일경의 탄압과 간부진의 검거 등으로 농민운동을 주도하지 못하였음을 보여준다.

한편 조선노농총동맹(朝鮮勞働總同盟)은 이미 분립 시기 이전인 1925년부터 각 부문 운동 단체를 망라하여 조선사회운동단체중앙협의회 창립을 준비하였는데, 여기에 사상·노동·농민·청년·여성단체와 함께 형평운동단체에 대해 그 참가를 촉구하였다. 8개 단체 1,770여 명의 조합원을 대표하여 대의원 25인이 참석하여 1925년 10월 13일 창립총회를 마친 목포 노동총연맹은, 당일 제1회 임시총회를 개최하여 선언과 강령 및 결의사항 등을 채택하였다. 결의사항을 크게 노동문제·사회문제·특수문제의 3부분으로 나누고, 사회문제에서 소작과 청년·여성·형평·민족운동 등 각 부문운동에 대한 기본 방침을 천명하였다.[32] 이후 1927년에는 9월 서면투표를 통해, 기존의 조선노농총동맹으로부터 완전히 분립되었으며, 이후 1930년에 이르러서는 조선노동총동맹에 가맹하고 있는 전국 노동운동 단체 수는 54개, 회원 수는 17,868명 등 다수에 달하였다. 그러나 일경에 의한 집회의 금지 및 잦은 해산, 중앙이나 지방의 소속단체 간부의 검거 및 투옥 등으로 조선노동총동맹 역시 표면적인 활동 전개가 거의 불가능하게 되었다.[33]

---

31) 『삼천리』 제9호, 1930.10.1, 26~27쪽.

32) 고숙화(1995), 『한국독립운동사의 역사(32): 형평운동』, 한국독립기념관, 173쪽.

33) 한병락(韓炳洛), 「최근 조선의 전변 25년간」, 『삼천리』 제9호, 1930.10.1, 27쪽.

1.2.3. 천도교 주체의 조선농민사(朝鮮農民社)

위에서 다룬 바, 조선노동공제회를 시발점으로 체계화된 노동단체들이 결성되기 시작하였고, 이후 조선노농총연맹으로 노동자와 농민의 총결사체가 성립되는가 하면, 다시 조선농민총동맹과 조선노동총동맹 등의 분립 등으로 노농운동은 거듭 변화상을 보이며 전개되었다. 여기에 한편에서는 1920년 3월 천도교청년회가 설립되면서 농민의 각성, 농민교육의 진흥 등 농민의 정신개조, 즉 문화운동의 방식에 의한 농촌의 개량을 지향하였다.[34] 이어 1925년 8월 천도교청년당의 김기전, 이돈화, 박달성, 박래홍, 강우, 방정환 등 간부들은 임시총회를 열고 농민의 계몽과 의식 각성을 위한 농민단체를 설립하기로 결의하였고 이에 1925년 10월에 조선농민사(朝鮮農民社)가 설립되었다.

【 농촌계발을 목적으로 조선농민사 조직 】

전인구의 구할(九割)이나 되는 농업민중(農業民衆)을 가진 우리 조선은 력사뎍으로 철두철미 농업립국(農業立國)이면서 아즉까지 순전히 농업민중을 위하야는 아무런 긔관 하나 업섯슴을 크게 유감으로 생각할뿐 아니라 최근에 이를사록 농촌의 모양이 말못되게 거츠러지고 농민의 살림살이가 극도로 피폐하여져서 드듸여는 전민중의 생명이 뿌리로부터 뒤혼들리게 됨을 볼때 (…중략…) 이것을 안타깝게 여기는 인사들로부터 농민운동의 필요를 오래전부터 연구 주장하여 오든바 지나간 이십구일 밤 시내 중앙청년회관(中央靑年會館) 안에 동지 일동이 모히여 조선농민사(朝鮮農民社)라는 사단을 조직하고 "조선사람은 다가치 농촌(農村)으로! 라는 정

---

34) 천도교 청년지도자인 김기전(金起瀍)은 「농촌개선의 긴급 동의」(『개벽』 5호, 1920.11), 「농촌개량에 관한 도안」(『개벽』 6호, 1920.12), 「농촌청년회의 설립을 촉함」(『개벽』 7호, 1921.1)이란 글을, 이성환(李成煥)은 「조선의 농정문제 농촌의 쇠퇴를 활연시(活然視)하는 당국: 소작법 제정이 목하의 급무」, 박달성(朴達成)은 「농민화하라」(『개벽』 49호, 1924.7) 등의 글은 이러한 농촌개량의 문제를 다룬 논의들이라 할 수 있다.

신하에 모든 힘을 농촌으로 돌리되 무엇보다도 농민의 지식덕계몽(智識的啓蒙)을 긴급한 목뎍으로 하야 위선 농민잡지 『조선농민』을 달마다 발행하기로 결의하엿는데35)

위의 글에서는 먼저 전체 인구의 90%가 농업 인구임을 들어 조선은 다름 아닌 농업입국이라는 점을 강조하고 있다. 그런데 갈수록 농민의 생활이 피폐하여짐에 따라 조선 전민중의 삶이 위기에 처했다고 지적하고 있다. 또한 그럼에도 불구하고 농민을 위한 기관이 없음을 안타깝게 여겨 '조선농민사(朝鮮農民社)'를 조직했다는 내용이다. 이 단체는 "조선사람은 다가치 농촌(農村)으로!"라는 표어를 내걸고 우선적으로 지적인 농민계몽을 긴급한 목적으로 삼고 농민잡지 조선농민을 달마다 발행하기로 결의하였다. 이어지는 기사문에는 '조선농민사규약(朝鮮農民社規約)'을 다음과 같이 제시하기도 했다.

【 농촌계발을 목적으로 조선농민사 조직 】

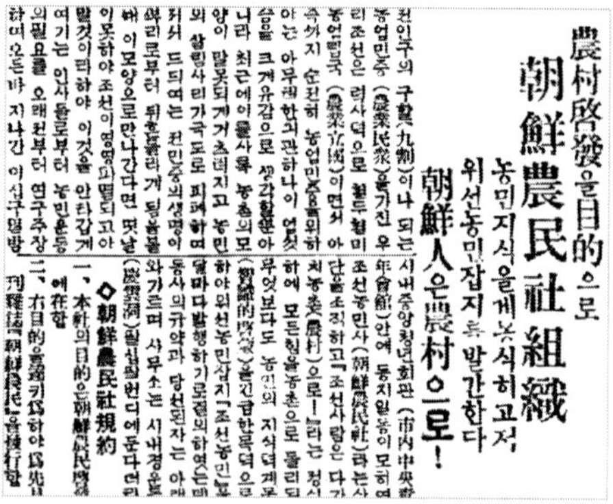

◇ 조선농민사규약(朝鮮農民社 規約) 一. 본사(本社)의 목적(目的)은 조선농민계발(朝鮮農民啓發)에 재(在)함. 二. 우목적(右目的)을 달(達)키 위(位)하야 위선월(爲先月)간잡지(刊雜誌) 『조선농민(朝鮮農民)』을 발행(發行)함. 三. 넓히 사우(社友)를 모집(募集)

〈그림 9〉「농촌계발을 목적으로 조선농민사 조직」(『동아일보』, 1925.10.2)

함. 사우(社友)는 매년금일원(每年金一圓)을 납부(納付)하고 월간잡지(月

---

35) 『동아일보』, 1925.10.2.

刊雜誌)의 반부(頒付)를 수(受)하는 외본사(外本社)에서 정(定)하는 특전(特典)을 수(受)함. 四. 본사사업(本社事業)에 특별사우(特別社友)로 함/ 오(五본), 사무(本社務)를 집행(執行)키 위(爲)하야 이사(理事) 약간명(若干名)을 치(置)함 이사 김준연(金俊淵), 김현철(金顯哲). 김기전(金起田), 이돈화(李敦化), 이창휘(李昌輝), 이성환(李晟煥), 유광열(柳光烈), 박찬희(朴瓚熙), 박사직(朴思稷), 선우전(鮮宇全), 조기간(趙基竿), 최두선(崔斗先) 외(外) 삼인(三人) 상무이사(常務理事), 이성환(李晟煥) 외(外) 이인(二人)[36]

위의 결의 이후 10월 29일에 서울 종로의 기독교청년회관에서 위에 제시된 김준연, 김현철, 김기전, 이돈화, 이창휘, 이성환, 유광열, 박찬희, 박사직, 선우전, 조기간, 최두선, 이성환 등이 모여 조선노동사를 창립하게 된다. 그런데 위의 규약 중에 잡지 발간이 주요 사업에 속하고 있는데, 위의 인용문에 제시된 바와 같이 이 단체는 "지식덕 농민계몽을 긴급한 목적"이라 파악했기 때문이다. 이사 구성원들을 보면 김기전(개벽사 기자), 박찬휘(동아일보사 기자), 김준연(조선일보 기자), 김현철(시대일보 기자) 등은 기자 출신들을 볼 수 있는데,[37] 이러한 구성원의 성격상 보도와 민력개발의 측면이 중시된 것으로 파악된다.

초대 중앙이사장에는 이성환이 선출되었고, 본부는 서울에 있었으며 지방에 각 지부와 사우회(社友會)가 조직되었다. 조선농민사는 창립 초기에는 『조선농민(朝鮮農民)』을 발간하는 일개 잡지사에 불과했다. 그러나 1926년 들어 각지에 잡지의 구독을 매개로 한 이른바 사우회(社友會)와 청년당지방당부(靑年黨地方黨部) 산하의 농민조직이 확대 발전되면서부터 서서히 하부 조직체계를 갖춘 운동단체로서의 면모를 갖추게 되었다. 1928년 2월경에는 158개 지부에 1만 6570명의 사우를 확보하

---

36) 『동아일보』, 1925.10.2.
37) 김용달(1995: 60).

였고, 사제개정(社制改定)을 단행하여 사원의 범위를 자작농, 자작 겸 소작농, 소작농, 농업노동자, 농촌 수공업자, 농촌 체력노동자 등으로 확대하였다.38) 조선노동사는 사업 부서로는 중앙에 서무부·경리부·교양부·알선부·선전조직부·조사출판부가 있었고, 지방에는 조사출판부를 제외한 부서들이 있었다.39) 지방조직은 이(里)농민사를 기본조직으로 하고 면(面)농민사, 군(郡)농민사, 전조선농민사(全朝鮮農民社)로 계열화하였다. 그리하여 1933년에는 사우 총수가 20만여 명에 이르는 방대한 조직이 되어 국내뿐 아니라 만주의 연길(延吉), 두도구(頭道溝), 혼춘(琿春), 백초구(百草溝), 영고탑(寧古塔), 장춘(長春), 액목현(額穆縣), 관전현(寬甸縣) 등지와 일본의 오사카[大阪] 등에도 지사를 설치하였다.40)

1930년 4월 6일 제3차 조선농민사 전국대표자대회에서 천도교 청년당측이 제안한 '법적 관계 3개 조안'의 통과로 자주적인 임원 선출권과 결의권·운영권을 상실하게 되자 비천도교 청년당측 인사들이 탈퇴하여 전조선농민사를 조직하였다. 그후 조선농민사는 천도교 청년당 산하 농민운동단체로 그 성격이 축소되었고 1932년 일제의 농촌진흥운동이 본격화하면서 일제의 탄압과 농업공황 등으로 조직이 약해져갔다. 1936년 4월 주식회사 형태로 전환을 시도해보았지만 자본금 모금에 실패하여 해체되었다.41)

---

38) 지수걸(1985), 「朝鮮農民社의 團體性格에 관한 硏究」, 『歷史學報』 제106호, 역사학회, 170~180쪽 참조.

39) 지수걸(1985: 185).

40) 조동걸(1976), 『日帝下韓國農民運動史』, 한길사, 177쪽.

41) 김용달(1995: 63).

2. 노농단체의 계몽운동

2.1. 강연회 및 문화활동을 통한 문화운동

2.1.1. 강연회 및 강습회 활동

① 노동공제회(勞動共濟會)의 강연회

앞서 다룬 바 삼일운동 이후 노동단체의 조직적인 결성이 이루어지게 되는데, 이들 단체는 전국 각지에 걸쳐 강연회를 개최하면서 노동자들의 인식을 계몽하기 위한 운동을 전개하였다. 매일의 신문 보도에서 각 단체의 강연회 소식이 다수 게재되었는데, 일례로 1920~1922년까지 초기 노동단체인 조선노동공제회의 강연회 관련 기사 일부를 제시하면 아래와 같다.

〈표 1〉『동아일보』 조선노동공제회의 강연회 관련 기사(1920~1922)

번호	제목	연월일	연사 및 연제	부문
1	노동공제회강연	1920.05.03	장덕수(張德秀)의 「인격주의(人格主義)와 노동(勞動)」, 김명식(金明植)의 「부조(扶助)와 競爭」, 정태신(鄭泰信)의 「여(余)의 소감(所感)」, 염상섭(廉尙燮)의 「노동조합(勞動組合)의 문제와 이에 대한 세계(世界)의 현상(現像)」	노동일반
2	노동공제개성지회	1920.07.13	조용환(曹龍煥)의 「노동자(勞動者)의 맹성(猛省)을 촉(促)함」	노동자
3	노동공제강연회	1920.08.06	김형식(金亨植)의 「반도사회(半島社會)의 급무(急務)」, 원식작(元植灼)의 「공제(共濟)의 범위(範圍)」	노동일반
4	노동공제위생강연	1920.08.25	박영대(朴永大)의 「위생강연(衛生講演)」, 정광순(鄭光淳)의 「위생강연(衛生講演)」, 정운해(鄭雲海)의 「위생강연(衛生講演)」	위생

번호	제목	연월일	연사 및 연제	부문
5	박중화싸래전	1920.09.03	박중화(朴重華)의 「노동공제회(勞動共濟會) 창립(創立) 이후의 역사(歷史)」	노동단체
6	인천공제지회강연	1920.09.12	오상근(吳祥根)의 「현하(現下) 노동문제(勞動問題)와 오등(吾等)의 희망(希望)」, 신백우(申伯雨)의 「노동생활(勞動生活)의 근본의의(根本意義)」	노동문제
7	평양노동공제총회	1921.05.31	강규찬(姜奎燦)의 「노동(勞動)에 대하여」	노동일반
8	안동노동공제강연	1921.07.22	박이규(朴珥圭)의 「현대인류(現代人類)의 최대요구(最大要求)」	노동일반
9	광주노동공제총회	1921.07.24	최흥종(崔興琮)의 「노동자(勞動者)의 행복(幸福)」, 서정희(徐廷禧)의 「노동문제(勞動問題)」	노동일반
10	경주노동공제총회	1921.07.29	박이규(朴珥圭)의 「노동공제회(勞動共濟會)란 무엇」	노동단체
11	공제정읍지회기념	1921.08.28	신백우(申伯雨)의 「노동문제(勞動問題)」, 홍증식(洪璔植)의 「노동문제(勞動問題)」	노동문제
12	노동공제회보주지회	1922.03.01	김사용(金思容)의 「노동문제(勞動問題)」	노동문제
13	노동대구지회강연	1922.03.03	최익준(崔益俊)의 「경제사상(經濟思想)의 변천」, 정운해(鄭雲海)의 「생존권(生存權)의 요구(要求)」	경제/노동권
14	보주노동공제강연	1922.08.26	신백우(申伯雨)의 「노동자(勞動者)의 시대(時代)」, 백광흠(白光欽)의 「노동만능(勞動萬能)」	노동일반
15	소작쟁의노동대회	1922.09.11	김희원(金義源)의 「소작(小作)의 유래(由來)」, 조우제(趙佑濟)의 「소작인(小作人)은 단결(團結)하라」	노동운동
16	금곡분회	1922.09.22	이성조(李性祚)의 「소작문제(小作問題)」, 조우제(趙佑濟)의 「소작문제(小作問題)」	노동운동
17	대구공제특별강연	1922.11.07	신일용(辛日鎔)의 「현대문화(現代文化)와 미신생활(迷信生活)」	생활
18	보주노동강연회	1922.11.15	김종범(金鐘範)의 「재일본조선노동자(在日本朝鮮勞動者)의 참상(慘狀)을 보고」, 조우제(趙佑濟)의 「현대적(現代的) 각성(覺醒)과 소작운동(小作運動)」	노동운동
19	모임	1922.12.31	차금봉(車今奉)의 「조선노동공제회(朝鮮勞動共濟會)에 대하야」, 김정식(金正植)의 「조선노동자(朝鮮勞動者)여 단결(團結)하자」, 임태순(任泰淳)의 「조선노동계(朝鮮勞動界)의 년말결산보고서(年末決算報告書)」	노동운동

150

조선노동공제회의 노동 강연 활동은 서울 본회가 창립된 후 첫 노동절을 맞아 1920년 5월 1일 '조선노동공제회 대강연회'를 개최함으로서 본격화되었다.

【 모임 】
조선로동공제회에서는 강연회를 금일 오후 칠시에 종로중앙청년회관에서 연다는대 연사는 장덕수(張德秀)씨가 「인격주의(人格主義)와 노동(勞動)」이란 문데로 정태신(鄭泰信)씨는 「여(余)의 소감(所感)」이란 문데로 김명식(金明植)씨는 「부조(扶助)와 競爭」이란 문데로 각각 강연한다는대 물론 입장권의 제한은 업슨즉 아모라도 드르올수 있다하며 당일은 다수히 방청하기를 바란다더라.[42]

이 강연회에서는 회장 박중화의 개회사와 총간사 박이규의 노동공제회 취지 설명이 있었다. 이후 김명식이 「부조(扶助)와 경쟁(競爭)」이란 연제로 강연을 하였는데, 그 요지는 당대 사회조직의 불완전성 비판, 노동의 신성함 강조, 노동자와 인류의 상호 부조 및 기여도 등에 대한 것이었다. 이어서 정태신은 「여(余)의 소감(所感)」이란 제목으로 사회계급의 악폐, 부귀의 비판 등을 강연하였다. 한편 예정되었던 장덕수 「인격주의(人格主義)와 노동(勞動)」이 취소됨에 따라 그 대신 염상섭이 「노동조합(勞動組合)의 문제와 이에 대한 세계(世界)의 현상(現像)」이라는 연제로 세계노동조합의 현황을 설명하였다.[43] 「노동공제회강연」(『동아일보』, 1920.5.3)에서는 다수의 노동자 청중들이 강연회에 참석하여 성황리에 행사를 치렀다고 밝히고 있는데, 〈표 1〉에 제시된 바, 이후 각 지방에 지회가 결성될 때마다 강연회가 열렸으며, 연제를 보면 노동일

---

42) 『동아일보』, 1920.5.1.
43) 신용하(1987: 398).

반, 노동자 및 노동 문제, 위생, 노동단체, 경제이론, 노동권, 노동운동 등 다양한 논제의 강연회가 개최되었음을 볼 수 있다. 연사의 이름을 보면 대개가 조선노동공제회 임원으로서 이들을 중심으로 강연회가 행해졌음을 알 수 있다.[44]

한편 노농총동맹의 경우는 강연회 소식을 별로 찾을 수 없다는 점이 특징적이다. 이는 앞서 다룬 바, 강한 계급의식으로 인한 잦은 검열과 지도층의 검거 등으로[45] 노동공제회와 같은 강연회가 가능하지는 않았던 것으로 보인다.

【 행정씨강연중지 】

이번에 적로에서 보낸 조선 수재구제금 이만원은 경성 북풍회(北風會)에 교부하려고 입성하였던 일본농민조합총본부주사(日本農民組合總本部主事) 행정당장(行政長藏) 씨는 시내 견지동(堅志洞) 조선로농총동맹(朝鮮勞農總同盟)의 추대를 바다 작 사일밤 여덜시부터 시내 태평통 경성일보사 래청각(來靑閣)에서 강연을 하게 되엿섯스나 경찰당국의 금지로 강연은 그만두게 되엿고 사일밤 열시 경성발 급행렬차로 경성을 떠난다더라.[46]

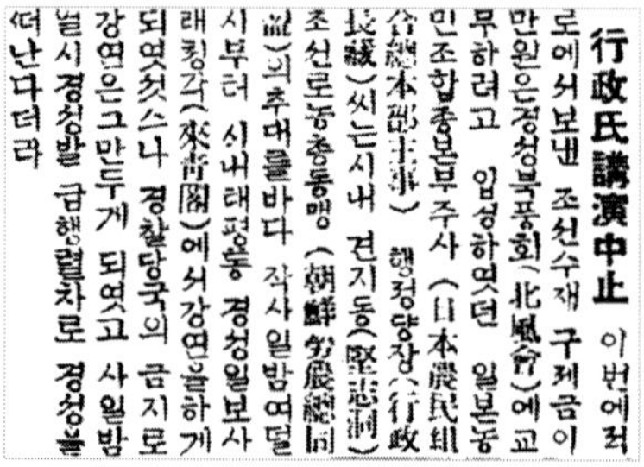
行政氏講演中止 이번에적로에서보낸 조선수재 구제금이만원은경성북풍회(北風會)에교부하려고 입성하엿던 일본농민조합총본부주사(日本農民組合總本部主事) 행정당장(行政長藏)씨는시내 견지동(堅志洞)조선로농총동맹(朝鮮勞農總同盟)의추대를바다 작사일밤여덜시부터 시내태평통 경성일보사래칭각(來靑閣)에서강연을하게되엿섯스나 경찰당국의 금지로강연은그만두게 되엿고 사일밤열시경성발 급행렬차로 경성을떠난다더라

〈그림 10〉「행정씨강연중지」(『동아일보』, 1925.10.5.)

---

44) 이 외 「광주부인대강연」(『동아일보』, 1922.5.15)를 보면 조선노동공제회광주지회와 동아일보지국후원하)에 부인대강연회(婦人大講演會)를 통해 여성문제 강연회가, 「대구의 교육강연」(『동아일보』, 1922.7.26)에서는 조선교육협회순회강연단(朝鮮教育協會巡廻講演團)과 연합하여 교육강연회 등을 개최했다는 보도를 볼 수 있다.

45) 「노맹위원회(勞盟委員會)는 경찰(警察)이 금지(禁止)」(『동아일보』, 1924.7.10), 「삼중현사건(三重縣事件) 조사회금지(調査會禁止)」(『동아일보』, 1926.1.16), 「전탄노농(箭灘勞農) 서면결의(書面決議) 총회금지(總會禁止)」(『동아일보』, 1926.5.23), 「만주대동단선언서(滿洲大同團宣言書) 경성역두(京城驛頭)에서 몰수(沒收)」(『동아일보』, 1926.6.10), 「메이데이기념(紀念)은 경찰(警察)이 토의금지(討議禁止)」(『동아일보』, 1927.4.28), 「노총대의원(勞總代議員) 간담회수금지(懇談會遂禁止)」(『동아일보』, 1927.6.22)

위의 기사에서도 드러나지만, 조선노농총동맹은 일본 사회주의 계열과도 연결되어 좌익 성향이 보다 강한 단체라는 것을 알 수 있다. 이러한 단체의 성격으로 인해 창립 초기부터 강연회를 통한 계몽활동 등은 거의 불가능했던 것이라 판단된다.

그런데 노동공제회 등의 강연회는 결국 노동자의 지도와 교육이라는 계몽적인 차원의 활동이라고 할 수 있는데, 일각에서는 강연회 등의 지도적인 계몽활동에 대해 다음과 같은 우려의 소리를 높이기도 했다.

【 노동자의 지도와 교육 】

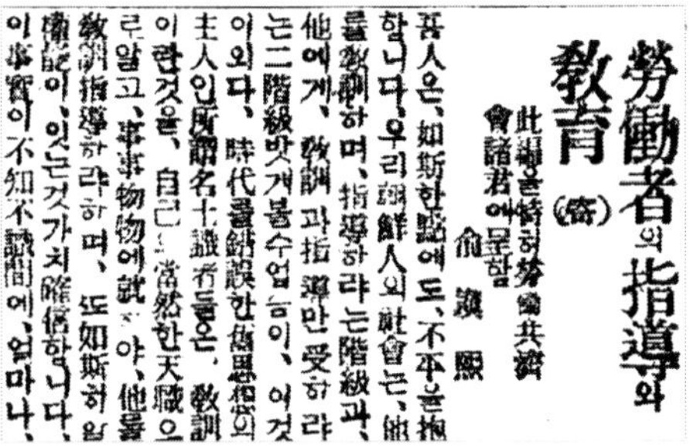

우리 조선인(朝鮮人)의 사회(社會)는 타(他은)를 교훈(敎訓)하며, 지도(指導)하랴는 계급(階級)과 타(他)에게 교훈(敎訓)과 지도(指導)만 수(受)하랴는 이계급(二階級) 밧게 볼수 업슴이 (…중략…) 우리 민중(民衆)의 다수(多數)는 자교자

〈그림 11〉「노동자의 지도와 교육」
(『동아일보』, 1920.5.1)

도(自敎自導)의 정신(精神)이 상실(喪失)되엿소이다. 다만 명사식자(名士識者)의 훈도(訓導)에만 의빙(依憑)하랴 합니다. 민중(民衆)의 건전(健全)한 발달상(發達上)으로 보아 결(決)코 기우(杞憂)가 아니외다. 금일(今日)의 세계사상(世界思想)은 교훈(敎訓)과 지도(指導)를 가급적(可及的) 근소(僅少)케 하랴 합니다. (…중략…) 연(然)하나 시(時)와 경우(境遇)에 따라 교훈지도(敎訓指導)도 필요(必要)가 잇슬지니 차(此))를 전폐(全廢)하자 함은 아니외다. (…중략…) 공제회발기인(共濟會發起人) 대부분이 용주계급 내지 제삼계급(傭主階級乃至第三階級)의 제군(諸君)을 망라(網羅)한 점(點)에서 오인(吾人)

---

46) 『동아일보』, 1925.10.5.

은 더욱 노동계급(勞動階級)을 위(爲)하야 심려(心慮)함을 마지 못합니다.[47]

위의 글은 유진희(兪鎭熙)가 투고한 것으로, 그는 조선공산당(朝鮮共産黨) 소속으로서 1926년 고려공산청년회 사건에 연루된 인물이기도 하였다.[48] 그는 조선 사회가 지도계급과 지도를 받는 계급으로 양분되어 유지되어 왔기 때문에 민중 다수가 "자교자도(自教自導)의 정신(精神)이 상실(喪失)"되었다고 지적하고 있다. 당대 세계적인 판도는 이러한 지도 체제를 줄여가는 추세라는 점에서 노동공제회의 계몽활동 또한 이를 염두에 두고 전개되어야 한다는 입장이다. 이 기사의 속편인 「노동자의 지도와 교육(속)」(『동아일보』, 1920.5.2)에서는 무엇보다도 노동자 스스로 문제를 인식하고 해결하도록 유도하는 것이 타당하다는 주장을 펼치기도 했다. 그러나 노동공제회에 이어 결성된 노동총동맹회의 경우도 역시 지식계층 주체의 계몽주의적 영역 안에 있었으며, 이에 지도층 간의 견해 차이로 인해 농민총동맹, 노동자총동맹 분립을 가져오게 된 것이기도 하다.[49] 그러나 이후의 노농운동의 전개에서도 강연회는 농민과 노동자 의식 개선의 한 수단이 되었다.

② 조선농민사(朝鮮農民社)의 강연회 및 강습회

조선농민사는 종교계의 농민단체로 창립 초기부터 특히 농민(노동자)의 의식 개선을 위해 지적 측면의 계몽활동을 중시하였다. 이에 강연회는 물론 강습회 활동도 활발하게 전개되었다. 1926년부터 1930년대 초기까지의 주요 강연회 및 강습회 관련 기사를 제시하면 〈표 2〉와 같다.

---

47) 『동아일보』, 1920.5.1.
48) 「유진희(兪鎭熙)」
   (한국근현대인물자료, 한국역사정보통합시스템 http://www.koreanhistory.or.kr)
49) 민족사바로찾기국민회의(1995: 74).

〈표 2〉『동아일보』 조선농민사 강연회 및 강습회 관련 기사(1926~1932년)

번호	제목	연월일	연사 및 연제	부문
1	농촌문제강연	1926.02.07	이성환(李晟煥)의 「현조선농촌문제(現朝鮮農村問題)」(의주)	농촌문제
2	농촌문제강연	1926.03.06	이돈화(李敦化)의 「대세(大勢)의 장래(將來)와 조선농민(朝鮮農民)」(통영)	농민문제
3	안주농민강연	1928.06.19	이성환(李晟煥)의 「조선구제(朝鮮救濟)의 근본문제(根本問題)」(안주)	사회
4	농촌문제강연	1927.11.11	이성환(李晟煥)의 「농촌문제해결책(農村問題解決策)」, 이단(李團)의 「수인사대청명(修人事待天命)」(평북 용천)	농촌문제
5	농민강좌개최	1927.09.03	이성환(李晟煥)·김준연(金俊淵)의 「농민강좌((農民講座)」(평북 운항)	농민강좌
6	농민사강좌	1927.09.04	이성환(李晟煥)·김준연(金俊淵)의 「농민강좌(農民社講座)」(평북 용천)	농민강좌
7	조선농민사의 동기농민사강좌	1928.01.13	이성환(李晟煥)의 「농민강좌(農民社講座)」(정주)	농민강좌
8	사회문제강연	1928.02.05	김일대(金一大)의 「조선농민(朝鮮農民의 역사적(歷史的) 사명(使命)」, 이성환(李晟煥)의 「민중운동(民衆運動)의 추세(趨勢)」(박천)	농민사 노동운동
9	농촌지도자 강습회개최	1928.02.10	이성환(李晟煥)의 「농촌지도자강습회(農村指導者講習會) cf 과목: 농민운동사(農民運動史), 조합진행법(組合進行法), 농촌문제(農村問題) 기타 강연(경남 창영)	지도자강습
10	안주농민강연	1928.06.19	경성근우회(京城槿友會) 여성연사 초빙, 안주월악대(安州月樂隊) 음악대강연 (북홍리)	여성
11	곽산농민사순강	1928.03.13	이국영(李國榮)의 「농민운동(農民運動)」, 백중빈(白重彬)의 「조선(朝鮮)의 농촌(農村)」(곽산)	농민운동
12	안주농민강연	1928.06.25	이성환(李晟煥)의 「조선(朝鮮)과 농민(農民)」, 「농촌부인(農村婦人)의 현상(現狀)」(안주)	여성
13	농민여성대강연	1928.06.28	이성환(李晟煥)의 「조선농민(朝鮮農民)」, 「농촌부인(農村婦人)의 현상(現狀)」(안주)	여성
14	조선농민사주최 농촌문제강연	1928.07.07	민태원(閔泰瑗)의 「귀농운동(歸農運動)의 의의(意義)와 방법(方法)」, 서춘(徐椿)의 「농민(農民)의 지식계발(智識啓發)에 대(對)하야」, 이창휘(李昌輝)의 「농민에게 알려야할 법률상식(法律常識)」, 조백추(趙白萩)의 「농촌(農村)의 여성문제(女性問題)」, 방정환(方定煥)의 「귀향(歸鄕)하는 학생제군(學生諸君)에게」(서울)	농민운동 여성

번호	제목	연월일	연사 및 연제	부문
15	임간학교 대신 학술강좌개최	1928.08.18	김수학(金秀學)·선우전(鮮于全)의 「학술강좌(學術講座) cf) 과목: 세제연혁(稅制沿革) 조선(朝鮮)의 철도사정(鐵道事情) 조선정형(朝鮮情形)(서울)	학술강좌
16	동기농민강좌	1928.12.25	이성환(李晟煥)의 「농민지도(農民指導)의 실제문제(實際問題)」(서울)	농민강좌
17	독산농민강좌	1929.03.15	김일대(金一大)의 「역대농민(歷代農民)위 지위(地位)」, 「조선농민사운동(朝鮮農民社運動)」(평북 영변) cf) 안주군 농민이사장	농민강좌
18	농민지도자구습	1930.12.18	김윤기(金允基)·김만년(金萬年)의 「농민지도자구습(農民指導者購習)」 cf) 농민지도이론(農民指導理論), 소비조합론(消費組合論), 최근사십삼강(最近史十三講), 조선지리개요(朝鮮地理槪要)	지도자강습
19	농촌지도자 강습회를 개최	1931.03.03	박용완(朴用完), 김상학(金尙學), 조처항(趙處恒), 길응철(吉應哲), 홍진혁(洪鎭赫) 경제, 조선근세사, 상식(평남 맹산)	지도자강습
20	지덕면지도자강습	1931.03.14	문병노(文炳魯), 길응철(吉應哲), 경제, 조선근세사, 상식(평남 맹산)	지도자강습
21	농촌지도자 강습회 종료	1931.03.14	맹산군(청중 200여 명, 경제, 조선근세사, 상식 강습), 원면강습회(청강생 51명), 학천강습회(청강생 100여 명), 맹산강습회(청강생 50여 명)(평남 맹산)	지도자강습
22	조선농민사 순강	1932.02.15	김공선(金公善), 김병순(金炳淳) 함경 황해 나누어 순회 강연(함경도/황해도)	농민강좌
23	농민선전강연	1932.02.17	강명준(康明俊)의 「조선농민사(朝鮮農民社)란 무엇인가란 무엇인가」, 박태홍(朴泰興)의 「농민공생조합(農民共生組合)이란 무엇인가」(광양만)	홍보강연

위의 기사 목록은 주요 강연회 및 강습회 관련 보도만을 정리한 것으로,50) 주로 조선농민사 교양부가 주최하고 동아일보사 학예부가 후원

---

50) 이 외에도 1930년대 강연 및 강습회 기사로 「조선농민사(朝鮮農民社) 함남순회강연(咸南巡廻講演)」(『동아일보』, 1931.5.2), 「농촌지도자(農村指導者) 강습회종료(講習會終了)」(『동아일보』, 1931.3.14), 「농민순강성황(農民巡講盛況) 지난 십칠(十七)일에」(『동아일보』, 1931.5.26), 「농민강좌개최(農民講座開催) 단천농민사(端川農民社)서」(『동아일보』, 1931.6.6), 「농민선전강연(農民宣傳講演)」(『동아일보』, 1932.2.17), 「농민지도강습(農民指導講習)」(『동아일보』, 1932.7.26), 「농촌순강개최(農村巡講開催)(농촌)」(『동아일보』, 1932.8.27), 「농민운동

하여 개최된 경우로서 서울 지역 외에 각 지방에서 전개되었음을 볼 수 있다.[51] 〈표 2〉의 강연회 논제를 보면 농촌문제, 농민문제, 사회, 농민강좌, 농민사(農民史), 노동운동, 지도자 강습, 여성, 농민운동, 학술강좌 등 다양한 주제를 볼 수 있는데, 앞서 다룬 노농단체보다 온건한 내용의 강연 내용이었음을 알 수 있다. 강연회 연사를 보면 조선농민사 주간을 담당했던 이성환(李晟煥)의 이름이 가장 많이 드러나는데 농민강좌, 학술강연, 순회강연 등 가장 많은 강연을 행했으며, 그 외 조선농민사 임원이나, 여타 신문사나 잡지사의 임원급 인물들이 활동했음을 볼 수 있다.

【 조선농민사주최 농촌문제강연 】

시내경운동(市內慶雲洞) 조선농민사(朝鮮農民社)의 주최와 본사학예부후원(本社學藝部後援)으로 금칠일 하오여덜시에 농촌문데대강연(農村問題大講演)을 턴도교긔념관(天道敎記念館)에서 열기로 되엇는데 연데와 연사시명은 알에와 갓더라 귀농운동(歸農運動)의 의의(意義)와 방법(方法) 중외일보사편집국(中外日報編輯局) 민태원(閔泰瑗), 농민(農民)의 지식계발(智識啓發)에 대(對)하야 동아일보사경제부장(東亞日報社經濟部長) 서춘(徐椿) 농민에게 알려야할 법률상식(法律常識) 조선농민사이사(朝鮮農民理事) 변호사(辯護士) 이창휘(李昌輝),

〈그림 12〉「조선농민사주최 농촌문제강연」(『동아일보』, 1928.7.7)

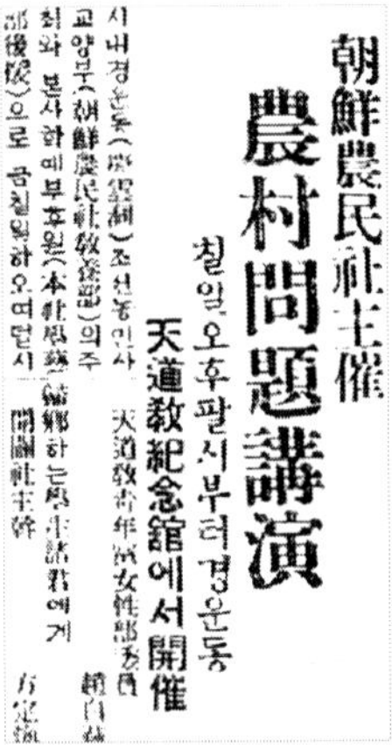

농촌(農村)의 여성문제(女性問題) 천도교청년당여성부위원(天道敎靑年黨

지도(農民運動指導)」,(『동아일보』, 1933.5.30), 「지도자강습회(指導者講習會)」(『동아일보』, 1933. 9.7),「조선농민사(朝鮮農民社)의 평남농민강좌(平南農民講座)」(『동아일보』, 1934.3.11) 등의 보도 내용을 볼 수 있다.

51)「농촌문제강연(農村問題講演)」, 『동아일보』, 1926.2.7.

女性部委員) 조백추(趙白萩), 귀향(歸鄕)하는 학생제군(學生諸君)에게 개벽 사주간(開闢社主幹) 방정환(方定煥)[52]

위의 연사 명단 및 직업을 보면 민태원(중외일보사편집국), 서춘(동아일보사경제부장), 이창휘(조선농민사 이사 및 변호사), 조백추(천도교청년당 여성부위원), 방정환(개벽사 주간) 등으로서 이 외 〈표 2〉를 보면 여타 강연회에서도 이들 외에 각 단체 인사들이 다수 강연에 참여했음을 알 수 있다. 한편 위의 연사들 중에서 여성 명단도 보이는데, 앞선 노동단체들이 주로 남성 위주였다면 여성들도 강연에 참여하고 있었으며, 농민이나 농촌문제 외에도 여성문제도 다루었다.[53]

【 안주농민강연 】

안주군 신안주면 명암(安州郡新安州面明岩), 남칠(南七), 연호면 박비북흥 사개리 농민사 주최(燕湖面博飛北興四個里農民社主催)의 농민강연(農民講演)은 예정(豫定)대로 지난 단양일(端陽日)에 조선농민사 중앙이사장 이성환씨(朝鮮農民社中央理事長李晟煥氏)를 청(請)하야 천도교사월악대(天道教四月樂隊)의 주악리(奏樂裡)에 다음가티 강연회(講演會)를 성대(盛大)히 개최(開催)하얏는데 각기엄중(各其嚴重)한 경계리(警戒裡)에 열변(熱辯)을 토(吐)하야 수백농민부인청중(數百農民婦人聽衆)은 만흔 감동을 수(受)하얏다더라 일(一), 오전십시(午前十時)부터 남칠(南七)에서 조선(朝鮮)과 농민(農民) 이성환(李晟煥) 일(一), 오후삼시(午後三時)부터 북흥(北興)에서 농촌부인(農村婦人)의 현상(現狀) 이성환(李晟煥)[54]

---

52) 『동아일보』, 1928.7.7.
53) 「안주농민강연(安州農民講演)」(『동아일보』, 1928.6.19)에서도 구체적인 이름은 제시되지 않았으나 경성근우회(京城權友會)의 여성연사를 초빙한다는 내용을 볼 수 있다.
54) 『동아일보』, 1928.6.25.

위의 내용은 안주 지역에서 실시된 농민강연의 내용으로서 이성환이
「조선(朝鮮)과 농민(農民)」, 「농촌부인(農村婦人)의 현상(現狀)」 등을 강연
하였으며 "수백농민부인청중(數百農民婦人聽衆)은 만혼 감동을 수(受)하
얏다더라"라는 글에서 여성 청중들도 다수 참석했음을 보여준다. 이
강연 소식은 「농민여성대강연」(『동아일보』, 1928.6.28)이라는 제목으로
도 보도되었는데, 이를 보면, 특히 안주 강연 내용 둘 다 여성문제와
밀접한 것이었음을 반영한다.

조선농민사는 농촌문제 관련의 강연 외에도 학술적인 내용의 강연을
통해서도 계몽활동을 전개했다.

【 임간학교 대신 학술강좌 개최 】

시내 조선농민사(朝鮮農民社)에서는 농촌청년을 중심으로 림간학교(林
間學校)를 개최하려다가당국의 금지를 당하고 학술강좌(學術講座)를 다음
과 가튼 시일과 장소에서 김수학(金秀學) 선우전(鮮于全) 량씨와외 수씨를
청하야 연다더라 일(一), 시일(時日) 팔월십칠일(八月十七日)부터 삼일간
(三日間) 오후삼시위시(午後三時爲始) 이(二), 장소(場所) 시내천도교기념
관(市內天道敎記念館) 삼(三), 과목(科目) 세제연혁(稅制沿革) 조선(朝鮮)의
철도사정(鐵道事情) 조선정형(朝鮮情形) 사(四) 청강무료(聽講無料)[55]

위의 글에서도 나타난 바, 조선농민사 주최로 학술강연회가 열렸는
데, 농촌 청년을 대상으로 한 강연회였다. 강사는 김수학(金秀學), 선우
전(鮮于全) 등으로서 '세제연혁(稅制沿革)', '조선(朝鮮)의 철도사정(鐵道事
情)', '조선정형(朝鮮情形)' 등의 학술강좌를 무료로 시행한 것이다.

한편 조선농민사는 1927년 춘기에 처음으로 '농민강좌(農民講座)'를
실시하였고, 하기(夏期)에도 강좌를 개최하여 각지를 순회하며 농민 교

---

55) 『동아일보』, 1928.8.18.

양사업을 펼쳐 농민 계몽의 실효를 거두었다.56)

【 조선농민사의 동기농민강좌 】

朝鮮農民社의 冬期農民講座. 조선농민사에서는작년중에 춘긔 하긔농민강좌(春期夏期農民講座)를 각디에열어만흔효과를거두엇다하며지금농한긔를리용하야 오는십륙일부터 다시 동긔농민강좌뎨일회(冬期農民講座第一回)를 개최키로 되엇다는 바 뎡주(定州)를 필두로 십구개소에서 조선농민사(朝鮮農民社) 주간 리성환(李晟煥)시가 순회강좌를 하리라더라.57)

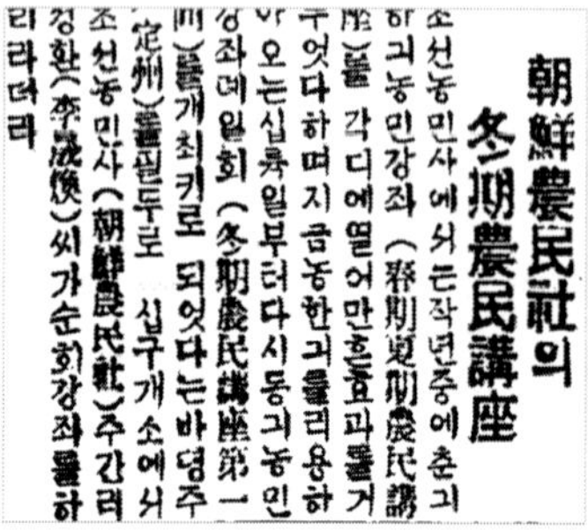

朝鮮農民社의 冬期農民講座

조선농민사에서는작년중에춘긔하긔농민강좌(春期夏期農民講座)를 각디에열어만흔효과를거두엇다하며지금농한긔를리용하야오는십륙일부터다시동긔농민강좌뎨일회(冬期農民講座第一回)를개최키로 되엇다는바뎡주(定州)를필두로 십구개소에서조선농민사(朝鮮農民社)주간리성환(李晟煥)씨가순회강좌를하리라더라

〈그림 13〉「조선농민사의 동기농민강좌」(『동아일보』, 1928.1.13)

위 기사는 춘기와 하기의 강좌에서 효과를 거두자, 농한기인 동기에도 농민강좌를 실시할 예정이라는 내용을 담고 있다. 특히 동기 강좌에서는 당시 조선농민사의 주간 이성환 등이 정주(定州)를 필두로 19개 지역 순회강좌를 계획하고 있다는 점에서 보다 대대적인 강습 프로그램이라고 할 수 있다. 같은 날짜 『조선일보』에서는 「조선농민사 농민강좌. 3개월 동안 20군」에서라는 제목으로 동기 농민강좌 개최 소식을 보도하고 있는데, 기사 제목에서 드러난 바, 20개 지역으로 드러나 있어 지역 수는 약간의 차이를 보이고 있으나, 3개월 동안 농민강좌를 실시할 계획을 보여주고 있다. 〈그림 14〉는 이 자료에서 제시한 농민강좌 순회 지역으로, 이에서 1928년 1월 16일부터 정주부터 3월 중순까지 단천까지 20개 지역에서 농민강좌를 실시할 계획을 볼 수 있다.

56) 「농민사강좌(農民社講座)」, 『동아일보』, 1927.9.4.
57) 『동아일보』, 1928.1.13.

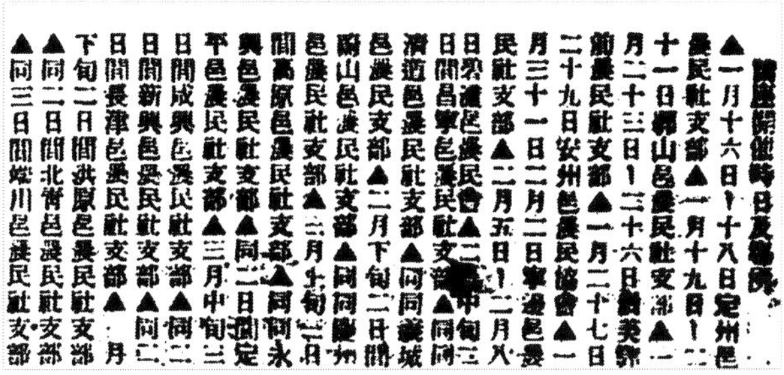

〈그림 14〉「조선농민사 농민강좌. 3개월 동안 20군」
(『조선일보』, 1928.1.13)

그뿐만 아니라 조선농민사는 특별히 농촌 지도자를 위한 강연을 실시했다는 점이 주목된다.

【 농촌지도자 강습회 개최 】

경남창녕(慶南昌寧)에서는 조선농민사창녕지부(朝鮮農民社昌寧支部)와 창영농민회주최(昌寧農民會主催)로 조선농민사주간이성환씨(朝鮮農民社主幹李晟煥氏)를 청요(請邀)하야 금십일(今十日)부터 십이일(十二日)까지 삼일간예정(三日間豫定)으로 당지천도교종리원내(當地天道敎宗理院內)에서 농촌지도자강습(農村指導者講習)을 개최(開催)한다는데 과목(科目)은 농민운동사(農民運動史), 조합진행법(組合進行法), 농촌문제(農村問題) 기타과외강화급강연등(其他課外講話及講演等)이 유(有)하리라 하며 각리대표일인식(各里代表一人式)과 기타농민(其他農民)도 다수청강(多數聽講)을 환영(歡迎)한다더라.58)

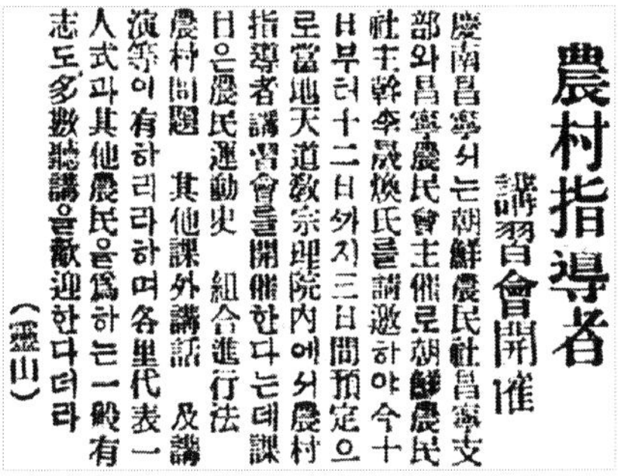

農村指導者
講習會開催

慶南昌寧서는朝鮮農民社昌寧支部와昌寧農民會主催로朝鮮農民社主幹李晟煥氏를請邀하야今十日부터十二日外지三日間預定으로當地天道敎宗理院內에서農村指導者講習會를開催한다는데課目은農民運動史 組合進行法 農村問題 其他課外講話 及講演等이有하리라하며各里代表一人式과其他農民을爲하는一般有志도多數聽講을歡迎한다더라 (靈山)

〈그림 15〉「농촌지도자 강습회 개최」
(『동아일보』, 1928.2.10)

이 기사는 경남 창녕에서 개최될 농촌지도자강습의 일정에 관한 보도이다. 조선농민사 창녕지부와 창녕농민회 주최로 3일간 강습이 열릴 예정으로, 당시 조선농민사 주간이었던 이성환이 '농민운동사(農民運動史)', '조합진행법(組合進行法)', '농촌문제(農村問題)' 등을 강습할 것이라고 밝히고 있다. 특히 강습 과목을 보면, 앞선 일반 강연이나 농민강좌와 달리 보다 전문적인 내용이라 할 수 있는데, 이 외에도 「농민지도자 구습」(『동아일보』, 1930.12.18)에서는 '농민지도이론(農民指導理論)', '소비조합론(消費組合論)', '최근사십삼강(最近史十三講)', '조선지리개요(朝鮮地理概要)'를, 「농촌지도자 강습회를 개최」(『동아일보』, 1931.3.3)에서는 '경제(經濟)', '조선근세사(朝鮮近世史)' 등으로 드러나고 있어 지도자 교육이라는 측면에서 난이도가 높은 내용을 강습한 것으로 보인다.

그런데 다음의 자료를 보면, 강연회나 강습회 등은 일경의 감시 하에 진행되었음을 알 수 있다.

【 사회문제강연 박천에서 개최 】

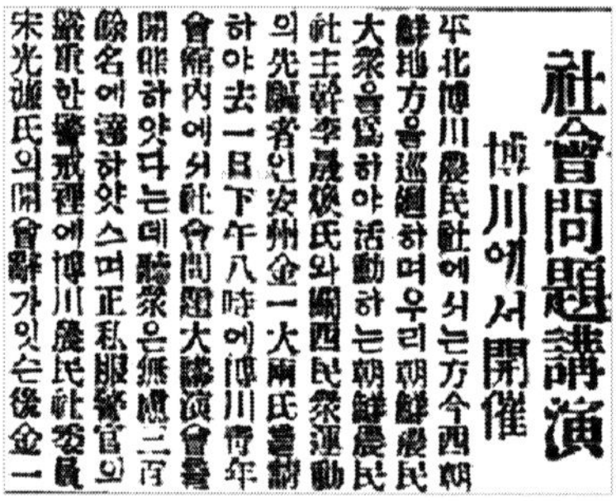
社會問題講演
博川에서開催
平北博川農民社에서는方今西朝鮮地方을巡廻하며우리朝鮮農民大衆을爲하야活動하는朝鮮農民社主幹李晟煥氏와關西民衆運動의先驅者인安州金一大兩氏를請하야去一日下午八時에博川靑年會館內에서社會問題大講演會를開催하얏다는데聽衆은無慮三百餘名에達하얏스며正私服警官의嚴重한警戒裡에博川農民社委員宋光謙氏의開會辭가잇슨後金一

〈그림 16〉「사회문제강연 박천에서 개최」(『동아일보』, 1928.2.5)

우리 조선농민대중(朝鮮農民大衆)을 위(爲)하야 활동(活動)하는 조선농민사주간(朝鮮農民社主幹) 이성환씨(李晟煥氏)와 관서민중운동(關西民衆運動)의 선구자(先驅者)인 안주(安州) 김일대(金一大) 양씨(兩氏)를 청(請)하야 거일일하오팔시(去一日下午八時)에 박천청년회관내(박천청년회관내)에서 사회문제대강연회(社會問題大講演會)를 개최(開催)하얏다는데 청중(聽衆)은 무려삼백여명(無慮三百餘名)에 달(達)하얏스며 정사복경관

58) 『동아일보』, 1928.2.10.

(正私服警官)의 엄중(嚴重)한 경계리(警戒裡)에 박천위원(博川委員) 송광염씨(宋光濂氏)의 개회사(開會辭)가 잇슨 후(後) 김일대씨(金一大氏)는 조선농민(朝鮮農民)의 역사적사명(歷史的使命)이란 제(題)로 이성환씨(李晟煥氏)는 민중운동(民衆運動)의 추세(趨勢)란 제(題)로 각각도도(各各滔滔)한 어조(語調)로 우리는 뭉치자! 힘을 짓자!―힘잇는 열변(熱辯)을 토(吐)하야 모엿든 청중(聽衆)은 극도(極度)로 긴장(緊張)되어 만혼 흥분(興奮)과 만혼 각성(覺醒)을 주어 환호리(歡呼裡)에 동십시경(同十時頃)에 무사(無事)히 폐회(閉會)하얏다더라.59)

위의 강연회는 박천에서 개최된 '사회문제대강연회(社會問題大講演會)' 내용으로서, 조선농민사 주간인 이성환(「민중운동의 추세」)과 안주지역 농민운동에 앞장 선 김일대(「조선농민의 역사적 사명」)의 강연이 있었음을 보여준다. 청중은 300여 명이라고 밝히고 있어 다수가 청강하였음을 알 수 있다. 그런데 강연이 정사복경관의 엄중한 경계리에 행해졌다고 쓰고 있는데, '안주농민강연'(『동아일보』, 1928. 6.25)에서도 "각기 엄중(各其嚴重)한 경계리(警戒裡)"에서 강연을 했다는 글에서도 드러난 바, 매번 강연회 등은 일경의 감시 하에 전개되었다. 1930년대에 들어서면 강연회 등이 금지당하여 개최되지 않았다는 기사도 종종 드러나고 있어, 농민운동이 활성화된 시기에 일제의 탄압도 더욱 강화되었음을 보여준다.

【 농민강연금지 】

지난 십오(十五)일 조선농민사비서(朝鮮農民社秘書) 김일대(金一大)씨의 서도순회도중 령미도착(岺美)를 긔회로 가산농민사(嘉山農民社)에서

---

59) 『동아일보』, 1928.2.5. 이 기사에 등장하는 이성환, 김일대 등은 이 시기 다수의 농민독본 류를 편찬하기도 하였다.

는 농민강연회(農民講演會)를 열기로 하얏든바 경찰의 금지로 부득이 중단하얏는데 이삼십(二三十)리의 먼곳에서 만사를 제쳐노코 차저왓든 농민들은 좌담이라도 듯고져 하얏스나 그조차 못하게 하얏스며 심지어 농민과 김일대(金一大)씨와 사이에 동숙까지 금하얏다.60)

1930년 11월 당시 조선농민사 비서로 재직했던 김일대는 서도 순회 강연 중 가산 지역에서 농민강연회를 개최할 예정이었다. 그러나 위 보도에서 드러난 바, 강연이 금지되고 연사와 근접하지도 못하게 한 사태가 발생했던 것이다. 이 외에도 「농민강연금지」(『동아일보』, 1930.11.16)에서도 역시 김일대의 박천 강연이 취소되었으며, 「장연농사주최 강연대회금지」(『동아일보』, 1932.2.27)에서는

〈그림 17〉 1918년 8월 18일에 개최되었던 '조선농민사 학술강좌회'건 조사서(「思想問題에 關한 調査書類 4」, 『京鍾警高祕』 제9779호, 1928.8.20. db.history.go.kr)

당시 조선농민사 교양부장이었던 김병순(金炳淳)의 강연 도중 임석경관이 청중을 해산시키고 강연을 중지시키는 등 탄압이 더욱 가중화되는 사태를 보이기도 한다. 이러한 검열과 금지 조처 등으로 조선농민사의 활발했던 강연회 및 강습회 보도 기사는 30년대 초기부터 점차적으로 줄어드는 현상을 보이기도 한다.

---

60) 『동아일보』, 1930.11.20.

2.1.2. 잡지 발간 및 문화활동을 통한 문화운동

[1] 노동공제회(勞動共濟會)의 잡지
   출간 및 소인극 운동

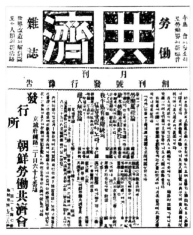

노동공제회는 1920년 4월 창립 시
기부터 잡지 출간을 위한 기금을 마
련하였고, 잡지를 발행하여 관련 단
체의 의론과 노동자들을 계몽하는 글
들을 게재하고자 계획하였다.61) 이
에 1920년 9월 10일 "공제회(共濟會)
의 사명(使命)은 우리 사회(社會)에 노
동문화(勞動文化)를 촉진(促進)코자 함

〈그림 18〉 『共濟(공제)』 광고
(『동아일보』, 1920.8.5)

에 재(在)한지라"라는 취지를 내세우며 『공제(共濟)』를 창간하게 되었다.62)

〈표 3〉 『공제(共濟)』 창간호 목차

번호	분야	제목 및 필자
1	권두언	우영(又影)의 「권두(卷頭) 일성(一聲)」
2	창간사	창간사
3	논문	조성돈(趙誠惇)의 「노동만능론(勞動萬能論)」, 남상협(南相協)의 「노동화(勞動化)하라」, 김명식(金明植)의 「노동문제(勞動問題)는 사회(社會)의 근본문제(根本問題)이라」, 정태신(鄭泰信)의 「구미노동운동사(歐美勞動運動史)」, 나경석(羅景錫)의 「세계사조(世界思潮)와 조선농촌(朝鮮農村)」, 안곽(安廓)의 「인민(人民)의 삼종류(三種類)」, 이인탁(李仁鐸)의 「아반도(我半島) 유산계급(有産階級)의 맹성(猛醒)을 촉(促)하노라」, 석여(石如)의 「평등(平等)의 광명(光明)과 노동(勞動)의 신성(神聖)」, 변희용(卞熙鎔)의 「노동자문제(勞動者問題)의 정신적(精神的) 방향(方向)」, 김광식(金廣植)의 「계급(階級)을 타파(打破)하라」, 장덕수(張德秀)의 「부인해방론(婦人解放論)」, 공민(公民)의 「노서아(露西亞)의 교육(敎育)과 열국(列國)」, 김두희(金枓熙)의 「군중심리론(群衆心理論)」, 이태능(李泰能)의 「세계(世界)와 시대(時代)」

---

61) 「조선노동공제회에 대하야」, 『동아일보』, 1920.4.17.
62) 신용하(1987: 404).

번호	분야		제목 및 필자
4	축사		정세윤(鄭世胤)[조선공제회 평양지회장], 이만규(李萬珪), 오언서(吳彦瑞) [영국인 H. T. Owens], 정욱(鄭煜), 화산초부(華山樵夫), 양산(壤山)
5	노동자를 생각하며		무아생(無我生)의 「노동자(勞動者)의 문명(文明)은 역사(如斯)하다」, 동원(東圓)의 「노동(勞動)을 저주(咀呪)하는 국민(國民)에게」, 제관(霽觀)의 「검열관(檢閱官)의 허가(許可)를 득(得)하여 조선노동자(朝鮮勞動者) 제군(諸君)에게 격(檄)하노라」, 이관(李瓘)의 「노동(勞動)과 오인(吾人)」, 순성(瞬星)의 「노동자(勞動者)와 손 흰 사람」, 남정팔(南廷八)의 「노동(勞動)의 행복(幸福)의 원(源)」, 남전농부(南田農夫)의 「스스로 하려는 노동자(勞動者) 노릇을 하라」, 일직공(一職工)의 「노동자(勞動者)의 절규(絶叫)」
6	문예	시	양명(羊鳴)의 「새 생명(生命)」, 서춘(徐椿)의 「수양(修養)의 노래」, 보성(步星)의 「그가 뉘냐」, 용석의 「사랑의 노래」, ㅎㄹ생(生)의 「배암에 물린 참새」 cf) 나혜석(羅蕙錫)의 「조조(早朝)」(스케치)
		소설	설루생(雪樓生)의 「감색안(藍色眼)」 cf) 우영(又影)의 『톨스토이 사상』(소화)
		수필	애류(崖溜)의 「파탈(擺脫)된 우리」, 유진희(兪鎭熙)의 「촌감(寸感)」, 가람 「수레 뒤에서」, 오상근(吳祥根)의 「어디서 보고」, 두남(斗南)의 「들어앉아서」, ㅌㅅ생(生)의 「절검(節儉)과 간인(慳吝)」, 일농부(一農夫)의 「한강(漢江)에서 관창(觀漲)하다가 연상(聯想)된 것」, 일기자(一記者)의 「스위스잡감(雜感)」, 약수(若水)의 「대천사어(對天私語)」
7	인물소개		「노동왕(勞動王) 사무엘 껌퍼스」
8	생활의학		신필호(申弼浩)[세브란스병원 의사]의 「의학생으로 관찰한 의식주(衣食住) 삼자(三者)」
9	잡조		「국제노동법규(國際勞動法規)」, 「통속유행어(通俗流行語)」, 「일반노동계(一般勞動界) 소식」, 「조선노동공제회(朝鮮勞動共濟會)」, 「연혁대략(沿革大略)」, 박중화(朴重華)[조선노동공제회 회장] 「조선노동공제회(朝鮮勞動共濟會) 주지(主旨)」, 「여적(餘滴)」

〈그림 19〉 1920년 발간된 조선노동공제회의 기관지 『共濟』 창간호(왕실도서관 장서각 디지털 아카이브 G002+AKS-CI20_13056-01)

『공제(共濟)』창간호는 170쪽에 달하는 비교적 두꺼운 분량의 잡지였다. 위 표에 제시된 바와 같이, 권두언, 창간사, 논문, 축사, 노동자를 생각하며, 문예, 시, 소설, 수필, 인물소개, 생활의학, 잡조 등으로 구성되어 있다. 특히 논문의 경우서 노동문제에 대한 무게 있는 논제를 다루고 있음을 볼 수 있다. 창간호에 수록된 노동문제 관련의 논문 및 기사의 논지를 유형별로 분류하면 1. 조선에서 노동단체 조직을 시기상조로 보며 부정하는 견해, 2. 조선노동공제회의 필요성과 주지(主旨)의 설명, 3. 노동천시 풍조 비판, 4. 노동의 가치 예찬, 5. 노동숭배론의 주장, 6. 영국 노동운동의 소개 등이다. 이 중 회장 박중화가 집필한 『조선노동공제회(朝鮮勞動共濟會) 주지(主旨)』는 이 단체의 필요성과 방향성을 보여주어 살펴볼 만하다.

【 조선노동공제회 주지 】

노동(勞動)은 사회(社會)의 근본(根本)이요 애정(愛情)은 인류(人類)의 본량(本良)이라, 그러므로 우리는 자력(自力)으로써 자아(自我)가 의식(衣食)하는 동시(同時)에 애정(愛情)으로써 호상부조(互相扶助)하여 생활(生活)의 안정(安定)을 도(圖)하며 공동(共同)의 존영(存榮)을 기(期)함이 본회(本會)의 주지(主旨)니라. 금아(今我)―, 조선노동계(朝鮮勞動界)를 일고(一顧)하건대 일반노동자(一般勞動者)는 여하(如何)한 생활상태(生活狀態)에 처(處)하였는가. (…중략…) 견(見)하라, 조석(朝夕)으로 연락(連絡) 부절(不絶)하는 남대문역(南大門驛)의 단표객(單瓢客)은 누구이며, 엄동염하(嚴冬炎夏)에 산로(山路) 하반(河畔)의 시체(屍體)는 누구이며, 동옥(東獄) 서감(西監)의 고립(藁笠) 황의(黃衣)의 복역자(服役者)는 누구이며, 대가(大街) 소항(小巷)에 유리(流離) 호읍(號泣)하는 유동(幼童) 소아(小兒)는 누구인가를―, 필시(必是) 태반(太半)은 노동실업자(勞動失業者)가 아니면 빈한가(貧寒家)의 자녀(子女)일가 하노라.[63]

한편 집필진은 당시 『동아일보』 주필인 장덕수(張德秀)(「부인해방론」), 『신생활』 주필로 활동했던 김명식(金明植)(「노동문제는 사회의 근본문제 이라」) 등 그 시대 저널에서 활동했던 인물들이 중심을 이루고 있다. 그 외 여타 분야의 글에서 우영(又影)(「톨스토이 사상」)은 정태신(鄭泰信) 의 필명으로, 그는 사회주의 단체 북성회의 창설 간부이기도 했다. 또한 순성(瞬星)(「노동자와 손 흰 사람」)은 언론인 진학문(秦學文), 애유(崔瀏)(「파탈된 우리」)는 국어학자 권덕규(權悳奎)의 호이다.[64] 이 외 '일직공(一職工)'(「노동자의 절규」), '일농부(一農夫)'(「한강에서 관창하다가 연상된 것」) 등은 극소수이기는 하나 일반 노동자들의 글로 보이는 산문과 수필 등이 게재되었다는 점과, 당시 영국 노동조합 운동가인 오웬즈(H. T. Owens)의 축사가 수록되었다는 점이 주목된다.

그러나 국내 최초로 무산계급운동을 들고 나온 『공제』는 초창기부터 수난을 겪어, 제2호를 발행한 10월에 편집진이 검거되고[65] 제3호부터 제6호까지는 원고가 압수되었으며, 제7호와 제8호를 낸 후 제9호 또한 원고가 압수되면서 종간되었다. 보다시피 이 잡지는 일제의 검열과 탄압으로 중간의 3호부터 6호까지의 원고가 압수되었기 때문에 정식으로 발행, 배포된 것은 제1~2호, 제7~8호뿐이라 할 수 있다. 매호당 발행 부수는 대략 5,000부 정도로 적지 않은 부수였던 것으로 보인다.[66] 이후 노동공제회는 1921년 8월 『노동공제회보(勞動共濟會報)』를 기관지로 속간하게 된다.

---

63) 『공제(共濟)』 창간호, 1920.9.10.
64) 최덕교(2004), 『한국잡지백년』 2, 현암사, 76쪽.
65) 「노동공제회 잡지 2회 압수」, 『조선일보』, 1920.12.10.
66) 신용하(1987: 422).

【 노동공제회보발행 】

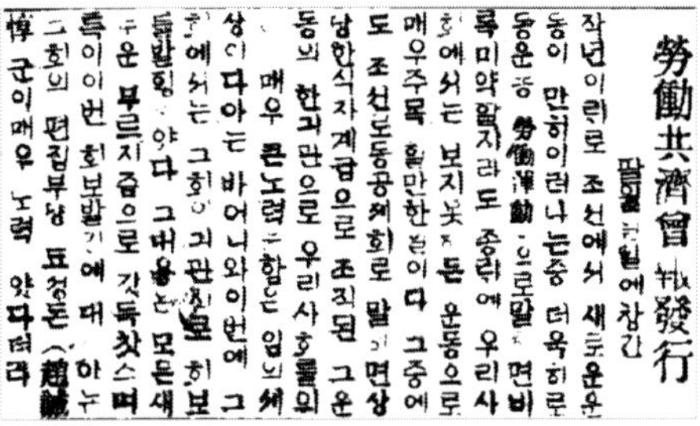

작년이래로 조선에서 새로
운운동이 만히이러나는중 더
욱히 로동운동(勞働運動)으로
말하면 비록 미약할지라도 종
래에 우리사회에서는 보지못
하든 운동으로 매우 주목할
만한 일이다 그중에도 조선로

〈그림 20〉「노동공제회보발행」
(『동아일보』, 1920.8.6)

동공제회로 말하면 상당한 지식자계급으로 조직된 그운동의 한긔관으로
우리 사회를 위하야 매우 큰노력을 함은 임의 세상이 다아는 바이어니와
이번에 그회에서는 회의 그관지로 회보를 발행하얏다. 그내용은 모든 새
로운 부르지즘으로 가득 찻스며 특히 이번 회보발간에 대하야는 그회의
편집부댱 됴성돈(趙誠惇)군이 매우 노력하얏다더라.[67]

조성돈(趙誠惇) 등에 의해 발간된 『노동공제회보(勞動共濟會報)』는 『공
제(共濟)』와 마찬가지로 노동공제회의 기관지였지만, 이 회보 역시 1920
년 8월 1일에 제1회가 간행된 이후 일제의 탄압으로 발행되지 못했으며,
현재 전해지지 않아 그 자세한 내용을 파악하기 어렵다. 그러나 일반인
보다 회원을 대상으로 편집한 것으로 추정된다.[68]

초기 노농단체 중에는 이밖에도 노동연맹회가 잡지를 발간하기도 했
다. 노동공제회와 마찬가지로 기관지로 『노동』의 창간을 계획하고 이
를 위하여 '노동사(勞動社)'라는 조직을 발기하는 한편 『노동자』라는 잡
지를 발행함과 동시에 출판·강연활동을 아울러 추진한다는 계획을 수
립하기도 했다. 그러나 이 잡지는 1923년 말에 준비되어 인쇄까지 완료

---

67) 『동아일보』, 1920.8.6.
68) 신용하(1989), 『한국근현대의 민족문제와 노동운동』, 문학과지성사, 132~153쪽 참조.

하여 창간호를 1924년 2월 1일자로 발행하려고 하였으나 일제의 검열로 압수되어 버리고 말았다.[69]

한편 노동공제회는 당시 연극계에서 전개되었던 소인극 운동에도 적극적으로 참여했다. 소인극은 1920년대 초 사회 계몽적 성격으로 전개되었는데, 그 중심에는 계몽운동 사회단체들과 동우회, 갈돕회, 송경학우회, 형설회 등 학생 순회극단들이 있었다. 이 시

〈그림 21〉 소인극(素人劇) 공연 현장(「고학당소인극단. 금일 영등포로 순회할터」, 『동아일보』, 1924.07.17)

기의 소인극은 주로 계몽의 수단이었지만, 계몽활동을 위한 모금에도 목적이 있었다.[70] 이러한 노동공제회는 이러한 소인극 운동에도 앞장서 극단들을 후원하거나 혹은 실제 순회연극을 실시하기도 했다. 극 내용은 주로 당대 조선의 열악한 서민의 삶을 다루면서 암암리에 계급의식을 드러낸 경우가 많았다. 일례로 동우회 연극단의 「김영일의 죽엄」은 당대 순회공연을 통해 인기를 얻었던 극으로 가난한 유학생 김영일

---

69) 신용하(1989: 85~86).

70) 이러한 활동이 결과적으로는 전문적 근대극의 발판이 되었던 것이다. 이후 농촌에서 자생적 소인극이 활발해지고, 1930년대 이르러 신고송(申鼓頌)이 프롤레타리아 연극운동의 방법으로 주창하자 '소인극 운동'은 더욱 활발해졌다. 그러나 일제의 규제 강화로 퇴조하였다가 해방 직후 다시 조선연극동맹 중심의 연극대중화운동으로 연극서클 조직 활동이 활발해지면서, 서울에서 소인극 단체들의 '자립극 경연대회'가 개최되면서 활성화되었다. 그리고 1960년대 농촌탈춤이 활발했던 근대 이행기와 촌극운동으로 민족극운동의 저변을 형성한 것도 소인극 운동에 포함된다고 할 수 있다. 내용해방 후 발간 된 『소인극 하는 법』(신고송, 신농민사, 1946)과 『소인극 교정』(조선연극동맹, 1948)은 소인극 단체가 공연할 때 필요로 하는 여러 기술에 대해 교과서적으로 서술하고 있다. 하지만 소인극 운동을 보는 시각은 상당히 달라서, 전자가 소인극을 전문 극단의 연극에 비해 간소한 연극으로 간주하는 데 반해, 후자는 소인극 운동을 민족연극의 새로운 활로로 인식하고 기성연극의 모방이 아닌 독창적인 형식의 창조를 요구하였다(서연호(2003), 『한국연극사』, 연극과인간, 57쪽).

과 부유한 전석원과 대립상을 다룬 극이기도 하다.[71] 참고로 노동공제회가 후원 및 공연 관련 기사 자료를 일부 제시하면 아래와 같다.

「同友會演劇團」(『동아일보』, 1921.7.29), 「同友劇開演과 同情」(『동아일보』, 1921.7.31), 「고학생연극회 오날밤청년회에서」(『동아일보』, 1921.9.5), 「苦學生演劇會 오날밤청년회에서」, 「苦學生巡劇團」(『동아일보』, 1921.7.26), 「同友會劇團來」(『동아일보』, 1921.7.27), 「光州의 갈돕劇」(『동아일보』, 1921.9.2), 「罹災民救濟演劇會」(『동아일보』, 1922.10.8), 「勞働校素人劇」(『동아일보』, 1925.6.30), 「靑松勞素人劇」(『동아일보』, 1926.2.18), 「光州歌劇大會盛況」(『동아일보』, 1922.01.28), 「幻燈과 連鎖劇으로」(『동아일보』, 1922.9.17), 「罹災民救濟演劇會」(『동아일보』, 1922.10.8), 「이재동포구제 소인극을 흥행, 진안청년의 미거」(『동아일보』, 1927.8.27)[72]

한편 아래의 기사를 보면, 조선노동공제회는 노동가(勞働歌)를 현상 모집하기도 했다.

【 현상 『노동가』 모집 】
노동(勞動)은 상품(商品)이 아니라 인격(人格)이오 노동(勞動)은 고통(苦痛)이 아니라 환희(歡喜)외다 인류(人類)는 인류(人類) 본연(本然)의 창조(創造)에 대(對)한 충동(衝動)이 잇고 생산(生産)에 대(對)한 쾌락(快樂)이 잇나니 『에쓰키모』인(人)이 독목선(獨木船)을 민들고 『파푸아』족(族)이 창(槍)을 민드럿슴은 충동(衝動)과 쾌락(快樂)인 생(生)리 본능적발작(本能的發作)이외다 개노동본래(蓋勞動本來)의 의의(意義)를 천명(闡明)케 하며 아울너 지대(至大)한 사회적가치(社會的價値)를 인식(認識)케함은 현

---

71) 「최후(最後)의 심각(深刻)한 인상(印象)」, 『동아일보』, 1921.8.2.
72) 『동아일보』(1921~1927) 노동공제회 소인극 참여 활동상

하 오인(現下吾人)의 간절(懇切)히 요구(要求)하는 바외다 아—우리로 하여금 노동(勞動)의 신성(神聖)함을 찬미(讚美)케 하여라 우리로 하야금 노동(勞動)의 위대(偉大)함을 구가(謳歌)케하여라 자(玆)에 본회(本會)는 감(感)한바 유(有)하와 실(實)을 현(懸)하고 『勞動歌』를 모집(募集)하오니 강호형제(江湖兄弟)는 차(此)에 응모(應募)하시압[73]

〈그림 22〉 「현상 『노동가』 모집」(『동아일보』, 1920.5.18)

위 기사는 현상모집 내용으로서 노동공제회편집부(勞動共濟會編輯部)에서 투고한 일종의 광고라 할 수 있다. 노동자의 가치를 논하면서 "노동(勞動)의 신성(神聖)함을 찬미(讚美)케", "우리로 하야금 노동(勞動)의 위대(偉大)함을 구가(謳歌)케"라는 목적으로 노동가를 모집한다는 내용이다. 원고 작성 시 주의 사항으로는 "간명평이를 주하되 자구의 배열은 영창(詠唱) 편리케 함"이라는 요건을 제시했으며, 1~5등까지 금품을 증정한다는 내용을 덧붙였다. 선정된 노동가는 잡지 『공제』 및 『노동공제회회보』에 발표하도록 되어 있었으며,[74] 이를 통하여 노동가 창작과 확산에 기여하기도 했다.

　② 조선농민사(朝鮮農民社)의 출판 활동 및 문예운동

조선농민사 역시 창립 초기부터 '조선농민의 교양과 훈련'을 목적으

---

73) 『동아일보』, 1920.5.18.

74) 「현상 『노동가』 모집」, 『동아일보』, 1920.5.18.

로 잡지를 발행할 것을 규약으로 제시하였다.[75] 창간 이전에 다음과 같은 원고모집 광고를 게재하기도 했다.

【 농촌계발을 목적으로 조선농민사 조직 】

사우(社友)와 원고모집(原稿募集) 별항 보도한바 조선농민사에서는 위선 데일착으로 월간잡지(月刊雜誌) 『조선농민』을 발행코자 준비중인데 이 잡지는 행용 판매하는 것과 달라서 사우들에게만 무료로 반포하는 것임으로 이에 대한 긔본사업으로 넓히 사우와 및 특별사우를 모집하기에 착수하엿는데 뜻잇는 이는 만히 신입하기를 바란다는데 이에 대하야 농업농촌농민에 관한 원고를 해내해외에 넓히 모집한다더라.[76]

위의 내용에서 『조선농민(朝鮮農民)』은 사우들에게만 배포하는 비매품임을 알 수 있다. 또한 제재는 농촌이나 농업, 농민 등에 관한 것이며, 국내외 상관없이 투고를 받는다고 밝히고 있다. 1925년 12월 13일 월간 잡지인 『조선농민(朝鮮農民)』을 창간하였다. 창간호의 목차를 살펴보면 아래와 같다.

〈표 4〉 『조선농민(朝鮮農民)』 창간호(1925.12.13) 목차

번호	분야	제목 및 필자
1	창간사	벽타(碧朶)의 「창간사(創刊辭)」
2	논문	이성환(李晟煥)의 「조선농민(朝鮮農民)의 삼대제창(三大提唱)」, 이돈화(李敦化)의 「농사(農事) 짓는 농부님네」, 김기전(金起田)의 「먹긴 홍중군이 먹고: 불초 자식을 둔 오늘날의 농민」
3	취미	유광렬(柳光烈)의 「농민신문(農民新聞), 사랑방 문답」, 「조선농민지상구락부(朝鮮農民 誌上俱樂部)」(조선농민의 노래, 이상농업국건설만세(理想農業國建設萬歲), 農民讀本(농민독본)도 발행(發行)합니까, 서울가서 뵈옵겟습니다), 「깔깔대회(大會)」

75) 「농촌계발을 목적으로 조선농민사 조직」, 『동아일보』, 1925.10.2.
76) 『동아일보』, 1925.10.2.

번호	분야	제목 및 필자
4	연속만화	노심산화(盧心汕畵)의 「뚱딴지」
5	학예	이성환(李晟煥)의 「현대농민독본(現代農民讀本)」, 벽타(碧朶)의 「농민과학강좌(農民科學講座)」, 「질의응답」
6	위생	편집실의 「통속위생강좌(通俗衛生講座)」
7	문예	임영빈(任英彬)의 「조리 돌리는 사람」, 「삼대현상문제(三大懸賞問題)」, 「통계」, 「신간소개」, 「편집을 마치고」

『조선농민』[77) 목차에 드러난 바, 창간사, 논문, 취미, 민속만화, 학예, 위생, 문예 등의 부문들을 다루고 있다. 「창간사」에는 잡지 발간의 주지(主旨)를 다음과 같이 제시하고 있다.

△ 반만년 동안 짓밟히우고, 주물리우고, 눌리우고, 속히우고 빨리워서 항상 큰 불안과 공포와 빈천(貧賤)에 결박되어 살아오는 전조선 인구의 그 9할이나 되는 농업대중의 인격적 해방을 위하여, △ 급전직하로 막달음박질하여 황폐(荒廢) 파멸의 맨 밑바닥 구렁텅이로 쏠려 들어가는 조선 농촌의 그 참담한 경제적 현상을 구제하기 위하여, △ 더욱 이 중대한 사명을 다하는 데에 그 주춧돌이 되며 또 기둥이 되는 전 조선 절대 다수의 농업대중의 지식적 각성(覺醒)을 촉구하기 위하여, △ 이제 우리나라

〈그림 23〉 1925년 발간된 『조선농민』 창간호(왕실도서관 장서각 디지털 아카이브 G002+AKS-CI20_66698-01)

역사상 새 기원(紀元)으로 조선농민사가 세상에 나왔으며, 또 그 목적을

---

77) 창간호의 편집 겸 발행인은 이돈화(李敦化)이다. 이돈화는 동시기 『개벽(開闢)』의 창간 편집인으로 당시 개벽사에서는 『신여성(新女性)』・『어린이』를 함께 발행하고 있었는데, 『조선농민(朝鮮農民)』은 개벽사 아닌 조선농민사에서 발행했다는 점이 주목된다. 한편 5호부터는 발행인이 이성환(李晟煥)으로 바뀌게 된다(최덕교(2004), 『한국잡지백년 2』, 현암사, 71쪽).

달하는 데의 앞장으로서 『조선농민』이라는 본지가 그 진용(陣容)을 차리고 이제 마두(馬頭)를 전선(戰線)에 내세웠습니다. △ 그리하여 우리들은 이 목적을 철두철미 관철하기까지 온갖 혈성(血誠)과 열애(熱愛)를 바쳐 싸우기를 굳게 맹세합니다.[78]

위의 글은 벽타(碧朶)라는 필자의 글로, 『조선농민』 창간의 주지(主旨)라고 할 수 있다. 이는 크게 세 가지로 정리할 수 있는데, "조선 인구의 그 9할이나 되는 농업대중의 인격적 해방을 위하여", "조선 농촌의 그 참담한 경제적 현상을 구제하기 위하여", "농업대중의 지식적 각성(覺醒)을 촉구하기 위하여" 등이다. 『조선농민』 창간호는 1925년 12월 11일 창간호 1만부를 발간하였고, 다음해 1월호 즉 통권 2호부터는 1만 5천부, 1927년에는 발간 부수가 1만 8천부에 이르는 등 발행 부수가 증가하였으며, 당시 지부 수는 150개, 사우(社友)는 16,570명에 달하는 등 회세도 점차 확장되어갔다.[79] 이렇듯 농민의 의식을 일깨우는 잡지로서 농촌계몽운동에 앞섰던 『조선농민』은 순조로이 진전된 듯하나, 그 이면에서는 일제의 탄압 또한 가혹해서 압수 내지 발매 금지 등이 종종 발생하게 되었다.[80]

【 사고(社告) 】
우리는 이달에 『농촌경제연구호』를 발행하려고 농촌경제조사에 대한 방법을 많이 편집하였다. 이것이 여러분의 손에 쥐어졌던들 얼마나 기뻤겠느냐! 그러나 우리에게는 불행한 일도 많다. 이미 예고까지 하고 엮은, 굶주린 창자를 비틀어 쥐고 편집하였던 원고는 그만 때아닌 찬 서리와 눈보라에 그 면목을 찾을 수 없이 되고 말았다. '출판법'에 의하여 하는

---

78) 『조선농민』 창간호, 1925.12.13.
79) 최덕교(2004: 72).
80) 「조선농민압수」(『동아일보』, 1926.8.7), 「조선농민압수」(『동아일보』, 1927.7.13) 외.

우리 잡지로서는 경제문제나 정치문제는 손댈 자유가 없다는 것이다. 이런 선고를 받기가 이미 5월 중순이었으니 우리로서 주장 낭패가 얼마나 하였으랴? 그렇다고 5월호를 그냥 넘어갈 수는 없다. 송백(松柏)의 절개는 상설(霜雪)을 무릅쓰는 까닭이다.[81]

당시 조선에는 '출판법'과 '신문지법' 등으로 정치·경제·시사문제 등은 원천적으로 다룰 수 없고, 종교·문예·학술 등에만 국한한다는 규제 아래 모든 원고는 사전검열을 받아야했다. 그래서 『조선농민』처럼 원고가 검열에서 삭제 및 발매 금지 처분을 받는 일은 비일비재했다.

【 조선농민 발매 금지/이삼월 합병호 발행 】

시내경운동 조선농민사(朝鮮農民社)에서 발행하는 잡지 조선농민(朝鮮農民)은 이월호 원고(二月號原稿)가 그동안 만흔 파란곡절을 지내서 겨우 허가되어 인쇄납본하얏바든 사고(社告) 가운데 불온한 덤이 있다하야 당국으로부터 발매금지의 처분이 잇섯더라. 二三月 합병호발항부민 이월호가 발행 즉시로 당국의 기휘에 저촉되어 발매금지를 당하엿다함은 별항보도와 갓거니와 동사에서는 사정상 림시호를 발행치안코 삼월호와 합병하야 발행코저 방금 준비에 착수한바 느저도 래십오일에는 발행할터이라더라.[82]

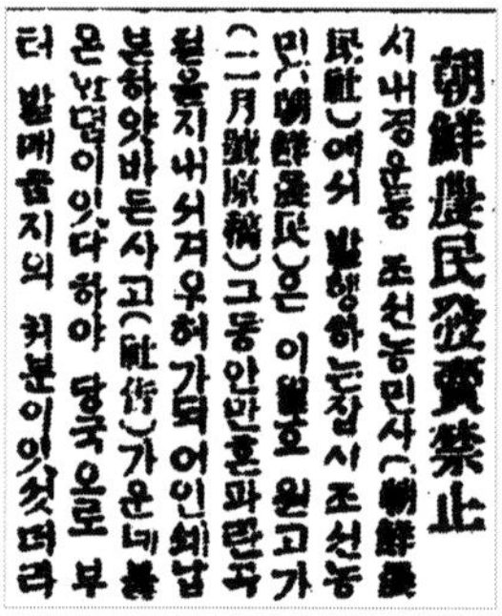
朝鮮農民發賣禁止
시내경운동 조선농민사(朝鮮農民社)에서 발행하는잡지 조선농민(朝鮮農民)은 이월호 원고가(二月號原稿)그동안만흔파란곡절을지내서겨우허가되어인쇄납본하얏바든사고(社告)가운데불온한덤이잇다하야 당국으로부터 발매금지의 처분이잇섯더라

〈그림 24〉「조선농민 발매 금지」(『조선일보』, 1928.3.10)

『조선농민』은 창간호에서부터 '농민의 인격적 해방'을 주장하였고,

81) 『조선농민』 임시호, 1926.5.
82) 『조선일보』, 1928.3.10.

연이은 제2호에서는 '분기(奮起)하라! 네 이름은 조선농민이다. 사람답게 살지 못하겠거든 차라리 죽어져라!', '보라! 조선농민은 눈을 떴다! 통쾌! 통쾌한 일이로다! 반만년 동안이나 깜깜한 꿈속에서 헤엄치던 조선의 농민이!'[83]라고 외쳤다. 위의 기사는 제2호 내용에 대한 검열과 그에 따른 발매금지 조처에 대한 보도이기도 하다. 이 외에도 제3호 「권두사(卷頭辭): 부인(否認)과 파괴(破壞)」에서 '분기하라! 농촌청년들아! 너는 살았느냐!'[84] 제4호 「권두(卷頭): 힘의 준비(準備)는 되엿느냐?」에서 '조선농민아! 대담하라! 그리고 강하게 반역의 깃발을 들어라!'[85] 제5호 「하고(何故)로 농자(農者)는 천하지대본(天下之大本)일가?」에서 '만천하의 농민대중아! 때는 왔구나! 힘의 준비는 되었느냐?'[86] 등 노동자 권익을 위한 글을 지속적으로 게재하였다

특히 제5호부터는 발행인이 이성환(李晟煥)으로 바뀌었는데, 3백매의 원고 중 2백매가 압수되었다는 사고(社告)가 권두에 실리기도 했다. 이후 제6호는 원고 전부가 압수당하고 발행인 이성환이 15일간 투옥되는 등 전면적인 탄압이 가해진다. 그리하여 제7호 역시 발행 도중에 압수되고 제8호가 5개월만에야 나오게 되는

〈그림 25〉『농민』광고
(『동아일보』, 1930.12.12)

탄압을 받았다.[87] 그럼에도 불구하고 조선농민사는 1930년대에 들어와서도 조직·교양·경제의 3개 부문 운동에 관한 강목을 발표하고 지식계

83) 「농촌청년아 사랏느냐?!」, 『조선농민』 제2권 제2호, 1926.2.12.
84) 「권두사(卷頭辭): 부인(否認)과 파괴(破壞)」, 『조선농민』 제2권 제3호, 1926.3.12.
85) 「권두(卷頭): 힘의 준비(準備)는 되엿느냐?」, 『조선농민』 제2권 제4호, 1926.4.12.
86) 「하고(何故)로 농자(農者)는 천하지대본(天下之大本)일가?」, 『조선농민』 제2권 제4호, 1926.
      5.12.
87) 최덕교(2004: 83).

발 및 교양운동을 활발히 전개하였다. 그러나 외부의 검열과 내부의 분열 등으로 '전조선농민사(全로朝鮮農民社)'라는 이름으로 사명(社名)을 개칭하고, 1930년 5월 19일 『조선농민』을 월간 『농민(農民)』으로 개제(改題)하여 발행하였다.[88] 그러나 조선농민사의 활동은 1933년 말부터 어려움에 직면하였다. 조선농민사는 『농민』의 독자 확보에 곤란을 겪어 재정궁핍에 직면하자, 1933년 12월 38호로 폐간하였다. 한편 조선농민사는 1930년 11월에 『농민신문(農民新聞)』 발간을 준비하기도 했다.

【 농민신문발행 조선농민사에서 】

전조선농민사(全朝鮮農民社)에서는 작 십사(十四)일 오후 오(五)시에 동사무실에서 발긔회를 열고 순간농민신문을 발행키 위하야 주식회사 조선농민신문사(株式會社朝鮮農民社)를 창립하기로 결정하야 창립회원을 아래와 가티 선거한다고 창립준비위원(創立準備委員) 이창휘(李昌輝) 이성환(李晟煥), 유광렬(柳光烈), 선우전등(鮮于全等) 이십원(二十五人)[89]

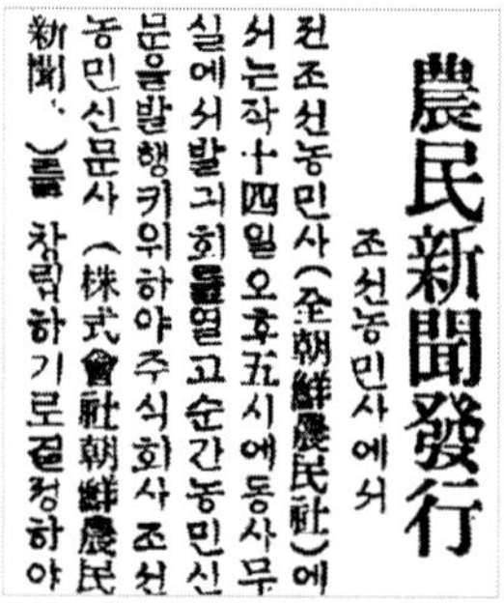
農民新聞發行
조선농민사에서
전조선농민사(全朝鮮農民社)에서는작十四일오후五시에동사무실에서발긔회를열고순간농민신문을발행키위하야주식회사조선농민신문사(株式會社朝鮮農民新聞..)를창립하기로결정하야

〈그림 26〉「농민신문발행 조선농민사에서」(『동아일보』, 1930. 11.16)

위와 같은 창립 준비 과정을 거쳐 실제 창간은 1933년 12월로, 『농민순보(農民旬報)』라는 이름으로 사보(社報) 성격의 신문을 발간하였다.

한편 앞서 주지하다시피, 조선농민사는 농민의 당면 이익을 위하여 1926년 10월부터는 비상설적으로 알선부 사업을 운영하기도 하였으나, 야학·강연회·귀농운동 등 계몽운동이 중심을 이루고 있었다. 특히 『조선농민』에 「농민독본(農民讀本)」, 「농민과학강좌(農民科學講座)」, 「위생강

88) 김용달(1995: 63).

89) 『동아일보』, 1930.11.16.

좌(衛生講座)」,「상식문답(常識問答)」 등을 연재하고, 농민야학을 설립하여 계몽운동을 전개하였다. 또한 이 중「농민독본」부분은『조선농민』이 창간되었을 때부터 연계되어 농촌강습소나 야학에서 읽기 교재로 사용되었다. 이성환은 이를 처음 연재하면서 그 의의를 다음과 같이 밝히기도 했다.

【 농민독본 】

이 농민독본은 남들의 10년, 20년 배우는 교과서와 같지는 못하고 또 벽돌집 학교에서 칠판을 걸어놓고 교단에 서서 선생이 가르치는 것과 같지는 못하다 하더라도 이것은 분명히 우리 농민의 학교올시다. 또 선생이 올시다. 아니 친한 동무올시다. 한과 두과를 거듭 할수록 여러분은 재미있어하고 또 유익하게 생각할 줄 믿습니다. (…중략…) 글자만 만히 있고 실제로 쓸데없는 감투학자보다는 사회나 민족을 위하여 크게 공헌함이 있는 이쁘고 귀엽고 탐스러운 일군 될 것을 믿는 바올시다.90)

〈그림 27〉「조선농민사판대중문고」(『동아일보』, 1930.11.21)

그뿐만 아니라 조선농민사는『농민독본(農民讀本)』을 단행본으로 발

---

90)『조선농민』창간호, 1925.12.13.

간하여 농촌 순회강연 및 강습에서 문맹퇴치 교재로 사용하기도 했으며, 1930년대에 들어서서는 이를 개정하여 『신농민독본(新農民讀本)』을 발간하여 농민교육에 활용하기도 했다.[91] 조선농민사는 이 외에도 『한글독본』, 『대중산술』(최승서 저), 『비료제조 및 사용법』(이지현 저), 『대중독본』(백세명 저) 등 야학교재와 『조선최근사 13강』(김기전 저) 등을 발간하여 농민의 교육·계몽을 위한 교재로 널리 사용하였다. 이 책들은 일제 당국의 삭제 및 압수·발매금지 등의 탄압을 겪으면서도 꾸준히 발행되어 농민대중의 호응을 받았다. 당대 동아일보사에서는 농민문고운동을 전개하고 있던 시기인데, 조선농민사의 출간서들은 대중문고나 농촌지도서로서 추천되기도 했다.[92]

한편 조선농민사는 농민문예운동을 농민운동의 하나로 삼았다. 이성환의 아래 글은 바로 이를 반영하기도 한다.

【 이성환, 농민문예의 제창 】

우리들의 생활(生活) 근저(根柢)는 어디가지든지 흙에 두어야 한다. 그러면 흙을 망각(忘却)하고 흙을 모욕(侮辱)한 문예(文藝)는 진실(眞實)한 생(生)의 표현(表現)이라고 볼 수 없다. 우리는 이 의미(意味)에서 흙을 토대(土臺)로 하는 농민문예(農民文藝)의 예술적(藝術的) 존재(存在)가 위대(偉大)한 것을 느끼며 (…중략…) 우리의 농민문예운동(農民文藝運動)은 어떠한 방향(方向)으로 어떠한 사명(使命)을 가지고 나가야 되는가? 농민문예(農民文藝)는 우리들이 직면(直面)하고 있는 전야생활(田野生活), 농민생활(農民生活)의 비참(悲慘)한 암흑(暗黑)한 그러나 위대(偉大)한 미래(未來)를 가지는 정면(正面)을 직사(直寫)하는 사회적(社會的) 의의(意義)가 맡겨져 있고 또 농민문예(農民文藝)는 농민(農民)으로 하여금 무미건조

---

91) 「신농민독본발행(新農民讀本發行)」, 『동아일보』, 1930.2.24.

92) 「농촌문고(農村文庫)에 비치할(備置)할 농촌지도도서(農村指導圖書)(상)」, 『동아일보』, 1937.12.5.

(無味乾燥)한 무오락적(無娛樂的) 노예적(奴隷的) 생활(生活)에서 그들을 고상화(高尙化) 전화(淨化)하여 일보(一步) 이보(二步) 예술(藝術)을 가지게 하는 임무(任務)를 또한 가져야 될 것이다.[93]

위의 글에서 주장하는 바, 농민문예는 농촌의 상황을 그 소재로 삼아 사실적으로 보여주며, 그것으로 농민에게 어떠한 예술적 감흥을 주어야 한다는 것이다. 농민문예에 관한 논의는 이 외에도 김기진(金基鎭)의 「농민문예(農民文藝)에 대한 초고(草稿)」,[94] 김도현(金道賢)의 「농촌문예(農村文藝)와 계몽운동(啓蒙運動)」,[95] 백민(白民)의 「농민문학(農民文學)을 건설(建設)하자」[96] 등 농민문예를 제창하는 글들을 볼 수 있는데, 이는 조선농민사가 문예운동에도 앞장섰음을 반영한다. 문예운동의 한 예로 『조선농민』 창간호에는 「삼대현상모집(三大懸賞募集)」이라는 광고가 아래와 같이 실려 있다.

【 삼대현상모집 】
  조선의 자연과 역사와 및 현대의 농민생활과 또 그 장래할 세상을 동경하며 이것의 실현을 중심으로 하여 민중의 힘을 동일하는 뜻으로 노래하기 좋고 또 쉽게 할 것.[97]

위 글은 소위 '농민창가 현상모집' 광고로서 이와 같이 『조선농민』, 『농민』 등의 잡지를 통해 농민문예운동을 전개하여 이 두 잡지에는 150여 편의 농민시가 발표되었다.[98] 참고로 잡지에 수록된 주요시를

---

93) 『조선농민』 제5권 2호, 1929.2, 4쪽.
94) 김기진(1929), 「농민문예의 제창」, 『조선농민』 제5권 2호, 1929.2, 3쪽.
95) 김도현(1929), 「농촌문예와 계몽운동」, 『조선농민』 제5권 2호, 1929.2, 6~8쪽.
96) 백민(1932), 「농민문학을 건설하자」, 『농민』, 1932.11, 47쪽.
97) 『조선농민』 제1권 제1호, 1925.12.13.
98) 류양선(1993), 「朝鮮農民社의 農民詩 研究」, 『진단학보』, 진단학회, 291쪽.

정리해 보면 다음과 같다.

〈표 5〉 『조선농민(朝鮮農民)』, 『농민(農民)』에 수록된 농민시

잡지명	필자/제목/게재 정보
『조선농민』	경파(鯨波)의 「농민창가」(1926.4, 22쪽), 백인옥(白仁玉)의 「주먹」(1926.6, 18쪽), 「국문노래」(1926.6, 21쪽), 김하송의 「농민가(農民歌)」(1926.10, 29쪽), 이성환의 「누에치는 방법」(1926.10, 25쪽), 용흥강인(龍興江人)의 「그들은 집 없는 자(者)」(1927.6, 22쪽), 하심(何心)의 「농촌찬미(農村讚美)」(1927.11, 28쪽), 「옛적을 동경하며」(1929.1, 59쪽), 허문일의 「보내는 이 가는 이」(1929.3, 40쪽), 하심(何心)의 「신(新) 아리랑」(1929.8, 29~30쪽)
『농민』	이시화(李時華)의 「보았는가?」(1930.11, 44쪽), 이혜숙(李惠淑)의 「농촌(農村)의 여성(女性)들」(1930.5, 35쪽), 허문일의 「우리의 살림」(1930.8, 31쪽), 임현극(林玄極)의 「시골 아낙네 노래」(1930.8, 31쪽), 허문일의 「신타령」(1930.9, 39쪽), 아서(我西)의 「농촌청년가(農村靑年歌)」(1932.7, 33쪽), 삼봉 「소의 통곡」(1932.8, 59~60쪽), 임현극(林玄極)의 「면장님 연설」(1932.8, 61쪽), 임연 「공동판매날」(1932.8, 60~61쪽), 임현극(林玄極)의 「일꾼의 노래」(1932.9, 38쪽), 「머슴의 노래」(1932.10, 50쪽), 「가을은 왔으나」(1932.11, 44쪽), 한빛의 「농민가(農民歌)」(1932.11, 42쪽), 걸인(乞人)의 「다락 위의 가을」(1932.11, 44쪽), 삼봉(三峯)[허삼봉(許三峯)]의 「농촌소견(農村所見)」(1932.12, 57쪽), 임해창(林海彰)의 「조합노래」(1933.12, 50쪽), 김진정(金鎭靜)의 「장님들아」(1932.12, 57쪽), 허문일의 「농촌의 밤」(1933.1, 62쪽), 김경수의 「성남 황소」(1933.3, 48쪽), 오도주(吳道周)의 「농부(農夫)의 노래」(1933.3, 48쪽), 계수(桂樹)의 「새벽」(1933.4, 47쪽), 김운화(金雲花)의 「촌락(村落)의 구세주(救世主)가 되라」(1933.6, 50쪽), 박응삼(朴應三)의 「잠깨는 눈」(1933.6, 53쪽), 박응삼(朴應三)의 「동무들아」(1933.10, 53쪽), 삼봉 「흉타련」(1935.5, 36쪽)

위의 농민시들은 자연의 신비함이나 농업의 신성함을 노래하거나, 풍속개량이나 문맹퇴치를 주장, 조선농민사의 농민조합운동 등을 선전하는 등 조선농민사의 농민운동의 성격과 부합되는 내용들이다. 한편으로는 시조, 가사, 창가, 민요 등의 시가 장르와 농민시가 연계되어 있어, 조선농민사의 농민문학의 한 전개상을 보여주기도 한다.[99] 이는 소설에서도 마찬가지로 농민운동과 궤를 같이 하는 주제로, 서사문학에 있어서 농민문학의 경향을 살피는 데도 유용한 잡지들이기도 하다.[100]

---

99) 류양선(1993: 308~310) 참조.
100) 김택호(2011), 「천도교와 아나키즘의 결합: 조선농민사 기관지 『조선농민』과 『농민』을 중심으로」, 『동학학보』, 41~65쪽.

2.2. 강습소 및 야학을 통한 교육운동

2.2.1. 노동공제회(勞動共濟會)의 노동야학

앞서 다룬 노동단체들은 교육운동도 주요한 사업 중의 하나에 속했다. 특히 노농단체인 조선노동공제회, 조선노농총동맹, 조선농민총동맹 등에서 조선노동공제회의 야학활동은 보다 활성화되었다. 앞서 세 단체 중 강연활동을 가장 많이 시행한 단체 또한 조선노동공제회이기도 하다. 이것은 이미 주지하다시피 조선노농총동맹, 조선농민총동맹 등은 일제의 억압된 상황 속에서 제약을 많이 받은 단체들이라는 점에서 기인한 것으로 보인다.

노동공제회 교육부는 창립초기부터 노동야학의 강습소 모집공고를 내기도 했다.

【 노동공제회의 노동야학계획 】

중앙례배당에서 로동공제회에서는 로동야학(勞働夜學)을 설치하고 일반로동계급의지식을향상식히기위하야 중앙례배당(中央禮拜堂) 안에서 오는 구월이십일부터 개학을 한다는대 입학은 로동공제회원에 한한다하며 강사는 정태신(鄭泰信) 남뎡석(南庭晳)씨외 제씨라더라[101]

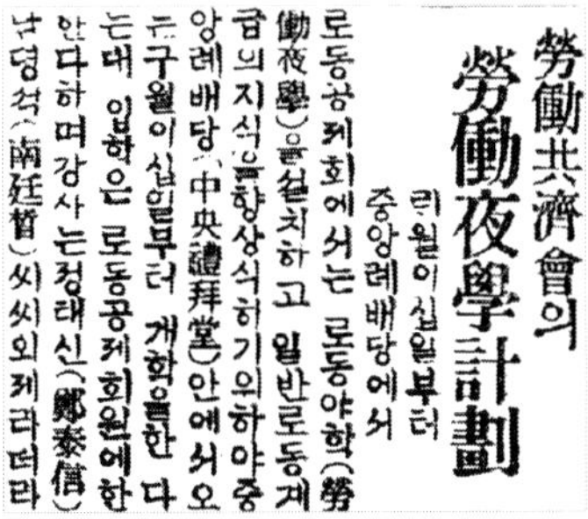

〈그림 28〉「노동공제회의 노동야학계획」(『동아일보』, 1920.8.28)

위 보도는 초기 노동공제회의 노동야학 개최에 관한 보도로, 일반 노동계급의 지식을 향상시키고자 노동야학을 설시하고 정태신(鄭泰信)

---

101) 『동아일보』, 1920.8.28.

과 남정석(南庭晳) 외 제씨가 강의를 담당할 것이라는 내용이다. 강습소는 중앙노동강습소(종로 이문내 중앙예배당), 용산, 동대문 등 모두 3개소에서 운영하였으며 강습생의 자격은 위에 제시된 바, 노동공제회 회원에 한하여 교육을 실시한다고 밝히고 있다. 이후 1921년도부터 1927년도까지 『동아일보』에 보도된 노동공제회의 노동야학과 관련된 주요 기사를 보면 다음과 같은 목록들을 볼 수 있다.

〈표 6〉 『동아일보』 조선노동공제회의 노동야학 관련 기사(1921~1927)

번호	제목	연월일	노동야학 상황	지역
1	노동공제회야학	1921.03.07	함흥 노동공제회 야학 학생 90여명 참여	함흥
2	대구노동야학설립	1921.03.29	대구 노동야학 생도 250여명 참여/일어, 수신, 산술/이상훈(李相薰)[의무교사], 이종형(李鐘瀅), 한규석(韓奎錫)	대구
3	안주협성야학수업	1921.03.29	안주청년회와 노동공제회 연합하여 안주협성야학부(安州協成夜學部) 설시. 6개월 교육. 제2회 졸업식 39명 수료/상업학(商業學), 부기(簿記), 영어(英語), 일어(日語), 산술(算術), 한문(漢文)/부장 김형준(金瀅峻), 강사 김정환(金鼎煥) 김진성(金振聲)	안주
4	노동공제회야학교	1921.06.16	신천노동공제회 노동야학교 설립. 출석 40여 명/우수학생 김상도(金尙道) 지필(紙筆) 기증	신천
5	노동회야학생원족	1921.06.16	함흥노동공제회 야학생 80여 명 교사 6인 인솔로 소풍	함흥
6	군산공제회야학회	1921.06.24	군산 노동공제회 노동야학회 부설. 60여 명 입학 출석생 100여 명 2개 교실/교수과목 조선문(朝鮮文), 한문(漢文), 일어(日語), 산술(算術)/ 담임교원 이정복(李貞馥), 이긍현(李兢鉉), 서희원(徐熙源), 이중환(李重煥), 양원용(梁元容), 박동기(朴東基), 박병호(朴炳虎), 최수현(崔壽鉉), 임희준(任熙準), 이원녕(李源寧), 조용관(趙容寬)	군산
7	광주노동야학개시	1921.10.02	노동공제회 광주지회 야학 개시. 과목 조선어(朝鮮語), 일어(日語), 산술(算術) 입학지원자 날로 증가/강사 보통학교 훈도 계왕순(桂旺淳), 한진만(韓鎭萬), 정완섭(鄭完燮), 최정균(崔廷均)	광주
8	노동야학개학식	1921.10.11	노동공제회 광주지회 노동야학 개학식. 산본보통학교강당에서 개학식. 산본보통학교 교장 축사, 이근홍(李根弘) 내빈축사. 지원자 90여 명	광주

번호	제목	연월일	노동야학 상황	지역
9	야학강습소진급식	1921.10.12	함흥노동공제회 야학강습소 진급식. 갑반 7명, 을반 30여 명	함흥
10	군산노동야학계속	1921.10.12	군산노동공제회 야학 휴학하다가 추기개학. 통학생 50여 명	군산
11	적성야학동정회	1921.10.24	군산적성야학교 교장 한상계(韓相契)와 군산노동공제회 야학부 강사 조용관(趙容寬) '소인연주회'오 야학 기금마련	군산
12	신천야학교소식	1922.03.28	산천노동공제회 야학교 의연금. 교장 김봉연(金奉淵), 의무집편 김봉연(金奉淵), 박승유(朴勝裕) 박명선(朴明善), 이맹영(李孟英)	신천
13	안동현노동야학	1922.03.20	안동현 노동공제회에서 생활난으로 교육받지 못하는 청년교육을 위해 노동야학 개시. 생도 100여 명 2조로 나누어 교육/집편 회장 황천우(黃天佑), 이동석(李東奭), 오계상(吳啓尙)	안동현
14	노동독본편찬	1922.04.05	노동공제회 대구지회 노동야학생강습소 정기총회. 노동독본 편찬 결의	대구
15	노동야학생졸업식	1922.04.09	대구노동공제회지회 노동야학생강습소 졸업식 및 진급식 갑을반 구분하여 수여. 총간사 정인해(鄭寅海)	대구
16	신천노동야학계개	1923.10.19	산천노동공제회 인사들의 의연금으로 추기 개학. 교장 김봉연(金奉淵), 교원 이제염(李悌廉)의 참조. 생도수 남녀 30여 명	신천
17	노동야학졸업식	1924.12.26	신천노동공제회 야학교 졸업식, 교장 김봉연(金奉淵). 증서수여. 내빈 축사 상품 수여	신천
18	노동야학생도모집	1925.01.03	신천노동공제회 야학교 1학년 40여 명, 2~3학년은 약간명 모집	신천
19	노동야학경영	1925.10.22	순천하송노동공제회 유지들의 도움으로 야학부 설립. 40여 명 무료 수업	순천
20	노동야학 휴학	1926.05.27	황해도노동공제회 야학교 교사 부족으로 휴학	장연
21	대구로동야학 작품연람회	1927.03.27	대구노동공제회 복명여자(復明女子), 덕산(德山), 배성여자(培聖女子), 계성(啓聖) 등 남녀 야학에서 작품 전람회	대구

위 기사 목록을 보면, 각처에 설립된 노동공제 지부에서 노동야학을 실시하고 있음을 볼 수 있다. 〈표 6〉에 제시된 자료 중 주요 내용을 살펴보면, 먼저 「노동공제회야학」(『동아일보』, 1921.03.07)를 보면, "勞働階級(노동계급)의 智識向上(지지향상)을 目的(목적)하고 經營(경영)"한다

는 설립 목적을 보이며, 학생이 90여 명 참여했다는 내용이 보인다. 경제적인 곤란으로 교육을 받지 못하는 아동이나, 학령 초과인 청년 및 일반인 모두를 대상으로[102] 남녀 상관없이[103] 무료로 교수했다.[104] 위 표를 보면, 각 학교 야학생 수가 수십명에서 100여 명에 이를 정도로 다수가 참여하고 있음을 볼 수 있다.

【 군산공제회야학회 】

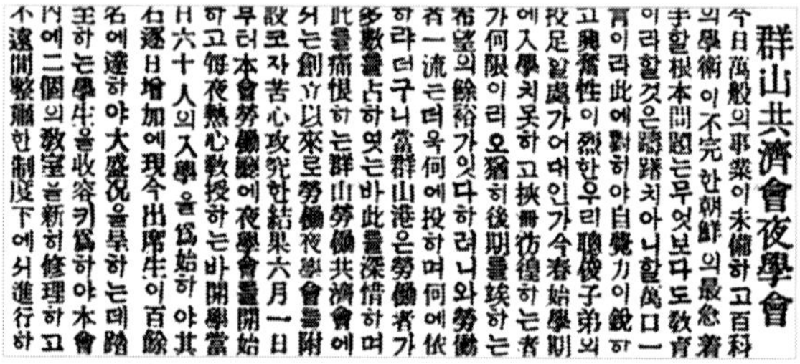
群山共濟會夜學會
今日萬般의事業이未備하고百科의學術이不完한朝鮮의最急着手할根本問題는무엇보다도敎育이라할것은躊躇치아니할萬口一言이라此에對하야自覺力이銳하고興奮性이烈한우리聰俊子弟의投足할處가어대인가今春始學期에入學치못하고挾冊彷徨하는者가何限이리오猶히後期를俟하는希望의餘裕가잇다하려니와勞働者一流는더욱何에投하며何에依하랴더구나當群山港은勞働者가多數를占하엿는바此를深情하며此를痛恨하는群山勞働共濟會에서는創立以來로勞働夜學會를附設코자苦心攷究한結果六月一日부터本會勞働館에夜學會를開始하고每夜熱心敎授하는바開學當日六十人의入學을爲始하야其后逐日增加에現今出席生이百餘名에達하야大盛況을呈하는同時에至하는學生을收容키爲하야本會內에二個의敎室을新히修理하고不遠間繁雜한制度下에서進行하

〈그림 29〉「군산공제회야학회」(『동아일보』, 1921.6.24)

금일만반(今日萬般)의 사업(事業)이 미비(未備)하고 백과(百科)의 학술(學術)이 불완(不完)하고 조선(朝鮮)의 최급착수(最急着手)할 근본문제(根本問題)는 무엇보다도 교육(敎育)이라 할 것은 주저(躊躇)치 아니할 만구일언(萬口一言)이라 차(此)에 대(對)하야 자각력(自覺力)이 예(銳)하고 흥분성(興奮性)이 열(烈)한 우리 총준자제(總俊子弟)의 투족(投足)할 처(處)가 어대인가 금춘시학기(今春始學期)에 입학(入學)치 못하고 협책방황(挾冊彷徨)하는 자(者)가 하한(何限)이리오 유(猶)히 후기(後期)를 사(俟)하는 희망(希望)의 여유(餘裕)가 있다 하려니와 노동자일류(勞動者一流)는 더욱 하(何)에 투(投)하며 하(何)에 의(依)하랴 더구나 당군산항(當郡山港)은 노동자(勞動者)가 다수(多數)를 점(占)하엿는바 차(此)를

---

102)「안동현노동야학」(『동아일보』, 1922.3.20)와「산천노동야학계개」(『동아일보』, 1923.10.19)를 보면 전자에서는 안동현 노동공제회에서 생활난으로 교육받지 못하는 청년교육을 위해 노동야학을 개시하며, 후자에서는 학비 곤란의 아동이나 학령 초과의 청년 및 일반인 모두를 대상으로 한다고 밝히고 있다.

103)「대구노동야학 작품전람회」,『동아일보』, 1925.10.22.

104)「노동야학경영」,『동아일보』, 1927.3.27.

심석(深惜)하며 차(此)를 통한(痛恨)하는 군산노동공제회(群山勞動共濟會)에서는 창립이래(創立以來)로 노동야학회(勞働夜學會)를 부설(附設)코자 고심공구(苦心攻究)한 결과(結果) 유월일일(六月一日)부터 본회노동청(本會勞働廳)에 야학회(夜學會)를 개시(開始)하고 매야열심교슈(每夜熱心敎授)하는 바 개학당일(開學當日) 육십인(六十人)의 입학을 위시(爲始)하야 기석축일증가(期石逐日增加)에 현금출석생(現今出席生)이 백여명(百餘名)에 달(達)하야 대성황(大盛況)을 정(呈)하는데 답지(踏至)하는 학생(學生)을 수용(受容)키 위하야 본회내(本會內)에 이개(李個)의 교실(敎室)을 신(新)히 수리(修理)하고 불원간(不遠間) 정숙(整肅)한 제도하(制度下)에서 진행(進行)하리라는바 교원(敎員)의 씨명급과정(氏 名及科程)은 여조(如左)하다더라[105]

위의 글은 군산노동공제회의 야학 설립 관련 기사로, 조선에서의 최급선무는 교육이라고 지적하면서, 특히 노동자 교육의 중요성을 지적하고 있다. 이 기사에 따르면 당시 군산은 노동자가 다수를 점하고 있는 지역이었다. 이에 군산노동공제회 창립과 동시에 '노동야학회(勞働夜學會)'를 부설(附設)하였던 것이다. 개학 당일에는 60명이었다가 그 수가 점차 증가하여 보도 당시에는 100여 명에 이르렀다. 이에 공제회에서는 교실을 2개로 확장하게 되었다는 것이다. 이와 유사한 상황으로 「안동현노동야학」(『동아일보』, 1922.3.20)에서는 야학생이 100여 명이나 지원해 2조로 나누어 교육을 시행한다고 밝히기도 했다. 〈표 6〉을 보면, 여타 야학교 학교 학생 수도 수십 명에서 100여 명에 이를 정도로 다수가 참여하고 있음을 볼 수 있는데, 이러한 보도들은 노동야학이 성황리에 전개되었음을 반영하는 것이라 할 수 있다. 반면에 이렇듯 다수 야학생의 참여로 교육 공간 및 교사 부족 현상, 운영상 재정적인

---

105) 『동아일보』, 1921.6.24.

곤란이 발생해 휴교를 하는 경우도 잦았으며,106) 그때마다 유지들의
의연금으로 유지되기도 했다.

【 신천야학교소식 】

　신천읍(信川邑勞働共濟會)에서 설립(設立)한 야학교(夜學校)는 작년동
기(昨年冬期)에 부득기(不得己)한 사고(事故)로 휴교(休校)이던바 본교장
김봉연씨(本校長金奉淵氏)의 열심주선(熱心周旋)한 결과(結果) 금춘(今春)
부터 계속교수(繼續敎授)인대 김봉연씨(金奉淵氏) 박승유(朴勝裕), 박명선
(朴明善) 박문규(朴文奎) 이맹영(李孟英) 제씨가 의무편집(義務執鞭)하며
현하생도수(現下生徒數)는 칠십명(七十名)이라 차본읍유지제씨(且本邑有
志諸氏)의 의연(義捐)이 여좌(如左)하더라.107)

　위 기사는 신천노동공제회 야학 재개 소식으로 유지들의 의연금으로
다시 교육을 실시하게 된 사연이다. 이 기사와 함께 모금에 참여한 30
여 명의 인사 이름을 제시하기도 했다. 이러한 의연 활동은 각지 야학
에서도 이루어지고 있었으며, 때로는 학생들의 '소인연주회'를 개최하
여 학교 유지를 위한 모금활동을 전개하기도 했다.108)

　한편 위 〈표 6〉에 제시한 자료에는 당시 야학 설립과 교사진, 학생
수 등이 제시되고 있어 주목된다. 일례로 아래 「안주협성야학수업」(『동
아일보』, 1921.3.29)에는 다음과 같이 구체적인 상황을 보여주고 있다.

---

106) 「군산노동야학계속」(『동아일보』, 1921.10.12), 「노동야학휴학」(『동아일보』, 1926.5.27).
107) 『동아일보』, 1922.3.28.
108) 「군산노동야학계속」(『동아일보』, 1921.10.12), 「적성야학동정회」(『동아일보』, 1921.10.
　　24), 「산천노동야학계개」(『동아일보』, 1923.10.19), 「노동야학경영」(『동아일보』, 1925.10.
　　22).

【 안주협성야학수업 】

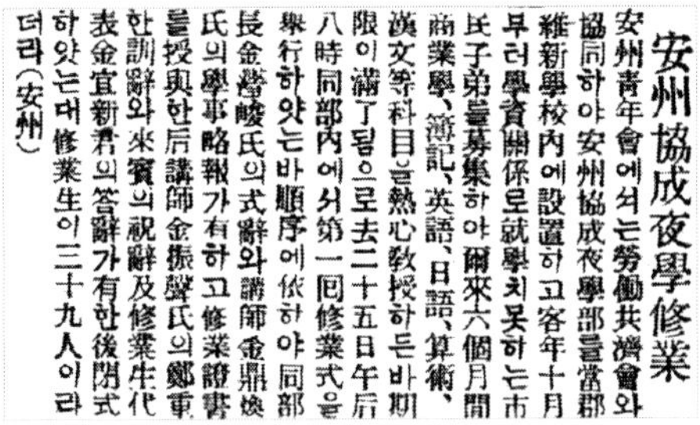
安州協成夜學修業

安州青年會에서는勞働共濟會와協同하야安州協成夜學部를當郡維新學校內에設置하고客年十月부터學資關係로就學치못하는市民子弟를募集하야爾來六個月間商業學、簿記、英語、日語、算術、漢文等科目을熱心敎授하든바期限이滿了됨으로去二十五日午后八時同部內에서第一回修業式을擧行하얏는바順序에依하야同部長金瀅峻氏의式辭와講師金鼎煥氏의學事略報가有하고修業證書를授與한后講師金振聲氏의鄭重한訓辭와來賓의祝辭及修業生代表金宜新君의答辭가有한後閉式하얏는대修業生이三十九人이라더라(安州)

〈그림 30〉「안주협성야학수업」
(『동아일보』, 1921.3.29)

안주청년회(安州青年會)에서는 노동공제회(勞働共濟會)와 협동(協同)하야 안주협성야학부(安州協成夜學部)를 당군유신학교내(當郡維新學校內)에 설치(設置)하고 객년시월(客年十月)부터 학자관계(學資關係)로 취학(就學)치 못하는 시민자제(市民姉弟)를 모집(募集)하야 이래륙개월간(以來六個月間) 상업학(商業學), 부기(簿記), 영어(英語), 일어(日語), 산술(算術), 한문등과목(漢文等)科目을 열심교수(熱心教育)하든바 기한(期限)이 말료(滿了)됨으로 거이십오일오후팔시(去二十五日午後八時) 동부내(同部內)에서 제일회수업식(第一回修業式)을 거행(擧行)하얏는바 순서(順序)에 의(依)하야 동부장(同部長 김형준씨(金瀅峻氏)의 식사(式辭)와 강사(講師) 김정환씨(金鼎煥氏)의 학사약보(學事略報)가 유(有)하고 수업증서(修業證書)를 수여(受與)한 후강사(后講師) 김진성씨(金振聲氏)의 정중(鄭重)한 훈사(訓辭)와 내빈(來賓)의 축사급수업생대표(祝辭及修業生代表) 김의신군(金宜新君)의 답사(答辭)가 유(有)한 후(後) 폐식(閉式)하얏는대 수업생(修業生)이 삼십구인(三十九人)이라더라[109]

안주청년회와 노동공제회 연합하여 설립한 '안주협성야학부(安州協成夜學部)'의 제1회 졸업식 보도이다. 교육은 6개월씩 실시하여 수료생을 내고, 그 다음 학기 개강을 하는 형태로 이루어졌다.[110] 야학부장 김형준(金瀅峻), 강사 김정환(金鼎煥), 김진성(金振聲) 등의 이름이 드러나

109) 『동아일보』, 1921.3.29.

110) 「군산노동야학계속」(『동아일보』, 1921.10.12).

고 있으며 수료생은 총 39명이었다. 야학교 교사들은 당시 각 지방 노동공제회 임원진과 지역별 학교 교사진 등이 담당하였다. 위의 기사에서도 나타난 바, 일부 대도시의 야학교는 주로 학교 내에 설립되는 경우가 많은데, 대개의 야학교는 기존의 학교와 연합하여 운영하는 경우가 많았다. 일례로 「노동야학개학식」(『동아일보』, 1921.10.11)에서는 노동공제회 광주지회의 노동야학 개학식 관련 보도 자료로서, 산본보통학교 내에 야학이 설립되어 학교 교장이 축사를 하였으며, 「광주노동야학개시」(『동아일보』, 1921.10.2)를 보면, 노동공제회 광주지회 야학교에서는 보통학교 교사[훈도(訓導): 계왕순(桂旺淳), 한진만(韓鎭萬), 정완섭(鄭完燮), 최정균(崔侹均)]들이 교육을 담당했다고 밝혀져 있다. 또한 「대구노동야학설립」(『동아일보』, 1921.3.29)의 경우 교사를 '의무교사'와 일반 강사들로 구분하고 있는데,[111] 야학 교육 전임 교사와 한시적으로 교육 봉사에 참여하는 교사들로 구성된 경우도 있었음을 보여준다.

한편 위에 인용한 「안주협성야학수업」의 기사에 나타나듯이 수업 과목을 상업학(商業學), 부기(簿記), 영어(英語), 일어(日語), 산술(算術), 한문(漢文) 등이라고 제시하고 있다. 이 외 여타 기사에서 밝힌 교수 과목을 정리해 보면 「대구노동야학설립」(『동아일보』, 1921.3.29)에서는 일어(日語), 수신(修身), 산술(算術), 「군산공제회야학회」(『동아일보』, 1921.6.24)에서는 조선문(朝鮮文), 한문(漢文), 일어(日語), 산술(算術), 「광주노동야학개시」(『동아일보』, 1921.10.2)에서는 조선어(朝鮮語), 일어(日語), 산술(算術) 등을 교수했다고 보도하고 있다. 과목을 보면 주로 문자 교육과 산술 등이 지배적인데, 보다시피 노동야학에서는 일반 노동자에게 초등 수준의 '보통교육'을 실시하고 있었음을 알 수 있다.[112] 또한 노동공제회에서 노동야학을 위한 교재를 편집했다는 점도 주목된다.

---

111) 여기에서는 '의무교사'로 이상훈(李相薰)을, 기타 강사로 이종형(李鐘瀅), 한규석(韓奎錫) 등을 들고 있다(「대구노동야학설립」, 『동아일보』, 1921.3.29).

112) 「함흥군노동공제회 교육사업으로 보통교육 보급」, 『조선일보』, 1921.3.10.

【 노동독본편찬 】

로동공제회 뎡긔총회(勞働共濟
會定期總會)는 지나간 삼일과 사
일 량일간 인사동계명구락부(仁
寺洞啓明俱樂部)안에서 열넛는대
디방지지회대표 이십여명이 참
석한 후 로동자에게 가르키기 위
하야 로동독본(勞働讀本)을 만들

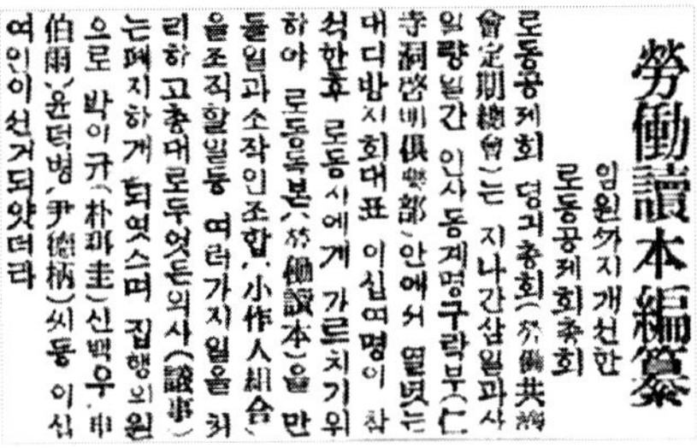

勞働讀本編纂
임원지가 개선한
로동공제회 덩긔총회

로동공제회 뎡긔총회(勞働共濟會定期總會)는 지나간삼일과사일 량일간 인사동계명구락부(仁寺洞啓明俱樂部)안에서 열넛는대 디방지지회대표 이십여명이 참석한후 로동자에게 가르키기위 하야 로동독본(勞働讀本)을 만들일과 소작인조합(小作人組合)을 조직할일 여러가지 일을 처 리하고 총대로 두엇든의사(議事)는 폐지하게 되엇스며 집행위원 으로 박이규(朴理圭)신백우(申伯雨) 윤덕병(尹德柄)씨동 이십 여인이 선거되얏더라

<그림 31> 「노동독본편찬」
(『동아일보』, 1922.4.5)

일과 소작인조합(小作人組合)을 조직할 일 등 여러 가지 일을 처리하고
총대로 두엇든 의사(議事)는 폐지하게 되엇스며 집행위원으로 박이규(朴
理圭), 신백우(申伯雨) 윤덕병(尹德柄)씨 등 이십여 인이 선거되얏더라[113]

위의 보도는 대구 지역 노동공제회 정기총회 결의안을 보여주는 것
으로, 로동자 교육을 위한 노동독본(勞働讀本)을 편찬을 결정하였다는
내용이 주목된다. 실제 교재 발간 상황이나 교재 내용 등에 대해서는
밝혀진 바 없으나, 자체 내에서 노동독본을 만들어 교육했을 것으로
추정되는 지점이다. 김형목(1995)[114]에 따르면, 1920년대 사상단체나
사회주의운동가들이 운영한 노동야학 교재는 주로 보통학교 교과서가
대부분이었다. 그 외 노동자의 의식화를 위한 소책자를 만들어 교육했
으며, 주요 교과서는 『소 페이퍼』, 『어떤 까닭이 있는 것』, 『사회주의
대의』, 『사회주의의 장치』 등을 들었으며 신문을 교재로 사용하는 경우
도 적지 않았다.[115] 이로 미루어 본다면 노동독본 편찬에도 당대 교재

---

113) 『동아일보』, 1922.4.5.
114) 김형목(2009), 『교육운동』, 경인문화사, 267~268쪽.
115) 또한 일부 교사는 현지 실정에 맞게 직접 만들어 사용했다. 노동자·농민에게 계급의식
  을 앙양시키기 위한 경우에는 사회주의에 대한 기초적인 지식을 토대로 만들었다. 특히
  언론사의 문자보급운동이나 브나로드 운동이 대대적으로 전개될 당시에는 대량으로 제
  작·보급되었다. 부족한 교재는 종종 야학운동 진전을 가로막는 커다란 장애물이었다.

의 성격을 유사하게 반영되었음을 짐작해 볼 수 있다.

또한 아래 자료를 보면, 실제 수업 진행은 수준별로 나누어 실시했음을 알 수 있다.

【 야학강습소진급식 】

함흥노동공제회경영(咸興勞働共濟會經營)인 야학강습소(夜學講習所)에서는 오일하오사시본소내(五日下午四時本所內)에서 진급식(進級式)을 거행(擧行)하엿는대 갑반(甲班)에 칠명(七名) 을반(乙班)에 삼십여명(三十餘名)이라더라.116)

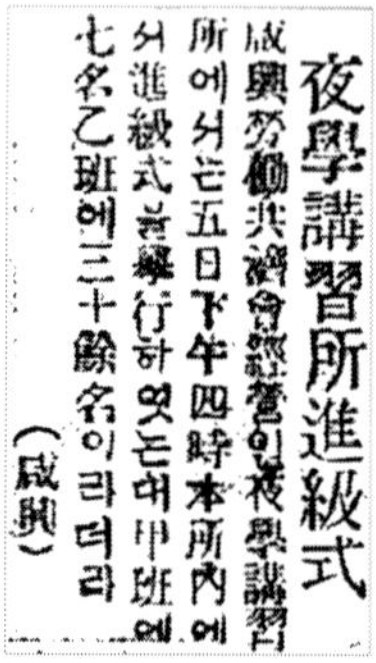
夜學講習所進級式
咸興勞働共濟會經營인夜學講習所에서는五日下午四時本所內에서進級式을擧行하엿는대甲班에七名乙班에三十餘名이라더라(咸興)

〈그림 32〉「야학강습소진급식」(『동아일보』, 1921.10.12)

【 노동야학생졸업식 】

조선노동공제회대구지회노동야학생강습소(朝鮮勞働共濟會大邱支會勞働夜學生講習所)에서는 거삼월이십팔일하오팔전본학생강습실(去三月二十八日下午八前本學生講習室內)에서 총간사정인해씨(總幹事鄭寅海氏)의 사식하(司式下)에 졸업식급진급식(卒業式及進級式)을 행(行)하얏는대 졸업증급진급증(卒業證及進級證)은 갑을반(甲乙班)을 분(分)하야 수여(授與)하얏고 학생(學生)의 성적(成績)은 파(頗)히 양호(良好)하야 당지로동청년계급(當地勞動靑年階級)에서는 막대(莫大)한 효과(效果)를 득(得)하얏더라117)

함흥노동공제회 야학강습소 진급식 관련 기사에서는118) 갑반과 을

이러한 현계를 극복하기 위하여 조직된 단체가 조선노동교육회였다.

116) 『동아일보』, 1921.10.12.

117) 『동아일보』, 1922.4.9.

118) 「군산노동야학계속」(『동아일보』, 1921.10.12)를 보면, 우수 학생에 대해서 지필(紙筆) 등을 기증했다는 내용을 볼 수 있어 흥미롭다.

반으로 나누어 식을 거행했음이 나타난다. 노동야학생 졸업식에 관한 기사는 대구 지역 야학교의 진급식 및 졸업식 보도로 여기에서도 갑을 반으로 나누어 진급식 및 졸업식[119]을 행하였음이 나타나고 있다. 이 뿐만 아니라 「노동야학생도모집」(『동아일보』, 1925.1.3)의 황해도 지역 신천야학교 모집 광고에서도, 1학년 40여 명, 2~3학년은 약간 명을 모집한다는 내용을 볼 수 있다. 이에서 수준별 교육을 실시했음을 알 수 있다.

한편 야학교에서는 학생들의 소풍, 운동회, 웅변대회, 학생 전람회 등 다양한 과외 활동을 펼치기도 했다.[120] 일례로 다음의 기사는 대구 지역 여타 학교와 노동야학교 학생들의 작품전람회 관련 보도 내용을 보여주고 있다.

【 대구로동야학 작품뎐람회 】

대구부내의 로동공제회(勞働共濟會), 복명녀자(復明女子), 덕산(德山), 배성녀자(培聖女子), 게성(啓聖) 등 다섯 남녀야학에서는 작품전람회를 지난 이십오일부터 잇흘동안 로동공제회회관 안에서 여럿는데 입상(入賞)되기는 아래와 갓다더라 ▲작문(作文)-일등(一等) 노야손용문(勞夜孫用文) ▲도화(圖畵)-일등(一等) 노야김우경(勞夜金宇京), ▲습자(習字)-복명(復明郭末岩)[121]

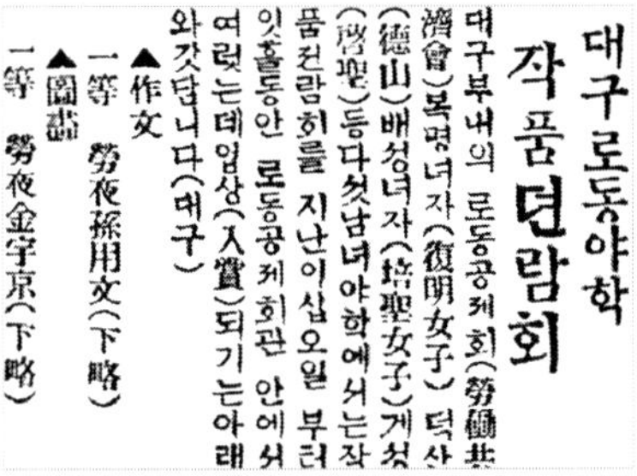

〈그림 33〉「대구로동야학 작품뎐람회」
(『동아일보』, 1927.3.27)

---

119) 졸업식에서는 개회사 및 교가 제창, 증서수여식, 학사보고, 송별사 및 답사, 축사, 우수 학생에 대한 상장 및 상품 수여 등의 행사가 있었다(「노동야학졸업식」, 『동아일보』, 1924.12.26).

120) 「노동회야학생원족」(『동아일보』, 1921.6.16), 「신천춘기대운동회」(『동아일보』, 1922.4.2), 「각단체현상웅변회」(『동아일보』, 1922.4.18) 등.

위 기사는 대구노동공제회와 여타 일반 남녀 학교 학생들의 전람회
가 있었다는 보도인데, 작문(作文), 도화(圖畵), 습자(習字) 등 학생 작품
을 전시한 것으로 보인다. 이 중 작문과 습자에서는 노동야학 학생들이
각각 1등을 차지하고 있다는 점이 주목된다. 이렇듯 조선노동공제회의
야학 운영상을 보면, 보통교육 외에 여타 과외활동 등도 다양하게 전개
했음을 알 수 있다.

2.2.2. 조선농민사(朝鮮農民社)의 교육운동

조선농민사는 소작쟁의보다는 민족독립과 농민의 지위 향상을 위한
계몽운동과 실력양성운동에 주력하였는데, 전국의 농민사 지부마다 야
학을 설립하고 농민야학운동에 주력하였다. 『동아일보』를 중심으로,
조선농민사의 주요 야학 관련 보도를 정리하면 아래와 같다.

〈표 7〉『동아일보』 조선농민사 농민야학 관련 기사(1926~)

번호	제목	연월일	야학 상황	비고
1	도처에 농민야학 의주 농촌에	1926.11.25	농한기를 이용하여 농민야학 개최. 도처 20여 곳 설립, 의주 지역 30여 곳 야학 설치/ 상식보급(常識普及)과 우리글 강습	의주
2	문맹퇴치의 실제적 방안 여하(1)	1927.1.5	농민사 이성환(李晟煥) 1. 성인교양급무(成人敎養急務), 2. 오가작통식(吾家作統式)	교육론
3	농촌계발과 문맹퇴치	1927.1.24	조선농민사(朝鮮農民社)의 문맹퇴치운동	교육론
4	가성노야설치	1927.3.10	순창에 문맹퇴치를 위한 야학 설치/「조선농민(朝鮮農民)」, 「농민(農民)」, 「노동독본(勞動讀本)」 등으로 수업	순창
5	교육자표창	1927.4.28	조선농민사 본부에서 전조선 및 북만주 농민 계몽의 청년들에게 표창	각지 및 북만주
7	농민독본 발행 조선농민사에서	1930.12.12	야학 교과서 「농민독본(農民讀本)」 개략 소개	교재

---

121) 『동아일보』, 1927.3.27.

194

번호	제목	연월일	야학 상황	비고
8	송남리야학	1930.11.23	평남 맹산군 농민사 야학 설립. 야학생 30여명/대중산술(大衆算術), 대중간첩(大衆簡牒), 대중독본(大衆讀本), 주산(珠算), 작문(作文), 회화(會話/회화), 농민창가(農民唱歌)/소화야학회장(笑話夜學會長) 金京模(김경모) 참여. 강사 김동호(金東浩), 조병룡(趙炳龍), 김경수(金京守), 박왕걸(朴旺杰), 손학술(孫學述), 이병용(李炳龍)	맹산
9	안하리야학	1930.11.23	평남 맹산군 농민사 주최 야학 설립. 야학생 30여 명/교재: 대중독본(大衆讀本), 대중산술(大衆算術), 대중간독(大衆簡牘), 주산(珠算), 작문(作文), 회화(會話)/강사 한기학(韓驥鶴) 나문규(羅文圭), 한애득(韓愛得), 김일현(金日賢), 나성혁(羅成爀), 차희경(車禧敬)	맹산
10	농한기 이용하야 일동에 야학육처	1930.12.27	야학 6개소 설치. 농민독본으로 교수/강사 박내빈(朴來賓) 정계화(鄭啓和) 채재병(蔡在秉) 정의훈(鄭義燻) 심만용(沈萬龍) 정길화(鄭吉和) 신문선(辛文善)	삼척
11	신농민독본발행	1930.2.28	농촌문맹퇴치용 농민독본『농민독본』40만부 발행하여 전조선 농촌에 배포	광고
12	곡산야학설립	1930.12.20	지난十一(십일)일부터농민야학(農民夜學)을 이개소(二個所)에 설립/교사와 과목 강사 김순영(金淳永) 김영석(金永錫) 송창실(宋昌實). 과목은 대중독본(大衆讀本), 일어(日語), 산술(算術), 주산(珠算)	곡산
13	농민사불허코 농민야학도 금지	1930.12.11	함남 문천군의 농민사 조직 및 노동야학을 불허.	문천
14	금송리농사 야학부개시	1931.2.8	황주에 조선농민사 농민야학 김경집(金敬執) 집에 설립/50여 명의 학생/한글, 국어(國語), 중국어조선역사(中國語朝鮮歷史)/강사 문승흠(文承欽), 이해림(李海林)	황주
15	개천야학연맹서 농민독본 배부	1931.2.13	개천 야학의 농민독본 압수	개천
16	브나로드운동 각지 대원소식	1932.9.1	브나로드 운동에 조선농민사 참여	각지
17	본사주최 제4회 하기 계몽운동	1934.9.1	브나로드 운동에 조선농민사 참여	각지
18	교육자표창	1927.4.28	조선농민사 본부에서 전조선 및 북만주 농민계몽의 청년들에게 표창	각지 및 북만주

위의 정리 자료를 보면, 각지에서 펼쳐진 조선농민사의 야학 활동과
교재 관련 내용들로 분류된다. 『동아일보』의 경우, 앞서 살핀 노동공제
회의 노동야학 관련 자료에 비해 그 수가 많이 드러나는 편은 아니다.
반면에 조선농민사 관련 기사는 출판 활동, 강연 및 강습활동 등의 기사
가 다수를 차지한다. 특히 각지 야학에서 사용한 『농민독본(農民讀本)』,
『농민(農民)』 및 기타 야학 교재의 출간 소식 및 광고 등은 정기적으로
드러나는데, 반복적인 광고 등으로 인해 표에서는 일부만을 제시한 경
우이다. 그런데 야학 활동 기사가 적다 하여 실제 그 활동상이 적었다는
것을 의미하는 것이 아니라고 판단된다. 이는 보도 지면의 한계로 한
단체의 소식만을 게재하지 않으려는 신문사의 편집 방향일 수도 있기
때문이다. 실력양성운동을 중시한 조선농민사 설립의 취지, 야학 교재
의 활발한 발간, 그리고 아래에서 다룰 실제 활동 상황의 기사 내용을
등을 보면 야학운동도 왕성하게 전개했음을 알 수 있다.

【 농촌계발과 문맹퇴치 】

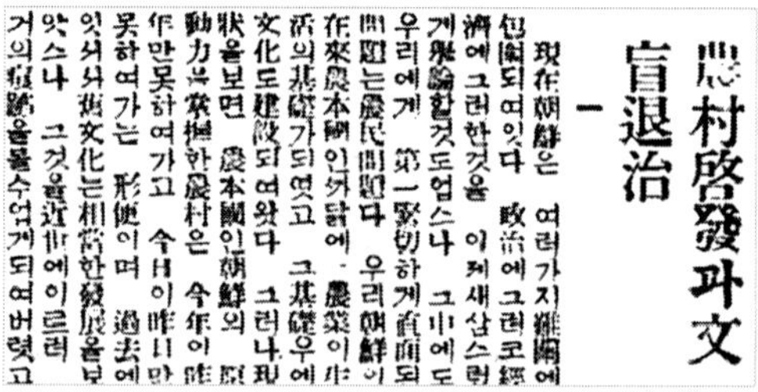

일(一). 현재조선(現在朝
鮮)은 여러 가지 난관(難
關)에 포위(包圍)되어 잇
다 정치(政治)에 그러코 경
제(經濟)에 그러한 것을 이
제 새삼스럽게 거론(擧論)
할 것도 업스나 그 중(中)

〈그림 34〉「농촌계발과 문맹퇴치」
(『동아일보』, 1927.1.24)

에도 우리에게 제일산절(第一懇切)하게 직면(直面)된 문제(問題)는 농민문
제(農民問題)다. (…중략…) 신문화수입(新文化輸入)이 우리에게 경성(警醒)
을 촉(促)한바가 만하며 다소간(多少間) 계발성(啓發性)을 가지고 진행중(進
行中)이나 (…중략…) 다대수(多大數)의 민중(民衆)은 문맹(文盲)의 지역(地
域)을 떠나지 못하엿다 물질적(物質的)으로 농촌(農村)이 쇠패(衰敗)하엿고

정신적(精神的)으로 지식(知識)이 결여(缺如)하엿스니 이것은 실(實)로 우리 민족(民族)의 사활문제(死活問題)를 좌우(左右)할 중대성(重大性)을 가지고 잇스며 따라서 이것을 구제(救濟)하는 것이 급무중(急務中)에도 급무(急務)일 것이다. 이(二). 이러한 현상(現狀)을 보고 궐기(蹶起)한 단체(團體)도 만히 잇섯고 회합(會合)도 만히 잇섯다. 그 중(中) 재작일(再昨年度)에 이르러 농민사(農民社)가 발기(發起)되며 기관지(機關紙)까지 개간(開刊)하기에 이르러 농촌(農村)의 실제(實際)와 농민(農民)의 지식보급(知識普及)을 위(爲)하야 노력분투(努力奮鬪)하여 오는 중(中)이니 (…중략…) 농촌계발(農村啓發)과 문맹퇴치(文盲退治)를 목표로 활동(活動) (…중략…) 농촌의 실익을 도모(圖謀)하리라 한다.[122]

먼저 위 기사 내용에서 주목되는 바는, 조선의 여러 가지 난관 중 하나가 농민문제라고 지적한 점이다. 그리고 농민들의 문맹퇴치운동이 선결적인 과제라고 보고 있다. 이의 근거로는 신문화 수입으로 "경성(警醒)"과 "계발성(啓發性)"을 획득할 수 있는 현실에서 지식이 무엇보다 중요시되었으며, 이를 위해 대다수를 차지하는 농민들의 문식성을 높일 필요가 있다는 논지이다. 그러므로 민족의 사활문제는 바로 농민교육이 급선무라는 것이다. 위의 자료에서도 드러난 바와 같이 당시 이와 같은 농민의 지식계발에 관한 단체 결성과 회합도 잦았다.[123] 그런데 위의 기사에서 특히 조선농민사가 설립되고 기관지를 발간하며 농민의 지식보급에 선두로 나섰다는 점을 치하하고 있다.[124]

---

122) 『동아일보』, 1927.1.24.
123) 「문맹퇴치(文盲退治)의 실제적방안여하(實際的方案如何)(1~2)」(『동아일보』, 1927.1.5~6), 「농촌진흥책여하(農村振興策如何)(1~11)」(『동아일보』, 1927.1.1~16), 「문맹퇴치기체책(文盲退治其體策)을 세우라」(『동아일보』, 1932.8.19), 「농촌야학(農村夜學)의 육성책(育成策)(1~2)」(『동아일보』, 1936.1.20~21).
124) 이 기사에서는 조선농민사와 더불어 보도 당시 '농인사(農人社)'가 창립되어 기관지를 발간하고 농촌계발과 문맹퇴치를 목표로 활동을 개시할 예정이라고 밝히고 있다. 이는 당시 농민계몽을 위한 단체가 다양하게 결성되었음을 반영한다.

한편 조선농민사의 주간이었던 이성환(李晟煥)은 농민 문맹퇴치를 위한 실제적 방안을, 다음과 같이 제시하기도 했다.

【 문맹퇴치의 실제적 방안 여하(1) 】

일(一), 성인교양급무(成人敎養急務) 이이천만이다 글아는 사람이되게 하자면 현재문맹(文盲)으로 잇는 성인(成人)에게 글을 가르켜야 될줄을 암니다 근대 디방 향촌에 에도 야학이니 강습이니 하는 단긔의 교양긔관이 적지안케 설치되는 모양이나 그 내용이 대개 공사립 소학 아동의 보습에서 지내지 못하고 정말 까막눈이 되어있는 부녀와 성인계급은 의연히 그대로

〈그림 35〉 여자야학 현장 사진(「효가리 여자야학」, 『조선일보』, 1927.3.7)

글 알 필요도 업는것갓치 생각하고 모양임니다 (…중략…) 그럼으로 이제부터는 "글아는 목뎍"을 분명히 아르키어야 할줄 암니다 즉 생활운동의 목뎍을 달하는 무긔로서 남녀로소할 것 업시 다 알아야 될 의무가 있다는 새 관념을 부어야 할것임니다.

이(二). 오가작통식(吾家作統式) 그런데 현조선의 글 모르는 사람에게 이러한 관념을 가지게 하는 방법은 생활운동에 근거를 둔 성인교양운동(成人敎養運動)을 거국일치로 일으키는데 잇슴니다. 그러면 각 언론긔관에서 이 운동의 필요를 주장하고 격려할것이요 지금까지 써오든 문맹퇴치라는 곳치어 성인교양운동이라 할것이요 그 연구지도할 특종긔관을 중앙에 설치하고 톄계잇는 통일지도를 하여야 할것이외다.[125]

<hr />

125) 『동아일보』, 1927.1.5.

이성환은 무엇보다 성인교육이 급선무라고 주장하고 있다. 기존의 문맹퇴치 교육이 아동의 보습교육 정도에 머물렀다면 이제는 "성인교양운동(成人敎養運動)"을 거국적으로 전개해야 한다는 것이다. 그 구체적인 방향성으로는 먼저 각 언론기관에서 운동의 필요성을 주창할 것이요, 다음은 연구지도할 중앙기관을 두어야 한다는 것이다. 이어지는 글에서는 실제적인 교육 방법으로 "독본 발행", "오가작통식(吾家作統式) 설교" 등을 들고 있다는 점이 주목되는데, 특히 오가작통식은 4~5곳 가정을 돌면서 몇 시간씩 가르치라는 것이다. 특히 부녀자의 경우는 이 방법이 더 효과적이라는 교육적 효용성을 들기도 했다.

한편 조선농민사의 실제적인 농민야학의 실제적 활동을 살펴보면, 먼저 아래 기사는 의주 지역 야학 내용으로 문맹퇴치 교육이 어떻게 전개되었는가를 보여준다.

【 도처에 농민야학 의주 농촌에 】

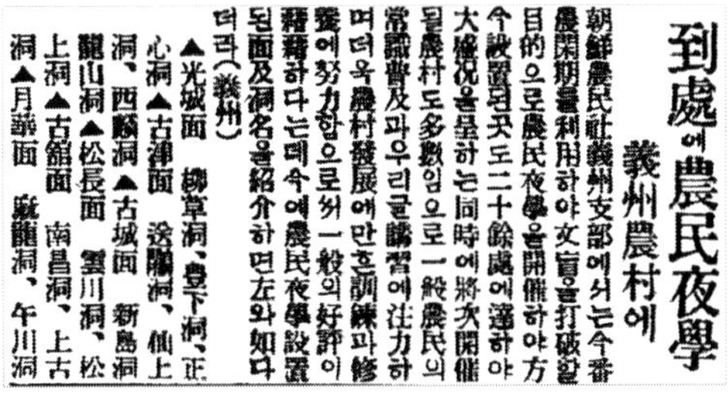

到處에農民夜學
義州農村에

朝鮮農民社義州支部에서는今番農閑期를利用하야文盲을打破할目的으로農民夜學을開催하야方今設置된곳도二十餘處에達하야大盛況을呈하는同時에將次開催될農村도多數임으로一般農民의常識普及과우리글講習에注力하며더욱農村發展에만흔訓練과修養에努力함으로써一般의好評이藉藉하다는데今에農民夜學設置된面及洞名을紹介하면左와如하더라(義州)

▲光城面 柳草洞、豊下洞、正心洞▲古津面 送陽洞、仙上洞、西豁洞▲古城面 新島洞 龍山洞▲松長面 雲川洞、松上洞▲古館面 南昌洞、上古洞▲月華面 龍洞、午川洞

〈그림 36〉「도처에 농민야학 의주 농촌에」
(『동아일보』, 1926.11.25)

조선농민사의주지부(朝鮮農民社義州支部)에서는 금번농한기(今番農閑期)를 이용(利用)하야 문맹(文盲)을 타파(打破)할 목적(目的)으로 농민야학(農民夜學)을 개최(開催)하야 방금설치(方今設置)된 곳도 이십여처(二十餘處)에 달(達)하야 대성황(大盛況)을 정(呈)하는 동시(同時)에 장차개최(將次開催)될 농촌(農村)도 다수(多數)임으로 일반농민(一般農民)의 상식보급(常識普及)과 우리글강습(講習)에 주력(注力)하며 더욱 농촌발전(農村發展)에 만흔 훈련(訓練)과 수양(修養)에 노력(努力)함으로써 일반(一般)의 호편(好評)이 자자(藉藉)하다는데 금(今)에 농민야학설치된 면급동명(面及同名)을 소개(紹介)하면 좌(左)

와 여(如)하더라126)

위의 내용은 조선농민사 의주 지부의 농민야학 보도 자료로서, 농한기를 이용하여 문맹타파를 목적으로 야학을 개최한다는 내용이다. 이외에도 이미 설립된 야학도 20여 곳이라 밝히고 있는데, 이어지는 기사에서 실제 제시한 야학교는 30여 곳으로 드러나 있기도 하다. 한편 실제 교수 내용에 대해서는 "상식보급(常識普及)", "우리글강습(講習)" 등으로 드러나 있다. 보다시피 농민야학은 노동야학과 달리. 교육 대상의 성격상 주로 농한기를 이용하여 개최되는 경우가 많았다.127)

한편 아래의 자료는 농민야학의 장소, 학생 수, 교과목 및 강사진 등을 보여주는 한 예라 주목된다.

【 금송리농사 야학부개시 】

황주군도치면 금송리 농민사(黃州郡都峙面金松里農民社)에서는 금번 동리 김경집(金敬執)씨 댁에 농민야학을 설립하고 강사 문승흠(文承欽) 이해림(李海林)양시를 초빙하야 오십(五十)명의학생에게 아래와 가튼 학과를 교수한다한다. 학과(學科) 학과 한글 국어(國語), 중국어조선역사(中國語朝鮮歷史)128)

위에서 제시한 야학교는 황주에 설립된 조선농민사가 설립한 농민야학으로서, 강사는 문승흠(文承欽), 이해림(李海林), 학생 수는 50여 명, 교과목은 한글, 국어(國語), 중국어조선역사(中國語朝鮮歷史) 등으로 밝히고 있다. 과목명에서 "중국어조선역사" 등도 교육했다는 주목되며, 특히 교육 장소가 김경집(金敬執)이라는 사람의 개인 가정에서 이루어지고

---

126) 『동아일보』, 1926.11.25.
127) 「농한기 이용하야 일동에 야학육처」, 『동아일보』, 1930.12.27.
128) 『동아일보』, 1931.2.8.

있다는 점이 주목된다. 앞서 이성환이 「문맹퇴치의 실제적 방안 여하
(1)」(『동아일보』, 1927.1.5)에서 제시한 바 "오가작통식 설교" 방식은 아
닐까 추정되는 부분이기도 하다. 또한 노동공제회의 노동야학이 주로
기관 사무실이나 학교 건물에서 이루어진 점과 비교되는 부분이기도
하다.

다음의 자료 또한 위와 유사하게 야학교 진행 상황을 보여주고 있는
기사인데, 앞선 기사들이 교과 내용을 소개한 것이라면, 여기에서는 실
제 사용하는 교과서명을 제시하고 있다는 점에서 살펴볼 만하다.

【 농한기 이용하야 일동에 야학육처 】
  강원도 삼척군 북삼면 쇄운리(江原道
三陟郡北三面灑雲里)에서는 삼운수성회(三
雲修成會) 재정으로 야학을 육(六)개소나
설치하여 가르티는데 학생은 백여명이고
교과서(敎雲科書)는 전조선농민사(全朝鮮
農民)에서 발행하는 농민독본(農民讀本)
을 교수하는데 선생들은 좌기와갓다더라
박내빈(朴來賓) 정계화(鄭啓和) 채재병(蔡
在秉) 정의훈(鄭義槊) 심만용(沈萬龍) 정
길화(鄭吉和) 신문선(辛文善)129)

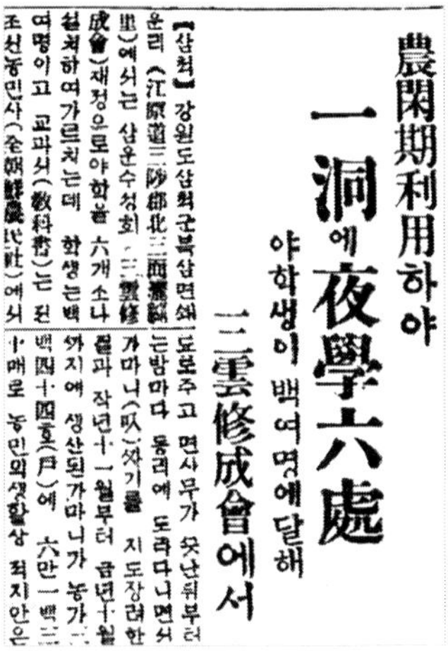

〈그림 37〉 「농한기 이용하야 일동에 야
학육처」(『동아일보』, 1930.12.27)

위 기사는 보도 당시 조선농민사는 삼운수성회(三雲修成會)와 연합하
여 야학을 6개소 설치하였다는 소식으로서, 학생은 100여 명에 달했으
며, 전조선농민사(全朝鮮農民)에서 발행하는 『농민독본(農民讀本)』을 교
과서로 사용하였다.

---

129) 『동아일보』, 1930.12.27.

앞서 조선노동사의 출판 관련 내용에서 살펴본 바, 『농민독본(農民讀本)』은 『조선농민(朝鮮農民)』이 창간되었을 때부터 연계되어 농촌강습소나 야학에서 읽기 교재로 사용되었다.

【 농민독본발행 】

〈그림 38〉 『농민독본』 광고
(『동아일보』, 1930.12.17)

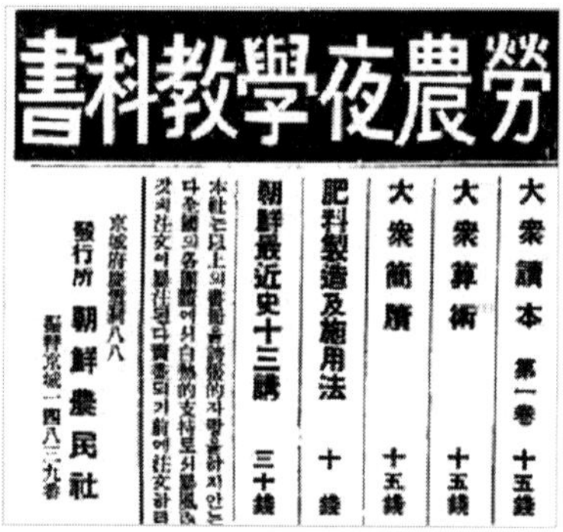

〈그림 39〉 『노농야학교과서』 광고
(『동아일보』, 1930.12.12)

시내경운동(市內慶雲洞) 팔십일번에 잇는 조선농민사본부(朝鮮農民社本部)에서는 조선의 일천오백만 농민대중(農民大衆)의 문맹(文盲)을 퇴치할 목뎍으로 순회강연강좌(巡廻講演講座)를 개최중에 잇다함과 각처에 농민강습을 이르킨 것은 누차 보도한 바어니와 금번에는 아즉까지 우리나라의 문맹퇴치에 뎍당한 교과서가 업서 일반의 긔대와 갈망이 적지 아니함을 유감으로 생각하야 얼마전부터 계획중에잇든 문맹퇴치 성인독본(文盲退治成人讀本) 즉 『농민독본(農民讀本)』을 드대어 발행하기로 된 바 이것은 상중하 삼권에 난호아 농한긔삼개월(農閑期三個月)간이면 다 필할수 잇게하야 상은 전혀 국문학습을 주로 중은 국문연습을 주로 하는 농촌과학(農村科學)을 주로 하야 편찬된것인바 위선 상권부터 발행되엇다는데 한도에 만부식 십삼만부를 준비중이라고[130]

---

130) 『조선일보』, 1927.2.16.

이미 조선농민사의 강연회 및 강습회 보도 자료에서 살펴본 바, 1927
년 2월 당시 조선농민사는 각 지역을 순회하며 농민강습을 전개하고
있었다. 그러나 문맹퇴치에 적당한 교과서가 없는 실정이었다. 이에 문
맹퇴치 성인독본으로 『농민독본(農民讀本)』을 발행한 것이다. 위에 제시
된 바와 같이, 이 교재는 상중하 3권을 발간하여, 농한기 3개월 동안
마칠 수 있도록 계획하였다. 상권은 국문학습을, 중권은 국문연습, 3권
은 농촌과학(農村科學) 등 단계별 교육을 고려한 발간을 예상하고 있었
던 것이다. 보도 당시는 우선적으로 상권이 발간되었으며 1개의 도에
1만부씩 13만부를 준비한 상태였다. 이후 각 지역에서 이 교재를 사용
하였으며, 때로는 일경에 의해 압수당하기도 했다.

【 개천야학연맹서 농민독본배부 】
　평남개천야학 련맹회(价川夜學聯盟會(개천야학연맹회))에서는 그간방
방곡곡에잇는 야학상항을 조사하고 위선각야학에서 가르치는교재(敎材)
가 불완전하야 농민독본(農民讀本) 배부코저 착수하얏든바 돌연이 경찰
당국에서 불미한 점이 잇다는 리유로 서류전부를 압수되엇슴으로 동련맹
회에서는 다시 활동하야 경성으로부터 농민독본 이(二)백부를 구입하야
각야학에 무료로 배부한다고 한다.[131]

　위의 내용은 평남 개천 야학연맹회의 야학에서 교과서가 압수된 사
건을 다루고 있는데, 교재로 사용한 조선농민사의 『농민독본』을 교과
서로 배부하고자 했으나, 내용이 불온하다는 이유로 경찰서에 모두 압
수당했다는 것이다. 앞서 조선농민사의 잡지들이 매번 검열에서 삭제
나 출판 금지를 당한 것과 마찬가지로 이 교재 또한 검열에서 자유롭지
못했던 것으로 보인다.[132]

---

131) 『조선일보』, 1931.2.13.

이 외 〈표 7〉에서 농민야학 교재 및 교과 내용이 보다 구체적으로 제시된 경우는 「안하리야학」(『동아일보』, 1930.11.23), 「송남리야학」(『동아일보』, 1930.11.23) 등을 들 수 있는데, 전자에서는 『대중독본(大衆讀本)』, 『대중산술(大衆算術)』, 『대중간독(大衆簡牘)』 등의 교재를 사용했으며, 주산(珠算), 작문(作文), 회화(會話) 등을 교수했다고 밝히고 있다. 후자에서는 평남 맹산군 농민사 야학 설립, 야학생 30여 명, 『대중산술(大衆算術)』, 『대중간첩(大衆簡牒)』, 『대중독본』, 주산, 작문, 회화, 농민창가(農民唱歌) 등이 교과서 및 교과 내용으로 제시되고 있다. 또한 조선농민사는 『농민독본』을 개정한 『신농민독본(新農民讀本)』과 『노동독본(勞働讀本)』, 『한글독본』 등도 발간했는데, 이 서적들 또한 야학교에서 교재로 사용하였다.[133] 이처럼 농민야학에서 사용된 교과서류는 대개 조선농민사가 발행한 경우가 대부분으로 광고로 자주 게재되기도 했다. 이처럼 조선농민사가 발행한 다수의 문맹퇴치 교재 및 농민교양서 등은 당대 농민계몽에 유용한 서적들이었다는 점에서 그 의의가 크다 하겠다.[134]

한편 아래의 자료는 야학 외에 농민강습 내용을 통한 교육이라는 점에서 주목된다.

【 조선농민강습 안주에 삼개소 】

조선농민사사업(朝鮮農民社事業)으로 각지방면면촌촌(各地方面面村村)에 조선농민강습(朝鮮農民講習)을 실행(實行)키로되엿다함은 각지(各紙)로 기(旣)하야 보도(報道)된 바이어니와 평남안주(平南安州)에서도 천도

---

132) 「農民社不許(농민사불허)코 農民夜學(농민야학)도 禁止(금지)」(『동아일보』, 1930.12.11)를 보면 야학조차도 금지시키는 경우가 많았음을 알 수 있다.
133) 「신농민독본발행(新農民讀本發行)」(『동아일보』, 1930.2.24), 「노동독본(勞働讀本) 오는 시월 발간」(『동아일보』, 1925.07.10).
134) 「農村振興策如何(농촌진흥책여하)(11)」(『동아일보』, 1927.01.16), 「書堂(서당)과 敎育(교육) 民間敎育當路者(민간교육당로자)에게」(『동아일보』, 1932.9.28) 등에서도 조선농민사의 일련의 야학교재로서 가장 적절한 교재들을, 조선농민사의 문맹퇴치용 서적과 기타 교양서류들이라고 추천하기도 했다.

교청년당(天道敎靑年黨)에서 군내각촌(郡內各村)에 농민강습(農民講習)을 하도록 노력(努力)한 결과 이미 개강(開講)된 곳이 여좌(如左)하며 방금(方今) 농민강습(農民講習)을 준비(準備)하는 곳도 불소(不少)하다고 일(一), 용화면운천리(龍花面雲川里)에서는 본월일일(本月一日)부터 개강(開講)한 바 회원(會員) 십여명(十餘名) 과목(科目)은 조선문(朝鮮文)과 산술(算術), 강사(講師)는 안봉연(安鳳淵) 이(二), 동면금서리(東面錦西里)에서는 본월일일(本月一日)부터 개강(開講)된바 회원(會員) 이십여명(二十餘名) 과목(科目)은 조선문(朝鮮文)과 산술(算術), 강사(講師)는 백재온(白在瑥), 삼(三), 동면용홍리(東面龍興里)에서도 본월일일(本月一日)부터 개강(開講)된바 회원(會員) 이십여명(二十餘名) 과목(科目)은 조선문(朝鮮文)과 산술(算術), 강사(講師)는 김낙구(金洛龜)[135]

위에서 제시한 바와 같이, 조선농민사 사업은 야학뿐만 아니라 각 지방을 순회하며 '조선농민강습(朝鮮農民講習)'을 실행하였다. 기사에서 언급한 안주(安州) 지역에도 이미 개강한 야학이 적지 않았으며, 보도 당시에도 3개소가 개강했다. 각 학교의 강습 현황을 보면 회원 10~20여 명, 교수 과목은 조선문(朝鮮文), 산술(算術) 등으로 드러나 있다. 이렇듯 조선농민사는 강습을 통해서도 문맹

〈그림 40〉 1932년 하기 브나로드 운동 표어 (왼쪽:『동아일보』, 1932.9.1; 오른쪽: 1933. 6.25)

퇴치 및 기초 소양 교육을 실시한 것이다.

뿐만 아니라「본사주최 제사회 하기 계몽운동(16)」(『동아일보』, 1934.

---

135)『동아일보』, 1925.12.21.

9.1), 「브나로드운동 각지대원소식(29)」(『동아일보』, 1932.9.1) 등의 자료에서는 동아일보사의 한글운동에도 적극적으로 참여하여 그 성과를 냈음을 알 수 있다. 나아가 야학을 장려하기 위하여 농민야학의 지도자를 표창하기도 했다.

【 교육자포창 농촌교육자를 조선농민사에서 표창 】

시내경운동(市內慶雲洞) 조선농민사본부(朝鮮農民社本部)에서는 오래 전부터 농민의 지식덕계발을 촉진식히기 위하야 여러 가지 사업을 경영하여 오든바 재작이십칠일 그사의 리사회를 시외 안정사에서 열고 전조선급남북만주(全朝鮮及南北滿洲)의 농촌의 구석에서 무산아동과 자란이 농민의 계몽사업(啓蒙事業)을 위하야 아모 보수도 업시 오직 혈성을 다하여 밤낮을 가리지안코 분투로력하는 무명청년(無名靑年)들의 성의와 로력을 감사표창하야써 금후 더욱이 농민교육사업에 진심갈력하기를 바라는 의미에서 아래와 갓튼 표창방법을 결의하엿다하며 표창조건에 덕합하는 이는 통지하여 줌을 바란다더라.136)

위 기사 내용은 조선농민사본부(朝鮮農民社本部)가 농촌교육자에게 표창할 것을 결의한 내용이다. 수상 대상은 조선 전역뿐만 아니라 만주 지역 동포사회를 대상으로 농민의 계몽사업에 분투한 교사들에게 [무명청년(無名靑年)]들까지 포함된다는 점에서 주목된다. 위 글에서도 밝힌 바, 표창의 목적은 이후 농민교육사업에 더욱 진력하기를 바라는 격려 차원으로서 대상자의 추천을 권고하고 있다. 조선농민사의 이러한 활동은 농민운동의 확산을 기하기 위한 또 다른 차원의 사업이라 하겠다. 이 외에 조선농민사의 교육활동과 관련하여 주목되는 점은, 노동공제회와 마찬가지로 야학생들의 웅변대회, 동화대회, 학예회, 야유

---

136) 『동아일보』, 1927.4.29.

회 등의 괴외활동도 펼쳤다는 것이다. 이러한 활동들은 교과교육의 연장으로 뜻있는 활동에 속하기도 했다.[137)

2.3. 조합설립 및 기타 경제·사회활동을 통한 노농운동

2.3.1. 초기 노농단체의 노동운동

체계적인 노동단체로서 선두에 선 조선노동공제회가 결성되고 난후, 첫 번째 노동운동은 노동자들의 권익을 위하여 전국 각지의 주요 도시에 노동조합을 조직하는 일이었다.[138) 아래의 〈표 8〉은 1921~27년까지 『동아일보』의 조선노동공제회의 노동조합 운동 및 기타 노농운동 기사로, 주요 보도 자료만을 정리한 것이다.

〈표 8〉 『동아일보』 조선노동공제회 노농조합 관련 기사(1921~27)

번호	제목	연월일	내용	비고
1	소작운동과 내용·검규(7)	1921.03.29	유진희(兪鎭熙), [소작운동의 3대 요소] 1. 금납제도(金納制度)의 채용(採用), 2. 최고소작료공정(最高小作料公定), 3. 소작권보장(小作權保障). [기타] 농업보험(農業保險), 곡가공정(穀價公定), 소작소원권등(小作訴願權等)의 차용	소작운동 3요소
2	공제회가 알선	1921.07.01	노동공제회 박이규(朴珥圭)의 주선으로 양복직공 월급[삭전] 인상 요구하여 관철(서울)	양복직공
3	양복직공복업 작일부터 취업	1921.07.02	박이규(朴珥圭)의 월급 인상 요건 수락으로 양복 직공 모두 직장으로 복귀(서울)	양복직공

---

137) 「진영소년회 현상웅변대회」(『동아일보』, 1926.2.27), 「동화(童話), 강연(講演), 천유회(川遊會)」(『동아일보』, 1927.5.5).

138) 1920~30년대 노농 단체에 대한 전수 조사를 하는 일은 쉽지 않다. 예를 들어 조선농민사의 『농민』 1932년 8월호부터 11월호까지 연재된 '조선농민사 소속 기관 소개'의 경우 각 군별 '군농민사(郡農民社)'가 만들어진 것으로 보이는데, 이러한 단체의 역할과 실질적 효과에 대한 검증은 결코 쉽지 않다.

번호	제목	연월일	내용	비고
4	각전측도 임금을증가	1921.07.07	노동공제회의 알선으로 각 상점 직공들의 월급 인상(서울)	양복직공
5	공제회의 소비조합	1921.07.29	노동공제회 시설부(施設部)에소 조선 최초로 소비조합 조직(서울)	소비조합
6	소비조합의 출현	1921.07.30	노동공제회 소비조합의 활동성(미곡판매, 기타 일반 일용품 공급할 예정) (서울)	소비조합
7	삼십일도 계속 파업	1921.10.01	부산 부두 인부 동맹파업. 노동공제회 신백우(申伯雨) 진상 조사(부산)	운수 노동자
8	소비조합총회	1922.04.30	노동공제회 소비조합 임시총회. 경과보고, 결산보고, 기타 주요 사건 의론(서울)	소비조합 총회
9	대구인쇄직공조합	1922.02.11	대구인쇄직공조합 설립. [목적] 1. 조합인원의 신의 존중, 2. 기술연구, 3. 근검저축, 4. 직업소개, 4.경조사 상조 (대구)	인쇄 직공조합
10	대구소비조합창설	1922.02.11	대구 노동공제회에서 무산계급노동자를 위한 소비조합 설립(대구)	소비조합
11	정읍소작인조합	1922.07.26	전북 정읍 소작인조합 발기	소작조합
12	소작인 문제 대하야(1~4)	1922.07.31 ~08.03	「조선노동공제회(朝鮮勞働共濟會)의 선언(宣言) "소작인(小作人)은 단결하라(團結)하라"	노동운동 기획기사
13	소작인노동자대회	1922.09.11	소작노동자대회 최초로 개최. 위원장 장영정(長永綎). 강연: 전희원(全羲源) 「소작(小作)의 유래(由來)」, 남홍(南洪) 「노동자(勞働者)의 오대문제(五大問題)」, 조우제(趙佑濟) 「소작인(小作人)은 단결(團結)하라」 등 연설(진주)	소작 노동자 대회
14	진주의 소작운동	1922.09.22	진주 소작노동자대회의 취지서와 결의안 인쇄와 검열 불통과(진주)	노동자 대회
15	자동차운전수조합	1923.10.15	전남 자동차운전수 조합 조직. 조직목적: 1. 운전소개, 2. 운전기술강습, 3. 근검저축, 4. 오습폐습교정(汚習弊習矯正), 5. 소비절약, 6. 체격수양, 7. 재액질병사망자(災厄疾病死亡者)의 상조 등(여수)	운수조합
16	노동공제회 운수종업조합	1924.06.24	경찰 당국의 엄중한 당속 하에 소작노동자대회 개최(진주)	운수조합
17	자유노동조합발회	1923.08.03	진주노동공제회 진주지회 자유노동조합(自由勞動組合) 설립 및 결의 내용(1. 최저노동임금 1인 1원 20전, 2. 1일 노동시간 9시간) (진주)	노동조합
18	소작권반환운동	1925.03.25	대구지역 소작조합 납두세(納頭貰)와 지세(地稅) 반환 요구 (대구)	소작조합
19	부정곡상성토	1927.04.19	진주 노동운수조합 결의(1. 사업확장, 2. 조합 유지비, 3. 부정곡상금(不正穀商金) 등	운수조합

위 표에 제시된 바와 같이 조선노동공제회운수조합, 양복직공조합, 소작인조합, 인쇄직공조합, 자유노동조합 등을 조직하였는데, 이 외에도 이발직공조합, 토목직공조합, 양화직공조합 등 다양한 직업군에서 노동공제회의 지도 하에 설립되었다. 특히 표에서도 드러난 바와 같이 대구, 광주, 진주 지회는 조선노동공제회의 3대 지회로서 가장 활발한 운동양상을 보였다.139)

노동공제회의 최초 소비조합은 서울에서 조직되었는데, 다음의 내용에서 소비조합의 운영 계획을 볼 수 있다.

【 공제회의 소비조합 】

공제회(共濟會)의 소비조합(消費組合) 로동자의 공동리익을 위하야 조선 처음으로 생긴소비조합 로동공제회시설부(勞働共濟會施設部)에서는 지난십오일부터 시내 관수동 칠십번디에 새로온 사업으로 소비조합(消費組合)을 개설하얏다 (…중략…) 로동자들에

〈그림 41〉「공제회의 소비조합」
(『동아일보』, 1921.7.29)

게는 미곡과 채소와 시탄을 구하는것외에 더중대한 일이업고 그것을 가장 헐하게 사는외에 더편하고 리로온일은 업슬 것이다 이러한 필요와 의미에 잇서서 로동공제회 시설부에서는 소비조합을 경영하야 모든 일용품을 도매로 사다가 조합원에게 일반시가보다 사게 팔기로 의론이 되야 자본은 매 고(股)에 오원식하여 조합원에게 이개월을 두고 매삭 일원식 배삭하야 내이하얏는대 임의 일백오십인의 조합원이 있는바 점차로 로동공제회원은 전부 소비조합원이 될터이라하며140)

---

139) 김경일(1995: 95).

보다시피 로동공제회시설부(勞働共濟會施設部)에서 노동자의 공동 이익을 위하여 소비조합을 조직하였다. 제시된 바와 같이 이는 조선에서 최초로 설립된 것이기도 하다. 그 취지를 보면 미곡과 채소와 연료, 기타 일용품 등을 저렴한 가격의 도매로 대량 입고하여, 노동자들에게 일반 가격보다 싸게 판매하려는 것이다. 조합원들은 일정 정도의 회비를 내도록 되어 있는데, 「소비조합의 출현」(『동아일보』, 1921.7.30)를 보면, 노동자들이 다수 회원으로 참여하여 크게 환영을 받았음을 볼 수 있다.

기타 노동조합의 설립과 함께 사업 목적 등을 살펴보면, 「대구인쇄직공조합」(『동아일보』, 1922.2.11)에서는 대구인쇄직공조합 설립되었으며, 1. 조합인원의 신의 존중, 2. 기술연구, 3. 근검저축, 4. 직업소개, 4.경조사 상조 등이 조합의 목적이었으며, 「자동차운전수조합」(『동아일보』, 1923.10.15)에서는 전남여수에서 조직된 자동차운전수조합을 소개하면서, 설립 목적이 1. 운전소개, 2. 운전기술강습, 3. 근검저축, 4. 오습폐습교정(汚習弊習矯正), 5. 소비절약, 6. 체격수양, 7. 재액질병사망자(災厄疾病死亡者)의 상조 등이라 밝혔으며, (『동아일보』, 1927.4.19)에서는 진주 노동운수조합이 결성되었으며, 1. 사업확장, 2. 조합유지비, 3. 부정곡상금(不正穀商金) 등을 결의했다고 보도하였으며, 「자유노동조합발회」(『동아일보』, 1923.8.3)에서는 진주노동공제회 진주지회 자유노동조합(自由勞動組合) 설립 소식과 함께 1. 최저노동임금 1인 1원 20전, 2. 1일 노동시간 9시간 등의 사항을 결의했음을 보여주고 있다. 이를 보면 각 직종의 조합들은 각각의 노동자 권리를 보장하는 다양한 목적들을 지니고 있엇음을 알 수 있다.

한편 조선노동공제회는 동회에 참여하였던 대다수를 회원들이 소작인들을 농업노동자로 보아, '소작인노동자'라는 개념을 정립하면서 소

---

140) 『동아일보』, 1921.7.29.

작운동의 필요성을 역설하기도 했다.

【 소작운동과 그 내용 검규(7) 】

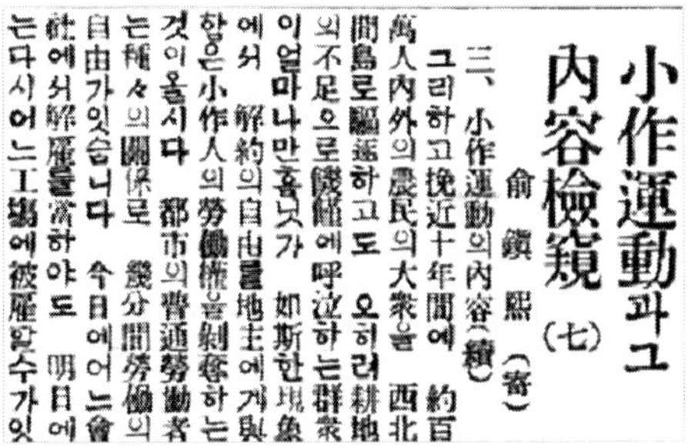

小作運動과 그 內容檢鏡 (七)

俞鎭熙 (寄)

三、小作運動의內容(續)

그리하고挽近十年間에 約百萬人內外의農民의大衆을 西北間島로驅逐하고도 오히려耕地의不足으로饑饉에呼泣하는群衆이얼마나만흡닛가 如斯한現象에서 解約의自由를地主에게與함은小作人의勞働權을剝奪하는것이올시다 都市의普通勞働者는種々의關係로 幾分間勞働의自由가잇습니다 今日에어느會社에서解雇를當하야도 明日에는다시어느工場에被雇할수가잇

〈그림 42〉「소작운동과 그 내용 검규(7)」
(『동아일보』, 1921.3.29)

소작인(小作人)은 지주(地主)에 대(對)한 주종관계(主從關係)에서 해방(解放)하야 기분간자유(機分間自由)의 대등지위(對等地位)에 입(立)하랴 하면 위선소작권(爲先小作權)의 보장(保障)을 요구(要求)할것이며 지주(地主)는 자기(自己)의 재산(財産)인 토지자본(土地資本)의 대여자(貸與者)에게 불과(不過)함을 각성(覺醒)하고 자기(自己)의 재산(財産)인 토지(土地)의 관리자(管理者)오 기업가(企業家)인 소작인(小作人)에게 무조건(無條件)으로 소작권(小作權)의 보장(保障)을 여(與)함은 당연(當然)한 의무(義務)이며 막대(莫大)한 이익(利益)이라 (…중략…) 요(要)컨대 금납제도(金納制度)의 채용(採用)과 최고소작료공정(最高小作料公定)과 소작권보장(小作權保障)은 소작인(小作人)의 제일차(第一次)의 생활자구책(生活自求策)으로 제일성(第一聲)을 규(叫)하여 볼 것이다. 그러함으로 초기(初期)의 소작운동(小作運動)은 위선우술(爲先右述)한 삼대요소(三大要素)가 주장(主將)의 내용(內容)이 될것이올시다 차외(此外)에도 일반노동운동(一般勞動運動)에셔 제기(提起)하는 각종(各種)의 요구(要求)를 병용(倂用)할 것은 모론(母論)이올시다 차(此)에 대(對)하야는 농업보험(農業保險) 곡가공정(穀價公定) 소작소원권등(小作訴願權等)의 잇음니다[141]

141) 『동아일보』, 1921.3.29.

위 글은 노동공제회의 유진희(兪鎭熙)로서, 소작운동의 필요성을 논한 내용이다. 소작인은 지주에 대한 주종관계에서 해방하여 지위권을 세워야 한다고 주장하며 소위 3대 소작운동으로, 첫째, 금납제도(金納制度)의 채용(採用), 둘째, 최고소작료공정(最高小作料公定), 3. 소작권보장(小作權保障) 등을 주창해야 한다고 제언하였다. 그뿐만 아니라 이 외에도 농업보험(農業保險), 곡가공정(穀價公定), 소작 소원권 등(小作訴願權等) 등을 채용할 필요가 있다고 보았다. 이러한 노동공제회의 입장과 함께, 당시『공제(共濟)』제2호에는 이러한 소작운동을 실현하는 방안으로 신백양(申伯兩)의「소작인 조합론(小作人組合論)」이 게재되기도 했다. 앞선 〈표 8〉을 보면, 노동공제회의 이러한 활동에 따라 다수의 농민들이 농민조합으로 단합되는 계기를 제공했으며, 농민들의 대중적 진출에 크게 영향을 미침으로써 초기 농민운동의 발전에 기여했음을 알 수 있다.

한편 노동공제회는 노동자들의 동맹파업을 주도하고, 때로는 임금인상을 중재하여 그 성과를 거두기도 했다.

【 삼십일도 계속파업 】

부산부두(釜山埠頭) 인부의 동맹파업은 삼십일까지도 일을 시작지 아니하고 (…중략…) 그중에 가장 긴급한 련락선의 화물의 운반을 맛흔 택산상회(澤山商會)에서는 사방에 인부패장을 보내여 일을 하라고 권유하얏스나 도저히 듯지 아니함으로 (…중략…) 진상(眞相)을 조사(調査)코자 공

〈그림 43〉「삼십일도 계속파업」
(『동아일보』, 1921.10.1)

제회에서 신백우씨가 부산 출장 부산로동자의 파업은작일도 계속하야 일을 하지아니 하엿다는대 경성에 잇는 조선로동공제회(朝鮮勞働共濟會)에

서는 이사건의 전말을 조사하기 위하야 신백우(申伯雨)씨가 부산에 출장
하얏다더라[142]

　조선노동공제회는 보다시피 노동자들의 동맹파업에도 일정한 형태
로 개입하였다. 위 부두노동자의 파업은 노동공제회 부산지회가 지도함
으로써 시작된 것으로 같은 해 9월 운수노동자들과 부두노동자들의 대
규모 동맹파업이 시작된 것이다.[143] 이뿐만 아니라 아래와 같이 서울
양복직공조합의 동맹파업을 유도하고 임금인상을 관철시키기도 했다.

【 공제회가 알선 】

　지나간 이십일일부터 일부 양복직공이 삭전일활을 올려달라고 청구하
얏스나 상뎜주인 편에서 거절함으로 동맹파공을 하얏다함은 임의 보도한
바이어니와 직공 백여명은 지금까지 일을 하지아니하고 잇는중인바 로동
공제회(勞動共濟會)의 박이규(朴珥圭)씨가 량방에 중재를 주선하려고 활
동하야 작일 오후에 직공편과 삼뎜편의 원만한 해결을 짓도록 하얏는대
부뎐(富田) 각뎐(角田)의 두양복뎜에는 (…중략…) 대부분은 아직 일을 시
작치 아니하고 잇스며 정자옥(丁字屋) 야복뎜에서는 순사복장을 짓는데
에는 직공편에서 요구한대로 하야줄수업다고 주장하나 량편의 태도가 서
로 양보를 하는 것이 뵈인즉 머지아니하야 해결될듯하다더라[144]

　서울 지역의 양복 직공들은 임금 1할 인상을 요구하였으나 이를 거
절함으로써 100여 명의 직공이 동맹파업을 실행했다. 이에 조선공제회
의 박이규(朴珥圭)는 이를 중재하고자 활동을 하였다. 「양복 직공 복업
작일부터 취업」(『동아일보』, 1921.7.2), 「각전측도 임금을 증가」(『동아일

---

142) 『동아일보』, 1921.10.1.
143) 김경일(1995: 97).
144) 『동아일보』, 1921.7.1.

보』, 1921.7.7)을 보면 결국 노동공제회의 알선으로 각 상점 직공들의 임금 인상 요구가 관철되었고, 이에 양복 직공 모두 직장으로 복귀했다는 소식을 볼 수 있다.

또한 조선노동공제회는 정기적으로 노동자대회 및 소작노동자대회를 개최하여 노동운동의 대중화를 기하기도 했다.

【 소작인노동자대회 】

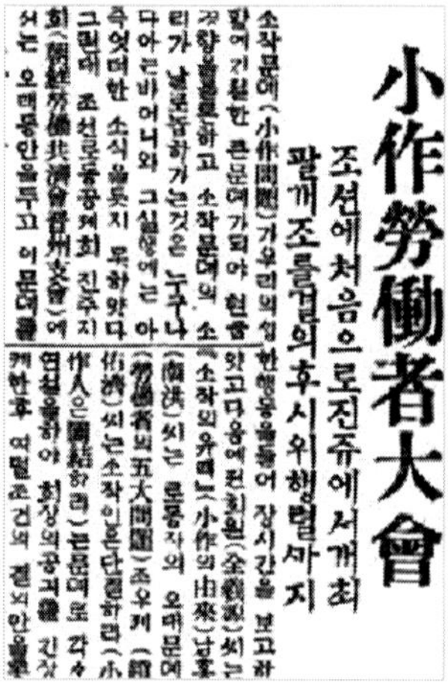
小作勞働者大會
조선에처음으로진쥬에서개최
팔개조를결의후시위행렬까지

〈그림 44〉「소작인노동자대회」(『동아일보』, 1922.9.11)

소작문뎨(小作問題)가 우리의 생활에 간절한 큰문뎨가 되야 혐금경향을 물론하고 소작문뎨의 소리가 날로 놉아가는 것은 누구나 아는바이어니와 그실행에는 아즉 엇더한 소식을 듯지 못하얏다 그런데 조선로동공제회 진주지회(晋州支會)에서는 오래동안을 두고 이문뎨를 조사연구하야 오던바 지난 사일에 진주청년회관에서 소작로동자대회(小作勞働者大會)를 열엇는대 그날 각면으로부터 대표자가 만히 출석하고 진주면(晋州面)의 소작인은 거의 다출석하야 회장은 만원이 되얏는대 모인군중은 천여명에 달하엿더라 오후 두시에 위원댱 장영정(委員長長永艇)시가 개회를 선언하고 다음에 각면으로부터 출석한 대표자(代表者)는 각면의 소작상황을 보고하야 (…중략…) 다음에 전희원(全義源)씨는 소작(小作)의 유래(由來) 남홍(南洪)씨는 노동자(勞動者)의 오대문제(五大問題) 조우제(趙佑濟)씨는 소작인(小作人)은 단결(團結)하라 등의 문뎨로 각각 연설을 하야 회장의 공긔를 긴장케한후 여덜조건의 결의안을 통과하얏는대145)

145)『동아일보』, 1922.9.11.

진주의 소작노동자대회는 조선에서 처음 개최된 행사였다는 점에서 주목할 만한 대회라 할 수 있는데, 각지 노동공제회 대표가 참여하여 1,000여 명에 이르렀다. 대회에서는 작 면의 소작상황을 보고하는 시간을 가졌으며, 그에 따른 주요 사안에 대한 결의안을 통과시키기도 했다. 그뿐만 아니라 강연도 시행되었는데, 전희원(全義源)의 「소작(小作)의 유래(由來)」, 남홍(南洪)의 「노동자(勞動者)의 오대문제(五大問題)」, 조우제(趙佑濟)의 「소작인(小作人)은 단결(團結)하라」 등 연설이 있었다. 이러한 분위기는 바로 노동자들의 인식 고양과 결의를 다지는 시간으로 작용하였을 것으로 보인다. 또한 「진주의 소작운동」(『동아일보』, 1922. 9.22)을 보면 진주 소작노동자대회의 취지서와 결의안 인쇄물이 검열 불통과로 배포하지 못하게 되었으며, 경찰 당국의 엄중한 단속 하에 있었다고 밝히고 있는데, 이렇듯 노동대회는 부자유한 상황에서 개최되었음을 알 수 있다.

한편 조선노동공제회 외에 '조선노동연맹회(朝鮮勞動聯盟會)' 등의 활동 내용에서도 이전의 노동공제회나 노동대회에 비해 진전된 양상을 보였다. 조선노동연맹회가 직간접적으로 지도하였거나 조정에 나선 노동쟁의만 하더라도 1922년 12월에 있었던 경성양화직공 파업을 비롯하여 1923년 6월의 경성 고무 여자 직공의 파업 및 경성 양말공 파업, 그리고 같은 해 8월의 평양 양말공 파업, 1924년 11월의 인천 선미(選米) 여공 파업 등 다수의 사례들에 달하였다. 특히 1923년의 경성고무여자 직공의 파업에서 노동연맹회의 지원 활동은 돋보이는 바가 있었으며, 이를 포함하여 서울지역에서 1922년 12월부터 1923년 7월에 이르는 시기에 전개된 양말·고무·양복 노동자들의 파업을 지원하고 다수의 노동조합들을 함께 조직함으로써 이 시기 노동운동의 주도권을 장악하였다. 기타 조선노동연맹회의 활동에서 지적해야 할 또 다른 내용은 우리나라 최초로 노동일인 5·1절 행사를 조직하였다는 사실이다.[146]

2.3.2. 조선농민사의 농민운동

조선농민사는 농민의 경제적 이익을 향상시키는 활동도 주요 사업으로 전개하였다. 당시 농민층의 경제적 상황에 대해서 관심을 가졌고, 경제적 몰락 상태를 극복하기 위해서는 농민의 지위가 향상되어야 한다고 주장하였다. 이런 측면에서 조선농민사는 경제적 획득운동으로 1920년대에는 알선부(斡旋部)을 통해서, 1930년대는 농민공생조합을 통해서 여러 가지 활동을 전개하였다.147) 아래 〈표 9〉는 1920년대 말에서 1930년대 초기, 조선농민사의 경제 부문 주요 활동상을 정리한 것이다.

〈표 9〉 『동아일보』 조선농민사 노농운동 관련 기사(1929~1933)

번호	제목	연월일	내용	비고
1	협동조합론(18)	1929.12.25	조선농민사에서 협동조합 조직	협동조합
2	농민사소조창립	1930.10.12	강계 농민사 알선부에서 소비조합 창립키로 결정. 실행위원 장세호(張世晧) 김신경(金信京) 이방원(李芳元) 외 오인(강계)	소비조합
3	관서지방에 산재한 농민운동자간담회	1930.10.17	정주 지역 전정주농민사(全定州農民社)에서 '농민운동자간담회(農民運動者懇談會)' 개최. 소비조합 문제와 일반 농민 문제 토의 '관서농민운동자협회(關西農民運動者協會)' 발기 결의(정주)	소비조합
4	미가대책토의 조선농민사에서	1930.10.23	全朝鮮農民社(전조선농민사) 중앙이사회를 열고 미가폭락(米價暴落)에 대한 대책 토의	미가대책
5	미가대책사안 전조선농민사	1930.10.24	미가대책안 1. 정조(正租)를 즉시 매상하라. 2. 정조가(正租)의 최저기준을 마련하라. 3. 수세(水稅)의 연납(延納) 및 물납(物納), 조사(租稅) 기타 공과급의 물납을 허가하라. 4. 소농본위(小農本位)의 농가부채(農家負債)의 지불유예(支拂猶豫)를 실시하라.	미가대책안

---

146) 김경일(2005: 98).
147) 이윤선(2007), 「조선농민사의 사회운동」, 한림대학교 석사논문, 29쪽.

216

번호	제목	연월일	내용	비고
6	융자중지매상단행	1930.10.26	미가대책안에 대한 당국의 삼단식(三段式) 응급대책안	미가대책안
7	농촌경제조사차 선우전씨를 파견 전조선농민사에서	1930.11.06	농촌의 경제상태를 조사하기 위해, 전조선농민사의 선우전(鮮宇全)이 각지 주요 지방에 파견	농촌 경제조사
8	통천군에 농련창립대회	1930.12.27	통천군 농민연합창립대회 개최. 전조선 농민사의 이성환(李晟煥) 참여(통천)	농민연합 창립
9	각지농회와 소조	1930.11.18	조선농민주간 이성환(李晟煥)(이성환)과 의주의 이재향(李載珦) 강습회. 각 지역 소비조합 설치 및 농민사 알선부(斡旋部) 설치대회	농민사 '알선부' 설치대회
10	관서지방의 청년운동자대회	1931.1.28	전조선 농민조합의 운영 대책안 마련(관서지방 각지)	농민조합
11	조선농민사대회 각종 중요결의	1931.04.09	조선농민사대회 결의안. 1. 지방 경제기관을 적극적으로 지도, 2. 농민학교 경성에 설립, 3. 궁농민 구제, 4. 소작제도 개선, 5. 납세감하운동 6. 고무공장 설립(서울)	조선 농민사대회
12	외래품방어코겨 서선농경부설립	1931.04.19	맹산군 농민사 소속 6개소 알선부와 서선 농민경제부를 설치, 외래물품 방어책 고심	알선부, 농민경제부
13	극난자에게 구제금 배부	1931.04.23	농촌의 극빈자에게 조선농민사에서 구제금을 배부	농민구제
13	조선농민사 고무조합설치	1931.06.26	사원 자작자급을 목적으로 조선농민사 고무조합 설치 결정(서울)	고무조합
14	농민공생조합 관서연합창립	1931.08.14	관서 지역 농민공생조합 창립(평양)	농민 공생조합
15	조선농민사에서 평양에 공조지부	1931.08.27	조서농민사 관서지역 농민공생조합의 지도장려와 물품구입을 편의를 주기 위하여 '조선농민공생조합부평양지부' 설치. 책임자:이지현(李智鉉)	농민 공생조합
16	산청주가고등 감하코겨교섭	1931.10.23	경남 산청군 탁주 값 상승세에 대해 산청 농민사 조합에서 가격 인하 요구(산청)	주가 인하요구
17	사원총동원으로 농민데이 기념	1931.12.02	경운동 조선농민사에서 각지 사원을 총동원하여 농민데이 일제히 기념축하(서울)	농민데이
18	조선농민사 고무공장설치	1932.02.13	평양의 고무공장 설치 완료, 농민공생조합 판매 준비(평양)	농민 공생조합
19	조선농민사 대회를 개최	1932.03.24	경운동에 있는 조선농민사 제5차 전국대회 개최	제5차 농민대회
20	농민고무총회	1932.04.01	조선농민사에서 직영하는 평양의 농민 고무공장에서는 제1회 출자원총회 개최 (평양)	고무공장 출자원 총회

번호	제목	연월일	내용	비고
21	전조선 협동조합조사	1932.04.02	조선농민사 창립 12주년 기념으로 전조선의 협동조합 조사. 각지국에 조사 의뢰. 1. 전조합의 종합적 대세를 보고, 2. 각 조합의 개별적 상황을 소개	전국 협동조합 조사
22	농민공생조합발전	1932.09.29	광량만농민사 농민공생조합원 3500여 구 입회원. 이발/행정사법대서 무료 봉사, 농민야학 계획.	농민 공생조합
23	신창농민공조대두 수출알선	1932.11.11	신장 농민공생조합에서 대두 수출을 결정하고 알선(신장)	대두수출건
24	농가차금정리조합 덕천에 15개소	1933.04.29	덕천에서 농민의 고리채 차금을 위한 15개소 조합서립(덕천)	고리대금 차금
25	농민운동지도	1933.05.30	평민 농민운동가, 농민운동의 이론과 실제에 대한 지도	농민지도
26	특종작물재배장려 다각적농업으로	1933.06.01	고원농민사 계획. 단식(單式)농업에서 다각적(多角的) 농업으로의 전환.	작물 재배방법

위의 표에서도 나타난 바, 조선농민사는 알선부 활동, 조합 설립 활동 외에 고무공장을 설치하고, 각지 농민의 경제 활동에 대한 권익에 나섰으며, 농민지도에도 활발한 움직임을 보였음을 알 수 있다. 조선농민사는 농민대중의 당면이익과 생활향상 등 경제운동을 전개하기 위하여 1926년 10월 조선농민사 알선부를 신설하고, '조선농민사알선부부칙(朝鮮農民社幹旋部部則)을 마련하였다. 알선부 사업은 출자액의 상한을 정하고, 출자액의 다과에 따라 이익을 배분하는 등 협동조합의 원칙을 따르고 있었다. 당시 조선농민사 알선부에서는 개량농구를 알선하는 등의 사업을 비정규적으로 하였다. 그후 1928년 2월 규약개정으로 알선부는 서무부, 경리부, 교양부, 선전조직부, 조사출판부와 함께 조선농민사의 6부의 하나로 자리 잡았다.[148] 이와 함께 각 지역 지회에서는 알선부를 설치하고 소비조합을 설립하는 등의 활동을 펼쳤다.

---

148) 이윤선(2007: 30).

【 농민사소조창립 】

조선농민사강계군농민사리사회(朝鮮農民社江界郡農民社理事會)에서는 동사알선부(同社斡旋部)사업으로 소비조합(消費組合)을 창립키로 하얏는데 창립총회는 이달말일경에 열기로하고 구금(口金)은 오원으로 하되 이회불로 하얏다는데 실행위원을 다음과가티 선거하고 폐회하얏다 ▲실행위원(實行委員)=장세호(張世晧) 김신경(金信京) 이방원(李芳元) 외 오인[149]

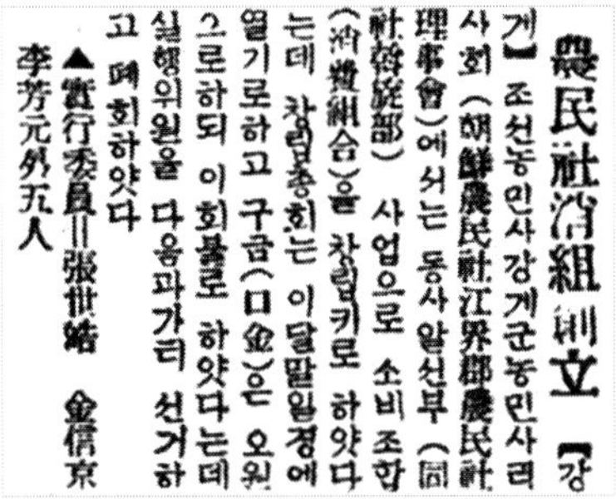

農民社消組創立

【강계】 조선농민사강계군농민사리사회(朝鮮農民社江界郡農民社理事會)에서는 동사알선부(同社斡旋部)사업으로 소비조합(消費組合)을 창립키로 하얏다는데 창립총회는 이달말일경에 열기로하고 구금(口金)은 오원으로하되 이회불로 하얏다는데 실행위원을 다음과가티 선거하고 폐회하얏다 ▲實行委員=張世晧 金信京 李芳元外五人

〈그림 45〉「농민사소조창립」(『동아일보』, 1930.10.12)

1930년 4월 천도교 청년당이 조선농민사를 장악하면서부터 알선부의 사업은 확대되었다.[150] 조선농민사의 간부들은 지식계발과 교양운동, 생활향상과 경제운동, 사세확장과 전적(全的)운동 등 3개 부문의 실행 강목을 발표하였다. “① 생산품과 소비품을 알선하여 중간이익을 농민에게 취득케 할 것, ② 중앙알선부 사업은 수수료를 요구하지 않고 희생적으로 취급할 것, ③ 소작인에게 무리한 행동을 하는 지주를 철저 응징할 것, ④ 궁(窮)농민의 참상을 조사하여 당면의 대응책을 강구할 것” 등 알선부 사업을 확대하여 농민대중의 생활안정에 힘을 쏟은 것이다.[151] 그뿐만 아니라 농민운동자 간담회를 통해 농민 경제 향상에 대한 토의를 진행하였고,[152] 농민연합을 창립,[153] 각지 농민회를 대상으

149) 『동아일보』, 1930.10.12.

150) 「협동조합론(協同組合論 십판(十八)」, 『동아일보』, 1929.12.25.

151) 김용달(1995: 45).

152) 「關西地方(관서지방)의 靑年運動者大會(청년운동자대회)」, 『동아일보』, 1930.10.17.

153) 「通川郡(통천군)에 農聯創立大會(농련창립대회)」, 『동아일보』, 1930.12.27.

로 농촌문제 강연 및 소조 활동에서 조선농민사의 역할이 컸다.

【 각지농회와 소조 】

조선농민주간(朝鮮農民主幹) 리성환(李晟煥)씨와 의주 리재향(李載珦) 량씨를 초빙하얏다하며 강습생에게는 일절비용과 강습에대한 일절은 주최자인 전정주농민사에서 부담할 터이라 하며 (…중략…) 평북령변군 령변면 동부동 령변군령변면동외성동(寧邊君寧邊面東外城洞) 농민사(農民社)에서는 지난 십(十)일 오후팔(八)시부터 당지 일신학원(日新學院)

〈그림 46〉 「각지농회와 소조」
(『동아일보』, 1930.11.18)

에서 사원 이십(二十)여명이 모혀 (…중략…) 농민사 알선도(農民社幹旋道) 설치대회를 성대히 거행한 후 십이(十二)시에 폐회하얏는데 의안은 다음갓다 일(一). 알선부설치(幹旋部設置)의 건(件) 일(一). 물품공동구입(物品共同購入)의 건(件) 일(一). 구금수집(口金收集)의 건(件) 일(一). 판매원선정(販賣員選定)의 건(件)154)

보도 당시 농민사 주간이었던 이성환(李晟煥)은 의주 지역 농민사에서 강연 및 농회의 경제 문제에서 주요 사항들을 토의 및 결정 사항 등에 참여하였다. 강의 내용도 「경제학인구론(經濟學人口論)」, 「소비조합론(消費組合論)」 등 농촌경제와 관련된 것이었다. 또한 평북 영변의 농민사에서는 농민사알선도(農民社幹旋道) 설치대회가 있었으며, 물품공동구입, 구금수집(口金收集), 판매원 선정 등의 사항을 결의하였다. 기

---

154)『동아일보』, 1930.11.18.

타 이어지는 기사에서는 강의, 방현, 정주, 성주 농민사에서 노동소비
조합을 설치했다는 내용이 보도되기도 했다. 또한 알선부 설치 이후로
조선농민사 대회, 농민운동 지도 등을 지방 경제기관을 적극적으로 지
도, 궁농민 구제, 소작제도 개선안 제시, 납세감하운동, 평민 농민운동
가, 농민운동의 이론과 실제에 대한 지도, 농민학교의 설립 등 농민의
경제를 위한 활동들을 다양하게 펼쳤다.155)

   1931년 4월 6일부터 7일까지 열린 조선농민사 제4회 전국대표자대회
에서는 종래의 알선부를 경제부(經濟部)로 바꾸고, 경제부의 지도 아래
경제기관을 만들기로 결의하였다. 그리하여 다음날인 4월 8일 조선농민
사 제1회 중앙위원회에서는 이 경제기관의 명칭을 '농민공생조합(農民
共生組合)'으로 하기로 결정하였다. 농민공생조합의 규모는 1931년 4월
113개소에서 1932년 6월에는 조합 수 181개 조합원수 27,962명으로,
1933년 9월 당시에는 조합 수 180여 개 조합원 5만여 명, 조합 총자금은
30여만 원에 달하였다.156) 이처럼 지방의 농민공생조합의 규모가 확대
되자 1931년 가을부터는 농민공생조합 연합회가 조직되었다. 1931년
8월 평안도·황해도의 농민공생조합의 대표들은 이 지역의 조합수가 50
여 개에 달하자 조합 간에 업무 연계와 통일을 위해 관서지역 농민공생
조합연합을 설립하기로 협의하고, 8월 10일 평양의 천도교당에서 농민
공생조합관서연합(農民共生組合關西聯合) 창립총회를 개최하였다.

【 農民共生組合(농민공생조합) 關西聯合創立(관서연합창립) 】
   농민공생조합(農民共生組合) 관서연합창립(關西聯合創立) 관서방면에
잇는 조선 농민사에서는 이번농민공생조합(農民共生組合)을 창립하기위

---

155) 「조선농민사대회(朝鮮農民社大會)를 개최(開催)」(『동아일보』, 1932.3.24), 「조선농민사
   대회(朝鮮農民社大會) 각종(各種) 중요결의(重要決意)」(『동아일보』, 1931.4.9), 「농민운동
   지도(農民運動指圖)」(『동아일보』, 1933.5.30) 등.
156) 「극난자(極難者)에게 구제금(救濟金) 배부(配賦)」, 『동아일보』, 1931.4.23.

하야 지난十(십)일 오전十一(십일)시 평양 천도교당에서 각지대표 오십(五十)여명이 모여 동조합을 창립하는 동시에 아래와 가튼 사건을 결의하얏다. ▲예산안통과(豫算案通過) ▲정관통과(定款通過) ▲대표이사김정주(代表理事金廷株) ▲임원선격(任員選擊)＝상무이사김성옥(常務理事金成玉) ▲구역이사 길윤기 외 십일 명(區域理事吉允箕外十一名)157)

이후 지방 조합의 연합회 구성에 부응하여 1932년 2월 중앙의 '조선농민사 공생조합'도 '조선농민사 공생조합 중앙연맹'으로 발전하였고, 1933년 8월 정관을 개정하여 조선농민사 공생조합 중앙연맹을 '농민공생조합 중앙회(農民共生組合中央會)'로 변경하였다. 농민공생조합 중앙회는 "① 농촌의 조합경제수립을 기함, ② 농민생활의 경제적 이익과 협동을 기함"을 강령으로 하였다. 그리고 "① 농촌일용품을 공동 구입하여 배부 또는 판매하는 소비부 사업, ② 농업창고 및 생산공장을 경영을 통한 생산물의 위탁 혹은 공동판매, ③ 조합원의 농자융통(農資融通) 및 저축 편의를 도모하는 신용부 사업, ④ 중요한 농구 및 기타의 시설을 설치하여 일반조합원의 편의를 돕는 이용부 사업, ⑤ 의원·목욕탕·이발소 등을 설치하여 일반조합원들의 편의를 돕는 위생부 사업" 등을 주요사업으로 하고 있었다. 이러한 농민공생조합운동은 일제의 통제와 억압 아래에서 농민의 경제적 이익을 획득하기 위한 '자립적 경제운동'이며 '자주적 협동조합운동'이었다.158)

그런데 위 〈표 9〉에 제시된 농민공생조합운동에서 하나 주목되는 사항은 조선농민사의 고무공장 설립 내용이다. 「조선농민사 고무조합설치」(『동아일보』, 1931.6.26)를 보면 조선농민사는 사원들의 작자급을 목적으로 고무조합을 설치하였다. 그뿐만 아니라 아래 자료를 보면 조선

---

157) 『동아일보』, 1931.8.14.
158) 이윤선(2007: 48).

농민사는 여기에서 그치지 않고 고무공장까지 설치했다.

【 조선농민사 고무공장설치 】

시내 경운동에잇는 조선농민사(朝鮮農民社)에서는 농민대중의 당면리익 획득을 도모하기 위하야 전국에 일(一)백 오십(五十)여곳에 협동조합과 가튼 경제긔관으로 농민공생조합(農民共生組合)을 조직하야 일용소비품 판매와 농산물 공동판매를 하여 오든 중 작년에 이르러서 농민들의 가장 만히 소비하는 고무신을 헐가로 공급하기 위하야 생산업의 하나로 고무공장을 평양에 설치하기로 되엇다함은 일즉이 보도한바 잇섯거니와 동공장은 이미 제반설비가 완료되어 벌서부터 물건을 만드러 전국 각 협동조합과 농민공생조합에서 일제히 판매한다는데 동공장의 사무소는 평양부 아청리 구일(九一)번지라 한다.[159]

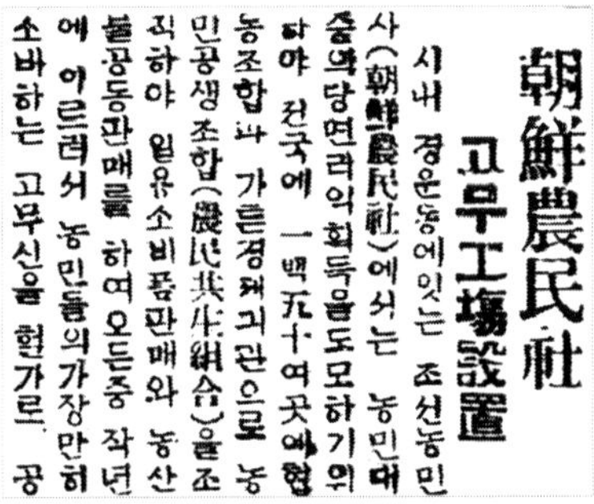
朝鮮農民社 고무工場設置

시내 경운동에잇는 조선농민사(朝鮮農民社)에서는 농민대중의당면리익획득을도모하기위하야 전국에 一백五十여곳에협동조합과 가튼경제긔관으로 농민공생조합(農民共生組合)을조직하야 일용소비품판매와 농산물공동판매를 하여오든중 작년에 이르러서 농민들의가장만히 소비하는 고무신을 헐가로 공

〈그림 47〉「조선농민사 고무공장설치」(『동아일보』, 1932.1.13)

조선농민사의 고무공장 설립과 그 운영에 대한 건은 매번 총회에서 논의할 만큼, 이 사업은 농민사의 주요한 사업이었던 것으로 보인다.[160] 한편 〈표 9〉에 제시된 바, 조선농민사의 또 다른 활동으로 주목되는 바는 경제부를 설치하고 외제 물품 수입에 대한 대책 마련,[161] 미가폭락(米價暴落) 및 주가(酒價) 인하, 고리채 차금에 대한 대책 마련,[162] 농촌

159) 『동아일보』, 1932.1.13.

160) 「朝鮮農民社(조선농민사)에서 平壤(평양)에共組支部(공조지부)」(『동아일보』, 1931.8.27), 「農民(농민)고무總會(총회) 명一日平壤(일일평양)서」(『동아일보』, 1932.4.1), 「미가대책사안(米價對策私案) 전조선농민사(全朝鮮農民社)」(『동아일보』, 1930.10.24).

161) 「외래품방어(外來品防禦)코저 서선농경부설립(西鮮農經部設立)」, 『동아일보』, 1931.4.19.

162) 「미가대책사안(米價對策私案) 전조선농민사(全朝鮮農民社)」(『동아일보』, 1930.10.24), 「산

극빈자에게 구제금 배부163) 대두수출 및 작물재배방법 교육164) 등 농민 경제를 위한 각종 방면의 활동상들이다. 또 하나 조선농민사가 실행한 사업 중 당대 조선농민의 상황에 대한 리서치 형태의 경제조사를 실행했다는 점이다.

【 농촌경제조사차 선우전씨를 파견 전조선농민사 】

최근 급격히 변환되어가는 농촌의 경제상태를 실지로 조사하기위하야 전조선농민사 (全朝鮮農民社)에서는 이방면에 다년연구에 조예를 가진 鮮于全(선우전)씨를 남선 일(一) 대의 중요지방에 출장케하야 농민의 괴로워하는 소리를 여실히 듯기로 하얏다는데 선우전씨는 재삼(三)일밤에 출발하엿다.165)

〈그림 48〉「전조선협동조합조사(17)」, 『동아일보』, 1932.4.29)

이어지는 글에서는 전조합의 종합적 대세를 보고, 각 조합의 개별적 상황을 소개하겠다고 밝히기도 했는데, 〈그림 48〉에서 보다시피 조선농민사의 조사결과는 신문에 연재물로 게재되기도 했다. 이러한 조사자료는 당시 농민지도에 유용한 참고자료가 되었을 것으로 보인다.166) 한편 조선농민사는 '農民 (농민) 데이'를 만들고 매년각지 사원을 총동원하여 기념식을 가지

청주가고등(山淸酒價高騰) 감하코저교섭」(『동아일보』, 1931.10.23), 「농가차금정리조합 (農家借金整理組合)」(『동아일보』, 1931.4.23).

163) 「극난자(極難者)에게 구제금배부(救濟金配付)」, 『동아일보』, 1931.4.23.

164) 「신창농민공조新倉農民共組) 대두수출알선(大豆輸出斡旋)」(『동아일보』, 1932.11.11), 「특종작물재배장려(特種作物栽培奬勵) 다각적농업(多角的農業)으로」(『동아일보』, 1933.6.1).

165) 『동아일보』, 1930.11.6.

166) 그 외 「동포문제조사(同胞問題調査)」(『동아일보』, 1931.10.13)를 보면, 조선농민사는 각 방면의 동포의 문제를 조사하는 활동도 하였다.

는167) 등 그야말로 농민계몽을 위한 다양한 활동상을 전개하였던 노농단체라 할 수 있다.

3. 노농운동의 전개와 그 의의

노동운동이 본격화된 시기는 3.1운동 직후인 1920년대로서, 대중들의 사회 문제에 대한 관심이 크게 고조된 시기이기도 하다. 민족의 해방과 발전을 기하려면 노동자의 정치적 각성과 그 운동이 무엇보다 중요하다는 사상이 지배적인 시대였다. 이에 1920년 4월에는 전국적인 노동자 조직체로서 '조선노동공제회(朝鮮運動共濟會)'와 '노동대회(勞動大會)'라는 단체가 설립되었으며, 그 지부(支部)도 전국 주요 도시에 속속 결성되었다. 또한 1923년에 이르러서는 노동조합들을 총결사체인 '조선노동연맹회(朝鮮勞動聯盟會)'가 결성되었고, 1924년에는 '노동운동공체회(勞動運動共濟會)', '노동대회(勞動大會)', '조선노동연맹회(朝鮮勞動聯盟會)' 등 3단체가 대동단결하여 '조선노농총동맹(朝鮮勞農總同盟)'이라는 조직체로 보다 체계화되었다. 이와 동시에 노동자의 노동쟁의도 반일민족해방(反日民族解放) 투쟁의 성격을 띠고 고양되었으며 농민들의 소작쟁의도 전례 없이 활성화되었다. 여기에 한편에서는 1920년 3월 천도교청년회가 설립되면서 농민의 각성, 농민교육의 진흥 등 농민의 정신개조, 즉 문화운동의 방식에 의한 농촌의 개량을 지향하였다. 한편 노농단체의 활동상은 크게 세 분야로, 첫째, 강연회 및 문화 활동을 통한 계몽운동, 둘째, 강습소 및 야학을 통한 교육운동, 셋째, 조합설립 및 기타 경제·사회활동을 통한 노농운동 등으로 대별된다.

---

167) 「농민교양(農民敎養) 데이」(『동아일보』, 1930.12.01), 「사원총동원(社員總動員)으로 농민(農民) 데이 기념(記念)」(『동아일보』, 1931.12.02).

첫째, 강연회 및 문화 활동 상을 보면, 이들 단체는 전국 각지에 걸쳐 강연회를 개최하면서 노동자들의 인식을 계몽하기 위한 운동을 전개하였다. 매일의 신문 보도에서 각 단체의 강연회 소식이 다수 게재되었는데, 연제를 보면 노동일반, 노동자 및 노동 문제, 위생, 노동단체, 경제이론, 노동권, 노동운동 등 다양한 논제의 강연회가 개최되었음을 볼 수 있다. 강연회는 결국 노동자의 지도와 교육이라는 계몽적인 차원의 활동이라고 할 수 있으며 이후의 노농운동의 전개에서도 강연회는 농민과 노동자 의식 개선의 한 수단이 되었다. 한편 잡지 출간을 통한 노농 계몽을 전개하기도 했다. 먼저 조선노동공제회는 1920년 4월 창립 시기부터 잡지 출간을 위한 기금을 마련하였고, 『공제(共濟)』 및 『노동공제회보(勞動共濟會報)』 등을 발행하여 관련 단체의 의론과 노동자들을 계몽하는 글들을 게재하였다. 한편 노동공제회는 당시 연극계에서 전개되었던 소인극 운동에도 적극적으로 참여했으며, 노동가(勞動歌)를 현상 모집 등을 펼치기도 했다. 조선농민사 역시 창립 초기부터 '조선농민의 교양과 훈련'을 목적으로 잡지를 발행할 것을 규약으로 제시하였다. 그 결과 『조선농민(朝鮮農民)』, 『농민(農民)』 등을 발간하여 농민들의 의식 개선을 도모하였으며, 여타 다수의 대중교양서를 발간하기도 했다. 기타 조선농민사는 농민문예운동을 농민운동의 하나로 삼기도 했다.

둘째, 강습소 및 야학을 통한 교육운동을 보면, 조선노동공제회는 창립초기부터 교육부를 조직하고 일반 노동계급의 지식을 향상시키고자 노동야학을 설시하였다. 야학교 학생 수도 수십명에서 100여 명에 이를 정도로 다수가 참여하여 성황리에 전개되었다. 조선농민사는 소작 쟁의보다는 민족독립과 농민의 지위 향상을 위한 계몽운동과 실력양성운동에 주력하여 전국의 이농민사마다 야학을 설립, 농민야학운동에 주력하였으며, 특히 농민들의 문맹퇴치운동이 선결적인 과제라고 보고 야학운동을 활발하게 전개했다. 특히 조선농민사의 경우는 『대중독본(大衆讀本)』, 『대중산술(大衆算術)』, 『대중간독(大衆簡牘)』, 『한글독본』 외

다수의 문맹퇴치 교재 및 농민교양서 등은 발간하였는데, 당대 농민계몽에 유용한 서적들이었다는 점에서 그 의의가 크다 하겠다.

셋째, 조합설립 및 기타 경제·사회 활동을 보면, 체계적인 노동단체로서 선두에 선 조선노동공제회가 결성되고 난 후, 첫 번째 노동운동은 노동자들의 권익을 위하여 전국 각지의 주요 도시에 노동조합을 조직하는 일이었다. 조선노동공제회운수조합, 양복직공조합, 소작인조합, 인쇄직공조합, 자유노동조합 등을 조직하였는데, 이 외에도 이발직공조합, 토목직공조합, 양화직공조합 등 다양한 직업군에서 노동공제회의 지도 하에 설립되었다. 특히 표에서도 드러난 바와 같이 대구, 광주, 진주 지회는 조선노동공제회의 3대 지회로서 가장 활발한 운동양상을 보였다. 뿐만 아니라 정기적으로 노동자대회 및 소작노동자대회를 개최하여 노동운동의 대중화를 기하기도 했다. 이 외 '조선노동연맹회' 등의 활동 내용에서도 이전의 노동공제회나 노동대회에 비해 진전된 양상을 보였다. 조선노동연맹회가 직간접적으로 지도하였거나 조정에 나섰으며, 양말·고무·양복 노동자들의 파업을 지원하고 다수의 노동조합들을 함께 조직함으로써 이 시기 노동운동의 주도권을 장악하였다. 조선농민사 역시 농민의 경제적 이익을 향상시키는 활동도 주요 사업으로 전개하였다. 당시 농민층의 경제적 상황에 대해서 관심을 가졌고, 경제적 몰락 상태를 극복하기 위해서는 농민의 지위가 향상되어야 한다고 주장하였다. 이런 측면에서 조선농민사는 경제적 획득운동으로 1920년대에는 알선부(斡旋部)을 통해서, 1930년대는 농민공생조합을 통해서 여러 가지 활동을 전개하였다.

제4장 청년운동과 종교

김정애

1. 청년과 종교 담론의 성격

진화론이 풍미하던 계몽시대에 문명 진보를 위해 청년을 동원하는 것은 자연스러운 현상이다. 이것은 개인의 일생이 '유년기'에서 '소년'을 거쳐 '청년'으로 성장하듯이, 국가나 문명을 진보시키는 주체로 '청년'을 설정하는 사상이다.

청년과 계몽사상이 쉽게 어울릴 수 있는 데는 계몽철학의 본질이 '자유주의', '자연법', '과학주의'를 포함하고 있기 때문이다. 계몽주의가 '이성'을 수단으로 기존의 종교적 억압으로부터 해방을 부르짖고, 자연법 사상과 경험적 과학주의를 바탕으로 자유와 평등의 정치 이념을 행사하고자 했음은 서양의 계몽주의 역사에서 쉽게 찾아볼 수 있다. 이점은 정동근(1991)의 『현대사상의 체계분석』(정훈출판사) 제3장 '자유주의'에서도 찾아볼 수 있는데, 이 책에서는 "자유주의는 근대 유럽에서 역사적으로 형성된 조류로서 개인의 사상이나 행동에 관하여 구속을

받지 안흔 것"을 의미하며, "오직 인간의 자연권에 의존하여 복종자의
합의와 승인 위에 성립된 법에 의존하여 자유가 보장되는 것"이라고
주장하고, "이러한 자유주의는 종교개혁과 시민혁명의 시대에 생성·발
전되었으며, 중세 봉건적 속박으로부터 해방되어 근대 시민사회를 형
성하는 시민층의 중심 사상이 되었다."라고 설명하였다.[1] 서양 근대사
상의 핵심인 자유주의가 성립·발전하는 과정을 도식적으로 설명하기
는 어렵지만, 이 사상의 근저에 '이성적 정신', '유기체적 사회관', '행위
의 자기 결정성' 등이 존재한다는 것은 정동근(1991)에서도 설명한 바
다. 특히 계몽사조의 인간 이성을 뒷받침하는 자연과학의 발달은 진화
론과 함께 사회 진화에 대한 신념을 심어주었고, '생존경쟁', '자연도
태', '문명진보'에 대한 도식화된 이데올로기를 산출하며, 국가와 사회
의 진보를 위한 청년의 역할을 강조하게 된다.

이와 같은 경향은 국권 침탈기 한국사회에서도 중심 이데올로기의
하나로 자리 잡는다. 그 중 하나인 '한국 진화설'에 관한 논설을 살펴보자.

【 進化와 降衰[2] 】

人心을 振作ㅎ야 希望을 抱ㅎ고 日로 文明에 進ㅎ야 <u>黃金國土를 作케
ㅎ는 者 進化說이 是也오. 人心을 沮退케 ㅎ야 悲觀을 興ㅎ고 日로 黑暗에
向ㅎ야 劣魔地獄에 陷케 ㅎ는 者는 降衰說이 是也</u>로다. (…中略…) 西國을
觀ㅎ라 人類의 希望이 無窮ㅎ며 人類의 進步도 亦無窮ㅎ다 ㅎ고 或 降衰을
主唱ㅎ는 者가 有하느. 其立脚地를 失ㅎ지 已久홈으로 後人이 前人보다 突
過홈을 爭ㅎ며 後人이 前人보다 逈出홈을 謀ㅎ야 前人의 唱道흔 학설을
後人이 反駁 或 改正ㅎ며 前人의 建設흔 事業을 後人이 校正 或 增補ㅎ야
人人이 惟進化를 是講ㅎ며 人人이 <u>惟進化를 是務홈</u>으로 其思潮所蕩에 社會

1) 정동근(1991), 『현대사상의 체계 분석』, 정훈출판사. 107쪽.
2) (논설) 『대한매일신보』, 1906.8.13.

도 如是進化ㅎ며 國家도 如是進化홈이어늘 今에 韓國을 反觀혼즉 自來로
學士의 議論도 降衰을 主ㅎ며 閭巷의 談論도 降衰를 唱ㅎ야 曰人材衰乏은
曰甚壹日이라 ㅎ며 曰風俗頹敗는 歲甚壹歲라하야 古人의 言論이면 是非를
不問ㅎ고 是를 盲從ㅎ며 古人의 行事면 善否를 不較ㅎ고 是를 步趨ㅎ며 衣
冠文物도 古人이 創혼 바면 是을 株守ㅎ며 禮樂 政法도 古人이 定혼 바면
是를 膠鼓ㅎ야 古人이라 云ㅎ면 人類以外에 超出혼 上帝ス치 信ㅎ고 壹毫
도 其間에 致疑를 不敢ㅎ니 嗚乎라. 民族이 文明홀스록 古人을 益益히 崇拜
ㅎ야 後人의 模範을 作ㅎ거니와 如此혼 癡妄의 崇拜는 進步의 路만 障礙홈
이니라. 從今 韓國에도 將次 新思潮가 勃興ㅎ야 壹大 進步의 機가 漸著ㅎ거
니와 但已往에 全國人心을 支配하던 降衰說이 國民 腦際를 久蠹ㅎ얏스니
或者 此等 頑論이 今日에도 其餘談을 肆홀가 是恐ㅎ야 本論을 草ㅎ노라.

번역 사람의 마음을 떨쳐 일으켜 희망을 갖게 하고, 날로 문명에 진보
하여 황금 국토를 만드는 것은 '진화설'이요, 인심을 가로막고 퇴
보하게 하여 비관을 일으키고 날로 암흑으로 향해 열등 지옥에 빠지게
하는 것은 '강쇠설(降衰說)'이 그것이다. (…중략…) 서양 여러 나라를 보
라. 인류의 희망이 무궁하며, 인류의 진보도 또한 무궁하다 하고, 혹 강쇠
(국력이나 문화 도덕 사람의 체질 등이 점점 쇠하여 감)를 주장하는 사람
이 있는지. 그 입각지를 잃은 지 오래되어 후세 사람이 전세 사람보다
과감히 나아감을 다투고, 후세 사람이 전세 사람보다 향진함을 도모하여,
전세 사람이 주장한 학설을 후세 사람이 반박 혹은 개정하며, 전세 사람
이 건설한 사업을 후세 사람이 교정 혹은 증보하며, 사람마다 오직 진화
에 힘써 기 사조가 활달하여 사회도 또한 진화하며, 국가도 이와 같이
진보하거늘, 우리 한국을 돌이켜 보면, 자고이래로 학사의 의논이 강쇠를
주로 하고, 여항의 담론도 강쇠를 주장하여 말하기를 인재의 부족이 날로
심하다 하며, 혹은 풍속의 퇴패(頹敗)가 세월이 지날수록 심하다 하여, 옛
사람이 말한 것은 시비를 따지지 않고 옳다고 맹종하며, 옛사람의 행하던
일은 좋고 나쁨을 비교하지 않고 이를 따르며, 의관문물도 고인(古人)이

만든 것은 이를 억지로 지키고, 예악과 정법(政法)도 고인이 정한 바는 이를 반드시 고수하여, 고인이 말한 것은 인류 이외에 뛰어난 하느님처럼 믿고, 조금도 그간 의심을 하지 아니하니, 아, 민족이 문명할수록 고인을 점점 숭배하여 후세 사람의 모범을 삼아야 하지만 이와 같은 어리석은 망령을 숭배하는 것은 진보의 길만 가로막을 뿐이다. 지금 한국에도 장차 신사조가 발흥하여 일대 진보의 기회가 점차 드러나거니와 다만 지금까지 전국 인심을 지배하던 쇠강설이 국민 뇌수에 오랫동안 꿈틀거리고 있었으니, 혹자 이러한 완고한 논의가 금일에도 그 남은 잔재를 끼칠까 두려워하여 본론을 초하였다.

이 논설에 쓰인 '진화설'은 근대 계몽기의 한 사조인 '사회진화설'을 의미하며, '강쇠설'은 사회적 차원에서 진화와 대립되는 비관적 사회관을 의미한다. 당시 사회 사조가 진화설이 풍미되었으며, 한국사회의 경우 국가 사회의 진화에 대한 믿음보다 완고배들의 행태로 인한 강쇠설, 곧 비관적 태도가 만연되어 있음을 염려한 것이다.

이러한 사회 분위기에서 국가 사회를 진화시킬 주체로 '청년'을 동원하는 것은 자연스러운 현상이다. 다음 논설을 살펴보자.

【 勸告靑年[3] 】

吾人이 此世에 處흠이 一生을 分하야 五等年으로 排하니 十五歲以前은 幼年이라 하깃고 三十歲신지난 靑年이오 四十五歲신지난 壯年이오 六十歲 신지난 衰年이오 六十歲以後난 老年이니 譬之하건딕 第一等 幼年은 嘉種을 始播하야 良苗가 新生흠과 如하야 土力의 瘠腴와 養氣의 燥濕을 隨하야 滋 長하거니와 第二等 靑年은 良苗가 漸長흠이 土力과 養氣만 專賴홀 쑨 아니 라 人智와 人力으로 灌漑耕耘하며 培裁保護하야 天空飛鳥의 啄滅흠과 牛羊

---

3) 桂陽山人(1905), 「勸告靑年」, 『황성신문』, 1905.2.20.

鷄犬의 蹂躪홈과 荊棘稂莠의 亂眞홈을 無케 한 然後에 嘉實收穫하난 利益을 望홀지오. (…中略…) 然則 人生 五等年에 何等이 最爲關重타 謂하리오. 幼年은 筋骸가 未固하고 知覺이 未具홈이 姑不足論이어니와 壯年의 施措事業과 衰年의 諸般成就와 老年의 永享安樂홈이 若非靑年의 勤勞學問이면 壯年以後난 無事無效하야 無源之水와 無根之木이 流之長遠과 枝之繁茂를 豈可望乎아. 是 故로 第二等 靑年이 吾人一生의 最大最重혼 關鍵이오 基礎라 하노라. (…中略…) 雖云 靑年敎育이 最大最重타 謂하나 若其敎育하난 門戶가 不正하거나 方針을 失當한 즉 其結果의 妨害홈이 無敎育홈에서 反爲過浮하야 末流禍弊가 無所不至한 즉 此亦吾人의 所當深究者也로다. 所以로 歐美列强에 文明博學之士가 講磨硏究하야 靑年會를 設始하고 敎育之方을 規定하야 餘波가 東漸홈이 亞洲之日本 支那도 亦有是會하며 現今 我韓皇城內에도 此會를 創設하얏도다. 第論其敎育之方法하건딕 仁愛와 公義와 誠信으로 心性을 涵養하야 上天이 厥初賦予하산 眞衷을 不壞하ᄂ니 是日 德育이오 居處飮食의 適否와 偃仰屈伸의 宜不宜와 凡屬衛生方法으로 身體를 調將하야 疾病을 防禦하며 筋骨을 康壯케 하ᄂ니 是日 體育이오, 天地萬物의 元質配分하ᄂ 理氣와 古今万國의 政法興亡는 歷史와 外他事事物物의 所見所未見 所聞所未聞者로 智識을 開發하야 利用厚生하는 道理를 悟明케 하ᄂ니 是日 智育이라 此三育으로 敎導호딕 或 高明博學하 先進이 登壇演說도 하며 或 靑年間에 互相討論도 하야 心胸을 開導하며 耳目을 淸快하고 新舊書籍을 別儲一室하야 願覽者에 隨求隨應하ᄂ니 凡我韓靑年은 聽之哉어다 今日去明日去하고 今年去 明年去하미 無情歲月이 若流波하야 一去不復還이니 靑年이 豈是長靑年가 壯年에 無一事所成하고 衰老에 徒自悔하들 雖欲再得靑年時ᄒ나 必不能 必不能ᄒ리니 勉之哉 勉之哉어다 靑年 靑年이어.

번역 우리가 이 세상에 태어나 일생을 나누어 다섯 시기로 나열할 수 있으니, 15세 이전은 유년이라 할 수 있고, 30세까지는 청년이요, 40세까지는 장년이요, 60세까지는 쇠년이며, 60세 이후는 노년이니, 비유하건대 제1 유년은 좋은 종자를 뿌려 좋은 묘목이 새로 남과 같아, 토지의 힘과 비척과 양기의 조습을 따라 성장하거니와, 제2 청년은 좋은 묘목이 점차 성장하여 토지의 힘과 양기에만 의뢰하지 않고 인지와 인력으로 관개 경운하며 재배 보호하여 하늘의 새들이 쪼아 없앰과 우양계견이 유린하는 일과 가시밭 두렁의 혼란을 없게 한 뒤 좋은 열매를 수확하는 일을 바랄 수 있다. (…중략…) 그런즉, 인생의 다섯 시기 중 어느 것이 가장 중요하다 하리오. 유년은 근육과 뼈가 아직 완성되지 아니하고 지각이 갖추어지지 않으매 부족함을 논하거니와 장년의 사업을 베푸는 것과 노년의 여러 성취와 노년의 오랜 편안함과 즐거움에 있어 만약 청년이 열심히 학문에 정진하지 않으면 장년 이후에는 아무 일도 아무 효과도 없어 근원 없는 물이 오래도록 흐르고 뿌리 없는 나무가 무성할 것을 어찌 가히 희망할 수 있겠는가. 이러한 까닭으로 두 번째 시기인 청년이 우리 인생에서 가장 크고 가장 중대한 관건이요 기초라 하노라. (…중략…) 비록 청년교육이 가장 중요하다고 말하나 만약 교육하는 문호가 바르지 않고 방침을 잃으면 그 결과의 해로움은 교육이 없는 것보다 오히려 부화하여 말류의 폐단이 없는 곳이 없으니, 곧 우리가 깊이 연구해야 할 것이다. 그러므로 구미 열강에서 문명 학사가 강구 연마하여 '청년회'를 조직하고 교육의 방침을 규정하여 그 여파가 동양에 미쳐 아세아의 일본, 중국도 또한 이와 같은 회가 존재하며 지금 우리 대한 황성 내에서도 또한 이 회를 창설하였다. 여러 가지 교육 방침을 논의하건대 인애(仁愛)와 공의(公儀)와 성신(誠信)으로 심성을 함양하여 하늘이 부여한 진심을 무너뜨리지 않고자 하니, 이것이 '덕육(德育)'이요, 거처와 음식이 적합한지 여부와 몸가짐의 적절함과 그렇지 않음과 무릇 위생 방법으로 신체를 조화롭게 하여 질병을 막고 근골을 강건하게 사니 이것이 '체육(體育)'이요, 천지 만물의 본질을 분배하는 이치와 고금 만국의 정법이 흥망하는 역사와 그 밖의 모든 사물을 보는 바와 그렇지 않은 바, 들을 바와 그렇지 않은 것 등을 지식으로 개발하여 이용후생하는 도리를 밝히는 것이 '지육(智育)'이다. 이 세 가지 교육으로 교도하되, 혹 고명하고 박식한 선각자가 등단하여 연설도 하고, 혹 청년 간에 서로 토론도 하여 마음을 개도하고, 이목을 청결하게 하여 신구서적을 한 곳에 모아 보고자 하는 사람이 마음대로 볼 수 있도록 하니, 무릇 우리 청년은 들을지어다. 금일이 가고 내일이 가고 금년이 가고 내년이 가는데 세월은 무정히 흘러 물처럼 한 번 가면 돌아오지 않으니, 청년이 늘 청년인가. 장년에 이룬 바가 없고 노년에 헛되이 후회하면 모름지기 다시 청년 시절을 얻고자 하나, 반드시 그럴 수 없을 것이니 힘쓸지어다. 청년, 청년이여.

이 논설에서 확인되는 바와 같이, 인생에서 15세까지를 유년, 15~30세까지를 청년, 45세까지를 장년, 60세까지를 쇠년, 이후를 노년이라 구분하여 소위 소년이라 칭하던 시기를 청년으로 부르기 시작하였다. 이 논설은 1903년 10월 28일 창설된 '황성기독교청년회'[4]와 관련된 논설로, 청년 교육과 계몽 활동을 촉구하고자 하는 목적을 갖고 있다. 서구의 청년 단체와 일본, 중국에 비추어 한국에서도 '청년회'가 탄생한 것은 '청년교육'을 위해 의미 있는 일이라는 전제 아래, 청년을 '선진 연설(先進演說)', '청년 토론(靑年討論)', '심흉 개도(心胸 開導)', '이목 청결(耳目淸潔)', '서적 저실(書籍儲室)' 등의 활동을 촉구한 것이다.

청년운동은 근대 계몽기 이후 한국의 주요 사회운동 가운데 하나가 되었다. 일제 강점기에 쓰인 논설이지만, 다음 글은 한국사회에서 청년운동이 갖는 의미를 적절히 보여준다.

【 청년운동[5] 】

조선은 科學 唯物思想을 輸入한 이후 역사가 尙淺하야 老年, 壯年에게는

---

4) 황성기독교청년회의 활동은 전택부(1978)의 『한국 기독교청년회 운동사』(정음사)를 참고할 수 있다. 근대 계몽기 청년단체는 1899년 배재학당의 기독학생회로부터 시작된 것으로 알려져 있으나, 기독교계 청년단체가 공식 발족한 시점은 1903년 이후이다.

5) 성산학인(1926), 「조선사회운동 개관(6)」, 『동아일보』, 1926.1.6.

아직도 道學思想, 非科學的 生活의 餘弊가 남어 잇서 그 頑固, 그 無氣力은 스사로 朝鮮 靑年으로 하야금 가장 중대한 使命을 가지게 한 것이다. 그럼으로 조선사회운동선상에서 靑年運動이 他 사회의 그것에 비하야 중요하다는 것보다, 사실에 잇서서 극히 有力하다. 더욱 舊韓國時代로부터 他運動이 잇지 못하든 째로부터 朝鮮의 靑年에게는 맹렬한 정치운동이 잇섯슴으로 그 방면은 비록 달럿다 할지라도, 그 운동의 由來는 비교적 길엇다 할 수가 잇고, 따라서 다른 운동에 비하야 訓練이 깁고 組織이 整頓되엿다 할 수가 잇다. 쑨만 아니라 現在의 思想運動者라던가 또는 勞農運動의 指導者의 대부분이 이 靑年인 관계상 청년운동이 조선사회운동상에 잇서 매우 有力한 지위를 占領하고 잇는 것이 사실이다.

이 글에서는 조선의 사회운동에서 청년운동은 다른 운동에 비해 역사가 오래되었으며, '도학 사상, 비과학적 생활'의 폐단을 고려할 때, 그 중요성이 남다르다는 인식을 나타낸다. 더욱이 다른 운동에 비해 '훈련이 깊고, 조직이 정돈되었다'는 평가가 적절한지 여부는 좀 더 따져볼 문제라고 할 수 있으나, 근대 이후 청년 담론과 청년운동이 한국 계몽운동사에서 차지하는 비중이 매우 큼은 쉽게 짐작할 수 있다.

2. 청년운동의 전개

2.1. 근대 계몽기의 청년 담론과 청년운동

앞서 살펴본 바와 같이 근대 계몽기 사회 변혁의 주체로 청년을 주목한 것은 사실이다. 특히 종교 활동과 관련하여 '청년회' 조직이 활성화된 것은 주목할 일이다. 또한 이 시기 선교 활동의 주된 수단이 '교육'과 '계몽'인 점을 고려할 때 '학생회'와 '청년회' 조직은 밀접한 관련을 맺고 있다.

학생회 조직은 1896년 배재학당의 '협성회'에서 그 모습을 찾아볼
수 있다. 전택부(1978)에서는 서재필의 귀국과 협성회 조직 과정을 비교
적 상세히 서술하고 있는데, 이때 배경이 되었던 사상이 서양의 계몽철
학이었음을 밝히고 있다. 다음을 살펴보자.

【 기독교 학생회의 창설과 그 주변6) 】
　이런 자랑스러운 운동의 주동 인물이 곧 서재필 씨였는데, 이 서씨가
배재학당의 교사가 되었다는 것은 결코 평범한 일은 아니었다. 그는 독립
협회와 배재학당을 번갈아 왕래하면서 강의도 하고 연설도 했다. 이때까
지 한국 사람으로서는 듣지도 보지도 못한 '인간의 권리와 의무', '정부의
기원과 그 본질' 등 일련의 민주주의 기본 사상을 고취하는 내용으로서
제퍼슨, 로크, 루소, 몽테스키외 등의 민주사상을 소개했다. 그리고 또 배
재학당 학생들이 학생회를 조직하도록 지도했는데, 이것이 곧 협성회이
다. 우선 학생들에게 회의하는 방법부터 훈련시켰다.

배재학당 학생회로 출발한 협성회는 회보 제1호 논설을 참고할 때,
1895년 11월 30일(고종 33년 11월 30일) 학생들이 중심이 되어 결성된
것으로 확인된다.7) 이 회에서는 1898년 1월 1일부터 1899년 4월 3일까
지 『협성회회보』(후에 『민일신보』)를 발행했는데, 회보 제1권 제1호 논
설 일부를 살펴보자.

【 론셜8) 】
　대뎌 사름이 조년에 뜻을 굿게 셰워 학문을 닥는 거슨 일후에 그 학문을

---

6) 전택부(1978: 51).
7) 협성회 조직에 대해서는 『독립신문』 1896년 12월 1일자 기사, 12월 3일자 논설이 있다.
8) 『협성회회보』 뎨일권 일호, 한 광무 이년 일월 일일(1898.1.1).

인연ᄒ야 공ᄉ간에 혼 ᄉ업을 셩취코쟈 홈이라. 현금 구미 졔국이 서로 졍진ᄒᄂ 째를 당ᄒ야 만일 우리가 이젼 학문만 힘써 고인의 진담만 강론ᄒ고, 이젼 규모만 빅화가지고 무슨 ᄉ업을 희망홀 디졍이면 이ᄂ 곳 널은 바 나무를 걱구로 심으로 그 자리가를 ᄇ롬이라. (…중략…) 이 회를 금샹 황뎨 폐하 어극ᄒ신 <u>삼십삼년 십일월 삼십일에 처음으로 셜립ᄒ엿ᄂᄃ</u> 우리가 학교에서 공부ᄒᄂ 동안에 불가불 혼 학교에셔 서로 공부ᄒ즉 대뎌 붕우지도라 ᄒᄂ 거슨 소즁이 ᄌ별혼 거시라, 쳔ᄌ로브터 셔인에 니르러 붕우의 도를 말무얌지 아니ᄒ고, 능히 셩취ᄒᄂ 이가 젹은지라. 션현이 말ᄉᆷᄒᄃ 군ᄌᄂ <u>문학으로써 벗을 모히고 벗으로써 어질믈 보셩혼다 ᄒ엿시니, 우리 회ᄂ 곳 문학으로 모힌 회라.</u> 셔로 권면ᄒ야 학문을 힘쓰고 유익혼 일이 잇스면 서로 권ᄒ고 허믈이 잇스면 서로 경칙ᄒ야 <u>동창지의를 친밀ᄒ게 직혀 일심으로 공부ᄒ야 일후에 만분지일이나 국가의 비양ᄒ시ᄂ 은혜를 도보ᄒ쟈 ᄒᄂ 쥬의요</u>, ᄯᄒ 우리 젼국 동포 형뎨들을 위ᄒ야 이 회를 셜립혼 것이라. 우리가 <u>지금 빅혼 학문이 넉넉ᄒᆞ셔 젼국 동포를 ᄀ라치쟈 ᄒᄂ 것이 아니라</u>, 우리ᄂ 오늘날 텬은을 닙어 학교에서 멋 희식 공부를 ᄒᄂ 고로, 혹 ᄊ다라 아ᄂ 것이 더러 잇ᄂ지라. <u>우리 빅혼 디로 유익혼 말이 잇스면, 젼국 동포의게 ᄀᄎ치 알게 ᄒ고, ᄯᄒ 우리의 젹은 졍셩으로 젼국 동포를 권면ᄒ야 서로 친목ᄒ고, 일심으로 나라를 위ᄒ고 집안을 보호ᄒ여 가쟈ᄂ 쥬의라.</u> 그런 고로 우리 회즁에 특별히 찬셩원을 마련ᄒ여 무론 누구던지 우리에 목뎍을 올케 넉이ᄂ 이ᄂ 우리 회에 드러와 우리 회를 찬조ᄒ여 주기를 ᄇ라며 우리가 <u>셜회혼 지가 쥬년이 지닛ᄂᄃ</u> 지금 크게 진익혼 것은 업스되 그동안 얼마콤 단련혼 거슨 업다고 홀 수 업고, ᄯᄒ 셜회홀 째에 불과 십여인이 발론혼 것이 지금 회원이 이빅여 명이 되엿ᄂ지라. 지금 우리 회가 아즉 쾌히 셩양은 되지 못ᄒ엿더ᄅ도 우리의 목뎍은 ᄂᆷ의게 뵈이지 아니치 못홀지라. 그런고로 회즁에서 의론ᄒ고 ᄆᆷ월에 ᄀ ᄎ식 <u>회보를 발간ᄒ야 우리의 목뎍을 젼국 동포의게 광포ᄒᄂ 것이 가ᄒ다</u> ᄒ나, 그 일을 용이ᄒ게 실힝치 못혼 것은 다만 ᄌ졍일관 ᄉᆲᄃ이라.

이 논설에 따르면 협성회는 '학문을 서로 권하고', '국가(황제)의 은혜를 보답하며', '전국 동포를 개명'하는 것을 목표로 출발하였음을 알 수 있으며, 회를 결성한 주체가 '학생'들인 만큼 전국 인민을 '가르치기'보다 '함께 깨우치기'를 도모한다는 취지를 갖고 있었다.

협성회는 조직 이후 독립협회와 만민공동회 활동에 앞장섰고, 1898년 12월 25일 독립협회 해산 직전인 11월 5일에 이상재, 정교, 남궁억 등의 협회 지도자 17명이 체포되고, 1899년 1월 12일 배재학당 학생이던 이승만이 체포되면서 활동을 멈추게 되었다. 그러나 협성회의 영향을 받은 배재학당 내에서는 '학숙 청년회(學塾靑年會)' 또는 '기독학생회(基督學生會)'라는 이름의 단체가 조직되어 활동했으며, 이 단체가 1903년 10월 28일 창설된 '황성기독교청년회'의 전신이 되었다.[9]

근대 계몽기 '청년'이란 용어는 1896년 이후에 등장한 것으로 보인다. 전택부(1978: 58)에서는 1897년 10월 12일 국호를 '대한(大韓)'으로 고치고, 국왕의 칭호를 '황제(皇帝)'라고 부른 시점부터 '황성(皇城)'이라는 명사와 '청년(靑年)'이라는 표현이 등장한 것으로 추정하고 있는데, 특히 '청년'은 "황성이란 말과 같이 이때까지 없던 새말"이라고 주장한 바 있다. 이 주장은 1896년 3월 15일 재일본 유학생회의 『친목회회보』 제2호에 '청년(靑年) 지사(志士)에 망(望)'을 비롯하여 '청년'이란 표현이 다수 등장하는 것을 고려할 때, 바른 지적은 아니다.

【 靑年 志士에 望 】

　　國家의 靑年之士가 有홈이 山의 穉木이 有홈과 如혼지라. 山은 穉木을 因ᄒ야 永히 秀ᄒ고 木은 新色을 因ᄒ야 永히 柔ᄒ며 國家ᄂᆞᆫ 靑年士로 因ᄒ야 永히 盛ᄒᄂᆞ니, 往古로붓터 今日에 至ᄒ기에 統을 繼ᄒ고 業을 承ᄒᄂᆞᆫ 者ᄂᆞᆫ 靑年에 士가 아니면 누구며, 靑年이 有치 아니면 엇지 老輩가 有ᄒ리

---

9) 이에 대해서는 전택부(1978: 54~55) 참고.

오. 凡 靑年에 士가 直地에는 비록 其任이 輕ᄒ고, 其力이 微흔 듯ᄒ나, 今에 世를 承ᄒ야 後에 世를 立ᄒᄂᆫ 者ᄂᆫ 엇지 靑年士가 아니리오. 國家에 盛衰ᄒᄂᆫ 運이 全혀 靑年에 繫흔지라. 故로 天下에 英才를 得ᄒ야 敎育흠이 樂이라 ᄒ며, 又 曰 後生이 可畏라 云ᄒ얏스니, 古聖王의 敎育흔 旨를 重히 흠이 此에 在흔지라. 後世란 者ᄂᆫ 靑年에 士가 管흘 바ㅣ라. 當時에 治亂과 盛衰를 知코자 ᄒ면, <u>老成人을 因흘</u> 거시오, 將來에 治亂과 盛衰ᄂᆫ 靑年에 士를 因흘지라. 嗚呼라. 世人은 眼前事에 眩ᄒ야 永遠事를 料치 못ᄒ고 靑年에 士ᄂᆫ 乳臭黃口라 엇지 國家와 天下에 事를 知ᄒ리오 흔 則, <u>革新之謀와 文明之道</u>를 誰로 與ᄒ야 進取ᄒ리오. 此處에 可興嘆ᄒ리로다. 陰七月七日 陽八月二十六日 (漢城新報)

번역 국가의 청년 선비가 존재하는 것은 산에 어린 나무가 있는 것과 같다. 산은 어린 나무로 인해 영원히 수려하고 나무는 새로운 색으로 인해 영원히 부드러우며, 국가는 청년 선비로 인해 영원히 번성하니 옛날로부터 지금에 이르기까지 계통을 잇고 업을 계승하는 자는 청년 선비가 아니면 누구이며, 청년이 없으면 어찌 노년배가 있겠는가. 무릇 청년 선비가 지금 처지에서는 그 임무가 가볍고 그 힘이 미약한 듯하나 지금 세계를 계승하여 후세를 확립하는 자가 어찌 청년이 아니겠는가. 국가가 성쇠하는 운명이 모두 청년과 관계한다. 그러므로 천하의 영재를 얻어 교육함을 즐거움이라 하고, 후생이 가히 두렵다 하였으니, 옛날 성왕이 교육하는 취지를 중하게 하는 것이 이에 있다. 후세는 청년 선비가 꿰어야 할 것이다. 당시의 치란과 성쇠를 알고자 하면, 노성인(老成人)을 말미암을 것이요, 장래의 치란과 성쇠는 청년 선비로 말미암을 것이다. 아, 세인은 눈앞의 일에 현혹하여 영원한 일을 생각지 못하고, 청년 선비는 어리고 유치하여 어찌 국가와 천하의 일을 알겠는가 하면, 혁신의 방책과 문명의 길을 누구와 더불어 진취하겠는가. 이에 가히 탄식을 한다. 음력 7월 7일 양력 8월 26일 (한성신보)

이 논설은 『한성신보』에 수록되었던 논설을 친목회회보에 옮겨 실은 것이다. 『한성신보』는 1895년 2월 17일 일본 구마모토 현 사람들이 중심이 되어 조선에서 국문, 국한문, 일본어를 섞어 발행한 신문이다.[10] 이 신문은 1881년 부산에서 일본인이 발행한 『조선시보』의 후신으로 알려져 있는데, '개화설', '서세동점론', '대일본제국', '조선의 교육' 등과 같은 문명 담론을 지속적으로 게재하고 있다. 이러한 담론은 제국주의 일본의 팽창 정책과 그에 따른 경제적 영향력 확대와 맞물려 있지만, 근대 계몽기 조선의 지식 형성에도 적지 않은 영향을 주었던 것으로 판단된다. 특히 일본으로 관비 유학생을 파견한 뒤, 그들을 통해 수입된 지식은 근대의 문명 담론 형성의 중추적인 역할을 하였다.

'청년'이란 용어가 일본에서 언제부터 쓰였는지 고증하기는 쉽지 않으나, 1895년 이후 한국에서는 『친목회회보』로부터 쓰이기 시작하여 1900년대 이후에는 『황성신문』, 『대한매일신보』 등에서도 좀 더 활발히 쓰이기 시작했다. 『친목회회보』의 경우 제3호 '학문의 공효(功效)'에서 "대개 인생이 세간(世間)에 처(處)하여 혹 기심(其心)을 방탕(放蕩)이 하여 학문(學問)에 태타(怠惰)하고 희압(戲押)에 칩근(蟄近)하여 기(其) 청년(靑年)을 허송(虛送)하는 자(者)와 혹(或) 차(此)와 반대(反對)하여 정신(精神)을 면려(勉勵)하며 희압(戲押)을 할단(割斷)하여 학문을 근구(勤究)하는 이자(二者)를 인하여 생(生)하는 바라."와 같이 축자적 의미로써 '젊은 시절'을 뜻하는 경우와 앞의 '청년 지사'와 같이 사회적 역할을 강조하기 위한 용어로 쓰일 때가 있다. 그럼에도 1900년대 이전에는 사회 진화의 책임자로 청년의 역할을 환기하는 대신, 학생의 역할을 강조하거나, 진화론이 풍미하면서 '소년'이라는 용어가 더 일반적으로 사용되었다.

---

10) 『한성신보』는 2014년 연세대학교 학술정보원·근대한국학연구소에서 자료를 복원하여 소명출판에서 영인하였다.

이 점에서 근대 계몽기에는 '청년'에 해당하는 표현 대신 '소년(少年)'이라는 용어가 더 일반적으로 쓰였음을 확인할 수 있는데, 김경남(2014)에서 밝힌 바와 같이 '소년'은 '지각'과 '기백'을 갖춘 인물로 표현될 경우가 많다.[11] 여기서 주목할 점은 근대 계몽기의 '소년'이 갖는 다의성이다. 이 시기 소년은 '청년'을 대용하는 용어로 쓰일 경우와 성장·발달 과정에서 '청년' 이전의 시기로 쓰일 경우가 나뉜다는 점이다. 이러한 경향은 1910년을 전후로 현격해지는데『친목회회보』제4호(1896.12.15) 홍석현(洪奭鉉)의「인생항로(人生航路)」에 쓰인 '소년'은 '노년(老年)'과 대비되는 '젊은 시절'로서의 '청년'과 같은 의미로 쓰인 '소년'이다.

【 人生航路 】

少年의 時는 春花와 同ᄒ고 老年의 時는 秋實과 似ᄒ도다. 故로 少年의 所爲는 每事에 陽氣며 華麗ᄒ야 比較홈에 卑劣, 醜惡, 陰險, 詐欺의 術이 乏ᄒ고 時時로 危險의 感動이 無홈이 아이나 其 言動이 愉快홈에 取홀 만ᄒ 곳이 잇스며 少年時는 多情多感ᄒ야 見ᄒ며 聽ᄒ며 觸ᄒ는 거세 取ᄒ라고 ᄒ며, 쏘 ᄒ려는 希望이 잇도다. (…中略…) 余는 一介 偏僻ᄒ 學者와 ᄀᆺ치 妄然히 禁慾主義ᄒ기를 不好ᄒ고 但 少年으로셔 漫然히 老成人을 法ᄒ는 者는 老年에 至ᄒ야 純粹ᄒ 少年이 될 쯧ᄒ니, 其는 何故뇨. 不言不動ᄒ야 有用ᄒ 經驗과 智識을 積蓄ᄒ지 못ᄒ 緣由요, 且 夫 人生은 歲月과 홈게 不絕ᄒ야 殊異ᄒ 境遇를 池過(이과)ᄒ는 旅客이니 老年之境遇는 本是 少年之境遇와 殊異ᄒ야 想像ᄒ지 아니ᄒ고 實地에 動ᄒ는 거시면 其腦는 物에 接ᄒ야 冷ᄒ고 其眼은 事에 當ᄒ야 一部를 察ᄒ는도다. 故로 事物에 爲ᄒ야 自己를 使役 아니ᄒ게 ᄒ고 自己의 見識으로써 事物을 使役 아니치 못홀이라. 壯言大語(장언대어)는 老壯之徒에 無益ᄒ니 其思想은 더욱 眞摯

---

11) 김경남(2014),「근대 계몽기 여자 교육 담론과 수신·독본 텍스트의 내용 변화」,『한국언어문학』89, 한국언어문학회.

ㅎ야 實際로 홀 일이오, 社會之事에 道理가 업고 道理之外에 社會가 업느니 故로 事實을 外로 ㅎ고, ㅎ又 空論 臆測만 ㅎ는 者는 哲學者라도 排斥 아니치 못홀 일이니, 況 又 政治家나 其他 實業家乎아. (…中略…) <u>彼之勇氣와 決心</u>은 世界의 剛者로 ㅎ여금 法ㅎ게 홀 만ㅎ니 故로 水는 山을 離ㅎ야 溪間에 傳ㅎ야 流ㅎ며 數條의 水를 併ㅎ야 漸漸 平地에 出ㅎ야 漸漸 海口에 近ㅎ면 水는 추추 深ㅎ야 舟楫을 通行ㅎ게 ㅎ고 或 細分되여 兩岸 田野에 灌漑(관개)ㅎ기도 ㅎ는지라. 其體는 寬漫ㅎ야 昔日 山에 有ㅎ얏슬 씨와 又드가 卽今은 不急而急ㅎ야 妄然히 衝突 氾濫의 憂를 不見ㅎ고, 洋洋ㅎ야 自然히 從流ㅎ며 河水에 許多흔 小流를 兼ㅎ는 거시 吾人이 許多흔 經驗을 得흔되 不異ㅎ고, 深水는 岩石과 不爭ㅎ니 經驗 잇는 者이 小爭를 안이ㅎ는 것과 同ㅎ도다. 嗚呼라. <u>經驗</u>이여. <u>經驗은 人生의 努力을 和ㅎ게 ㅎ는 故로 經驗 업는 人은 肩으로 物을 擔ㅎ나 經驗 잇는 者는 滊車를 驅ㅎ야 運輸ㅎ니 知識 잇는 者와 업는 者의 區別</u>이며 人生의 自初至終의 事蹟이 大綱 如此홀 듯.

번역 <u>소년 시절은 봄의 꽃과 같고, 노년의 시절은 가을의 열매와 비슷하다. 그러므로 소년의 행위는 매사 양의 기운이 화려하여 비교하면 비열, 추악, 음험, 사기의 술이 적고, 때로 위험을 느끼지 않는 것은 아니나 그 언동이 유쾌하여 취할 만한 것이 있으며, 소년 시절은 다정다감하여 보고 듣고 접촉하는 것에서 취하려고 하며, 또 할 수 있다는 희망이 있다.</u>

나는 일개 편벽한 학자와 같이 망연히 금욕주의를 좋아하지 아니하고, 단지 소년으로 만연히 <u>노성인을 본받는</u> 자는 <u>노년에 이르러</u> 순수한 소년이 될 듯하니, 그것은 왜 그런가. 말하지 않고 행동하지 않아 유용한 경험과 지식을 쌓지 못한 까닭이요, 또 대저 인생은 세월과 함께 끊임없이 특수한 경우를 지나는 여행객이니 노년의 경우는 본래 소년의 경우와 달라 상상하지 않고 실제에 행하는 것이면 그 뇌는 사물을 접촉하여 냉담하고, 그 눈은 일을 당하여 일부만 관찰한다. 그러므로 사물에 자기를 사역하지

않게 하고 자기의 견식으로 사물을 사역하지 않을 수 없다. 장엄한 말과
큰소리는 <u>노년배에게</u> 무용하니 그 사상은 더욱 진지하고 실제적이어야
할 것이요, 사회의 일에 도리가 없고 도리 이외에는 사회가 없으니 그러므
로 사실 밖으로 한갓 공론 억측만 하는 자는 철학자라도 배척하지 않을
수 없으니 하물며 정치가나 기타 실업가는 어떠한가. (…중략…) <u>저들의
용기와 결심</u>은 세계의 강자로 하여금 본받게 할 만하니 그러므로 물은
산을 떠나 계곡으로 흐르며 여러 갈래의 물이 합쳐져 점차 평지로 나가고
점차 바다에 가까워지면 물은 차차 깊어져 배를 통행하게 하고, 혹 작게
갈라져 양안의 밭과 들에 물을 댈 수 있게도 한다. 그 모습은 관대하고
원만하여 옛날 산에 있었을 때와 같다가, 지금은 급하거나 그렇지 않거나
망연히 충돌 범람하는 우려를 고려하지 않고 양양하여 자연히 흘러가며,
하수(河水)가 수많은 작은 지류를 함께하는 것이 우리들이 허다한 경험을
얻는 것과 다르지 않고, 깊은 물이 암석과 깨끗하지 않음이 경험 있는
자가 작은 것만 깨끗지 않게 하는 것과 같다. 아. <u>경험이여. 경험은 인생의</u>
노력을 조화롭게 하는 까닭에 경험이 없는 사람은 어깨로 사물을 짊어지나
경험 있는 사람은 기차를 몰아 사물을 옮기니 지식 있는 자와 없는 자의
구별이며, 인생의 자초지종의 사적이 대강 이와 같을 것이다.

이 논설에서는 '소년'과 '노년', '노성인'을 대립 개념으로 사용하였
다. 앞의 논설에서 '청년'과 '노년'을 대립 개념으로 사용한 것과 큰 차
이가 없다. 소년의 특징은 '용기'와 '결심'을 핵심어로 하며, '실제적 인
물', '사회적 인물'이 되기 위해 '장언대어(壯言大語)'보다 '경험'과 '지식'
을 쌓을 수 있어야 한다고 주장한다.

'청년'을 대용하는 '소년' 담론은 1900년대 세계사적 지식이 확장되
고, 중국의 량치차오(梁啓超)의 저술이 국내에 소개되면서 더 강화된다.
그의 『음빙실문집』이 다수 발췌·번역되고, 『황성신문』, 『대한매일신보』
에 중국의 소년 담론이 빈번히 거론되면서, '청년'을 대용하는 '소년'은

좀 더 활기를 띤다. 그러나 국권 침탈기, 진화론이 구체화되고, 사회 진화의 책임이 '청년'에게 있다면, '소년'은 그것을 준비하는 시기라는 개념이 명료해진다. 최남선이 『소년』 잡지를 발행한 것이나, 일제 강점기 그 후속으로 '청년'이 아닌 『청춘』을 발행한 것도 이러한 사회적 흐름을 반영한 것으로 볼 수 있다.

이 흐름에서 근대 계몽기 계몽의 주체로서 '청년'을 환기하고자 하는 사상은 진화론적 사유방식보다 종교 활동과 더 밀접한 관련을 맺는 셈이다. 앞서 설명한 '황성기독교청년회'를 비롯하여 기독교계 종교 단체의 경우 반드시 '유년부'와 '청년부'를 두었고, '청년회'는 서양 제국(諸國) 종교 단체의 후원을 받아 조선에 설립된 국제적인 선교 활동 조직의 하나로 설립된다. 전택부(1978: 54)를 참고할 경우 배재학당 학생회나 협성회 이후 '황성기독교청년회'가 설립되기까지 북미주 와이엠시에(YMCA)의 후원에 따라 경성에 기독교학생회가 설립되는 과정을 확인할 수 있고, 정동제일교회역사편찬위원회(1977: 92~93)에서도 감리교 계통의 엡워드청년회가 성립되는 과정에서 선교사들의 역할이 비교적 상세히 서술되어 있다.

국권 침탈기 기독교청년회의 활동은 선교와 민지 향상을 주목적으로 하는 계몽 활동이었다. 『황성신문』과 『대한매일신보』의 경우 기독교 청년회 활동과 관련한 기사만 1000여 건이나 발견되는데, 청년회의 연설이나 활동이 그만큼 사회적인 관심사가 되었기 때문으로 보인다. 『대한매일신보』의 다음 논설은 이 시기 기독교청년회의 계몽 활동이 어떤 성격을 띠고 있었는지 추론할 수 있게 한다.

【 基督敎靑年會[12] 】
韓國之諸般困難中에 其一은 韓國이 西甌文化의 開明意思를 從ᄒᆞ야 自治

---

12) 『대한매일신보』, 1907.2.7.

ᄒ기에 不能ᄒ거시 是也라. 此ᄂ 한國敎育의 守舊性質을 基因ᄒᆷ이니 盖其
敎育을 安逸之人의게만 定限ᄒ야 以此結果로 한國政府에 常時執政之人은
惟事懶怠ᄒ야 以食民力ᄒᄂ 世傳義務가 有ᄒᆯ쭐 自度ᄒᄂ 者로다. (…中
略…) 基督敎 宣敎師들이 此方向으로 美擧를 行ᄒᆷ이 非不多矣나 然이나 最
速利益을 將見ᄒᆯ 施設을 基督敎靑年會가 是ㅣ라. 本記者ㅣ 此會의 宗敎目的
에ᄂ 無關이나 然이나 德義上敎訓을 採用ᄒᆷ이 人民의게 利益됨은 擧言ᄒ
기에 自足ᄒ도다. 注目ᄒ기에 快樂ᄒ 事實은 此會가 한國人材를 養成ᄒᄂ
거시어니와 此會 首領穆德氏가 向到京城之時에 特格熱情을 受ᄒᆷ은 한人의
感佩之心을 表證ᄒᆷ이로다 如此敎化之下에셔 前日頑固와 無其信實ᄒᆷ이 變
遷ᄒ야 改進主義와 忍耐及正直을 成ᄒ리니 極東進步에 한國이 參於先驅ᄒᆷ
을 吾人이 或可得見ᄒ리로다.

번역 한국의 제반 어려움 가운데 제일은 한국이 서구 문화의 개명 사상
을 따라 자치(自治)하기가 불능한 것이 그것이다. 이는 한국 교육의
수구 성질에서 비롯된 것이니 대개 교육을 사람의 안일에만 한정하여 그
결과 한국 정부의 집정자는 오직 나태하여 인민을 먹여 살리는 힘만이
의무인 줄로 생각한다. (…중략…) 기독교 선교사들이 이 방향으로 미거를
행함이 적지 않으나 가장 빠른 이익을 볼 만한 시설은 '기독교청년회'가
그것이다. 본 기자가 이 회의 종교적인 목적에는 관심이 없으나 '도덕상
교훈'을 택하여 인민에게 유익한 것을 들어 말하는 것은 충분하다. 유쾌한
일은 이 회가 한국의 인재를 양성하는 것인데, 이 회의 의장 목덕(穆德,
존 모트 목사) 씨가 경성으로 향할 때 특히 감동을 받은 것은 한국인의
감화심을 증명하는 것이다. 이와 같은 교화의 영향으로 이전의 완고와
무신(無信)이 변화하여 '개진주의'와 '인내', '정직함'을 이룰 것이니, 극동
진보에서 한국이 선구의 역할에 참여하게 될 것을 가히 볼 수 있을 것이다.

이 논설은 기독교청년회 조직의 주목적이 '도덕상 교훈', '개진', '인
내', '교화'를 바탕으로 한 문명진보에 있었음을 확인하게 한다. 이러

한 취지는 '애국 담론'이 만연된 국권침탈기 '국가사상'을 반영한 것으로 볼 수 있으나, 청년운동으로써 기독교청년회는 '정치운동'보다는 '사회 계몽'에 집중하고 있음을 의미한다. 이는 다음 글에서도 확인할 수 있다.

【 靑年會는 富國의 起原[13] 】

惟我基督敎靑年會는 道德으로 爲礎셕ᄒ고 以智育體育으로 爲本原ᄒ야 頑固習慣과 浮虛僞文을 一切革거하고 眞道眞理의 敬天愛人之心으로 眞德眞智眞心眞品을 尊尙ᄒ며 新世界風潮의 文明학術을 硏究ᄒ야 至重至要至尊至貴ᄒ 精神靈才를 培達ᄒ니 居則爲道干域이오 達則爲國棟량이라. 以誠信으로 爲軆하고 眞實로 爲用ᄒ니 誠實之學은 靑年俊秀의 無價眞寶에 眞寶才器는 終爲國家富原ᄒ야 炳炳聲華가 能照千萬里ᄒ리니 징징鐵漢이오 落落奇才라 力能搏虎ᄒ며 勇可屠龍이니 後日我等社會의 繁昌흠과 國家幸福의 蔚興흠이 今日我韓에 靑年의 活動을 培養흠에 專在ᄒ지라.

一曰 身分이니 靑年靑年이여 泥膠古俗을 劈破ᄒ며 新鮮德敎를 吸取ᄒ야 諸般學藝에 攷孜勉勵어다 (…中略…) 二曰 社會니 靑年靑年이여 五洲는 如彼ᄒ고 萬邦이 如斯ᄒ니 高張活眼ᄒ야 一覽寰宇여다 英之所以富國이 惟在道德이요 用在煤鐵以成機器하고 由機器以成製造ᄒ며 由製造以通商務ᄒ고 由商務以成富原ᄒ얏고 귝國鍊道局에는 鍊路와 停車場과 瀛車機關을 準備ᄒ 外에 靑年職務員을 預備組織ᄒ야 培養학術ᄒᄂ거시 最先急務의 善良方針으로 商量ᄒ 故로 各處鐵道局에 所屬ᄒ 靑年會가 有ᄒ고 各國海陸軍에도 靑年을 培養ᄒᄂ거시 要素로 知了ᄒ야 最新機械와 諸般軍物을 預備ᄒ 外에 特別히 靑年會를 組織ᄒ얏나니 各社舞致에 萬般競爭이 亦爲吾ㅣ 理想의 靑年會로다. 三曰 國家이니 靑年靑年이여 今我大韓이 處在列强ᄒ야 死生疑懼之日이요 危急存亡之秋라 大韓者는 大韓人之大韓이요 東亞者는 東亞人之

---

13) 최병헌 기서(1907), 「청년회는 부국의 기원」, 『대한매일신보』, 1907.11.20~22.

東亞라 西哲之言에 曰天助自助之人이라ᄒ니 嗟我同胞여 渴睡張目ᄒ며 大呼磨拳ᄒ야 養我元氣ᄒ며 培我富原이 實愛國考之義務라.

번역 오직 우리 기독교청년회는 도덕으로 초석을 삼고 지육, 체육으로 근본을 삼아 완고한 습관과 부화(浮華)한 허위의 문장을 일체 혁신하고 참된 도덕과 이치의 경천애인(敬天愛人)하는 마음으로 참된 도덕, 지식, 심리, 성품을 존중하며 신세계 풍조의 문명 학술을 연구하여, 지극히 중하고 긴요하며 존중하고 귀한 정신을 가진 영재를 배양하고자 하니, 살면 곧 도덕의 세계요, 도달하면 곧 국가의 동량이다. 성신(誠信)으로 근본을 삼고 진실로 실용을 삼으니, 성실의 학문은 청년 수재의 무한한 참된 보물 가운데 진보의 재기가 마침내 국가 부귀의 근원이 되어 밝고 빛난 소리가 천만리를 비출 것이니 쟁쟁하면 굳은 의지의 사람이요, 곳곳에 기재이다. 힘으로 능히 호랑이를 잡을 수 있으며, 용기가 가히 용을 죽일 수 있을 것이니 후일 우리 사회의 번창함과 국가 행복이 흥성함이 오로지 금일 우리 한국의 청년의 활동을 배양함에 있다.

하나는 자신의 본분이니 청년, 청년이여. 진흙 속에 묻혀 있는 옛날 풍속을 벽파(劈破)하며 신선한 덕교(德敎)를 흡수하여 제반 학예에 힘쓸지어다. (…중략…) 둘은 사회이니 청년, 청년이여. 5대주는 저와 같고 만방이 이와 같으니, 이상을 높게 하고 눈을 크게 떠서 한번 세계를 볼지어다. 영국이 부국이 된 까닭은 오직 도덕에 있고, 석탄과 철로 기계를 만들고 기계로 제품을 만들며 제조품으로 통상에 힘쓰고 통상 사무로 부의 원천을 이룩하였고, 각국 철도국에는 철로와 정거장, 기차 기관을 준비한 것 말고도 청년 직무원을 예비 조직하여 학술을 배양하는 것이 가장 급선무의 방침으로 생각한 까닭에 각처 철도국에 소재하는 청년회가 있고, 각국 해군 육군에도 청년을 배양하는 것을 중요한 요소로 알고 최신 기계와 제반 군용물을 예비한 뒤, 특별히 청년회를 조직하였으니 각 사회 무대에서 만반 경쟁이 또한 우리가 꿈꾸는 청년회이다. 셋은 국가이니 청년, 청년이여. 지금 대한이 곳곳에 열강이 들어와 생사가 의심스러운 나날이요,

존망이 위급한 때이다. 대한이라는 것은 대한인의 대한이요, 동아라는 것은 동아인의 동아이다. 서양 철학자의 말에 하늘은 스스로 돕는 자를 돕는다 하니, 아, 우리 동포여 잠에서 깨어나 눈을 부릅뜨며 큰 소리로 연마하여 원기를 양성하며, 부의 근원을 배양하여 실제 애국을 고려하는 것이 의무이다.

최병헌의 기고문은 국권 침탈기 기독교인의 계몽주의적 애국 담론을 보여준다. '기독교청년회'의 취지가 '경천애인', '도덕'을 바탕으로 '성신(誠信)', '성실(誠實)'의 학문을 닦아 자신의 본분(옛날 풍속 벽파 및 덕교)을 지키고, 경쟁 사회의 임무를 다하며, 국가 부강의 근원을 이룩하여 애국을 실천해야 한다는 주장을 담고 있다. 애국 담론이 '계몽'에 치중해 있고, 기독교적 도덕을 근간으로 한 점은 종교운동으로서의 청년 계몽 담론이 갖고 있는 특징 가운데 하나이자, 계몽의 실천자로서 청년을 환기하는 논설이 갖는 특징 가운데 하나이다.

종교운동으로서 청년회 활동과는 달리 근대 계몽기 사회 진화의 주체로서 청년의 책임을 환기하고자 하는 노력이 활발하였다. 특히 국권 침탈기 '아국의 위기'는 '청년의 위기'이며, '청년 동포'를 대상으로 하는 권고문은 각종 언론에 빈번히 게재되었다. 『대한매일신보』 1906년 1월 11일자 논설 '경고 청년', 1907년 2월 7일자 논설 '기독교청년회', 1907년 7월 21일자 '국제협회에 대한 청년', 1907년 11월 20일자 '청년회는 부국의 기원'(최병헌), 1910년 1월 18일자 '청년계의 실행주의', 『황성신문』 1905년 2월 20일 계양산인의 '권고청년', 1908년 5월 14일 잡보의 '청년의 대사업', 『만세보』 1907년 5월 3일의 '청년 자제의 담부(擔負)', 『공수학보』 제1호(1907.1) 최용화의 '청년은 국가의 기초', 제2호(1907.4) 고주연의 '고청년제군(告靑年諸君)', 제3호(1907.7) 최명환의 '근고청년동포(謹告靑年同胞)', 『태극학보』 제18호(1908.2) 호연자의 '청년의 처세', 제24호(1908.9) 문일평의 '아국 청년의 위기', 『대한흥학보』 제6호

(1909.10) 김하구의 '청년 번민열(煩悶熱)의 청량제(淸凉劑)' 등은 이 시기 대표적인 청년 담론에 해당한다. 그 가운데 '국제협회의 대한 청년'을 살펴보자.

【 國際協會의 大韓 靑年[14] 】

然이나 吾儕가 對此韓國ㅎ야 其前途之足可希望者를 有以觀測矣로다. 何也오. 多數흔 靑年이 其思想의 優美와 氣象의 活潑이 將來 回復國勢흘 大事業을 建立흘 者가 種種 發現ㅎㄴ대 尤其多得於海外學生矣라. 以近日所覩로 記之건듸 日昨에 海牙發電을 據흔則 當地國際協會에 韓人 李瑋鍾氏가 登壇 演說ㅎㄴ대 日韓條約의 無効흔 理由와 日本에 虐政不道德을 指摘ㅎ야 도도 數萬言을 佛語로 述ㅎ되, 三時間에 亘ㅎ얏다니 是果 何人耶아. (…中略…) 今此 海牙國際協會에 各國의 高等使節과 社會上 雄辯家와 各報舘에 執筆者가 如雲聚集ㅎ야 演說人의 氣象 如何와 辭令 如何를 莫不注視ㅎㄴ대 氏ㄴ 東洋一隅에 幾乎名字가 不存흔 韓國의 一箇靑年으로 挺立於壇上ㅎ야 도도 雄辯이 滿腔熱血을 痛瀉一場ㅎ야 數萬言에 至ㅎ얏스니 此果 愛國志士며 血性男子며 有爲人才로다. 昔에 意太利의 中興大勳臣 嘉富耳가 法國巴里會에 在하야 能히 三寸舌로 奧國大臣을 壓屈ㅎ고 列國人의 同情을 得ㅎ야 恢復國權흘 機關을 挽回하엿더니 今者 大韓靑年이 亦非其人歟아. 盖此平和會議에 韓國問題가 難得其公判은 勢固然矣어니와 在於韓人ㅎ야ㄴ 事之成否를 何可較計리오. 但此列國齊會之席에 壹箇 大韓靑年이 數万言의 演述로 震驚世界之耳目者가 實歷史上罕有之奇蹟이니 豈可輕視乎哉아. 大抵今日韓國은 靑年時代라. 個個肩上에 擔荷大韓國土者ㅣ 其爲幾千百人을 實未可知也니 國之命運이 從此振興흘것을 執契以俟之ㅎ노라,

> **번역** 그러나 우리가 이 한국에 대해 앞날이 가히 희망이 있음을 볼 수 있다. 왜인가. 수많은 청년이 그 사상의 우미와 기상이 활발함으

---

14) 국문판 (논설) 『대한매일신보』, 1907.7.21.

로 장래 국세를 회복하는 대사업을 건립할 자가 종종 발견되는데, 더욱 해외 학생이 그러한 경우가 많다. 근일 목도한 것을 기록하건대 얼마 전 헤이그에서 전해 온 소식을 근거하면, 그곳 국제협회에 한국인 이위종 씨가 등단하여 연설하였는데, '일한조약이 효력이 없는 이유'와 '일본이 가혹한 정치로 도리가 없음'을 지적하여 도도히 수만의 언사를 프랑스어로 진술하되, 세 시간 동안이나 하였다니, 과연 그가 어떤 사람인가. (…중략…) 이번 헤이그 국제협회에 각국 고등 사절과 사회상 웅변가와 각 신문사 집필자가 구름처럼 모여들어 연설하는 사람의 기상 여하와 말의 내용 여하를 주시하지 않은 것이 없는데, 씨는 동양 구석진 곳에 이름조차 남지 않은 한국의 일개 청년으로, 단상에 올라 도도히 웅변하여 가슴 가득한 열혈을 통절히 연설장에 쏟아내어 수만의 언사에 이르렀으니, 과연 애국지사며 열혈남아이며 인재이다. 옛날 이탈리아의 중흥에 큰 공을 세운 가부이(嘉富耳, 가리발디)가 프랑스 파리회의에서 능히 세치 혀로 오스트리아 대신을 굴복시키고, 열국 사람의 동정을 얻어 국권을 회복할 기관을 만회하였더니, 지금 대한 청년이 또한 그 사람이 아닌가. 대개 이 평화회의에 한국문제가 공식적인 비판을 얻기 힘들었거니와 한국 사람에게는 일이 이루어짐과 그렇지 않음을 어찌 도모할 수 있겠는가. 다만 이 열국회의 석상에 일개 대한 청년이 수만 언사의 연설로 세계의 이목을 진동하고 깨우쳤으니, 역사상 기이한 업적으로 가볍게 볼 수 있겠는가. 대저 금일 한국은 청년시대이다. 사람마다 어깨에 대한국을 짊어진 선비가 수천수백임을 알 수 없으니 국가의 운명이 이를 따라 진흥될 것을 손 모아 기대한다.

이 논설은 헤이그 국제협회에서 이위종의 거사를 듣고, 한국의 청년이 장쾌한 일을 하였음을 칭송하기 위한 논설이다. 여기서 주목할 만한 것은 이위종의 의거가 이탈리아의 '가리발디'에 비견된 것인데, 이 시대 청년 영웅[15]의 활약을 기대하는 주요 사상 가운데 하나이다. 이처럼 영웅 환기(喚起)나 청년의 책임을 강조하는 논리는 이 시대의 주요 사상 가운데 하나인데, '도덕', '신학문' 등의 계몽 담론은 영웅과 애국 청년을 만드는 주요 수단으로 작용되는 셈이다.

2.2. 일제 강점기의 청년 담론과 청년운동

일제 강점기의 청년 담론에서는 기독교 중심의 청년운동뿐만 아니라 천도교의 청년 단체, 각종 노동자·농민운동을 목적으로 하는 청년 단체가 출현한 점이 특징이다.

먼저 종교운동 차원의 청년 단체로 기독교계의 역할을 살펴볼 필요가 있다. 윤춘병(1984)에 따르면16) 1910년대 기독교계 청년 잡지로『중앙청년회보(中央靑年會報)』(1914년 창간, 조선중앙기독교청년회, 경성 종로 조선중앙기독교청년회 발행), 『기독청년(基督靑年)』(1917년 창간, 편집 겸 발행 백남훈, 동경한국인기독교청년회) 등이 있었다고 한다. 또한 1920년대 이후에도 『청년』(홍병선 편집, 파락막 발행, 경성중앙기독교청년회 청년잡지사) 등과 같이 기독교 청년운동을 목표로 한 잡지가 다수 존재했던 것으로 파악된다. 윤춘병(1984)에서 밝힌 바와 같이 일제 강점기 기독교 잡지는 매우 많다. 이들 잡지에서도 청년운동은 매우 중요한 역할을 차지하고 있었음에 틀림없다.

일제 강점기 기독교는 계몽정신을 바탕으로 민중 계몽을 주도한 주요 세력 가운데 하나였다. 그렇기 때문에 일제 강점 초기부터 기독교계에 대한 탄압도 적지 않았던 것으로 보인다. 『매일신보』에 실린 다음 논설은 이러한 경향을 보여준다.

---

15) 때로는 '소년 영웅'으로 표현되기도 한다.

16) 윤춘병(1984), 『한국 기독교 신문·잡지 백년사』, 대한기독교출판사.

【 警告 基督敎徒[17] 】

大抵 宗敎는 卽 人民 自由에 在ㅎ니 當局 官憲이 某宗敎를 勿論ㅎ고 一毫의 迫害가 有ㅎ리오만은 然이나 敎徒가 該敎의 宗旨를 違背ㅎ야 或 政治에 干涉이 有ㅎ거나 或 不穩ㅎ 行動이 有ㅎ면 必戒罰을 加ㅎ야 秩序를 回復흠은 不得已의 事이라.

挽近 風說을 得聞ㅎ즉 基督敎徒 중에 往往 不平의 言辭와 不穩의 行動을 演出ㅎ는 자가 有ㅎ야 該敎의 宗旨를 違背ㅎ고 法網을 自觸흠은 可히 掩蔽치 못흘 事實인즉 不得已 懲誡를 加치 아니치 못흘지라. 然ㅎ나 紐育 헤라우더 紙 等은 朝鮮總督府가 基督敎徒를 迫害흔다는 批評이 有ㅎ야 一般 世人의 疑雲을 惹起ㅎ며 敎徒 중에도 總督府의 施政 方針을 誤解ㅎ야 或 自己에게 迫害를 加흘가 憂慮ㅎ는 자가 有흔 듯ㅎ니 (…中略…) 敎徒 諸君은 宜히 浮想妄念을 勿抱ㅎ고 純然ㅎ 宗敎 範圍 內에서 自己의 精神을 捽勵ㅎ며 自己의 知識을 增長ㅎ야 個個히 基督의 宗旨를 感應ㅎ면 卽 諸君 分內의 事業이라.

若 一毫라도 敎旨 外에 立ㅎ야 不平의 言辭와 不穩ㅎ 行動으로 種種 禁網을 自觸ㅎ는 同時에는 當局에서 治安을 維持ㅎ기 爲ㅎ야 必 戒飭을 加ㅎ야 容貸가 斷無흘지니 一般 敎徒는 往日의 誤解를 氷釋하야 敎旨를 勿違흘지오, 其監督者도 到底 誨諭ㅎ야 總督의 施政方針과 宗敎의 勸奬ㅎ는 本意를 誤解흠이 無케 흘지어다.

> **번역** 대저 종교는 인민의 자유에 속하니 당국이나 관헌이 어느 종교를 물론하고 조금이라도 박해가 있을까마는 교도가 그 종교의 종지를 위배하여 혹 정치에 간섭하거나 혹 불온한 행동이 있으면 반드시 징계와 벌을 가하여 질서를 회복하는 것은 부득이한 일이다.
>
> 최근 풍설을 들으니 기독교도 중에 왕왕 불평하는 말과 불온한 행동을 하는 자가 있어 그 종교의 종지를 위배하고 법망을 스스로 저촉하는 것은

---

17) 『매일신보』, 1912.2.22.

가히 은폐하지 못할 사실이니 부득이 징계를 가하지 않을 수 없다. 그러나 뉴욕 헤라우더 신문 등은 조선총독부가 기독교도를 박해한다는 비평을 하여 일반 세상 사람들이 의심을 야기하며, 교도 중에도 총독부 시정방침을 오해하여 혹시 자기에게 박해를 가할까 우려하는 자가 있으니, (…중략…) 교도 제군은 마땅히 허황된 생각과 망상을 품지 말고 순전히 종교 범위 내에서 자기의 정신을 닦아 힘쓰며, 자기의 지식을 증장하여 사람마다 기독의 종지를 감응하면 곧 제군의 분수 내에서 할 일들이다.

만약 조금이라도 종교 외에서 불평의 언사와 불온한 행동으로 종종 금지한 법망을 저촉하면 당국에서는 치안을 유지하기 위해 반드시 징계를 가하여 조금도 용납하지 않을 것이니 일반 교도는 옛날의 오해를 풀고 종지를 위반하지 말 것이요, 그 감독자도 모두 가르치고 깨우쳐 총독의 시정 방침과 종교가 권장하는 본뜻을 오해하는 일이 없게 할 것이다.

이 논설에 따르면 1912년 당시 기독교인 가운데 이른바 '불평의 언사', '불온한 행동'을 하는 사람이 많았고, 미국 등지의 신문에서도 조선총독부가 기독교를 박해한다는 비평이 있었다. 여기서 불평의 언사나 불온한 행동은 총독부의 식민 정책을 비판하거나 위배하는 일을 의미한다. 이 글에 나타나듯이 조선총독부의 종교정책 가운데 하나는 '종지(宗旨)'를 내세워, '개인의 신앙'만을 강요하고, 식민 정책을 무비판적으로 수용하게 하는 주의였다. 이를 위반할 경우 '치안유지' 또는 '국가주의'를 내세워 종교를 탄압했던 것이다. 여기서 '종지'는 이른바 식민통치를 위한 '도덕(道德)'을 의미한다.

이는 기독교 청년 단체에도 그대로 적용되었음에 틀림없다. 다음은 '기독교 학도'에 대한 『매일신보』의 논설이다.

【 基督教 學徒[18] 】

大抵 宗敎ᄂᆞᆫ 人民의 道德을 陶鑄ᄒᆞ야 善良ᄒᆞᆫ 風化를 養成ᄒᆞᆷ이오 政治ᄂᆞᆫ

人民의 秩序를 保維ᄒ야 善良ᄒ 軌道로 引導홈이니 (…中略…) 基督敎 學徒
內에 往往 政治에 干涉ᄒᄂ 言辭 及 行動이 有ᄒ야 亦 自己 靑年의 萬里
前程에도 多分의 障碍가 不無ᄒ니 엇지 可憫홀 자가 안이리오. 此ᄂ 當局에
셔도 取締의 力이 暇及지 못ᄒ엿거니와 一般 監督者 泰西人도 亦 朝鮮語를
不解ᄒ야 敎徒의 現況을 충분히 知得키 難홈으로 由홈이라. 然ᄒᆫ즉 此責任은
朝鮮人 任員 及 敎師에게 在ᄒ니 幸히 基督敎 學校의 任員 及 敎師ᄂ 宗敎의
性質을 圓滿히 了解ᄒ야 沒刻ᄒ 靑年 後進으로 ᄒ야곰 穩健 方面으로 進向ᄒ
야 萬里 前程에 障碍가 無케 ᄒ며 人民 道德의 善良을 勿失홀지어다.

번역 대저 종교는 인민의 도덕을 주조하여 선량한 풍속 교화를 이루어
내는 것이며, 정치는 인민의 질서를 보호하여 선량한 궤도로 인도
하는 것이니 (…중략…) 기독교 학도 내에 정치에 간섭하는 언사와 행동
이 있어 또한 자기 청년의 만리 앞길에 많은 장애가 없지 않으니 어찌
가여운 일이 아니겠는가. 이는 당국에서도 조사의 힘이 미치지 못했지만
일반 감독자인 서양인도 또한 조선어를 이해하지 못하여 교도의 현황을
충분히 이해하기 어려워 생긴 일이다. 그러므로 그 책임은 조선인 임원
및 교사에게 있으니 다행히 기독교 학교의 임원과 교사는 종교의 성질을
원만히 이해하여 몰지각한 청년 후진으로 하여금 온건한 방면으로 이끌
어 만리 앞길에 장애가 없게 하고, 인민의 도덕을 선량하게 하는 일을
잃지 않도록 해야 한다.

이 논설은 각 부락에 산재한 기독교인과 기독교계 학교의 교사와 학
생이 총독부의 식민 통치를 비판하고 저항하는 데 대해, 종교의 본질이
'인민의 선량한 도덕 함양', '풍속 교화'에 있으며, '정치'에 참여하는
것은 이를 위배하는 것이라고 주장하고, 학생 개인의 앞길을 막는 정치
참여를 하지 못하게 하라는 논설이다. 논설 가운데 서양 선교사(태서인)

---

18) 『매일신보』, 1912.2.2.

을 직접 비판하지 못하고, 그들이 조선어를 이해하지 못하기 때문에 학생들이 정치에 참여하는 현실을 파악하지 못하고 있다고 한 점은 그 당시 서양 각국과의 외교적 마찰을 피하기 위한 표현으로 볼 수 있다.

이처럼 식민 초기의 기독교 학생과 청년 활동은 근대 계몽기 '자유주의', '민지계발'의 성격을 띤 계몽 활동이었다. 그러나 식민 초기 식민 정책과 어울리지 않는 기독교 청년 활동에 대한 총독부의 감시와 단속이 강압적으로 지속되었으며, 일부 활동에 대해서는 회유를 꾀하기도 하였다. 다음을 살펴보자.

【 基督教人의 親睦[19] 】

基督教의 眞理로써 論할진딘 國家의 區別과 人種의 差別이 無하고 相愛相敬ᄒ며 相信相親ᄒ야 共히 永生의 道를 講究ᄒᄂ지라. 故로 東西 列邦이 政治上 及 經濟上으로ᄂ 優劣을 競爭홀지라도 耶蘇 基督을 信仰ᄒᄂ 者의 間에ᄂ 셔로 親愛ᄒ기를 兄弟와 갓치 ᄒᄂ니 聖靈의 所感과 心理의 所化가 안이면 엇지 此를 得ᄒ리오. 然이나 內地의 基督教 信者와 朝鮮의 基督教 信者의 間에는 一種의 障壁이 隔ᄒ야 其親信敬愛의 意思가 疏通치 못ᄒ야 常히 志士의 遺憾으로 넉이ᄂ 바이러니 曩者 朝鮮에 在ᄒ 基督教 各派의 有力ᄒ 牧使 諸氏와 皇城基督教靑年會의 中堅으로 指稱ᄒᄂ 諸氏가 內地 視察團을 組織홈이 議ᄒᄂ 者ㅣ 時機 尙早를 唱홈이 不無ᄒ얏스나 諸氏의 誠心과 勇敢으로써 區區ᄒ 迂論을 不顧ᄒ고 此를 斷行ᄒ야 (…中略…) 嗚呼라. 諸氏의 一行은 三十名에 不過ᄒ얏스나 諸氏의 德望과 地位가 社會의 上級에 有홀 ᄲᆞᆫ 아니라 全道 內의 十數萬 敎徒를 統率ᄒᄂ 職責이 有ᄒ지라. 諸氏가 內地에서 耳聞目擊ᄒ 바로써 일반 敎徒에게 宣傳ᄒ야 無形ᄒ 心理上의 親睦을 得ᄒ면 國家를 爲ᄒ야 慶幸홀 바ㅣ 此에 過ᄒᄂ 者ㅣ 豈有ᄒ리오. 健在홀지어다 諸氏여. 勉力홀지어다 諸氏여.

---

19) 『매일신보』, 1911.9.9.

기독교의 진리로 논하면, 국가의 구별과 인종의 차별이 없고, 서로 사랑하고 공경하며, 서로 믿고 친애하여 함께 영생의 도를 추구한다. 그러므로 동서 여러 나라가 정치상 그리고 경제상으로 우열을 경쟁할지라도 예수 기독을 믿는 사람들 사이에는 서로 친애하기를 형제와 같이 하니, 성령의 감화와 심리의 교화가 아니면 어찌 이를 이해하겠는가. 그러나 내지(일본)의 기독교 신자와 조선의 기독교 신자 간에는 일종 장벽이 현격하여 그 친애 믿음 경애의 의사가 소통하지 못해, 일찍이 뜻있는 사람들이 유감으로 여기던 바이었으나, 최근 조선에 있는 기독교 각 종파의 유력한 목사 여러 사람들과 황성기독교청년회의 중견으로 일컬어지는 여러 사람들이 내지 시찰단을 조직하고자 하는 의논이 있어, 아직은 시기상조라고 주장하는 일도 있었으나 여러 사람들의 성심과 용감한 주장으로 구구한 논란에도 불구하고 이를 단행하여 (…중략…) 아, 제씨의 일행은 30명에 불과하나 제씨의 덕망과 지위가 사회의 상층에 있을 뿐만 아니라 모든 도 내의 수십만 교도를 통솔하는 직책이 있으니, 제씨가 내지에서 듣고 목격한 바로 일반 교도에게 알려 드러나지 않는 심리상의 친목을 얻으면 국가를 위해 크게 다행한 일이니, 이보다 더한 것이 어찌 있겠는가. 건재하라 제씨여. 면려하라 제씨여.

이 논설은 일제 강점 직후 황성기독교청년회 지도자들과 식민지 조선의 기독교계 목사 30여 명으로 이루어진 시찰단 활동을 격려하기 위해 쓴 것으로, 식민 초기 조선과 일본의 기독교계 활동상을 보여준다. '시찰단'과 '친목'을 명분으로 식민지 조선과 일본의 기독교인을 연계하고자 한 것이다.

일제 강점기 청년운동은 삼일운동 이후의 문화통치 하에서 큰 전환이 이루어진다. 이 시기 청년운동은 종교 단체뿐만 아니라 농민·노동자, 여성단체 등 다양한 운동으로 나타난다. 특히 1920년대 전반기 각종 사회운동은 '청년'과 '학생'을 대상으로 한 것이었는데, 『동아일보』

1925년 1월 1일에 게재한 적성산인의 '조선 사회운동 개관'에서는 그 당시의 사회운동을 '사상운동, 노농운동, 청년운동, 형평운동, 여성운동, 학생운동'으로 구분하여 서술하였지만, '청년운동' 이외의 다른 운동도 대부분 청년 학생들이 관여하고 있음을 알 수 있다. 이를 요약하면 다음과 같다.

【 朝鮮 社會運動 槪觀: 과거 일년간의 社會相20) 】

ㄱ. 사상운동

1. 총독부의 언론 출판 탄압과 친일단체인 보천교 박멸운동으로 '언론 집회탄압탄핵회' 결성(실패)

1. 박춘금 등 친일파의 '각파유지연맹'(관민일치, 대동단결, 노자협동을 주장하며, 국민협회, 소작인상조회, 대정친목회, 상애회, 유민회, 동광회, 유도진흥회, 동민회, 교풍회 등 11개 친일 단체의 연합 조직)에 대한 민중운동 전개(일제의 금지로 실패)

1. 사상잡지 『척후대(斥候隊)』, 『조선지광』 발행: 매호마다 압수됨

1. '신사상연구회'를 '화요회'로 개칭, '건설사'를 해체하고 '북풍회'를 조직함

ㄴ. 노농운동

1. 1924년 200여 건의 소작쟁의 발생, 참여 소작인 2만 4천명, 공장노동자의 동맹파업은 20건으로 4~5천 명이 참가함.

1. 노농연맹, 남선노농동맹, 노농대회의 3파를 해체하고, '노선노농총동맹'을 창립함. (노동 임금 및 시간문제, 8시간 노동제, 노동자 교양을 위한 야학과 강습회 개최, 소작 문제, 동척 이민 철폐 문제 등)

ㄷ. 청년운동: 별도 제시

ㄹ. 학생운동

---

20) 『동아일보』, 1925.1.1.

1. 3.1운동 이후 민족운동에서 사회운동으로 방향을 전환함.
1. 조선학생연합회 조직
ㅁ. 형평운동
1. 특수민 계급(백정 계급)의 계급 투쟁
1. 형평운동 차원에서 통일된 단체 결성 노력
ㅂ. 여성운동
1. 부르주아 여성운동(문화운동)에서 계급적 사회운동으로 방향 전환
1. 조선여성동우회 조직
1. 여성 노동자의 증가와 함께 '여직공 파업'이 활발해짐

이상의 사회운동 가운데 '형평운동'은 특수 신분의 계급운동이었으나, '사상운동', '노농운동', '학생운동', '여성운동' 등은 청년 학생들의 사회운동과 불가분의 관계를 맺고 있었다. 그럼에도 이 개관에서는 '청년운동'을 사회운동의 하나로 요약하고 있다.

【 靑年運動[21] 】

사회운동의 중요한 責任을 진 無産靑年運動은 조선에 잇서서는 가장 有力한 것이오, 쏘한 가장 역사가 오랜 만치, 운동의 陣容이 勞農思想 기타 다른 운동에 비하야 整頓되엿다고 볼 수 잇다. 사실에 잇서서 思想運動이나 勞農運動의 指導分子가 거위 다-삼십 미만의 靑年인 것을 보면 朝鮮社會運動은 거위 靑年運動이 중심이 되어 잇는 것을 부인할 수 업는 사실이다. 이러한 特有한 歷史를 가진 朝鮮無産靑年運動은 1924년에 이르러 방향 전환을 斷行하엿나니 氣分運動에서 組織運動의 域에 入하야 단결 조직에 全力한 것이 特色이라 하겟다.

朝鮮靑年總同盟(조선청년총동맹)은 작년 4월에 勞農總同盟(노농총동

---

21) 『동아일보』, 1925.1.1.

맹) 창립과 동시에 경성에서 조직되엿다. 가맹 단체 224개 단체의 대표 189명이 출석하엿고, 창립 당일 40여 통의 축전이 飛來하엿다. 이로써 靑年運動의 통일적 진용이 布張되엿나니, 이제 그 宣言 及 綱領을 보면, 我等은 階級的 大團結을 目標로 靑年運動의 統一을 圖하기 위하야 次의 綱領으로써 朝鮮靑年總同盟을 組織하노라. 아! 此에 공명하는 각 청년단체여, 어서 가맹하라. 團結하자! (강령과 선언은 略함) 이상의 선언 강령을 세우고 4월 11일부터 동 23일까지 창립총회를 마치고 동24일에 청년총동맹 臨時 大會를 계속 開會하고 여러 가지 決議가 잇섯는데 첫재 靑年問題에 관하야 靑年運動의 근본 방침, 청년 교양, 청년 단체 조직, 異流 靑年團體 등에 관한 討議가 잇섯고, 둘재로 社會 及 經濟問題에 관하야 勞農 及 婦人運動 敎養 及 宗敎問題, 衡平運動, 反動團體, 東拓問題, 民族問題 등에 관한 구체적 토의가 잇섯다. (…中略…)

연령 制限은 靑年運動의 일대 문제로 取扱되엿나니, 작년 청년총동맹 창립총회 석상에서 이 年齡問題에 대하야 新灣靑年會, 五月靑年會, 在日本 朝鮮無産靑年會, 金海新興靑年會 등 4개 단체의 연서 提出한 연령 제한에 대한 建議案으로 인하야 격렬한 토론이 장시간에 亘하야 일시 議場을 修拾하기 難하게 되야, 此案은 마침내 決案되지 못하고 留案되고 마럿다. 조선 청년운동의 原理와 實際에 鑑하야 연령 제한을 實施하여써 청년운동다운 청년운동이 잇서야 될 것이다. 靑年 大衆을 울타리 삼어 名譽運動을 일삼는 부루주아는 無産靑年運動線에서 驅逐하여야 될 것이다.

全鮮을 통하야 250의 청년단체가 社會運動의 중심이 되고, 原動力이 되는 것이 朝鮮靑年運動의 特色이다. 그럼으로 1924년은 靑年運動의 방향 轉換期이엿스나 아직 우리가 理想하는 靑年運動의 戰線이 陳列되기까지는 시일이 요원하고 그만치 百折不屈의 努力이 필요하다.

現行하는 청년단체의 강령을 보면 眞實한 意味의 청년단체의 강령이 아니고, 思想團體 혹은 勞農團體의 色彩를 混用한 折衷體가 적지 안타. 물론 現下 朝鮮 社會運動線이 整頓의 時期에 밋치지 못함과 쏘한 청년단체가 사회운동의 先驅가 된 관계라고 보면 장래는 또한 진실한 意味의 청년단체가 出現하야 靑年運動의 본색을 차질 줄 안다. 청년운동은 無産靑年의 敎養運動을 주안으로 社會運動을 훈련하는 점에 특색이 잇는 것이다. 훈련을 밧지 못한 자가 사회운동선에 쉬여나와 입으로만 하는 운동은 何等의 效果가 업고, 도리혀 운동선을 擾亂케 할 위험이 잇는 것이니 이러한 의미에서 청년운동이 참으로 필요한 것이다.

이 자료에 따르면 1924년 청년운동에서 중요한 사건 가운데 하나는 '조선청년총동맹' 결성, '국제 청년 데이' 관련 시위, '러시아 혁명 7주년 기념행사'의 좌절 등이 있었다. 흥미로운 점은 이러한 운동에서 '청년운동'의 원리와 연령 제한 문제 등이 거론되었다는 점이다. 청년운동 개관에 나타난 바와 같이, 이 시기 사상운동이나 노농운동 등의 대부분 30세 미만의 청년을 중심으로 이루어지고 있다는 사실에서 '청년운동'의 원리와 연령 문제를 논의되었다는 사실은 근대 계몽기와는 달리 '소년운동'과 '청년운동'이 명백하게 구분되었음을 의미하며, 종교운동을 중심으로 출발한 청년운동이 사상운동이나 노농운동 등과 같이 사회 전반적인 영향을 미치게 되었음을 의미한다. 이러한 예의 하나로 1925년 9월 15일 순천, 광영, 벌교 지역의 '동부청년연맹(東部靑年聯盟)'의 결의사상을 참고할 수 있다. 이 단체는 전남 지역 14개 청년회가 연합한 단체인데, 발기 대회에서 "청년연맹기(靑年聯盟旗)를 선두에 들고 적색(赤色) 삐라를 살포하면서 시위 행렬로 가두를 일주(一週)"하였다고 한 것을 참고하면, 사회주의 청년사상을 견지한 단체로 볼 수 있는데, 창립 당시 결의 사상은 '청년문제', '소년문제', '사회문제'로 구분되어 있었다. 이를 참고하면 다음과 같다.

【 決議22) 】
一. 靑年問題

1. 靑年運動의 根本 精神에 關한 事.

가. 靑年運動은 <u>新社會 創造를 內在 目的으로</u> 할 일

나. 生의 原理를 擴充하기 爲하야 모든 <u>社會的 缺陷을 根本的으로</u> 革新할 일

1. 靑年 敎養에 關한 件

가. 新社會建設에 適切한 階級意識을 促進하며 科學的 精神을 涵養할 일

1. 靑年團體 會員 年齡 制限에 關한 件

가. 靑年團體 會員의 年齡은 滿18歲로부터 30歲까지 할 일

1. 勞農 衡平 女子靑年에 關한 件

가. 各自 解放을 目標로 한 靑年團體를 組織하야 解放運動에 竝進케 할 일

1. 地方靑年運動의 局面에 關한 件

가. 地方 靑年은 地方的으로 鞏固한 團結을 期하야 軋轢과 衝突을 써난
   新局面을 展開할 일

1. 異流 靑年團體에 關한 件: 가. 異流 靑年團體에 대하야는 積極的으로
   其內部를 革新 又는 破壞할 일

二. 少年問題

1. 少年運動의 根本 精神에 關한 件: 가. 感情과 氣分이 純粹한 少年은
   階級的 團結과 統一을 期함

1. 少年運動에 關한 件: 가. 愛情을 基調로 한 互相의 訓練과 團結的 精神
   을 涵養할 일

1. 少年團體 組織에 關한 件: 가. 進化法則에 基因하야 世界思潮를 背景으
   로 한 新少年團體를 組織케 할 일

三. 社會問題

1. 勞農運動에 關한 件: 가. 現社會의 必然的 産物인 農村의 農民運動과
   都市의 勞動運動을 積極的으로 援助할 일

1. 衡平運動에 關한 件: 가. 衡平運動을 積極的으로 援助할 일

---

22) 「동부청년연맹 去十五日에 順天서 創立」, 『동아일보』, 1925.9.20.

1. 女性運動에 關한 件: 가. 女性運動을 積極的으로 援助할 일

1. 宗敎問題: 現下의 各 宗敎는 社會의 圈外로 驅逐할 일

이 연맹의 결의 사항에서 '청년문제'와 '소년문제'가 구분된 것은 '소년(少年)'이라는 용어가 축자적 의미로서의 '젊은 시절', 곧 '청년'과 동의어로 쓰이던 시대에서, '소녀(少女)'와 대립되는 개념으로 굳어졌음을 의미한다.[23] 곧 청년의 경우 '신사회 창조', '사회적 결함 혁신'을 직접 담당하는 주체로서 18세부터 30세 사이를 일컫는 개념으로 쓰였으며, '소년'은 '감정과 기분이 순수한', 곧 '보호'하고 '가르쳐야' 할 연령으로 파악했던 것이다. 이처럼 1920년대 청년 담론은 '노농운동', '형평운동', '여성운동' 등 모든 사회운동을 지원하는 주체로 인식되었다.

여기서 주목할 점 가운데 하나가 '종교문제'이다. 앞서 살펴본 바와 같이, 근대 계몽기 청년운동은 기독교 청년 단체로부터 출발하였다. 이러한 흐름은 1920년대에도 지속되었는데, 이 시기의 종교 청년 단체는 기독교뿐만 아니라 천도교, 불교까지 다양해졌다.

기독교 청년 단체의 활동에 대해서는 전택부(1978)에서 비교적 자세히 정리한 바 있다. 이 책에서는 일제 강점기 기독교 청년회의 활동을 '항일 투쟁기: 침략과 불의에 대한 민족적 항거(1909~1913)', '전국 조직기: 전국연합회의 조직과 학생운동(1913~1916)', '독립운동과 민중 계몽기: 무단정치 하에서 독립운동과 민중 계몽에 주력(1916~1920)', '국제 활동기: 민족자결주의의 세계 조류를 타고(1920~1925)', '민족교회 육성

---

23) '소녀'라는 용어가 언제부터 쓰였는지를 확인하기는 어렵다. 『황성신문』 1899년 11월 9일자 잡보 '청국의 新留學生'에서 "청국 유학생 47명은 일본으로 도(渡)하였으니 이것은 호광 총독 지지동 씨가 파견한 것이요, 감독원 전순 씨는 모든 사무를 맡아 관리하고 또 이 유학생 중에 전련이라는 소녀도 들어 있었다."라는 표현이 등장한 점을 고려한다면 근대 계몽기부터 쓰인 용어임이 틀림없다. 그러나 근대 계몽기 '소년 담론'과 '청년 담론'이 구분되지 않았듯이, '소년'에 대립하는 '소녀'의 개념이 확립된 것은 1910년 이후로 보인다.

과 사회운동기: 신사조의 격류 속에서 민족의 살길을 개척(1925~1931)', '수난과 암흑기: 민족의 생존을 위하여 사력을 다했으나(1931~1945)' 등 으로 세분하였다.

이러한 흐름에서 1910년대에는 1910년 11월 5일의 이른바 '105인 사건'(데라우치 총독을 암살하려 했다고 조작한 사건이라고 함), 1913년 기독교 회원을 매수하여 일으킨 '유신회 사건' 등이 있었는데, 이 사건 이후 이상재가 총무로 취임하면서 전국연합회를 조직하고 학생운동과 민중을 계몽하는 전국적인 단체가 되었다. 일본 도쿄에서 벌어진 2.8 독립 선언, 그 후의 3.1독립운동 등은 기독교 청년 활동과 밀접한 관련을 맺는다. 이러한 전통에서 1920년대 각지의 기독교 청년회에서는 적극적으로 계몽운동을 이끌어 나갔다. 그러나 일제 강점기 조선총독부의 종교 정책(종교의 본지를 개인적인 신앙에 국한하게 하거나 풍속 교화, 도덕 강화 운동만을 허용하며, 저항적·비판적·정치적 운동을 탄압하는 정책)과 1920년대 사회주의 사상이 만연된 상황에서 기독교 청년 단체의 계몽 활동도 한계를 보일 수밖에 없었다.

기독교에 비해 늦었지만 천도교에서도 '청년회'의 활동이 이루어지고 있다. 천도교의 청년회 조직은 1920년대 이후에 시작되었으나[24] 1906년 6월 17일 『만세보』를 창간하면서 애국적인 언론 활동을 전개하게 된다. 이 신문은 '창간사'에서 우리 민족의 교육과 지식 계발을 위해, 영리나 명예를 초월하여 지식 계몽에 앞장서겠다는 취지를 밝혔는데, 이는 천도교의 '보국안민(輔國安民)'과 '민중 교화(民衆教化)'의 이념을 잘 드러낸 것이었다.

'동학(東學)'이라는 이름으로 출발한 천도교의 사회운동은 1910년 7월 16일 『천도교회월보』의 창간, '보성학교', '동덕학교' 등의 개교, 3.1독립 운동 주도 등과 같이 지속적으로 이루어졌다.[25] 그러나 천도교의 청년

---

24) 천도교청년회 중앙본부(2000), 『천도교청년회 80년사』, 천도교청년회 중앙본부.

활동은 1920년 4월 25일 '천도교청년회'의 창립과 함께 본격화되었다. 천도교청년회는 문화운동을 기치로 1920년 6월 25일 『개벽(開闢)』을 창간하고, 전국 규모의 강연회를 열었다. 그 이후 1923년 '천도교연합회'와 '천도교 청년당'으로 분파되기는 하였지만, 천도교에서도 계몽운동의 주체로 청년의 역할을 환기하고자 한 것은 다른 종교의 활동과 유사하다.[26]

이러한 맥락에서 불교계 청년 활동도 살펴볼 필요가 있다. 일제 강점기 불교는 유교와 함께 타락한 기성 종교로 가장 많은 지탄을 받았다. 예를 들어 『매일신보』의 경우 1911년 2월 5일자 논설 '고승도제군(告僧徒諸君)', 11월 3일자 '승려의 타락을 탄(歎)함'과 같이 불교를 비판하는 글을 자주 실었다. 이러한 비판은 불교의 타락을 내세워 종교 활동을 억압하고 식민 통치를 수용하게 하는 데 목적이 있었다.

그러나 일제 강점기 불교계의 각성과 사회활동, 독립운동도 지속적으로 이루어졌다. 3.1독립운동이 전민족적 활동이었음을 고려할 때, 무단통치기 불교의 사회적 역할도 적지 않았음은 쉽게 짐작할 수 있다.

이 흐름에서 1920년대 불교계 청년단체의 출현도 자연스러운 현상으로 볼 수 있다. 그 가운데 대표적인 단체가 '불교청년회'이다. 이 단체는 1920년 5월 24일 경성사립 중앙학림(京城私立 中央學林)의 학생들이 주체가 되어 조직하였으며, 전국적인 규모로 확대되었다. 이 당시 『동아일보』에는 청년회 창립을 기념하여 시일생(是日生)이라는 필명의 '조선 불교 청년 제군에게 고함'이라는 논설을 연재하기도 하였다.[27] 이 논설에서 필자는 조선의 청년 불교 활동이 서양 루터의 종교개혁과 같

---

25) 일제 강점기 천도교 활동에 대해서는 천도교 중앙총부 교서편찬위원회(2006), 『천도교약사』(천도교 중앙총본부)를 참고할 수 있다.

26) 천도교 청년 단체의 활동 상황에 대해서는 천도교청년회 중앙총본부(2000), 『천도교청년회 80년사』(천도교청년회 중앙총본부)를 참고할 수 있다.

27) 『동아일보』, 1920.7.2~4.

은 역할을 해야 한다고 역설한다. 이 또한 종교적 계몽 담론으로서 청년의 역할을 환기하는 논설인 셈이다.

이처럼 근대 계몽기에 형성된 청년 담론은 일제 강점기 각종 사회운동이나 계몽운동의 주체로서 청년의 역할을 환기하는 방향으로 전환되기 시작했으며, 이로부터 다수의 청년 단체가 출현하였다. 이 점에서 일제 강점기 사회운동의 주체로서 청년이 부각된 것은 의미 있는 일로 볼 수 있다. 그럼에도 이 시기 청년운동은 식민 통치의 강압, 계몽 주체이자 계몽의 대상이라는 이중 지위를 갖는 청년의 입장, 문화적·민족주의와 계급적 사회주의의 이원화된 사상 속에서의 갈등 등과 같은 한계를 갖고 있었던 것으로 볼 수 있다.

3. 종교 문제와 종교운동

3.1. 근대 한국사회에서의 종교 문제

사전적 의미에서 종교는 신이나 초자연적인 절대자를 믿음으로써 인간 생활의 고뇌를 해결하고 삶의 궁극적인 의미를 추구하는 문화 현상을 말한다. 그런데 동서양의 종교에 대한 인식은 다소 차이가 있다. 동양 사회에서의 종교는 신앙적 차원에서 접근할 문제가 아니었다. 축자적(逐字的) 의미에서 '종(宗)'은 '근원, 정점' 등을 뜻하는 말이며, '교(敎)'는 '교화(敎化)'를 뜻하는 말이었다. 최남선(1915)의 『신자전(新字典)』에서는 '종(宗)'의 의미를 "존(尊), 마루, 본(本), 동성(同姓, 일가 또는 겨레)" 등으로 풀이하고, '교(敎)'를 "효(效, 본받음), 사위(使爲, 하여금, 시킴), 훈(訓, 가르침)" 등으로 풀이하였다.[28] 이 책은 우리나라 자전 가운데 최초

---

28) 최남선(1915), 『신자전』, 박문서관.

의 근대식 사전이라는 점에서, 전통적인 '종'과 '교'의 의미를 망라한 것으로 풀이할 수 있다.[29] 달리 말해 동양, 특히 한국에서의 종교 현상은 '신(神)'에 대한 절대적 믿음을 전제로 하는 개념이 아니라 황제(皇帝, 삼황오제) 이전 시대의 성스러운 덕을 백성에게 베풀어 '교화(敎化)'하는 일을 의미하는 것이었다. 따라서 '교화'는 '덕화'와 같은 의미를 지니며, 덕화는 이상적 사회를 구성하는 주요 원리로 인식된다.

이처럼 동서양의 종교 현상에 대한 인식의 차이는 동서양인의 우주관(宇宙觀)이 달랐기 때문에 생겨난 것이라고 할 수 있다. 중국 고대로부터 전해온 '분야설(分野說)과 중화사상'이나 한중 민중에게 구전되어 온 다양한 신화(神話)는 서양 신학의 차원으로 볼 때, 비합리적·비과학적 현상으로 보일 수도 있으나, 어떤 동양의 철학 이론을 기반으로 하더라도, 한국의 전통적 종교 현상은 '신학적 차원'이 아니라 '윤리적 차원', '학문적 차원'의 연구 대상이자 수양(修養) 대상이었다.

이 점은 한국에 서양의 종교가 전래되는 과정, 또는 근대 이후 전통 사상에 기반을 둔 자생적 종교, 이에 자극 받은 불교 등이 모두 자기 종교를 객관화하고자 하는 노력을 기울인 데서도 확인할 수 있다. 그러나 종교 현상 자체는 자신이 신봉하는 종교에 대한 호교론적(護敎論的) 성격이 강하다. 김승혜 편저(1986)에서는 서양의 경우 자기 종교에 대한 객관적 시각에 따라 종교학이 정립된 시점이 19세기 이후라고 하였다.[30] 이는 자기 종교에 대한 실천과 믿음에서 한발자국 물러나 어떤 전제도 없이 종교 현상을 연구하려는 노력이 19세기 이후에 이루어졌다는 의미이다. 물론 이 종교학이 정립될 수 있었던 데에는 서구의 종교개혁이나 18세기의 계몽사상의 영향이 컸다. 이에 비해 한국에서

---

29) 종교에 대한 서양어 religion은 라틴어 religio에서 유래된 것으로 알려져 있다. 이 말은 '다시 읽는다'는 뜻을 포함한 말로, 경전을 반복하여 낭송하는 것을 지칭한 개념이다. 이 용어가 19세기 말 종교학이 소개되면서 중국에서 '종교(宗敎)'로 한역된 것으로 알려져 있다.

30) 김승혜 편저(1986), 『종교학의 이해: 종교연구 방법론을 중심으로』, 분도출판사.

의 종교 연구는 아직까지도 신앙의 전통이나 호교론적 성격을 완전히 탈피한 것은 아니다.

근대 계몽기 한국의 종교 현상은 전통적인 종교뿐만 아니라 서양 종교가 유입되면서 다양한 모습을 띠게 된다. 한국 학문사에서 '종교학'이라는 용어가 처음 쓰인 것은 유길준(1895)의 『서유견문』(교순사)이다.31) 이 책의 '학업하는 조목'에서는 종교학을 "태서(泰西)의 여러 나라에서 통행하는 야소교와 천주학을 공부하는 것"으로 규정하고, "태서에 다른 학문이 없고 종교학만 있다면 금일의 풍성한 기업과 문명한 개화를 이루기는 고사하고, 큰 피해를 끼쳐 빈약 야비한 지경에 빠져, 구제 방책이 없었을 것이니, 종교학만 주장하는 나라는 그 종교가 태서에 비해 백 번 좋다 하더라도 그 나라의 빈약 부진한 것은 자연스러운 추세이다. 그러므로 불교를 존상하는 인도 여러 나라가 영국의 기반(羈絆)을 벗어나지 못한 것이다."라고 서술하였다. 이 정의는 서양의 기독교와 천주교를 중심으로 종교학을 정의한 것(이 점에서 '신학(神學)'과 같은 개념)이지만, 종교 현상을 학문적 차원에서 정의하고자 한 시도에 해당한다.

이처럼 근대 계몽기 학문 현상으로서 종교학이라는 개념이 등장한 것은, 1600년대 이후 이른바 '서학(西學)'이라는 명칭으로 들어오기 시작한 서양 종교가 근대 계몽기에 이르러 그 세력을 급속도로 확장했기 때문으로 보인다.32) 그러나 사회 현상으로서 서양 종교에 대한 동양인의 인식은 서양 종교의 교리보다 서양 세력의 동점(西勢東漸) 차원이나

---

31) 유길준(1895), 『西遊見聞 全』, 교순사.

32) 서양 종교의 전래 과정에 대해서는 경향신문사(1906), 『보감』에 연재된 '성교사기', 이능직·윤지선 공역(1947), 『달레 조선교회사서설』(대성출판사), 이능화(1928), 『조선 기독교급 외교사』(간행지 미상), 유홍렬(1947), 『한국천주교회사』(가톨릭출판사), 유홍렬(1973), 『(증보)한국천주교회사』(가톨릭출판사),김양선(1971), 『한국기독교사연구』(기독교문사), 백낙준(1973), 『한국개신교사』(연세대학교 출판부), 송길섭(1987), 『한국신학사상사』(대한기독교출판사), 정광(2010), 『조선후기 사회와 천주교』(경인문화사) 등을 참고할 수 있다.

문명화에 대한 기대 등과 밀접한 관련이 있었다. 이는 중국도 마찬가지 인데, 아편전쟁 이후 쓰인 정관응(1841~1923)의 『이언(易言)』에서도 이러한 인식이 뚜렷하다. 이 책은 1880년 수신사 김홍집이 일본에서 돌아올 때 청국 외교관 황준헌으로부터 받아 온 것을, 1883년 복각하고 언해하였다. 이 책의 '논전교(論傳教)'를 살펴보자.

【 론전교[論傳敎, 양인의 교법 전흐믈 의론흐미라][33] 】

竊謂外國傳教之士 實中國召釁之由也. 洋人之到中華不遠數萬里 統計十餘國 不外通商傳教兩端 通商則漸奪中國之利權 並侵中國之地 傳教則偵探華人之情事 欲服華人之心 陽託修和 陰存凱覦 互相聯絡 恃其富强 致華人謀生之計日窮 而教民交涉之案 迭起 其中煽害倍甚通商.

(언역) 그윽이 니르디 외국에 전교흐는 션비는 실노 중국에 흔단을 니는 비라. 양인이 중국에 오미 수만리를 먼니 아니 너기니 모다 십여국이 통상흐고 전교흐는 두 됴건의 버셔나지 아니흐느니 통상인즉 중국 리권을 점점 아스가고 중국 디방을 아오로 침노흐고 전교는 화인의 물정을 탐지흐고 화인의 무옴을 항복 밧고져 흐야 밧그로 화호흐는 모양을 칭탁흐고, 안흐로 엿보는 무옴을 두어 셔로 련졉흐야 그 부강흐믈 미드니, 화인의 싱애흐는 방되 늘노 궁핍흐고 교민 [학을 비호는 빅셩이라]의 교셥흐는 슈단이 갈마드려 니러느니 그 중의 화단을 니르혀 니미 통샹흐기보다 빅나 더흐지라.

번역 조심스럽게 외국 전교하는 선비에 대해 말하면, 사실 중국에 혼란을 초래하는 이유가 된다. 서양인이 중국에 오는 것이 수만리를 멀다 하지 않으니 모두 십여 국에 이르며 통상과 전교의 두 원리에서 벗어나지 않는다. 통상은 곧 중국의 이권을 점점 **빼앗아** 가고, 아울러 중국의 지방을 침탈한다. 전교는 곧 중국인의 사정을 탐정하고 중국인의 마음

---

33) 홍윤표 해제(1992), 『이언언해(易言諺解)』, 홍문각.

을 복종시키려 하는 것이니 겉으로는 수교·조화를 의지하나 속으로는 엿보는 마음이 있어 서로 연락하고 그 부강함을 믿어, 중국인의 생계는 날로 궁핍해지고, 교민(敎民, 교를 믿는 사람)의 교섭하는 방책이 지나치게 발생하니 그 가운데 선동의 폐해가 통상보다 갑절이나 심하다.

이 책에서 '전교지사(傳敎之士)'는 '교를 전하는 선비', 곧 '선교사'를 의미한다. 서세동점기 서양인이 수만리를 멀다 하지 않고 중국에 와서 통상과 전교를 행하는데, 전교는 '중국인의 물정을 탐지'하고, '중국인의 마음을 복종'시키고자 하는 행위로, 이 때문에 중국인의 생계가 날로 궁핍해지고 교섭 방책만 지나치게 발생한다고 본 것이다. 더욱이 중국인의 입장에서 선교가 선동 행위로까지 인식되었음을 알 수 있다.

물론 서양 종교에 대한 종교인의 인식은 이와 크게 다르다. 갑오개혁 이후 발행된 『독립신문』, 『협성회회보』, 『믹일신문』 등에서는 서양 종교에 대한 긍정적 인식을 드러내는 수많은 자료를 확인할 수 있는데, 다음 논설도 그 중 하나이다.

【 론셜34) 】

죠션에 잇는 외국 사름들 중에 쏙 죠션 빅셩만 위흐야 와셔 잇는 사름들은 각국 교흐는 이들이라. 죠션 사름들이 이 교회에 본의를 알 것 갓흐면 이 교흐는 이들을 참 곰압게 넉이고 착흐고 스랑흐는 거시 이 교에 근본인 줄을 씨달을지라. 여긔 와셔 잇는 교수들과 의원들과 부인네들이 문명 긔화흐고 션경궃혼 본국과 부모 형뎨 친쳑 친구를 다 브리고 몃만리 타국에 와셔 거치와 의복과 음식이 모도 불평흐고 도로가 더러워 단니기가 어렵고 언어가 불통흐야 죠션 사름과 교졔흐기가 어렵고 쏘 셔경 교졔흐 드릭도 즈미가 업는 거시 죠션 사름이 그 사름들 쓸을 알지 못흐고 그

---

34) 『독립신문』, 1896.8.20.

사름들을 아는 학문을 알아듯지 못ᄒ고 서로 안져 이야기를 ᄒ야도 외국 사름의 풍쇽과 심지와 학문이 젼혀 죠션 사름의게는 통치도 못ᄒ고 통ᄒ대야 알아 듯지도 못ᄒ니 무슴 ᄌ미가 잇서 친구로 샹죵이 되리요. 그러ᄒ니 이 더럽고 위틱ᄒ고 친구 업는 만리 타국에 ᄌ긔 돈 드려 의복 음식 거쳐를 쥰비ᄒ고 학교를 비셜ᄒ야 죠션 남녀를 공히 교육ᄒ며 밤낫 ᄀᄅ치는 거시 올코 참되고 졍직ᄒ고 올혼 힝실과 당당ᄒ 심법을 공부케 ᄒ며 병원을 짓고 무론 엇던 사름이던지 병이 들면 와셔 공이 치료ᄒ게 ᄒ며 (…중략…) 멧셔듸스트 교회에서 죠션 와셔 <u>대졍동 비지학당</u>을 짓고 죠션 졀믄 사름들을 교휵ᄒ고 계집으히들을 위ᄒ야 <u>이화학당을 비셜</u>ᄒ고 부인 병원을 ᄆ드러 죠션 병든 부녀들을 치료ᄒ며 시병원을 시쟉ᄒ야 무론 빈부 귀쳔ᄒ고 치료를 ᄒ여 주며 례빗당을 각쳐에 비셜ᄒ야 챡흔 말을 ᄒ여 들니며 <u>인찰쇼를 ᄆ드러 국문으로 인민의게 유죠흔 칰을 일년에 멧쳔 권식 박어</u> 젼국 인민이 이 칰들을 보고 ᄆᄋᆷ을 곳쳐 올흔 사름들이 되게 ᄒ니 이 일 ᄒ기에 미국셔 일년에 돈이 여러 만원이 오는지라.

이 논설에서는 '교하는 이들', 곧 선교인들이 살기 좋은 자기 나라를 떠나 만리타국 조선에 와서 각종 봉사활동을 하며, 학교를 세워 계몽운동을 하는 것을 매우 '고마운 일'로 인식하고 있다.

그러나 근대 계몽기 한국사회의 종교 담론은 종교의 본질적인 차원보다 사회적 또는 사상적인 면에서 갈등과 혼란이 적지 않았음을 확인할 수 있다. 이 점은 동학(東學)이나 천주교, 기독교 등 모든 종교의 공통현상이었다. 갑오년 농민전쟁35)을 주도했던 동학도들이나 1900년대급속히 세력을 확장한 기독교, 천주교도 사회적 차원에서의 혼란과 갈

---

35) 재일 사학자 강재언은 1894년 동학 농민운동을 '갑오농민전쟁'으로 부른다. 학계에서는 '동학란', '동학농민운동', '동학혁명' 등의 용어를 사용할 경우도 많지만, 강재언의 입장에서는 이 전쟁의 주도 세력이 농민이었으며, 동학 지도자들이 처음부터 농민 봉기를 지지한 것은 아니라는 점을 고려하여 '갑오농민전쟁'이라는 용어를 사용하고 있다.

등을 야기하는 요인으로 작용할 경우가 많았다. 예를 들어 1899년 4월 23일 천주교도의 '황성신문사' 난입 사건 등은 이를 대변한다.

【 別報36) 】

昨日 本社 社長이 天主教人에게 無理 當흔 事로 閭巷間 聽聞이 狼藉(낭자)ᄒ야 以訛傳訛ᄒᄂ 獘가 不無ᄒ깃기로 其 事實을 左에 記載ᄒ노라. 本月 二十三日 下午 一時量에 天主教人 李宅夏(이택하) 等 十餘人이 本社에 擁入(옹입)ᄒ야 社長 南宮檍(남궁억) 氏를 見ᄒ고 曰 우리ᄂ 教人인ᄃ 皇城新聞 第二卷 八十一號 雜報 中 佛入天教란 句語에 質問홀 事ㅣ 有ᄒ야 來ᄒ얏노라. 南宮檍 氏 曰 何를 因흠이뇨. 教人 曰 此說을 從誰得聞ᄒ얏스며 佛은 誰를 指흠이뇨.

南宮檍 氏曰 新聞社 規例가 新聞紙에 記載흔 바가 或 謊說(황설)이던지 誤錄이 有ᄒ면 新聞紙에 正誤를 請ᄒ야 만일 聽從치 아니ᄒ면 法庭에 裁判신지라도 請흠이 可ᄒ거니와 不然이면 비록 百番 詰問(힐문)ᄒ더라도 誰 某라 指名치 아니흠은 新聞社의 義務라 ᄒ고, 彼此間 半食頃을 相詰ᄒ다가 教人 曰 만일 指名치 아니ᄒ면 教堂으로 往ᄒᄌ ᄒ거ᄂᆯ 南宮檍 氏曰 法庭에셔 招ᄒ면 不得不 往ᄒ려니와 今에 僉 教人이 私自招去ᄒ랴 ᄒ니, 此ᄂ 新聞社 規例에 無흔 事이라 ᄒᄃ, 教人들이 悖辭(패사)를 忽發ᄒ면셔 或은 南宮檍 氏의 臂를 牽ᄒ고, 或은 脚을 擧ᄒ고 或은 背를 推ᄒ야 風電갓치 門外로 驅出ᄒᄂ지라. 南宮檍 氏 曰 ᄃ이 此境에 至홀진ᄃ 驅擠(구제)치 勿ᄒ고 平步로 同往ᄒ쟈 ᄒ고 鐘路로 過홀시 該 教人들이 忽地에 踢之(척지, 발로 참)도 ᄒ고 歐之도 ᄒ며 拳之도 ᄒ야 這樣(저양)으로 驅ᄒ기를 十餘步를 ᄒ더니 其中에 勸止ᄒᄂ 者ㅣ 有ᄒ야 更히 平步로 往ᄒ야 鍾峴 教堂에 入ᄒ니 屢十名 教人이 圍坐ᄒ야 詬之脅之(후지협지, 꾸짖고 협박함)ᄒ며 佛을 指名ᄒ라ᄂ 詰問이 甚急ᄒ되 南宮檍 氏ᄂ 新聞 規例로만 百般

36) 『황성신문』, 1899.4.26.

說明ᄒᆞ야 如是ᄒᆞᆫ 者ㅣ 四個 時間에 至ᄒᆞᆫ지라.

　教人들의 言辭와 擧措가 漸漸 迫厄(박액)ᄒᆞ거늘 南宮檍 氏가 更히 隱忍키 難ᄒᆞ야 誰某의 姓名을 指言ᄒᆞ니 教人 曰 新聞 本意가 民心을 開明케 ᄒᆞᆫᄃᆡ 在ᄒᆞ거늘 우리 聖堂 名譽에 大段 損害가 되ᄂᆞᆫ 句語를 記載ᄒᆞ얏스니, 明日붓허 停報ᄒᆞ라 ᄒᆞ니, 南宮檍 氏曰 此 句語를 能讀者의 文理로 看ᄒᆞ건ᄃᆡ 무엇이 教堂 名譽에 損害되며 此 停報ᄒᆞᄂᆞᆫ 法은 新聞紙에 만일 大關係되ᄂᆞᆫ 事를 記ᄒᆞ얏스면 裁判所에서 맛당이 何許律에 照ᄒᆞ야 幾許間 停報흠을 命ᄒᆞ면 新聞社에서 不得不 從ᄒᆞ려니와 私人이 停報ᄒᆞ라 흠은 法理에도 不當ᄒᆞ거니와 本 新聞은 合資社라 此等 事ᄂᆞᆫ 社員들의 決議가 아니면 擅便(천편, 멋대로 함)치 못ᄒᆞ노라. 教人曰 自初로 爾ᄂᆞᆫ 엇지 法만 잘 찻ᄂᆞ냐. 無非 推委의 言이라. 社長이 停報ᄒᆞ랴면 停ᄒᆞᆯ깃지 무슴 잔말이뇨 ᄒᆞ더니 其中 엇던 教人이 曰 그 兩班(양반)의 言이 近理할 듯ᄒᆞ니 該社로 還送ᄒᆞ야 諸社員과 會議 後 停報케 함이 妥當ᄒᆞ다 ᄒᆞ니 諸教人曰 卽卽 還社ᄒᆞ야 今夕內로 社員과 會議ᄒᆞ고 停報ᄒᆞ여야지 만일 明日에 更刊ᄒᆞ면 吾等이 新聞社로 齊進ᄒᆞ야 社屋을 打破ᄒᆞ던지 器械와 鑄字를 毀撤ᄒᆞ리니 知悉ᄒᆞ라 ᄒᆞ거늘 南宮檍 氏가 該 教門에 出ᄒᆞ니 이믜 六時 半이러라.

번역 어제 본사 사장이 천주교인에게 이유 없이 당한 일로 세간에 소문이 낭자하여 와전되는 폐가 없지 않아 그 사실을 기록한다. 본월 23일 오후 1시경 천주교인 이택하 등 10여인이 본사에 쳐들어와 사장 남궁억 씨를 보고 말하기를, 우리는 교인인데 황성신문 제2권 80호 잡보 중 '불인천교'라는 어구에 물어볼 것이 있어 왔다고 하였다. 남궁억 씨가 말하기를, 무엇을 말함이냐 하니 교인이 말하기를 이 말을 누구에게 들었으며, '불(佛)'은 누구를 지칭한 것인가 하였다.

　남궁억이 말하기를 신문사 규칙이 신문지에 기재한 바가 혹 황당한 말이거나 잘못 기록된 것이 있으면 신문지에 정오를 청하여 만일 듣지 않으면 법정에서 재판까지 청하는 것이 옳을 텐데 그렇지 않으면 비록 백번 물어도 누구라고 지목하지 않는 것이 신문사의 의무라고 하니, 저들 사이에 반식경 서로 힐문하다가 교인이 말하기를, 만약 이름을 대지 않으면 교당으로 오라고 하거늘 남궁억 씨는 법정에서 부르면 부득이 가겠지만 지금 여러 교인이 개인적으로 오라고 하니 이는 신문사 규례에도 없는 일이라고 하였다. 이에 교인이 욕설을 퍼부으며 흥분하여 혹은 남궁억 씨의 팔을 비틀고 혹 다리를 들고 혹 배를 밀어 번개같이 문밖으로 밀어 냈다. 남궁억 씨가 말하기를 "여러분이 이 지경까지 하면 밀치지 말고 천천히 가자." 하고 종로로 향하니 이 교인들이 갑자기 발로 차기도 하고, 밀치기도 하고, 주먹질도 하여 저 모양으로 몰아대어 십여 보를 가더니, 그 가운데 말리는 사람이 있어 다시 천천히 가서 종현 교당으로 들어가니 몇 십 명 교인이 둘러싸 꾸짖고 협박하며 '불'을 지명하라고 하여 힐문이 점점 심해지되 남궁억 씨는 신문 규례로만 반복 설명하여 이러한 일이 네 시간이나 되었다.

　교인의 말과 행동이 점점 거세지거늘 남궁억 씨가 다시 참기 어려워 누구라고 성명을 말하니 교인이 말하기를 신문의 본뜻이 민심을 개명하는 데 있거늘 우리 성당의 명예가 크게 훼손되는 어구를 기재했으니 내일부터 신문 발행을 정지하라 하고 하였다. 남궁억 씨가 말하기를, "이 어구를 독자가 능히 이치에 맞게 살필 것인데 무엇이 교당의 명예에 손해가 되며, 또 신문 발행을 중지하는 법은, 신문지에 대사건을 게재할 때 재판소에서 마땅히 어느 법률에 의거하여 어느 기간 정간하라고 명령하면 신문사에서 부득불 따르겠지만, 개인이 발행을 정지하라 하면 법의 이치에도 맞지 않고, 또 본 신문사는 합자회사여서 이러한 일은 사원들의 의결이 아니면 벗대로 하지 못한다."라고 하니, 교인들이 말하기를 "당신은 어찌 법만 잘 찾느냐. 위원들에게 맡길 일이 아니다. 사장이 발행을 정지하라고 하면 정지하겠지 무슨 잔말이 많은가." 하더니, 그 가운데 어떤 교인이 말하기를, "그 양반의 말이 이치에 맞을 듯하니 신문사로 돌려보내 여러 사원과 회의를 한 뒤 발행 정지를 하게 하는 것이 타당하다."라고 하니, 여러 교인이 말하기를 즉시 회사로 돌려보니 이날 저녁내로 사원과

회의하여 발행을 정지해야 하지 만일 다음날 다시 발행하면 우리가 신문사로 모두 달려가 사옥을 파괴하든지 기계와 주자(鑄字)를 훼손할 것이니 잘 알아서 하라고 하였다. 남궁억 씨가 이 교당 문을 나오니 이미 6시 반이었다.

이 논설은 천주교인 이택하 등이 황성신문의 보도 내용을 문제 삼아 신문사로 난입하여, 사장 남궁억을 구타하고 종현 교당으로 끌고 가 신문 발행 정지를 협박한 사건을 논평한 논설이다. 1900년대 전후 서양 종교의 세력이 급속히 확대되면서 종교인들의 폐단에 대한 지적도 빈번해졌는데, 다음을 살펴보자.

【 天主教 流傳 始末[37] 】

近以天主教民之獘로 各 地方官吏之報牒과 民人之告訴者ㅣ 絡繹騰播ᄒ니 _此豈教之使然哉아._ 特官吏之貪虐不法으로 自取獘害者오, 莠民之藉依教名ᄒ고 圖逞不良者니 試就我韓傳教始末ᄒ야 大槪 揭載ᄒ건ᄃᆡ (…中略…)

夫 自西曆一千七百七十七年으로 至一千八百六十六年히 八九十年之間에 內外教徒之被刑이 誠夥矣러니 挽近以來로 禁教之令이 大弛홈익 教徒之繁이 逐年增加ᄒ야 據光武四年度 教民調查之數 則全國洗禮男女가 總計爲四萬九千餘人ᄒ니 到今은 想不下 五萬餘矣오, 又其他 不領神洗ᄒ고 只錄教案者ㅣ 亦不下幾萬矣러니, 其領洗者도 未必皆眞心同教ᄒ야 敬奉天主ᄒ고 煩多愚昧頑梱之氓(번다우매완곤지맹)이 謀避貪虐ᄒ며 圖逞暴行ᄒ야 投托萎按者ㅣ 必居半이온 況其不領神洗ᄒ고 只錄教案者ㅣ 尙許多則民教之間에 惡得無乖剌奮鬪之獘乎아. 由是而平民之不信教旨ᄒ며 仇嫉教徒者ㅣ 種種激起騷亂에 紛挐京外(분나경외)ᄒ며 昨歲濟州之變[38]이 亦因此資成者也라.

37)『황성신문』, 1902.2.28~3.1.
38) 제주 민란: 1901년에 제주도에서 발행한 민란. 신축 민란. 또는 이재수의 란.

然而我韓地方官吏之不能禁制者는　亦由於官吏之不能自守法律ᄒ야　恣行
格外貪暴之習 故로 日見莠民之憑教行悖(일견유민지빙교행패)호되 無以處
治ᄒ며 身遭教士之施威脅迫호되 亦無以防制ᄒ니 豈非官吏之自取乎아.

夫 西教之傳佈東洋은 韓日淸 三國이 均無彼此 而日本之致ᄒ야 比韓에 尤
幾倍也로되 未嘗聞日本에 本教徒之爲獘者ᄒ고, 淸國은 亦如我韓ᄒ야 每有
煽致禍變之端ᄒ니 此曷故焉고. 豈非由其官吏之守法 與不守法과 人民之開明
與未開明之係故歟아. 然則教徒之暴行與否는 不係乎教徒라. 惟在乎政府法律
之行不行如何오, 人民智識開不開如何而已라 ᄒ노라.

번역 근래 천주교민의 폐단으로 각 지방 관리의 보고 통첩과 인민의
고소가 끊임없이 전파되고 있으니 이것이 어찌 교회가 시켜서 한
일이겠는가. 특히 관리의 탐학과 불법으로 스스로 불러들인 폐해요, 유민
이 교회의 이름을 의지하고 불량한 사람들이 그것을 도모한 것이니 이제
아한에 천주교가 전래된 시말을 대략 게재하건대 (…중략…)

대저 서력 1777년부터 1866년까지 8·90년 사이의 내외 교도가 처형된
것이 적지 않은 수이더니 만근 이래 금교령이 제거되어 교도의 수가 해마
다 증가하여 광무 4년(1900년) 교민 조사의 수에 따르면 전국에서 세례를
받은 남녀의 총수가 4만 9천 명이 넘으니 지금은 생각건대 5만 명이 넘을
것이며, 또 기타 영세를 받지 않고 다만 교안에 이름을 올린 자가 또한
몇 만 명에 이를 것이니, 그 영세자도 모두 진심으로 그 가르침을 따라
천주를 봉행한다고 하기 어렵고 다수 우매하고 완고한 탐학을 피하고 폭
행에서 벗어나고자 하여 투탁한 사람이 반수 이상이거늘 하물며, 교안에
등록만 한 자가 허다한즉 일반 백성의 교인 사이에 어찌 괴이하고 분투하
는 폐단이 없을 수 있겠는가. 이로 평민이 교지(教旨, 종교의 본지)를 믿지
않으며 교도를 원수처럼 배척하여 종종 소란이 일어나 서울과 지방에 널
리 퍼지니 작년의 제주 민란 또한 이것으로 인해 생겨난 것이다.

그러나 우리나라 지방 관리가 그것을 금하고 억제하지 못하는 것은 또
한 관리가 스스로 법률을 지킬 능력이 없는 데서 말미암은 것이니, 격외

의 탐폭한 습성을 멋대로 행하는 까닭에 일견 <u>유민이 종교를 빙자하여</u> <u>행패를 부려도 처리하여 다스리지 못하며, 교사(敎士, 종교인)들이 협박하</u> <u>되 또한 그것을 방지하고 통제하지 못하니</u> 어찌 관리 스스로가 불러들인 일이 아니겠는가.

대저 서양 종교가 동양에 전래되어 퍼진 것은 한국 일본 중국 삼국이 모두 일반이거늘 일본에 이르러 <u>한국에 비해 그 신도 수가 몇 배나 되거</u> <u>늘 아직 일본에서 이 종교의 폐단을 듣지 못했고, 중국은 우리와 비슷하</u> <u>여 매번 선동과 재앙과 변란이 있으니 이 어찌된 까닭인가.</u> 어찌 관리가 법을 지킴과 지키지 않음과 인민이 개명하고 개명하지 않은 것과 관계되는 까닭이 아니겠는가. 그러므로 교도의 사나움 여부는 교도에 관계된 것이 아니라 오직 정부가 어떻게 법률을 지키고 지키지 않는가에 있으며 인민이 개명하고 개명되지 않는 데 있는 것이라고 할 수 있다.

이 논설에서는 1900년대 전후의 서양 종교 상황이 적절히 나타나 있다. 특히 1901년 제주에서 발생한 '이재수의 란'은 서양 천주교에 대한 민중의 저항운동이었는데, 이 시기 천주교도가 제주 지역에서 민중 수탈에 가담했기 때문에 발생한 것으로 알려져 있다. 이 논설에 따르면 1902년 당시 천주교도는 대략 5만 명에 이르며, 그 숫자는 일본이나 중국에 비해 매우 많은 것으로 평가되었다. 이처럼 신도가 급증한 데에는 관리의 탐학과 폭정에 저항하는 방식으로 종교에 가담했기 때문이라는 것이다. 당시 종교인들은 '탐학을 피하고 폭행에서 벗어나고자' 종교에 '투탁'했다는 것이다. 그뿐만 아니라 종교인들은 평민이 그 교를 믿지 않으면 배척하고, 심지어 관청까지 협박하는 일도 있었다.

이처럼 근대 계몽기의 종교 현상은 단지 교리와 신앙 문제보다 사회 현상 가운데 하나였다. 이 점에서 근대 계몽기에는 종교를 객관적으로 관찰하고자 하는 시도가 생겨났다. 예를 들어 1884년 6월 14일자 『한성순보(漢城旬報)』에는 '논야소교(論耶蘇敎)'라는 논문이 실려 있고, 1884년

1월 30일자의 '중서법제이동설(中西法制異同說), 1884년 3월 8일자의 '태서문학원류고(泰西文學源流考)' 등의 서양 학문과 제도를 소개하는 글에서도 서양 종교에 대한 비교적 상세한 설명이 나타난다.

이러한 흐름에서 한국의 전통 종교와 서양 종교를 객관적으로 살피고자 하는 노력도 생겨났으며, 각 종교에 대한 계몽도 활발해졌다. 특히 『황성신문』 1902년 8월 12일부터 23일까지 9회에 걸쳐 연재된 '동서양 각국 종교 원류(源流)'는 이 시기 한국 종교 현상에 대한 체계적인 기술에 해당한다. 이 논설에서는 종교에 대해 다음과 같이 설명한다.

【 東西洋 各國 宗敎 源流[39] 】

夫 宗敎云者는 各其國所宗尙之也니 其說이 出於佛書 宗鏡錄融會宗敎之言ᄒ야 現今 世界 各國이 以其國所尊崇之敎로 謂之宗敎라 ᄒ니 其所謂 宗敎者는 國各異趣ᄒ야 不能無是非長短之殊나 要之其尊奉則一也니, 今不必論其是非長短이오 且東西洋各國古代를 類皆愛護本國之敎ᄒ야 不言外敎傳入이로되 降至後世ᄒ야는 又其漸進ᄒ야 要使自國之敎로 明其趣同而已ᄒ고 不强制外敎之傳宣與否.

번역 대저 종교라는 것은 각기 국가가 으뜸으로 숭상하는 것이니 그 설이 불교 서적의 종경록융회에서 종교라고 말한 데서 나온 것으로 현금 세계 각국이 그 존숭하는 교리로 종교라고 하니 이른바 종교라는 것은 각국마다 그 취지가 달라 시비와 장단의 어떠함을 논하기 어려우나 그 존봉하는 것은 곧 하나이니, 지금 시비 장단을 논할 필요가 없고, 또 동서양 각국 고대를 살펴도 모두 본국의 종교를 애호하여 외국 종교의 전파와 유입을 말하지 않더니 후세에 이르러 점진하여 자국 종교로 그 취지를 같게 할 따름이며 외국 종교의 전파와 선교 여부를 강제하지 않는다.

---

39) 『황성신문』, 1902.8.11.

이 논설은 근대 계몽기 한국 지식인들의 종교관을 적절히 나타내 준다. '종교'라는 용어가 불교 서적 '종경록융회'에서 왔다는 말은 좀 더 고증할 필요가 있으나, 적어도 각국의 종교에서 시비장단을 논할 필요가 없고, 외국 종교 전파와 선교 여부를 강제하지 않는 것이 종교의 근본 원리라는 점을 고려한다면, 종교의 본질이 인간의 삶을 지배하는 것이 아니라 인간을 구원하기 위한 것이라는 점을 분명히 인식하고 있었다.

이 논설에서는 서양 종교의 유래뿐만 아니라 '도교'의 근원과 우리나라 도교, '불교'의 역사와 우리나라 불교, '회교'(마호메트교)의 유래와 우리나라와의 관계, '희랍교'(러시아 정교)의 유래와 전파 과정 등을 소개하고, 그 당시 서양인으로 한국에 많이 알려진 티모시 리처드(이제마태, 李提摩太), 파베르(花之安) 등의 종교 연구 성과까지 폭넓게 소개하였다. 먼저 이 논설에 소개한 각 종교를 살펴보자.

【東西洋 各國 宗敎 源流40)】

ㄱ. 曰 道敎는 又曰 黃老之學이니 支那 三敎之一也라. 其源이 出於老耼(노담, 노자)41)호니 耼이 周時에 爲柱下史호야 著道德經五千言호니 其言에 曰 玄之又玄은 衆牡之門42)이라 호고, 又曰 道可道면 非常道오 名可名면 非常名이니 無名은 天地之始오 有名은 萬物之母라 호고 (…中略…)

도교는 또한 황로학이라 부르니 중국 삼대 종교의 하나이다. 그 근원은

---

40) 『황성신문』, 1902.8.11.

41) 노담(老耼, 생몰연대 미상). 성(姓)은 이(李), 이름은 이(耳), 자는 백양(伯陽),또는 담(耼). 노군(老君) 또는 태상노군(太上老君)으로 신성화되었다. 도교경전인 『도덕경 道德經』의 저자로 알려져 있다. 현대 학자들은 『도덕경』이 한 사람의 손에 의해 저술되었을 가능성은 받아들이지 않으나, 도교가 불교의 발전에 큰 영향을 미쳤다는 사실은 통설로 받아들이고 있다. 노자는 유가에서는 철학자로, 일부 평민들 사이에서는 성인 또는 신으로, 당(唐: 618~907)에서는 황실의 조상으로 숭배되었다. 〈다음백과〉

42) 현묘지현 중모지문(玄之又玄 衆牡之門) 또는 중묘지문(衆妙之門): 『노자』 제1편의 구절. 어둡고 어두운 것은 모든 신비한 문이다.

노담(노자)에서 비롯되니 노담이 주나라 때 왜곡된 사관을 벗어던
지고 도덕경 5천언을 지으니 그 말에, 현지우현(玄之又玄)은 중모
지문(衆牡之門)이라 하고, 또 도가도(道可道)면 비상도(非常道)요, 명가명
(名可名)이면 비상명(非常名)이라 하니, 무명은 천지의 시작이요, 유명은
만물의 어머니라고 하였다.

ㄴ. 日釋敎는 又日 象敎니 出於印度ᄒ야 印度 四大宗敎之一也라. 東洋諸國
에 其敎를 廣ᄒ니 佛祖 釋迦如來 以周昭王 三十四年 四月 八日로 生於天竺
迦維衛國ᄒ야 年十九에 修行証道라가 穆王 十三年에 成佛世尊ᄒ니 盖其敎
는 爲虛無로 爲宗ᄒ고 貴慈悲 誡妄殺ᄒ야 以爲人死에 精神이 不滅ᄒ고 隨
復受形ᄒ야 生時所行善惡이 皆有報應 故로 所貴修煉精神ᄒ야 以至爲佛ᄒ
니 其經에 日 諸佛法身이 有眞實 有接應ᄒ야 眞實身은 謂至極之体ㅣ 妙絶拘
累에 不可以方所形無量ᄒ야 有感斯應에 體常湛然ᄒ고 權應身은 謂和光六
道ᄒ며 同塵鳥類43)ᄒ야 生滅隨時에 修短應物일식 形有感生이오 体非實有
라. (…中略…)

석교는 또한 상교이니 인도에서 비롯된 인도 사대 종교의 하나이
다. 동양 여러 나라에 그 종교가 널리 퍼져 있으니 불교의 시조
석가여래는 주나라 소왕 34년 4월 8일에 천축국 가유위국에서 태어나 19
세에 수도하고 목왕 13년에 성불하여 세존이 되니 대개 이 종교는 허무를
중심으로 하고 자비를 귀하게 여기며 망살을 경계하여 사람이 죽으매 정
신은 불멸하고 다시 형체를 받아 선악을 행한 바에 따라 태어날 때, 모두
응보를 받는다고 믿는다. 그러므로 정신 수련을 귀하게 여겨 이로써 부처
가 되게 하니, 그 경전에 이르기를 모든 부처의 법신이 진실과 응접이
있어 진실신(眞實身)은 지극한 형체로 오묘하여 구속되지 않으니 특정한

---

43) 화광육도 동진조류: 불보살이 대중을 구제하기 위하야 빛을 감추고 속세(티끌)로 들어가
더라도 물들지 않는다는 뜻.

곳이나 형체가 없이 무량하여 감응이 있어 몸이 항상 담연하다. 권응신(權應身)은 화광 육도(和光六道) 동진조류를 일컬으며, 생멸하는 데 따라 응물(應物)이 일정하지 않으니 형은 감생이며 실체가 아니다.

ㄷ. 曰 回回敎는 又曰 倚勢閭敎(의세려교?)니 唐時에 由回紇[44]傳入漢土 故로 又稱 回紇敎(회흘교)라 ᄒᆞᄂᆞ니 敎祖 慕罕默德(모한묵덕)[45]이 生於西曆五百七十年(陳 宣帝時)ᄒᆞ야 卒於六百三十二年(唐太宗時)ᄒᆞ니 閃彌族(섬미족) 聖人 亞伯拉罕(아백납한)之支子 伊什馬俐之苗裔也라. (…中略…)

번역 회회교는 또한 의세려교(?)이니 당나라 때 회흘(回紇) 사람들이 중국에 전해온 까닭에 또한 회흘교라고 하니 그 교조 모한묵덕(아랍어 무함메드, 영어식 모하메드 또는 마호메트)가 서력 570년(진 선제 때)에 태어사 632년(당 태종 때)에 죽었는데, 그는 섬미족(셈족) 성인 아백납한(아부라함)의 자손으로 이습마리(이스마일)의 후예이다.

ㄹ. 曰 希臘敎는 泰西最久之敎니 其敎는 敬奉十二天神ᄒᆞ야 各有所主ᄒᆞ니 一 朱壽는(주수, 제우스) 諸天神中 最占上位ᄒᆞ야 兼君父之尊ᄒᆞ고 二 布施敦(포시돈, 포세이돈)은 掌海之神이니 兼王地震ᄒᆞ며 三 愛布乙論(애포을론, 아폴론)은 掌音樂之神이며, 四 阿台美秀(아태미수, 아르테미스)는 掌太陰之神이니 兼士田獵ᄒᆞ며 五 發干(발간, 불칸, 헤파이토스)는 掌火之神이니 兼光陶冶ᄒᆞ며 六 希眉秀(희미수, 헤르메스)는 爲諸天神之使者ᄒᆞ야 掌保護商旅之道ᄒᆞ며, 七 蛾賴秀(아뢰수, 아레스)는 掌戰爭之神이니 喜滅國殺人之事ᄒᆞ며, 八 喜羅(희라, 헤라)는 朱壽之妻니 女神이며, 九 愛台那(애태나, 아테나)는 掌人之智慧之女神이며, 十 希兪野(희유야, 헤스티아)는 掌廚竈之女神이며, 十一 帶美陀(대미타, 데미테르, 세레스)는 掌農之女神이며, 十二 菲那秀

---

44) 회흘(回紇): 몽골 고원 및 중앙아시아에 투르크 족이 건국한 나라.
45) 모한묵덕(慕罕默德): 마호메트.

(비나수, 비너스)는 掌美色之女神이니,

번역 희랍교는 태서에서 가장 오래된 종교이니 그 교는 12신을 존봉하여 각각 주관하는 일이 있으니, 첫째 주수(朱壽, 제우스)는 모든 신 가운데 가장 상위의 자리를 차지하여 군부로 존숭받고, 둘째 포시돈(布施敦, 포세이돈)은 바다를 관장하니 겸하여 지진을 다스리고, 셋째 애포을론(愛布乙論, 아폴론)은 음악을 관장하는 신이며, 넷째 아태미수(阿台美秀, 아르테미스)는 태음을 관장하는 신이니 토지 전답 수렵을 겸하며, 다섯째 발간(發干, 불칸, 헤파이토스)은 불을 관장하는 신이니 화광 도야를 겸하며, 여섯째 희미수(希眉秀, 헤르메스)는 천신의 사자 역할을 하여 상업과 여행의 도리를 보호하며, 일곱째 아뢰수(蛾賴秀, 아레스)는 전쟁을 관장하는 신이니 멸국과 살인하는 일을 좋아하고, 여덟째 희라(喜羅, 헤라)는 제우스의 처로 여신이며, 아홉째 애태나(愛台那, 아테나)는 사람의 지혜를 관장하는 여신이며, 열째 희유야(希兪野, 헤스티아)는 주방과 조리를 관장하는 여신이며, 열한째 대미타(帶美陀타, 데미테르, 세레스)는 농업을 관장하는 여신이며, 열두째 비나수(菲那秀, 비너스)는 미색을 관장하는 여신이다.

이 논설에서는 각 종교를 설명한 뒤, 영국인 리처드[46]와 파베르의 종교설을 근거로 종교 우열론이 있음을 소개하면서, 우리 대한의 종교가 나아갈 길을 제시하고자 하였다.

이처럼 근대 계몽기 종교 문제는 종교인과 비종교인, 또는 종파별로 큰 차이를 보이고 있다. 그러나 이 시기 애국 계몽운동 차원에서의 종교 담론은, 특정 종교에 치우치지 않으면서 종교의 사회적 역할과 자주성을 강조하는 내용을 담는 경우가 많았다. 다음을 살펴보자.

---

46) 티모시 리처드는 1985년 학부에서 편찬한 『태서신사』를 중국어로 번역한 사람이다.

【 宗敎界와 學術界의 國性47) 】

大抵 世界 人類가 均是天賦의 良能을 賦ᄒ야 各其自立의 權能이 有ᄒ지ᄂ 但其自立性과 自信力이 不足ᄒ 者는 固有ᄒ 自立의 權能을 失ᄒᄂᄃ 個人의 自主性과 自信力이 不足ᄒ면 卽其國의 自立ᄒᄂ 權能을 保全치 못ᄒ은 또ᄒ 當然ᄒ 結果로다. 我韓과 日本에 就ᄒ야 旣往歷史로 言ᄒ면 宗敎와 學術의 發明이 實로 我韓이 先進의 位를 占ᄒ얏스나 國家와 人民의 自立ᄒᄂ 權能이 反히 彼에 遠遜ᄒ은 何也오. 盖日本은 何國의 宗敎를 信ᄒ던지 何國의 學術을 硏ᄒ던지 惟其自國 國性下에 融化物을 作ᄒ야 活用의 材料를 借ᄒ고 決코 他國 宗敎와 他國 藝術의 奴隷가 되야 自國의 武士道란 精神을 滅却ᄒ이 無ᄒ지라. 所以로 釋迦敎가 日本에 入ᄒ면 日本의 釋迦敎가 되고 印度의 釋迦敎가 아니며 耶蘇敎가 日本에 入ᄒ면 日本의 耶蘇敎가 되고 西洋의 耶蘇敎가 아니며 陽明學이 日本에 入ᄒ면 日本의 陽明學이 되고 支那의 陽明學이 아닌 것은 余於東京陽明學報에 見之矣라. 盖其宗敎界와 學術界에 在ᄒ야 自主性과 自信力이 如彼ᄒ 故로 國家와 人民의 自立ᄒᄂ 權能이 如彼其鞏固ᄒ도다.

我韓 人士ᄂ 宗敎의 信仰心과 學術의 硏究力은 有餘ᄒ나 恒常 他國의 宗敎를 信ᄒ면 敎門의 奴가 되고 他國의 學術을 硏究ᄒ면 學說의 奴가 되야 自主性과 自信力이 缺乏ᄒ 歎이 有ᄒ니 所以로 國家와 人民의 自立ᄒᄂ 權能을 保有치 못ᄒ에 至ᄒ얏도다. 嗚呼라 往者ᄂ 不可諫이어니와 來者를 猶可追ᄒ지니 惟我 全國 靑年은 何國의 宗敎를 信仰ᄒ던지 何國의 學術을 硏究하던지 惟其自主性과 自信力으로 國性을 培養ᄒ고 國粹를 發揮ᄒ야 國家와 人民의 自立ᄒ 權能을 勿失ᄒ지어다.

> **번역** 대저 세계 인류가 모두 천부의 기능을 타고 나, 각기 자립의 권리와 능력이 있으나, 단지 그 자립성과 자신력이 모자란 자는 고유의 자립 기능을 잃는데, 개인의 자주성과 자신력이 부족하면 그 국가의

---

47) (논설) 『황성신문』, 1910.1.8.

자립하는 권능을 보전하지 못함은 또한 당연한 결과이다. 우리 대한과 일본에서 지난 역사로 말하면 종교와 학술의 발달이 실로 우리 대한이 선진의 자리를 차지했으나, 국가와 인민이 자립하는 권능이 오히려 저들에게 멀어짐은 왜인가. 대개 일본은 어느 나라의 종교를 믿든지, 어느 나라의 학술을 연구하든지 오직 그 자국의 국성 아래 융화물을 만들어 활용 재료를 빌리고, 결코 다른 나라의 종교와 다른 나라 예술의 노예가 되어 자국의 '무사도'라는 정신을 잃지 않는다. 그러므로 석가교가 일본에 들어오면 일본의 석가교가 되고, 인도의 석가교가 아니며, 야소교가 일본에 들어오면 일본의 야소교가 되고 서양의 야소교가 아니며, 양명학이 일본에 들어오면 일본의 양명학이 되고, 중국의 양명학이 아닌 것은 내가 동경 양명학보에서 본 적이 있다. 대개 그 종교계와 학술계에서 자주성과 자신력이 이와 같기 때문에 국가와 인민이 자립하는 권리 능력이 저와 같이 공고하다.

우리 대한 인사는 종교의 신앙심과 학술 연구력은 충분하나 항상 타국의 종교를 믿으면 그 종교의 노예가 되고, 타국의 학술을 연구하면 학설의 노예가 되어 자주성과 자신력이 결핍하니, 그러므로 국가와 인민이 자립하는 권능을 보유하지 못하는 지경에 이르렀다. 아, 지나간 일을 간섭할 수 없거니와 앞날을 미루어 볼 수 있으니, 오직 우리 전국 청년은 어느 나라의 종교를 믿든지, 어느 나라의 학술을 연구하든지 오직 그 자주성과 자신력으로 국성(國性)을 배양하고 국수(國粹)를 발휘하여 국가와 인민이 자립하는 권능을 잃지 않게 해야 할 것이다.

이 논설에서는 종교와 학술의 자립성과 자신력을 강조하면서, 역사 속에서 일본과 한국의 종교·학술이 갖는 특징을 비교하고자 하였다. 사실 근대 계몽기 이전까지 한국과 일본의 학술 사상을 비교할 때, 유교 전통에서 한국 문화가 일본에 이식되었다는 관념은 비교적 널리 퍼져 있었다. 그럼에도 근대 이후 일본의 문명 진보에 비해 한국의 국권이 위태로워진 것이 '국성(國性)'과 '국수정신(國粹精神)' 때문이라는 생각은 애국 계몽론자들의 주된 관념 가운데 하나였다. 그렇기 때문에 종교 문제에서도 자주성을 강조하는 경우가 많았는데, 이러한 논리는 국권 침탈의 위기 상황을 반영한 것이다. 이와 같은 상황에서 애국 계몽기에는 종교인의 타락상, 유교나 불교의 문제점, 기독교인 비판 등을 통해 애국적인 차원에서 종교가 수행해야 하는 역할이 강조되었다.

3.2. 일제 강점기 종교 담론과 종교운동

일제 강점기의 종교 담론은 식민 통치 하의 종교 정책, 각 종교의 포교 활동, 그와 관련한 사회운동 등 다양한 모습을 띤다. 특히 '자유'와 '이성'을 기반으로 한 계몽사상의 뒷받침 아래 '종교의 자유'는 국권을 상실한 피억압 민족이 취할 수 있는 적절한 저항 방식의 하나가 될 수 있었다.

이러한 차원에서 1910년대 일제의 종교 정책을 살펴볼 필요가 있다. 일제의 종교 정책과 종교계의 대응 방식은 역사학이나 사회학, 종교학 등 다양한 학문 분야에서 비교적 다양한 연구가 이루어져 왔다. 그렇기 때문에 이와 관련한 학위 논문도 비교적 많은 편인데, 기존의 연구에서는 주로 각 종교와 관련지어 연구한 것들이 많다. 기독교와 관련하여 문혜진(2015)의 『일제 식민지기 종교와 식민정책: 경성신사 사례를 중심으로』, 박태영(2014)의 『구한말과 일제식민통치 시대의 북미 선교사들의 정교 분리 연구』, 안수림(2013)의 『일제하 기독교 통제법령과 조선 기독교』, 김승태(2006)의 『일제의 식민지 종교정책과 한국 기독교의 대응: 1931~1945』, 홍승표(2015)의 『일제하 한국 기독교 출판동향 연구: 조선예수교서회를 중심으로』, 김기대(1996)의 『일제가 개신교 종파운동 연구』, 김덕순(2011)의 『신사참배 문제가 한국교회에 미친 영향에 관한 연구: 경안노회 사례를 중심으로』, 김정일(2016)의 『한국 기독교

사에 있어 재건교회의 탄생과 성격 연구(1938~1955)』, 장규식(2000)의
『일제하 기독교 민족운동의 정치경제사상: 안창호 이승만 계열을 중심
으로』, 박용권(2007)의 『1930년대 조선예수교장로회 연구: 국가주의에
대한 대응을 중심으로』, 박혜수(2013)의 『이승만의 기독교 활동과 '기독
교 국가론' 구현 연구』 등이 있고,[48] 천주교와 관련한 김선필(2015)의
『한국 천주교회 지배구조의 형성과 변형: 교회 쇄신을 위한 사회학적
검토』[49]도 일정 부분 일제의 종교 정책과 관련을 맺고 있다.

천도교를 비롯한 민족 종교운동과 관련된 정용서(2010)의 『일제하 해
방 후 천도교 세력의 정치운동』, 이숙화(2017)의 『대종교의 민족운동』,
박세준(2015)의 『천도교에 대한 역사사회학적 연구: 국가와의 관계 변
화를 중심으로』[50] 등이나, 불교와 관련한 김순석(2001)의 『조선총독부
의 불교정책과 불교계의 대응』, 박두육(2014)의 『근대 한국불교의 자강
운동에 대한 연구』[51]도 일제의 종교 정책과 밀접한 관련을 맺는다. 이

---

48) 기독교와 관련한 학위논문은 문혜진(2015)의 「일제 시민지기 종교와 식민정책: 경성신사
   사례를 중심으로」(한양대학교 박사논문), 박태영(2014)의 「구한말과 일제식민통치 시대
   의 북미 선교사들의 정교 분리 연구」(숭실대학교 박사논문), 안수림(2013)의 「일제하 기
   독교 통제법령과 조선기독교」(이화여자대학교 박사논문), 김승태(2006)의 「일제의 식민
   지 종교정책과 한국 기독교의 대응: 1931~1945」(한국학중앙연구원 박사논문), 홍승표
   (2015)의 「일제하 한국 기독교 출판동향 연구: 조선예수교서회를 중심으로」(연세대학교
   박사논문), 김기대(1996)의 「일제가 개신교 종파운동 연구」(한국정신문화연구원 박사논
   문), 김덕순(2011)의 「신사참배 문제가 한국교회에 미친 영향에 관한 연구: 경안노회 사
   례를 중심으로」(칼빈대학교 박사논문), 김정일(2016)의 「한국 기독교사에 있어 재건교회
   의 탄생과 성격 연구(1938~1955)」(숭실대학교 박사논문), 장규식(2000)의 「일제하 기독
   교 민족운동의 정치경제사상: 안창호 이승만 계열을 중심으로」(연세대학교 박사논문),
   박용권(2007)의 「1930년대 조선예수교장로회 연구: 국가주의에 대한 대응을 중심으로」
   (장로회신학대학교 박사논문), 박혜수(2013)의 「이승만의 기독교 활동과 '기독교 국가론'
   구현 연구」(연세대학교 박사논문) 등이 있다.
49) 김선필(2015)의 「한국 천주교회 지배구조의 형성과 변형: 교회 쇄신을 위한 사회학적
   검토」(제주대학교 박사논문).
50) 천도교와 관련한 학위논문은 정용서(2010)의 「일제하 해방 후 천도교 세력의 정치운동」
   (연세대학교 박사논문), 이숙화(2017)의 「대종교의 민족운동」(한국외국어대학교 박사논
   문), 박세준(2015)의 「천도교에 대한 역사사회학적 연구: 국가와의 관계 변화를 중심으
   로」(고려대학교 박사논문) 등이 있다.
51) 불교와 관련한 학위논문은 김순석(2001)의 「조선총독부의 불교정책과 불교계의 대응」

뿐만 아니라 일제의 종교 정책과 관련하여 학술지에 게재된 논문도 60여 편에 이른다. 이처럼 많은 연구가 이루어졌음에도 특정 종교를 벗어나 일제의 종교 정책이 어떤 특징을 갖고 있었는지, 이에 대한 한국민중의 태도가 어떤 특징을 보이는지에 대한 논의는 충분히 이루어지지 않은 듯하다. 이 점에서 일제 강점기 종교 담론을 좀 더 심층적으로 살펴볼 필요가 있다.

애국 계몽 담론과는 달리 일제 강점기에는 식민 정책의 차원에서 종교에 대한 억압과 감시가 일반화되었다. 이러한 상황에서 일제 강점기의 종교 담론은 '종교＝개인적인 구복(求福)과 안심(安心)'의 기능이 강조되기 시작하였다. 다음을 살펴보자.

【 宗教의 本旨52) 】

大抵 人은 宗教가 無ᄒ면 信仰心이 無ᄒ며, 戒愼心이 無ᄒᄂ니 若 信仰心이 無ᄒ면 懈怠心이 必生ᄒ며 戒愼心이 無ᄒ면 狂悖心이 必生홀지니 懈怠의 末에ᄂ 屈辱이 必至오 狂悖의 末에ᄂ 罪惡이 必至홀지라. 然ᄒ즉 世界는 卽 一窮辱의 藪를 成ᄒ며 罪惡의 窟을 作홀지니 這個 窮辱의 藪와 罪惡의 窟에서 엇지 一日이라도 人類의 快樂과 人類의 生活을 保有ᄒ리오.

是以로 古來 賢聖이 必此를 憂ᄒ야 蒼生을 普渡홀 意로 宗教를 刱設ᄒ야 人으로 ᄒ야곰 信仰케 ᄒ며 人으로 ᄒ야곰 戒愼케 ᄒ야 窮辱을 免ᄒ며 罪惡을 脫케 홈이라. (…中略…) 我 朝鮮도 諸門의 敎가 有ᄒ얏스나 特히 孔敎가 屢百年 優勝ᄒ 宗匠을 作ᄒ얏도다. 然ᄒ나 幾分의 拘束이 有ᄒ야 先進의 零糟散粕(영조산박)을 敢히 左右치 못ᄒ며, 又 他敎를 信ᄒᄂ 人은 人類에 不齒ᄒ야 互相 殘害ᄒ얏스니 엇지 宗敎上의 眞正을 得ᄒ얏스리오. 現今은 各敎가 爭起ᄒ야 舊日에 比ᄒ즉 部門은 甚廣ᄒ거니와 某敎를 勿論ᄒ고 宗敎

(고려대학교 박사논문), 박두육(2014)의 「근대 한국불교의 자강운동에 대한 연구」(동방대학원 박사논문) 등이 있다.
52) 『매일신보』, 1911.2.28.

를 眞心으로 信仰ᄒᆞᆫ 者ᄂᆞᆫ 少數에 不過ᄒᆞ니 宗教의 發展ᄒᆞᆯ 日이 豈有ᄒᆞ리오

嗚呼라. 本記者의 言ᄒᆞᆫ 바ᄂᆞᆫ 此教 彼教의 厚薄이 有ᄒᆞᆷ이 안이라 我 同胞 蒼生의 將來 窮辱과 將來의 罪惡을 免키 爲ᄒᆞ야 眞正ᄒᆞᆫ 宗教思想을 皷發케 ᄒᆞᆷ이오, 教門의 取捨ᄂᆞᆫ 同胞 諸君의 自由에 在ᄒᆞ다 ᄒᆞ노라.

然ᄒᆞ나 宗教ᄂᆞᆫ 自由라 ᄒᆞ야, 鄙陋 或 淫事 等 說로 群蒙을 誣惑ᄒᆞ야 金錢 米穀을 收斂ᄒᆞ야 私囊에 充ᄒᆞᆫ 者ᄂᆞᆫ 一時의 罪人ᄲᅮᆫ 안이라 千古의 巨惡이 될지며, 且 十人이 合ᄒᆞ야도 我ᄂᆞᆫ 大教門이라, 百人이 合ᄒᆞ야도 我ᄂᆞᆫ 大教門이라 ᄒᆞ야 枝枝派派가 散亂無統ᄒᆞ면 此ᄂᆞᆫ 有害無益에 不過ᄒᆞᆯ지니 本記者가 贊成치 안이ᄒᆞᆯ ᄲᅮᆫ 안이라 取締ᄒᆞᆫ 法令이 必有ᄒᆞᆯ지니 嗚呼 同胞ᄂᆞᆫ 正當ᄒᆞᆫ 教門을 擇ᄒᆞ야 信仰心과 戒愼心을 敦篤케 ᄒᆞᆯ지어다.

번역 대저 사람은 종교가 없으면 신앙심이 없고, 계신심이 없으니 만약 신앙심이 없으면 타내한 마음이 생기며, 계신심이 없으면 광란 패악한 마음이 생길 것이다. 나타(게으름)의 끝에는 굴욕이 생길 것이요, 광란 패악의 끝에는 죄악이 생길 것이다. 그러므로 세계는 곧 가난과 굴욕의 숲을 이루며, 죄악의 굴을 이룰 것이니, 이 굴욕의 숲과 죄악의 굴에서 어찌 하루라도 인류의 즐거움과 인류의 생활을 보장하겠는가.

그러므로 옛날부터 성현이 이를 근심하여 창생을 구제할 뜻으로, 종교를 창설하여 사람들로 하여금 믿게 하며, 사람으로 하여금 경계하여 굴욕을 면하고 죄악을 벗어나게 한 것이다. (…중략…) 우리 조선도 여러 부문의 종교가 있었으나 특히 공자교가 수백 년 가장 두드러진 종교가 되었다. 그러나 어느 정도 한계가 있어 앞서 조박(糟粕)을 좌우하지 못하고, 또 다른 종교를 믿는 사람은 인류에 맞지 않게 서로 잔해(殘害)하였으니, 어찌 종교상의 진리를 얻었겠는가. 지금은 각 종교가 다투어 일어나 옛날에 비해 부분은 매우 넓어졌으나 어느 종교를 막론하고 종교를 진심으로 믿는 자는 소수에 불과하니 종교의 발전이 어느 날에 이루어지겠는가.

아, 본 기자가 말하는 바는 이 종교와 저 종교의 후박이 있다는 뜻이 아니라, 우리 동포 창생의 장래 굴욕과 장래 죄악을 면하기 위해 진정한

종교사상을 고취 발동하게 하고자 함이요, 어느 종교를 선택하든지 그것은 동포 제군의 자유라고 할 것이다.

그러나 종교는 자유라고 하여 비루 혹은 음사 등의 말로 어리석은 군중을 유혹하여 금전 미곡을 거두어 개인의 주머니를 채우는 자는 일시의 죄인일 뿐 아니라 천고의 큰 죄악이 될 것이며, 또 열 사람이 합하여도 우리는 큰 종교라고 하고, 백 사람이 합하여도 우리는 큰 교문이라고 하여, 각 지파가 혼란스러워 통일되지 않으면 이는 유해무익에 불과할 것이니, 본 기자가 찬성하지 않을 뿐 아니라, 단속하는 법령이 꼭 필요할 것이다. 아, 동포는 진정한 교문을 택하여 신앙심과 계신심을 돈독하게 해야 할 것이다.

이 논설에서는 종교의 본질이 '굴욕과 죄악'을 벗어나게 하기 위해 '신앙심'과 '계신심(戒愼心)'을 갖게 하는 데 있다고 주장한다. 곧 종교는 인간의 죄악을 벗어나기 위한 개인적 신앙심을 본질로 한다는 뜻이다. 이 점에서 당시의 종교인을 '군우(群愚)'를 '무혹(誣惑)'하여 '금전 미곡'을 수탈하는 자로 간주하며, 다양한 종교와 종파를 단속하기 위한 '법령'이 필요하다고 강조한다. 이를 뒷받침하기 위해 종교가 비루와 음사를 설파하고, 종교인이 사욕을 채우며, 진정한 종교인은 소수라고 강변한다. 이와 같은 논리는 종교를 비판하기 위한 목적에서 비롯된 것이라기보다 종교에 근거하여 식민 통치에 저항하는 운동을 차단하고 단속하기 위한 논리에서 비롯된 것이다. 그렇기 때문에 1910년대 『매일신보』에서는 어느 종교를 막론하고 그 폐단을 장황하게 설파하고자 하였다. 앞서 청년운동에서 살펴본 바와 같이, 승려의 타락을 비판하고, 기독교의 정치 참여나 천도교 활동을 비판하는 등, 각종 종교 활동을 비판한 근본 의도는, 각 종교가 정치운동의 온상이므로 이를 사전에 차단하고 단속하기 위한 논리를 만드는 데 있었다.

이러한 상황에서도 각 종교의 사회적 영향력은 점점 증대되기 시작했다.53) 앞서 논의한 바와 같이 3.1독립운동의 주도 세력이 대부분 종교와 관련을 맺고 있고, 1920년대 각종 사회운동이나 청년운동이 종교를 기반으로 한 경우가 많음을 고려한다면, 일제 강점기 종교 감시 정책 하에서도 종교의 사회적 영향력이 점차 증대되었음은 쉽게 짐작할 수 있다.

그런데 1920년대 이후 종교운동에서 주목할 점은 이 시기 사회사상과 종교운동의 관계이다. 특히 사회주의 이데올로기가 유입되면서 기존의 청년운동의 근간을 이루던 종교와 사회주의의 갈등이 본격화된 것이다. 다음을 살펴보자.

【 靑年運動54) 】

작년의 청년운동에 잇서 특기할 만한 사실은 저 反宗敎 反基督敎運動의 대두이엇다. 宗敎業者 내부에서도 서양인 排斥運動, 新舊派의 分裂, 軋轢, 暗鬪 내지 血鬪까지 잇서, 그 最期를 상징하는 사실이 비일비재이엇섯지마는 9월에 全朝鮮 主日學校大會가 경성에서 개최되는 기회를 타서 京城 靑年團體의 연합체인 한양청년연맹에서 3일에 亙한 反基督敎 大講演會를 개최하기로 이미 준비가 완료되엇든 바, 개최의 수 시간 전에 천여 명의 敎徒가 同會館에 殺到한 사실이 잇고, 이를 警戒하든 경찰은 群衆을 해산식히면서 강연회를 금지하고, 十名의 檢束者까지 出한 사실을 비롯하야 함흥, 군산, 영무 등지 청년단체의 주최한 反基督講演은 다 조선 初有의 사실일 뿐 아니라 강연장에서의 반대파 대 신도의 설전 내지 육박전은 世人으로 하야금 宗敎라는 것의 正體가 무엇인가를 한 번 더 자세히 알아보랴는 意欲을 가지게 한 것이며, 또 基督敎 同業者, 天道敎에서 經營하는 雜誌 開闢社에서 反宗敎運動에 관한 논문을 蒐集하야 발표 소개한 것도,

---

53) 일제 강점기 각 종교별 사회적 영향력 증대 과정에 대해서는 별도의 논의가 필요하다. 이에 대해서는 각 종교별 역사를 연구한 성과물을 참고할 수 있다.

54) 성산학인(1926), 「조선사회운동 개관(7)」, 『동아일보』, 1926.1.7.

일종의 奇現象이 아니라 할 수 업섯고, 또 연말에 임하야 한양청년연맹의 임시대회의 결의 중에 "12월 25일을 反基督敎 데-로 하고 행렬 宣傳하고 강연회 연설회 등을 수시 개최할 것"이 나타난 것은 今後에도 그 운동을 조직으로 해 가라는 구든 결심의 발로이다.

이 글은 1925년의 반종교운동 상황을 정리한 글이다. 이 글에 나타난 반종교운동은 '서양인 배척', '특정 종교 반대'와 관련한 알력 등이 중심을 이루고 있다. 그러나 엄밀히 말하면 '반종교(反宗敎)'에는 다의적인 의미가 포함된다. '특정 종교를 반대(또는 거부)하는 것'과 '종교 자체를 부정하는 것' 모두 종교적 관점에서 '반종교'에 해당할 수 있기 때문이다. 1920년대 반종교운동에서도 이 두 가지 경향이 모두 나타난다. 위의 반종교운동은 주로 전자를 대표한다. 특히 『개벽』 통권 63호(1925. 11)에 실린 반종교운동은 '반기독교운동'의 성격을 띤다. 이 특집호에서는 배성룡의 '반종교운동의 의의', 영국 전 노동당 내각장상 필립 스노텐의 '기독의 실상', 박헌영의 '역사상으로 본 기독교의 내면'이라는 논문이 실렸고, 신흥우, 한석원, 안경록, 한위건, 이정윤 등의 '기독교인 급 비기독교인의 반기독교운동관'과 관련한 대담 기사를 수록했다. 이 가운데 박헌영의 논문을 제외하면, 다른 논문에서는 종교 자체를 부정하는 태도를 찾기는 어렵다. 더욱이 이 특집을 마련한 동기가 '주일학교대회'와 관련한 반기독교운동을 조명하고자 한 것임을 비추어 볼 때,55) 종교 자체에 대한 부정보다 기독교를 비판하는 데 주안점을 두었

---

55) 『개벽』 통권 63호(1925.11), 「반기독교운동에 관하야」에서는 "이번 主日學校大會를 期하야 反基督敎의 運動이 니러낫다. 물론 조선에 反基督敎운동이 니러난 것은 이번브터가 아니다. 멀니 大院君의 反基督敎운동은 말할 것이 안닌 셈을 칠지라고 일즉이 서울靑年會 發議의 靑年黨大會 때에 反宗敎의 論議가 잇섯고 그 후 新興靑年同盟에서는 反宗敎의 일을 아조 그 會綱領 중의 하나로까지 너혓스며 또 최근으로 慶北의 安東이며 咸南의 咸興 洪原 등지에서는 직접으로 敎旨의 선전을 방지하려는 등의 일이 잇섯는 바 爲先 조선만으로 볼지라도 이 운동의 유래와 근거가 자못 깁헛는 것을 認할 수가 잇다. 다시 말하면 이 운동 자체의 올코 글은 것은 別問題로 할지라도 爲先 그만큼 중대하게 취급되여지는

음을 알 수 있다.

역사상으로 볼 때 한국이나 중국 모두 외세 종교에 대한 배척운동은 비교적 오랜 역사를 갖고 있다. 이 글에 나타난 바와 같이 대원군의 쇄국정책 이전에도 수많은 천주교 박해가 있었고, 심지어 삼국시대에는 불교 배척운동도 있었음은 쉽게 확인할 수 있다. 중국의 경우도 마찬가지인데, 태평천국의 난이나 의화단 등은 근대의 외세 배격과 더불어 서양 종교를 배척하는 운동으로 볼 수 있다. 이러한 맥락에서 1920년대 초 중국과 한국에서 발생한 '반기독교운동'은 서양 종교인 기독교에 대한 반대를 의미하는 것으로 해석할 수 있다. 다음을 살펴보자.

【 反宗教運動[56] 】

종래 기독교는 中國學界에 위대한 努力이 有하든 바, 최근에 중국 新人의 社會主義와 科學에 대한 연구가 왕성함에 至하야 孔子教 배척의 次에 宗教排斥의 경향이 有하야 4월 7일 北京에서 世界基督教學生大會가 開하게 되매, 북경대학을 중심으로 한 學生의 非宗教同盟이 조직되야 北京, 天津, 上海, 武漢 등의 학생이 多數히 此에 呼應하야 반종교의 대운동이 起하야 通電과 演說로 盛大히 宣傳하야 猛烈히 基督教 배척운동을 行하얏는대 此 反宗教運動의 裡面에는 一部의 反基督教徒의 煽動이 有하얏스나 대개는 純實한 학생이 其中堅이 되얏다. 外人 中에 此運動을 排斥運動이라 지목하야 團匪事件의 再現이라 하는 자도 有하얏스나 此는 전혀 偏見이라 할 것이다.

이 기사에 언급된 반종교운동은 1922년 4월 7일 북경의 '세계기독교학생대회'에 대한 반발로 이루어진 학생 비종교동맹운동을 의미한다. 이 운동의 전말을 모두 확인하기는 어려우나, 1920년대 중국에서 일어

것만은 사실이다. 이에써, 우리는 이 문제에 대한 일반의 소감과 考察을 게재하야 宗教人 非宗教人 할 것 업시 한번 보아 너머가기를 바라는 바이다"라고 한 바 있다.
56) 「중국정형: 과거 일년간 회고」, 『동아일보』, 1923.1.12.

난 반기독교운동은 사회주의 사상에 따라 종교를 부정하는 태도도 포함되어 있을 것으로 판단되지만, 그 자체는 기독교를 반대하는 데 초점이 맞추어져 있었던 것으로 보인다. 이러한 흐름에서 1920년대 식민지 조선에서도 기독교의 문제점을 비판하고, 기독교를 거부하거나 또는 기독교 신자의 입장에서 자기반성을 요구하는 목소리가 확대되기 시작했다. 다음은 『동아일보』 1928년 8월 25일부터 29일까지 연재된 최승만(崔承萬)의 '기독교도에게'라는 논설의 일부이다.

【 基督教徒에게[57] 】

基督教가 朝鮮에 들어옴으로써 우리 사람의 思想上이나 文物制度上에 不少한 貢獻이 잇는 것은 누구나 否認치 못할 것이다. 人格이나 개성이나 자유나 평등이나— 하는 말이 지금은 넘우나 평범하게 通俗的으로 말하게 되지마는 이런 思想을 徹底하게 普及시킨 점에 잇서서도 基督教의 功績을 말 아니할 수 업슬 것이다.

儒教의 保守主義, 階級主義, 形式主義에 젓지 안햇스면 佛教의 消極的, 冥想的, 隱遁的 思想에 물들어서 아무 氣力 아무 活氣가 업든 우리 사회에 기독교가 들어오자 淸新하고 活潑한 氣運이 나타나게 된 것은 사실이다. 재래의 迷信을 打破하고 舊道德에 대하야 반항한 것이라든지 교육기관을 興하고 社會事業에 착수한 것이라든지 어려운 漢文을 물리치고 쉬운 우리글을 쓰게 한 것이라든지 어찌 써 基督教의 貢獻을 니저버릴 수 잇슬 것이냐.

要컨대 基督教는 宗教的 信仰쑨만 아니라 동시에 사회적으로는 啓蒙運動을 해 왔다고 할 것이다. 이에 잇서서 나는 특히 선배 諸氏의 노력에 대하야 敬意를 표하기 마지 안커니와 금일의 基督教側 形便을 살펴보아 걱정되는 배 不無하기로 몃 가지 들어 말코저 한다.

朝鮮에 2천여 敎會와 30여만 敎徒가 잇다고 한다. 이만하드래도 우리

---

57) 최승만(1928), 「기독교도에게」, 『동아일보』, 1928.8.25.

사회에서는 상당한 勢力을 점령하고 잇다고 볼 수가 잇다. 그런대 여긔서 한가지 생각해 볼 것은, 今日에 잇서서 얼마만한 充實味가 잇스며 얼마만치 堅實味를 가지고 잇느냐 말이다. 기독교가 처음 들어올 째의 興隆한 기운이 오늘날에 잇서서는 죡음도 차저볼 수가 업고 점점 衰殘해 가는 형편에 잇지 안혼가. 어썬 교회를 가 보든지 혈기가 旺盛하야 所望이 만흠 즉한 靑年의 얼굴은 그리 차즐 수가 업고, 老衰한 白髮의 남녀가 아니면 學識이 넉넉해 보이지 안는 婦女들이 만흔 좌석을 점령하고 잇는 것을 보게 되지 안는가. 교회에 다니든 靑年들이 지금은 敎會를 反對하고, 信仰이 두텁다고 하든 청년들이 지금은 敎會門을 써나서 反基督敎運動에 참가하고 잇지 안혼가. 그래서 그들의 입으로서는 "종교는 아편이다."를 공연하게 웨치고 잇지 아니한가.

이 논설에 나타난 바와 같이, 기독교는 한국에 전래된 이래 '미신 타파, 구도덕에 대한 반항, 교육기관 확충, 국문의식 향상' 등 각종 사회사업과 계몽운동의 중심 세력을 이루었음은 틀림없다. 이 점에서 필자는 '기독교의 공적'이라고 하였다. 그러나 1920년대 중반기 신도 30만 명을 돌파한 기독교계의 실상이 충실미와 견실미를 잃고, 다수의 청년들이 반기독교운동에 참여하고 있다고 주장한다. 이 글의 필자는 당시 기독교의 문제점으로 "(1) 교인의 수를 늘리는 데만 열중하고 중요한 기독 정신을 일반 민중에게 심어주지 못하는 것, (2) 원대한 계획과 방침이 없고, 인물 양성을 등한시한 것, (3) 개인의 영혼 구제에만 집착하여 실제문제를 경시한 것, (4) 봉사적·헌신적 정신이 부족한 것, (5) 단결심이 부족한 것" 등을 들고 있다.[58] 이러한 문제는 분명 일제 강점기 기독교계의 문제일 것이다. 특히 기독교의 배타성은 식민 통치 기간 교도(敎徒)를 보호하고 교세를 확장하기 위한 수단으로 간주되었더라

---

58) 『동아일보』, 1928.8.29.

도 비기독교인 차별이라는 점에서 사회적으로 적지 않은 문제를 파생하기도 하였다. 예를 들어 일제 강점기 기독교계 사립학교의 경우 학생들에게 기독교를 강요하며, 애초부터 기독교인이 아니면 입학을 허가하지 않았음은 '조선 교육의 결함'을 논한 주요섭의 글에도 나타난다.

【 宗敎問題[59] 】

조선교육에 잇서서 종교문제는 참으로 만흔 波瀾을 일으키엇다. 總督府의 敎育 方針으로 보면(표면상) 종교와 교육은 절대로 分離하는 것이다. 그래서 사립학교, 특히 耶蘇敎 設立의 各學校는 이 한 問題 째문에 對當局은 물론 自己네 상호간에도 쾌 複雜스런 갈등과 어수선이 잇섯섯다. 총독부 최초의 방침으로 보면 1925년 이후로는 聖經을 교수하는 학교는 조선 내에 全無이엇슬 것이다. 그것은 1915년에 各耶蘇敎 학교에게 10년 기한을 주어 성경 과목을 폐지하거나 學校門을 다더 버리거나 두 가지 중에 한 길을 取하라는 최후통첩을 보냇든 것이다. 이래로 미쏜 會의 不絶하는 항의와 歎願도 아무런 효과를 가저오지 못하든 것이 1919년의 '문화정치'는 야소교 학교의 성경을 敎授하얏다. 그러나 문화정치도 宗敎學校에서 이전에 누리든 그 自由는 許諾하지를 안헛다. 多少間 不自由이기는 하면서도 耶蘇敎 學校는 성경을 가르칠 수 잇게 되엇다.

A. 普通學校: 표면으로는 敎育과 宗敎가 全然 分離되엇슴에 불구하고 조선 아동은 宗敎儀式에 參禮할 義務를 젓다. 나는 神社參拜問題를 말한다. 신사참배는 공립쑨 아니라 私立에게쌔지도 義務的이 된다. 쌀하서 이것 째문에 과거에 生徒 及 敎員 중 犧牲者도 잇섯고 미쏜 會 及 個人 宣敎師들도 총독부에 대하야 基督敎徒 아동에게 他宗敎 參拜를 義務的으로 시키는 것은 信仰自由의 정신에 違反된 處置라고 抗議도 하고, 歎願도 여러번 햇섯다. 그러나 당국자는 신사참배는 종교의식이 아니라고 하야, 이를 不聽

---

59) 주요섭(1930), 「조선교육의 결함」, 『동아일보』, 1930.9.29.

햇슴으로 요새 와서는 미쏜會 側에서도 不可能으로 단념해 버린 모양인지 조용해지고 말엇다. 當局者는 神社參拜가 종교의식이 아니라고 주장한다. 그래서 특히 總督府 視學官 高橋 씨가 그의 最近 著『朝鮮敎育史考』에 특히 一章을 加하야 이 문제를 토론하는 동시에 어듸까지든지 當局의 態度를 辯護하고 神社는 비종교라는 主唱을 햇다. 그러는 한 面에는 쏘 내외인간에 神社가 종교라는 主唱도 만히 잇다. 쓰라운 씨의『東洋政勢』(英文)에서도 生徒들의 신사참배에 대하야 論難한 것이 잇고, 鄭헨리 씨의『朝鮮事情』(英文)에도 이 문제를 세밀히 論及하얏다. 그 중에 現, 延禧專門學校 副校長 元漢敬 씨는 그 박사논문「朝鮮近代敎育」(英文)에서 신사가 확실히 종교인 理由를 설명하고 이 宗敎儀式을 基督敎徒들에게까지 義務的으로 하는 것은 不可하다고 結論햇다.

B. 私立宗敎學校: 종교의 强要는 私立學校에서도 상당히 實行된다. 耶蘇敎 設立인 학교에서는 애초의 基督敎徒의 子孫이 아니면 入學을 아니식이는 形便이니까 더 말할 거리도 못되나 아모리 宗敎에서 세운 學校이라 할지라도 직접 宗敎敎育은 隨意科로 하지 안흐면 不可하다.

일제 강점기에는 정치와 종교를 분리하고, 종교가 식민정책을 비판하거나 저항하는 운동을 하지 못하도록 하였다. 종교와 교육의 관계에서도 처음에는 종교의 자유를 허용하지 않다가, 기독교계의 저항에 부딪히면서 이른바 문화정치 이후 기독교계 학교에서의 성경 교육을 허용하였다. 이러한 상황에서 기독교계 학교는 학생들에게 기독교를 강요하며, 처음부터 기독교도가 아니면 입학을 허락하지 않는 분위기가 조성된 것이다. 이러한 상황에서 기독교는 정치문제나 사회운동보다 개인의 구복이나 기독교 세력 확장에 더 많은 관심을 기울이게 된 것으로 보인다.

그런데 사회주의 사상에 영향을 받은 반종교운동은 기독교뿐만 아니라 다른 종교에 대해서도 부정적인 태도를 취한다. 이 점은 다음 논설에서도 확인된다.

【 宗敎와 批判60) 】

宗敎는 현대에만 限하야 巨創한 문제거리가 아니라 과거에 잇서서도 人類에게 직접으로 각종 生活問題를 喚起하야 왓니니 현대에 이르러서 인류의 解放運動에만 重要視될 바가 아니라 영원한 미래를 두고, 是와 非를 論議하게 될 것이다. 또한 宗敎도 宗敎라고 하는 명칭은 동일하나 時代를 싸라 쏘는 地域의 相殊로 인하야 그 종교의 내용이나 형식이 다를 것도 물론이니 未啓 野蠻時代의 종교와 文明한 현대의 종교가 형식이나 내용에 잇서서 반다시 동일하지 아니한 것과 가치, 資本主義社會의 종교와 社會主義時代의 종교도 合致하지 아니할 것이다. 인류가 發達하고 생산기능이 發達함을 싸라 인류가 가지는 人生觀이 변하야 오는 싸닭에 비록 동일한 宗敎라고는 할지라도 시대의 변천을 隨하야 해석상 혹은 儀式上에 잇서서 當然히 변화를 免하지 못할지니 況且 宗敎 自體에 興亡과 盛衰가 잇슴에야 더 말할 것이 잇스랴. (…中略…) 혹자는 社會主義 時代에는 宗敎가 업스리라고 하나, 종교의 發生學的 原因과 宗敎의 職能 及 作用上으로 보아서 내용과 형식은 전연히 現代싸지 稱道하야 온 종교와는 판이할는지 알 수 업스나 崇仰하는 組織的 무리가 성립되는 점에 잇서서는 업슬 수 업는 인간의 長處와 短處가 잇는 것이니 吾人은 비록 社會主義 社會에서도 종교가 잇스리라고 밋는 것이다.

이 논설은 종교의 사회적 역할을 강조하기 위해 쓴 것이지만, 기본적으로 '사회주의'에서 종교를 부정하는 태도가 적절하지 않음을 전제로 한다. 달리 말해 시대와 사회가 달라짐에 따라, 또는 인생관의 변화에 따라 형식과 내용은 다를지라도 종교는 존재할 것이라는 주장이다. 그

---

60) 『동아일보』, 1925.7.8.

렇다면 이러한 주장이 나오게 된 배경은 무엇일까? 이에 대해서는 1920년대 사회주의 사상과 종교와의 관계를 좀 더 살펴보아야 한다.

한 예로 1920년대 마르크스 사상을 번역 소개한 이순탁(1922)의 '유물사관'을 살펴보자. 이 논문은 『동아일보』 1922년 4월 18일부터 5월 8일까지 18회에 걸쳐 연재되었는데, '공산당 선언상의 유물사관', '자본론상의 유물사관'으로 구성되어 있다. '사회조직 진화론'의 입장에서 그가 소개한 유물사관은 "종교는 세계 현실을 반영한 것"이라는 전제 아래, 모든 종교가 생산 방법이나 생산조직에 적응하는 양식을 띤다고 설명한다. 비록 마르크스의 이론을 인용하는 형식을 띠고 있으나, 그는 종교에 대해 다음과 같이 서술한다.

【 資本論上의 唯物史觀[61] 】

彼 基督敎는 抽象的 人間에 대한 禮拜와 한가지로 特히 新敎나 理新敎 等과 如한 資本家的 發展上 … 상품생산자의 사회에서는 가장 이에 適應한 宗敎의 形態라, 古代 亞細亞 其他 고대적 생산방법은 생산물을 상품이라 하는 것이, 따라서 또한 상품 생산자인 인간의 存在가 單히 從屬的 地位를 有함에 不過하얏다―더욱 共産制가 그 沒落의 階段으로 進함에 따라서 次第로 重要한 地位를 占해온 것은 事實이나 참 商業的 民族은 에피쿠울의 神과 갓치 又는 波蘭 社會안의 猶太人과 갓치 다못 舊社會의 엇던 坊曲에나 存在하얏나니 勿論 此等 古代의 사회적 생산조직은 자본가적 사회의 생산조직에 比하면 甚히 簡單 且 透明키는 하나, 그와 동시에 개개인의 未熟한 狀態―自然的 種族 團結에서 사람사람을 상호 結連식히는 臍緒(제서, 탯줄)도 아즉 切斷치 아니한 상태―에 그 土臺를 置하던지 不然하면 直接 支配 及 복종관계에 土臺를 置하던지 한 생산조직임으로 그는 勞動生産力이 아즉 低度의 發展의 階段에 잇슴을 條件으로 하며, 또한 물질생활

---

61) 『동아일보』, 1922.5.1.

의 과정 내에 잇는 인인의 관계가, 따라서 또한 인인 상호간 及 人과 自然間에 잇는 關係가 狹隘(협애)함을 條件으로 하도다. 그리서 此等 實現의 狹隘性이 관념적으로 返射된 자가 즉 고대의 自然崇拜敎 其他의 民族的 宗敎라." 思惟컨대 如此한 現實社會의 宗敎的 反射는 실제상 일상생활관계가 人間 意志 及 自然에 대한 分明한 理性的 관계를 各人에게 表示하게 됨으로부터 처음으로 一般이 消失할 자이오, 사회적 생활 과정, 즉 물질적 생산과정의 形態로부터 처음으로 그 神秘的 *彼(배일)가 排除되기는 그 생활과정이 自由로 團結한 사람사람의 生産物로서 그러한 사람들의 意識的 計劃的 除御下에 立함에 至함으로부터의 일이라. 그러나 如斯한 狀態를 실현키 위하여는 사회에 一定한 物質的 基礎—물질적 존재 조건의 일례—가 具備됨을 必要로 하나, 此等은 또한 한 苦痛이 만하고 또한 永久的으로 發展한 歷史가 처음으로 持來하는 自然의 生産物에 不外한 者이라.

이와 같은 입장에서 사회주의자들의 종교관은 영혼 구제나 신앙 문제로 인식되기보다 물질적 토대 위에서 생성되는 사회진화의 한 형태로 간주된다. 그런데 1920년대 한국 사회주의 사상에서는 종교 문제의 근간을 이루는 '신(神)'의 존재 유무에 대한 깊이 있는 성찰이 이루어진 것 같지는 않다. 오히려 '사회주의자는 무신론자이자 종교를 부정하는 사람'이라는 등식이 은연 중 나타난 것으로 보이는데, 이러한 사례 가운데 하나가 염상섭의 '너희들은 무엇을 어덧느냐'라는 소설의 한 장면이다. 다음을 살펴보자.

【 너희들은 무엇을 어덧느냐(23)[62] 】
　오늘날가치 종교뎍 사명(宗敎的 使命)에 대하야 놉흔 가치(價値)와 묵어둔 짐과 원대한 긔대(期待)를 가지게 된 시대는 업겟지요. 내 생각 가타

---

62) 『동아일보』, 1923.9.19.

야서는 이십세긔의 중엽(中葉)은 실로 종교의 황금시대(黃金時代)라고두 할 것 갓슴니다. 종교의 본래의 사명을 성취할 수 잇는 가장 중요한 시긔가 왓다고 하겟지요. 오늘날 사회주의의 의견디로서는 종교를 절대로 부인하지만 나가튼 문외한(門外漢)으로 보아도 그것은 반동뎍(反動的)으로 나타난 한 째의 현상이거나 엇더한 목뎍을 성취하야 가는 데에 잠간 필요한 수단이겟지요. 즉 말하자면 오늘날까지 깁히 쑤리가 박히고 성취가 된 문명(文明)이 우리의 머릿속에 굿게 심어준 어써한 그릇된 관렴(觀念)을 쌔트려버리기 위하야 위선 종교를 배척하는 것이겟지요. 다시 말하면 종교가 오늘날의 문명의 근저(根柢)에 가라안처 노은 어써한 종류의 병균(病菌) 가튼 것을 업새게 하고, 또는 계급투쟁(階級鬪爭)의 예긔(銳氣)를 썩게 하는 종교뎍 설법(宗敎說法)에 일반 민중이 귀를 귀우리지 안케 하라고 하는 수단에 지나지 안는다는 말슴입니다. 그러나 이러한 현상은 오래 계속될 것은 물론 아니겟지요. 사회주의의 리상이 실현되여서 전세계가 어써한 형식으로 변하든지간에 그 새 세계의 새 사람의 생활에 뎍합한 새로운 종교가 또 다시 요구될 것은 분명한 일이겟지요. 하고 보면 종교가로서는 개조사업이 진행되는 동안에도 그 개조의 리상에 합치되는 뎜(合致點)을 발견함에 노력하는 동시에 항상 그 시대의 선구(先驅)가 되기를 이저버려서는 아니될 것입니다.

염상섭이 초기 작품에 해당하는 이 소설에서는 '사회주의적 종교관'의 단면이 다소 지루하게 서술된다. 이에 따르면 사회주의자는 종교를 절대적으로 부정한다고 전제하고, 비록 일시적일지라도 사회주의 이상을 갖고 있는 사람은 종교를 '현대 문명의 근저에 자리하는 병균' 또는 '계급투쟁의 예기를 꺾는 설법'이라고 지칭한다. 흔히 '종교는 민중의 아편'이라는 표현이 빈번히 등장하는 것도 이러한 관점에서 비롯된 것이다. 그렇기 때문에 사회주의자들의 종교 또는 기독교는 그 자체가 '미신'으로 간주되며, 퇴치의 대상이 되는 셈이다. 앞서 언급한 『개벽』

제63호 박헌영의 논문에도 다음과 같은 표현이 나타난다.

【 歷史上으로 본 基督敎의 內面[63] 】

　　정확한 統計數字로써 朝鮮基督敎의 현상을 해부할 기회는 後日로 밀고 대개 現今 朝鮮의 基督敎가 실로 근 30萬이나 된다고 세상은 안다. 그리고 南朝鮮보다 北鮮에 基督敎 세력이 근거가 깁혼 현상이다. 과학지식이 부족하고 아직 封建的과 因習을 벗지 못할 朝鮮人은 각종 雜多의 미신적 생활을 영위한다. 中에서 基督敎와 다른 洋式宗敎는 현대 米國式 資本家的 大規模로써 이러한 미신의식의 潛在하엿슴을 이용하야 그리스도의 미신과 虛僞를 선전한다. 그리하야 背後에 金力과 軍閥의 권력을 依據로 朝鮮民衆에게 소위 道德良心이라 하야 忍從과 柔順을 장려하며 宣揚한다. 이에 社會科學運動에 열중하는 自覺한 社會運動者는 다못 「훔치敎」만이 아이고 미신의 基督敎를 퇴치하려고 反基督敎運動을 격렬히 하게 되엿다. 近日에 至하야는 朝鮮學生間에 반종교운동이 소리가 놉게 됨도 한가지 새 社會相이라 할 것이다.

　　기독교인이 30만으로 급증한 것은 과학지식이 부족하고 봉건적 인습을 벗지 못한 탓이라는 것이다. 박헌영은 사회과학운동에 열중하는 사회운동자들이 자각하여 '미신의 기독교'를 타파해야 한다고 주장한다. 그것이 조선학생의 반종교운동의 핵심이라고 보는 셈이다.

　　이와 같은 상황에서 조선의 종교는 점차 보수적, 배타적인 성격이 강화된 것으로 보인다. 특히 기독교의 경우 1930년대 중반부터 계몽운동의 선구자로서 사회적 책임을 다하기보다 전도 활동에만 치중하여 민중과 괴리되는 현상이 심해진 것으로 보인다. 『동아일보』 1936년 4월 13일자 사설을 살펴보자.

---

63) 박헌영(1925), 「역사상으로 본 기독교의 내면」, 『개벽』 제63호(1925.11).

【監理教 宣教 50週年[64]】

　宗教는 鴉片이다 하는 말이 一面의 世相을 反映함이라 할지라도 종교가 吾人에게 주어온 功德에 잇서서 否定하지 못할 여러 가지 감사할 점이 잇음을 拒否할 수는 없을 것이다. (…中略…) 종교를 아편이라 함은 흔히 그 宗敎가 人心에 浸潤된지 歲久月深한 後에 생기는 不美한 流弊에서 適例가 發見되는 법이니, 기독교의 지금까지의 50년은 조선을 위하야 奉仕함이 만핫고 따라서 吾人이 感謝할 점이 적지 아니하엿엇지마는 혹 今後 百年 二百年을 가는 동안에 저 다른 宗敎의 例와 같이 一時나마 不美한 影響을 이 民衆에게 作出하는 일이 잇기나 한다면 오늘날 비석으로써 前功을 不朽케 하려는 의도와 노력이 후일 도리어 嘲罵의 的을 맨드는 것이 되지나 안흘까. 만일 그리된다면 이 記念碑와 및 거기 刻書된 선배들의 공적을 욕되게 함이니 이 점에 잇서서는 今日의 敎徒 諸位와 및 금후 무수한 교도들의 특히 留意가 잇을 줄로 믿으며 慶日에 苦言을 不憚하는 불손을 謝하는 동시에 이 고충을 또한 이해함이 잇기를 바란다.

　이 사설에서는 감리교 50주년 행사를 기념하며, 축하의 언사보다 고언(苦言)을 늘어놓은 이유를 밝힌다. 이 사설에서 기독교의 문제점을 직접 거론하지는 않았다. 그러나 이러한 사설이 등장하게 된 데에는 이 시기 기독교와 관련된 여러 가지 사회문제가 존재했기 때문이다. 예를 들어 『동아일보』 1934년 9월 10일자 사설에서 지적한 "프로테스탄트 정신을 상실하고, 시기, 투쟁, 교만, 모해, 비방, 배약(背約), 무정(無情)" 등의 행위를 하는 경우가 있었다는 것이다. 이러한 문제는 종교계 자체의 문제이나, 그 시기 언론에서도 종교계의 문제를 직접 거론하고 질타하기 어려운 풍토가 존재했던 것으로 보인다.

　물론 이러한 사회적 분위기가 형성된 데에는 종교 자체에서 파생한

---

64) 『동아일보』, 1936.4.13.

것이라기보다 식민시대 종교 정책과도 밀접한 관련을 맺고 있다. 특히 강점 직후부터 지속적으로 추진해 온 '분열정책(分裂政策)'은 청년운동이나 종교운동에서도 빈번히 나타나며, 청년 지도자나 종교인들에 대한 회유와 강압은 식민지 시기 계몽 대상으로서의 조선 민중이 나아갈 길을 계도하는 데 올바른 지침을 제공하지 못한 경우도 많다. 1938년 이후 기독교계의 신사참배나 '조선기독교연합회' 조직 등은 친일 행적과 관련된 문제보다, 종교운동 차원에서 식민시대의 굴절된 모습을 극명하게 보여준다. 소설가 심훈의 형으로 많이 알려진 심명섭(沈明燮)[65]은 『기독교신문』 창간호에서 다음과 같이 '기독교의 혁신'을 주장한다.

【 基督敎의 革新[66] 】

다음에는 基督敎 信仰의 內容 革新이다. 基督의 聖訓과 示範을 主로 한 福音의 解釋을 純正하게 傳播하야 末世論, 安息, 再臨, 審判 등의 猶太的 迷信的 信仰을 淸算하고 左의 方針으로 傳道하여야 한다.

1. 東洋 倫理와 哲學 賢訓으로 복음을 설명하야 正當하게 敎示할 것
2. 佛敎가 發祥地인 인도에서는 衰退되엿스나 도리어 우리 일본에 渡來하야 그 本旨를 바르게 전하고, 일본정신에 합치하게 되어 日本 宗敎로서 크게 공헌함과 같이 基督敎도 우리나라의 公認된 종교로서 면목을 새롭게 발전시킬 것
3. 우리 忠君愛國의 정신과 基督의 犧牲的 정신과의 일치점을 잘 알고 信徒로 하여금 가일층 진심으로 君國의 충성을 다하게 할 것
4. 신동아 건설과 내선일체의 原理를 철저히 주지케 하야 일억 일심의 銃

---

65) 심명섭은 1898년 충남 당진에서 태어나 경성 선린고등상업학교를 수료하고, 일본 도쿄 아오야마 중학을 졸업한 뒤 개신교에 입문했다. 충남 지역에서 전도사를 거쳐 목사 안수를 받고, 경성부 창천교회와 중앙교회 담임 목사로 있다가, 신흥우가 조직한 적극신앙단에 가담하여 활동했다. 1941년 친일 기독교 신문인 『기독교신문』을 발행하고 편집위원을 역임했다.
66) 『기독교신문』 창간호(1941.4.29).

後의 責務를 다하도록 할 것

5. 종래의 英米式 교회의 기구 제도를 改變하야 이를 통제하고 日本化할 것

　1920년대 일본 유학생으로서, 그리고 신진 교계 지도자로서 이름을 떨쳤던 심명섭의 친일 행적은 기독교 교리 자체보다 식민 시대 종교 정책이 나은 산물로 해석할 수 있다. 그럼에도 그와 같은 종교인들의 삶의 모습은 일제 강점기 청년운동과 종교운동이 '계몽의 객체'를 환기할 뿐, 자기 혁신을 이루어내지 못한 계몽운동의 한계를 보여주는 것으로 해석된다. 한국 근현대 청년운동의 출발점이 종교를 기반으로 한 경우가 많았고, 일제 강점기 사회주의 사상이 유입되면서 청년운동과 종교운동이 때로는 융합하고 때로는 갈등하면서 민중을 계도해 온 것은 틀림없는 사실이다. 그러나 청년운동이나 종교운동이 그 자체로서 계몽의 주도자가 아니라 계몽의 대상자로서 청년을 환기하고, 민중을 개명하는 과정에서 어느 정도 일체감을 형성해 왔는지는 비판의 여지가 충분하다.

제5장 여성운동의 의미

김경남

1. 여성운동의 개념과 성격

한국사회에서 '여성운동'이라는 용어가 쓰이기 시작한 때는 1920년 대 전후로 보인다. 여성운동을 뜻하는 영어 단어 '페미니즘'이라는 용어가 쓰이기 시작한 때도 이 때이다. 예를 들어 『동아일보』 1922년 6월 13일부터 연재된 '부인 문제의 개관'이라는 기사에서는 "윌마 마이클의 저 『건전한 훼미니즘』에서 부인은 군국주의자오, 또 그러할 것이라고 논함"이라는 표현을 사용한 것을 볼 수 있는데, 여기서 '훼미니즘'은 '페미니즘(feminism)'을 음차한 표현이다.

사전적인 의미에서 여성운동은 "여성의 권리와 정치적·사회적·경제 적 지위를 향상시키기 위한 사회운동"을 말한다. 그러나 여성운동이라 는 용어의 개념이나 성격에 대한 일치된 견해는 존재하지 않는 것으로 보인다. 특히 근대 계몽기에는 '여성운동'이라는 용어를 찾기 어려우며, 일제 강점기에도 '여성운동'이라는 표현보다 '부인운동', '여자 문제'와 같이 사회 현상으로서 '여성'과 관련된 문제를 지적하는 글들이 많다. 그럼에도 1920년대 이후에는 '어머니'로서의 '여성' 또는 '부인(아내)'으로서의 '여성'에 대한 논의가 본격적으로 진행되는 시기임에 틀림없다.

여성 문제는 본질적으로 사회 문제의 하나이다. 이는 여성 문제가 근본적으로 '차별'과 관련되어 있음을 의미한다. 현대 사회 문제를 개관한 고영복 편(2001)에는 다양한 사회 문제가 거론되어 있는데, 이 사회 문제는 구조적인 문제일 수도 있고, 사회 구성원이나 세대 또는 삶의 질과 관련된 문제일 수도 있다. 예를 들어 '도시 문제', '노사 문제', '빈곤 문제', '범죄 문제' 등은 다양한 관점에서 접근할 수도 있지만, 특히 사회 구조와 밀접한 관련을 맺는다. 같은 맥락에서 '환경 문제', '인구 문제', '의료 문제', '여가 문제' 등은 사회 구조적인 차원뿐만 아니라 삶의 질과도 밀접한 관련을 맺고 있다. 이러한 맥락에서 '가족 문제', '여성 문제', '청소년 문제', '노인 문제' 등은 사회 구성원과 밀접한 관련을 맺는 문제들이다. 이 저서 속의 여성 문제에 대한 안진(2001)의 설명에 따르면, 여성 문제란 "단지 생물학적으로 여자라는 이유 때문에 여성들이 인간다운 삶을 누리지 못하고, 억압과 차별을 당하는 사회의 모순 구조나 문제 구조"라고 정의하고, "여성 문제는 사유재산의 출현과 함께 등장한 계급불평등 현상만큼이나 인간의 역사에서 가장 오래된 문제이고, 상당한 수준의 사회 발전 단계에 이르러서도 끈질기게 해결되지 않는 문제"라고 규정한다. 이러한 인식은 이 논문뿐만 아니라 여성 문제를 다루는 대부분의 논자들이 비슷하다. 안진(2001)에서는 여성 문제에 대한 올바른 인식의 필요성을 강조하면서, '자유주의적 여성 해방론', '마르크스주의적 여성 해방론', '급진적 여성 해방론', '사회주의적 여성운동론' 등의 네 가지 관점을 정리하고, 이 문제의 본질이 여성에 대한 '억압'과 '차별'을 인식하는 것임을 밝히고 있다. 이 점에서 여성운동, 곧 여성 문제를 인식하고 해결하고자 하는 노력은 '억압', '차별', '해방'이라는 용어를 키워드로 설정할 수 있으며, 이러한 인식은 근본적으로 '계몽적인 성격'을 띠고 있음을 확인할 수 있다.

여성운동의 계몽적인 성격은 서양사에서도 뚜렷이 확인된다. 한국 여성운동사를 개괄한 정효섭(1971)에서는 '구미 여성운동의 성격'을 논하면서, 여성운동이 집단적으로 전개되기 시작한 것은 18세기 말 프랑스 대혁명이 계기가 되었다고 지적하고,[1] 이를 뒷받침하는 사상으로 루소의 천부인권설이었음을 밝혔다. 프랑스 대혁명의 중심 사상이 '자유와 평등'이었음을 전제한다면, 남성과 여성의 평등, 여성의 자유와 해방 등을 중시하는 여성운동이 서구의 계몽사조와 같은 가치를 갖는 것은 자연스러운 현상이다.

학술적 차원에서 여성 문제에 대한 관심은 일제 강점기 이른바 '조선학'에 관심을 기울였던 학자들로부터 출발한다. 예를 들어 이능화(1927)의 『조선해어화사(朝鮮解語花史)』는 한국의 기녀(妓女)나 의녀(醫女)의 역사와 관련한 연구에 해당하며, 『조선여속고』(1927)는 여성 풍속과 관련된 연구서이다. 이 두 저서는 1920년대 후반기 조선 관련 연구가 본격화되면서 나타난 것으로, 일제 강점기의 여성 문제를 다루지 못했다는 한계를 보이나 한국 여성의 지위와 풍속 등에 관한 관심을 보인 점에서는 의미 있는 저서라고 할 수 있다.

일제 강점기 여성 문제에 대한 본격적인 논의는 신문·잡지 등의 논문[2]이나 문일평(1940)의 『호암전집』 제2권(조선일보사 편집국)에 수록된 '조선 여성의 사회적 지위' 등을 참고할 수 있다. 대상을 조선시대로 하였으나, 사회 진화의 차원에서 한국 여성 문제의 근원을 살피고자 한 점에서, 호암의 여성의 사회적 지위는 가치 있는 논문으로 볼 수

---

1) 서구의 여성운동이 프랑스 대혁명을 전후로 본격화되었다는 사실은 일제 강점기 여성 문제에 대한 논문에서도 빈번히 등장한다. 이에 대해서는 뒤에서 살펴본다.
2) 예를 들어 『동아일보』 1922년 1월 25일부터 1월 27일까지 연재된 변희용의 「남녀 투쟁의 사적 고찰」, 1922년 3월 8일부터 3월 15일까지 연재된 오사카 마이니치 신문을 번역한 「현대 혼인 문제의 연애 외의 요소」 등은 여성 문제와 관련된 초기의 논문이라고 볼 수 있다.

있다. 그럼에도 일제 강점기의 여성 문제 연구는 여성의 사회적, 법적 차원의 본질적인 연구나 체계적인 연구가 이루어진 것으로 보기는 어렵다. 오히려 일부 잡지에서 여성 문제를 다루는 태도는 전통적 가치관을 지향하며 간혹 흥미 위주의 기사를 싣는 경우도 많았다.

광복 이후 여성 문제에 대한 관심은 기독교계 여성학자들의 연구가 두드러진 성과를 보인 것으로 나타난다. 예를 들어 이태영(1957)의 『한국 이혼제도 연구』(여성문제연구원)는 가족제도를 기반으로 한 여성의 지위를 논함으로써, 여성의 사회적 지위 문제를 인식하는 데 기여하였고, 박마리아 외(1958)의 『한국여성문화논총』(이화여자대학교 출판부)은 여성 교육, 법적 지위, 여류 문단, 여성 음악가, 여성 미술가 등의 주제를 다루었다. 특히 박마리아의 '기독교와 한국 여성 40년사', 박은혜의 '한국 여성 교육 40년' 등은 근대 계몽기 이후 여성 문제 발전 과정을 이해하는 기본 자료가 된다.

그 이후 정효섭(1971)의 『한국 여성운동사』(일조각)는 한국 여성 근대화의 요인과 전개 과정, 한국 여성과 3.1운동, 3.1운동 이후의 여성운동으로 나누어 여성운동 발전사를 기술하였다. 이뿐만 아니라 박용옥(1971)의 『이조 여성사』(한국일보사)는 조선시대 가부장권 확립, 여성의 예속, 유교적 여성관 확립 등 한국사회에 내재하는 여성 문제의 근원을 살핀 저서이다. 이러한 배경에서 1980년대 이화여자대학교를 중심으로 여성 문제에 대한 학문적 연구가 좀 더 활발해졌으며, 1987년 이화 창립 100주년 기념 학술대회에서는 '한국의 여성 고등교육과 미래세계'를 주제로 연구서를 출간하기도 하였다.

이러한 흐름에서도 여성 문제의 본질이나 현실에 대한 체계적인 연구는 충분히 이루어진 것으로 보기 어렵다. 예를 들어 서진영(1991)의 『여자는 왜?』(동녘)에서는 여성 문제의 사적 고찰과 계급 문제, 자본주의 사회의 노동과 여성 문제, 가족 문제 등을 짚어내고자 하였다. 이 시기를 기점으로 여성 문제는 이른바 '여성학'이라는 학문 분야를 개척하기에 이른 것으로 보인다.3) 현대 여성학에서는 법적 지위, 정치적 문제, 경제적 역할 등 양성 평등의 관점에서 여성 문제의 범주가 확장되었다. 그뿐만 아니라 전통적인 '여류 문인'이나 '여성 문학', '여성 언어' 등과 같은 용어도 차별적인 용어로 이해하고자 하는 운동이 일어났다. 이러한 맥락에서 경희대 비교문화연구소 한국근현대연구팀의 '현대 여성의 삶을 만나러 가는 일' 시리즈는 광복 이후 여성 잡지를 대상으로 '연애', '미용', '복식', '여가', '결혼', '자녀교육', '가정생활', '가정위생' 등의 담론을 정리하여 여성 문제가 일제 강점기의 '부인운동', '부인해방'과는 전혀 차원이 다른 관점에서 접근해야 할 문제임을 분명히 하였다.

이 점에서 근대 계몽기로부터 일제 강점기까지의 여성 문제의 대표적인 주제였던 '부인운동과 여성해방', '여성의 정조 문제와 신여성론', '여성 근로와 경제 문제', '여성 참정권과 정치 문제', '여성과 법률' 등의 논의가 어떻게 전개되었는지, 또한 '현모양처주의'와 '어머니론'은 어떤 성격을 띠고 있는지를 재검토할 필요가 있다. '어머니독본'이나 '가정독본'이 유행한 배경도 이러한 흐름을 고려하지 않으면 안 된다.

---

3) 여성 문제를 집중적으로 연구하는 대표적인 대학 연구소로는 이화여자대학교 한국여성 연구소, 숙명여자대학교 아시아여성연구소, 부산대 여성연구소 등이 있다. 이들 연구소 가 창립된 시점은 1980년대 이전이나, 본격적인 여성학 관련 저술이 출현하는 시점은 1990년대 이후로 볼 수 있다. 노진곤·류정희(1997)의 『여성학』(신성) 등과 같이, 현대 여성학에서 다루는 범위는 '여성 해방운동의 이념', '여성과 종교', '여성과 사상', '여성의 사회화' 등 다양한 범주를 이룬다.

2. 근대 계몽기 여자 교육론

2.1. 여성에 대한 자각

대부분의 선행 연구를 통해 확인할 수 있듯이, 여성 문제에 대한 초기 계몽적 시각은 사회 구성원으로서 여성의 역할에 대한 자각과 그역할을 수행할 수 있도록 교육하는 문제에 초점을 맞추고 있다.

한국사에서 근대 계몽기는 여성의 사회적 지위와 역할에 대한 자각이 시작되는 시기로 볼 수 있다. 박용옥(1976)에서는 박영효의 상소문에 나타나는 각 조항 가운데 '① 부녀가 음독하여 타태(墮胎)함을 금함, ② 남편이 그 아내에게 강포(强暴)를 행함을 금할 것, ③ 유년가취(幼年嫁娶)를 금하고 고속(古俗)에 의한 가취의 연한을 지킬 것(이상 양생 관련 건의 중에서), ④ 소중학교를 설립하여 남녀 6세 이상으로 하여금 모두 취학하여 학업하게 할 것(이상 교민 관련 건의 중에서), ⑤ 법령으로 남자의 처첩을 금하게 하고 상부(孀婦)의 임의 개가를 허할 것, ⑥ 반상(班常)·중서인(中庶人)으로 하여금 임의로 서로 혼인하게 하고 재덕이 있는 자는 비록 천하더라도 대관에 임용할 것(원기를 기르게 하는 건의 중에서)'을 중심으로 '개화당의 여성 개화론'을 살펴본 바 있는데, 이는 유교적 여성관이 본격적으로 바뀌고 있음[4]을 의미한다.

1880년대 여성의 지위나 여자 교육과 관련된 문제는 외국의 교육 제도를 소개하는 데서도 찾아볼 수 있다. 예를 들어 조준영의 『문부성 소할 목록』(조사시찰단 보고서)에는 소학 교육의 경우 남녀를 가리지 않고, 여생도를 위해 '여자 사범학교'를 별도로 두고 있음을 자세히 설명하고 있다.[5] 이처럼 교육 분야에서 일본과 구미(歐美)의 경우 남녀를

---

4) 박용옥(1971)에서는 이 상소문을 '유교적 여성관의 붕괴 과정'이라고 설명하였다.

5) 『문부성 소할 목록』에서 일본의 교육이 남녀를 가리지 않음을 직접 표현한 곳은 없다. 그러나 '여자 사범학교'의 경우 "一. 本校, 爲養成可爲小學敎員女子處(본교는 여자가 있는

모두 대상으로 하고 있음은 『한성순보』, 『한성주보』에서도 보도한 바 있다.

【 日本載筆[6] 】

前四五年 日本國遣往美國之公使遣書於美國諸大名儒 而詢以訓民之良策 令其各抒所見明白覆陳法奚以美事奚以急 因共覆書於欽 使以其書寄之日本皇帝與大臣 王與大臣決計聘美之積學宿儒來至日本裏助爲理依其書之所見而行 乃美之宿儒奉聘而至 王與大臣與議此事 將日本國興區分七十有二縣 各分爲若干鄕 意欲於何處置塾男女皆令入學肄業

번역 지난 4~5년에는 일본에서 미국에 부임한 공사(公使)가 미국의 여러 대명유(大名儒)에게 서신을 보내어 국민을 가르치는 양책(良策)을 물어서 각각 그들의 의견을 명백히 서술하고 회답하여 주기를 요청하였는데 그 내용은 法은 어떻게 하여야 훌륭하며 일은 어떤 것이 시급한가 하는 등인데 흠사(欽使)에게 함께 회답하여 주면 흠사는 그 책을 일본 황제와 대신에게 부치고 왕과 대신은 계획을 세워 적학숙유(積學宿儒)를 일본으로 초청하여 다스림을 돕게 하되 그들의 저서에 의하여 행하였다. 이리하여 미국의 숙유(宿儒)가 초청을 받고 와서는 왕과 대신이 함께 이 일을 논의하여 일본의 지역을 72현으로 구분하고, 현은 각각 약간의 향으로 나누어 어떠한 곳에 숙(塾: 학교)을 두어 남녀를 모두 입학시켜 수업하게 하고

이 기사는 1884년 당시 일본에서 미국의 영향을 받아 남녀가 모두 학교에 다니도록 하였다는 사실을 보도하고 있는데, 이러한 사실은 여자의 지위나 역할과 관련하여 유교적 교육관을 변화시키는 요인이 될

소학교의 교원을 양성하는 곳으로 한다)"라고 하여, 여자가 소학교에 다닐 수 있음을 밝혔다.
6) 일본재필, 『한성순보』 제24호, 1884.6.14. 번역문은 관훈클럽신영연구기금(1983)을 옮김.

수 있다. 이뿐만 아니라 서양의 학제가 남녀를 차별하지 않음을 보도한 논설도 다수 있다. 그러나 1880년대의 자료에서 교육 문제를 제외하면 여성의 지위나 역할에 관한 논의가 나타나는 것은 아니다.

여성의 지위나 역할에 대한 논의는 1895년 이후 본격화된다. 한국여성사 편찬위원회(1972) 권3의 연표에 정리되었듯이, 1894년 동학혁명 당시 폐정 개혁 12조에는 '노비 문서를 불태울 것'과 '청상과부의 재혼을 허가할 것'을 포함하여 사민평등 및 남녀 차별 금지와 관련한 개혁안이 등장한다. 동학군의 건의를 수용한 폐정 개혁안에서 신분제와 남녀 차별 철폐를 수용한 것은 박용옥(1971)에서 지적한 것처럼, 동학이라는 종교7)의 교리와도 밀접한 관련이 있겠지만, 1880년대 이후 여성의 지위에 대한 자각이 반영된 결과로 볼 수 있다.

여성의 지위와 관련한 담론은『독립신문』,『제국신문』등의 순한글 신문을 통해 사회적으로 확장된다.『독립신문』창간호 논설(1896.4.7)에서 "모두 언문으로 쓰는 것은 남녀 상하귀천이 모두 보게 함"이라고 선언한 것이나,『제국신문』에서 '여자 교육' 및 '남녀 분별'과 관련한 논설은 여성의 지위에 대한 자각을 바탕으로 한다.

남녀의 동등권에 대한 논의는 1900년대 전후 각종 토론회에서 주요 주제의 하나로 떠올랐다. 예를 들어『독립신문』1898년 1월 4일자 정동 청년회 연설에서 노병선은 '남녀 간의 동등권의 주는 문제'로 연설하였다는 기사를 게재한 바 있고, 그 해 9월 27일 잡보에는 부인회 회원들이 통문을 돌려 여성의 지위 향상을 위한 교육의 필요를 주장하기도 하였다. 이러한 흐름에서『제국신문』1902년 9월 29일부터 10월 3일까지 4회에 걸쳐 연재된 '남녀의 분별'은 '어떤 서양학사의 논의'라는 설명이 들어 있지만, 1900년대 여성의 지위와 역할에 대한 사회적 자각을 적절

---

7) 박용옥(1971)에서는 수운 최제우의 어머니가 재가한 과부였으며, 해월 최시형도 과부를 처로 맞이한 적이 있다고 하였다.

히 요약한 것으로 볼 수 있다.

【 남녀의 분별(一)8) 】

옛적에는 동셔양이 일톄로 밋기를 녀즈는 남즈보다 연약ᄒ야 남즈의게 미여 지닐 만ᄒ니 남즈와 갓치 동등의 권리가 업다 ᄒ야 압졔와 구축ᄒᆷ이 즈심ᄒ더니 중간에 이르러 셔양에 교화가 놉하지며 평등 즈유 권리를 즁히 녁인 후로 녀즈도 남즈와 갓흔 권리가 잇다는 의론이 싱기며 이런 편벽되던 구습을 변ᄒ야 균평히 뒤졉ᄒᆞ미 도덕 학문 정치상에 일톄로 권리를 누려 지금 미국 안에 남즈와 갓치 슈업상에 쥬쟝ᄒᄂ 부인이 홀노 만하 매학교 교ᄉ와 신문 월보 쥬필이며 큰 회샤와 교회 샤쟝 회당 등 각식 슈업가를 통계ᄒ면 삼분지 일은 남즈요 삼분지 이는 부인이라. 그럼으로 셔양 학문에는 어늬 나라이던지 부인네를 잘 교육ᄒ기 전에는 나라이 흥황홀 슈 업다 ᄒᄂᆫ바ㅣ라. 우리나라에셔는 아즉 이 식견에 올케 녁이지 아니ᄒ야 이런 글을 부인이 보면 변고로 녁이나 ᄎᄎ 인민이 열녀가는 뒤로 그 긴즁ᄒᆫ 관계를 ᄭᅢ달을지라.

엇던 셔양학ᄉ가 남녀의 셩질을 분별ᄒ야 그 관계를 말ᄒ엿ᄂᆫ뒤 가히 식견의 유조ᄒᆷ이 될지라 아릭 번등ᄒ노니 신톄를 의론홀진뒤 남즈는 힘이 강장ᄒᆷ이 낫고 녀즈는 얼골에 아름다움이 나으며 마음과 직질을 의론홀진뒤 녀인이 항샹 남즈만 못ᄒ야 녀인도 ᄯᅩᄒᆫ 그런 쥴로 아나니 이는 즈고로 지닌 ᄉ적을 보면 가히 알지라. 대기 격치와 문학과 기예 등 각식 학식이 만히 남즈의 손에 발명되엿는지라. 그럼으로 마음과 직조의 대톄를 말ᄒ면 녀인이 남즈만 못ᄒ나 특별ᄒᆫ 직조로 불진뒤 녀인이 남즈보다 나흔 곳시 만하셔 무슴업을 편벽되히 싱각ᄒᆷ이 더욱 활발ᄒ며 일을 몬져 보고 졍밀이 싱각ᄒ야 속히 ᄭᅢ달으며 일을 쥬션ᄒ기에 민쳡ᄒ고 론란ᄒᄂ는 구지와 ᄉ소ᄒᆫ 일에 졀묘히 만듦과 셔샤왕복이며 소설 짓는 직조 등은 부인

---

8) (론셜) 『제국신문』, 1902.9.29.

이 항샹 쟝부보다 지나며 힝실의 구별을 의론홀진디 녀인이 남졍보다 대단히 나흐니 각국이 다 갓흔 바ㅣ라.

이 논설은 '여자도 남자와 같은 권리'를 갖고 있다는 논의는 '인민이 열려 가는 것(문명개화)'와 밀접한 관련이 있다는 전제 하에 서양 학사의 '남녀의 성질'과 관련한 논의를 요약하여 제시한다. 여기서 남녀의 성질은 성의 차이에 따른 장단점을 의미하는 것으로, 여성이 남성에 비해 우월한 분야가 많음을 의미한다. 4회에 걸쳐 연재된 이 논설에서는 '남녀의 성질', '행실과 처사(處事)', '깨달음의 능력', '믿는 마음', '잘못을 고치는 태도', '인애(仁愛)와 의리(義利)' 등에서 남녀의 특징이 나타나며, 여성으로서 역사적 위인이 된 사람도 수없이 많고, 종교상에도 서양의 신교도들이 취하는 남녀평등의 개념을 바르게 이해할 필요가 있음을 강조한다.

【 남녀의 분별(四)9) 】

지금 신교ᄒ는 모든 나라이 녀인 디졉ᄒ는 례모가 극진ᄒ야 남ᄌ로 더브러 평등히 되어 무론 무슴 일이던지 다 녀인으로 ᄒ야금 임의로 ᄒ게 ᄒ야 남ᄌ와 함끠 못홀 것이 업서 쏘한 슈치로 녁이지 안나니 진실로 녀인을 노아 ᄌ쥬ᄒ게 함이 임의 극도에 이르럿다 홀지라. 이 ᄯᅳ슬 모로는 동양 사름들은 닐으되 셔양 사름이 녀인을 너무 과히 놉히미 도로혀 니외가 밧긘 모양이라 ᄒ나니 이는 녀인을 즁히 녁여 남ᄌ보다 놉히 녁임이 아니라 실상은 녀ᄌ가 잔약ᄒ고 연ᄒ야 능히 ᄌ유권리를 찻지 못ᄒ미 남ᄌ에 특별히 보호홈이 아니면 영히 폐흔 사름되기를 면치 못홀지라 힘을 밋어 약흔 쟈를 압졔홈이 엇지 공평타 ᄒ리오. 그럼으로 아희와 로인과 녀ᄌ는 특별히 한층 더 디졉홈이니 엇지 덕화에 지극홈이 아니리오.

---

9) (론셜) 『제국신문』, 1902.10.3.

이 논설에 등장하는 남녀의 성질이나 여자가 잔약하고 연하여 자유 권리를 찾지 못하기 때문에 특별히 보호해야 한다는 논리는 현대의 사회학이나 심리학, 또는 법적 관점에서 동의하기 어려운 점도 있다. 그러나 이 논설에 나타나듯이 '여자의 권리'는 근본적으로 여성의 지위와 역할을 반영하는 셈이며, 이는 여성 문제와 여성운동의 가장 중요한 문제라고 할 수 있다.

1905년 이후 여성의 지위와 여성운동은 다수의 여성 단체 결성으로 이어진다. 예를 들어 1905년 대한부인회, 1906년 한일부인회, 가정잡지사, 여자교육회, 1907년 진명부인회, 1908년 자선부인회 등이 대표적인 단체로 볼 수 있다.

이 가운데 대한부인회에 대해서는 『황성신문』 1905년 8월 14일자 논설을 참고할 수 있는데, 황족비(皇族妃) 이하 제대관(諸大官)의 귀부인과 외국 신사 등이 만든 단체라고 알려져 있다. 이 논설을 참고해 보자.

【 論大韓婦人會의 創起 】

近者에 我韓社會의 風氣가 大爲改良하야 內外國紳士 等 交接ㅎᄂ 場裏에 種種 貴夫人及令孃의 嬋娟ᄒ 姿態가 顯耀席上하니 是ᄂ 誠我韓夫人社會의 一大刷新ᄒ 美擧라 謂ᄒ지라 近日에 自皇族妃以下 諸大官의 貴夫人과 外國 紳士 等 夫人이 一個團体를 組織ᄒ고 女子의 淑德을 涵養ᄒ며 子女의 敎育을 普及케 하며 諸般 慈善의 事業을 勸誘奬勵ᄒ기로 本會의 主旨目的을 定하얏다 ᄒ니 美哉라 斯擧여. 夫東西諸國을 勿論ᄒ고 <u>人類社會가 極히 蒙昧ᄒ 時代에ᄂ 女子의 身分으로써 一個財産物이나 又其男子의 玩弄의 附屬品으로 認做ᄒ에 不過ᄒ야 能히 人類同格의 價値를 得치 못하얏더니</u> 其後 中葉에 至ᄒ야 所謂 士人의 制度가 盛行ᄒ을 從ᄒ야 其婦人의 歡心愛嬌를 買收ᄒ으로 其一嚬一笑가 可히 男子의게 見重ᄒ 바 되야 漸次 其地位의 價値를 崇高히 認知하얏스나 當時士人의 思想이 決코 其女子의 同格權限을 爲重ᄒ이 아니라 但其社會의 女子愛戀하ᄂ 情節이 比前稍貴ᄒ에 至ᄒ 쑨

이러니 千七百八十九年 法國大革命이 爆起홈을 因호야 女子의 自由權限이 尤一層發達하야 其國家政務에 對호야도 可히 男子와 同一혼 資格을 享有혼 者라고 其國王의게 參政權을 請求혼 事實이 有하고 爾後 此論이 歐洲全局이 傳播호야 或 國會議場의 一大辯論도 有하며 或 學者社會의 一大著述도 有하며 今日 濠洲政治에는 婦人의 選擧權을 許與혼 事도 有하다 하니 於是乎 現今 歐米諸國은 其女子의 地位權限이 別노 男子에 比하야 互相懸隔의 差異가 無호다 謂하야도 實로 過論이아닌 此世界에 在하야 我韓婦人의 社會를 觀컨딘 已上所述혼 바 上古蒙昧의 時代와 如히 女子一身의 地位權限이 毫髮의 自由狀態가 無호고 但 其男子의 拘束壓迫을 被호야 비록 聰慧才質이 有혼 者라도 敢히 其天生의 技能을 闡揚發揮홀 道理가 無하고 但 人類社會의 一個棄物이 되야 足히 人格의 價値가 不有혼 者라 謂호얏더니 何幸 今日에 至하야 極尊且貴혼 皇族妃以下 其他 高貴혼 夫人들이 先此唱義호야 一般 女子社會에 關혼 德育 智育及實業工藝와 慈善事業의 目的으로 其於民間愚昧혼 婦人 女子를 次第 訓導호야 其地位의 卑賤홈과 其智識의 暗昧홈을 一新改造코자 호는 其高明혼 意志目的을 推思홀진딘 此等美擧는 但 其一般 女子의 地位價値를 爲하야 攢賀홀 쑨 아니라 實로 我家의 一視同仁하는 光輝를 闡揚홈에 在홈이오

번역
근자에 우리 대한 사회의 풍기가 크게 개량되어 내외국 신사 등이 서로 접촉하는 속에 종종 귀부인 및 그들의 딸들의 선연한 자태가 석상(席上)에 빛나니 이는 진실로 우리 대한 부인사회의 일대 쇄신한 미거라고 할 만하다. 근일 황족비 이하 여러 대관의 귀부인과 외국 신사 등 부인들이 한 단체를 조직하고 여자의 덕을 함양하며 자녀의 교육을 보급하게 하며, 제반 자선 사업을 권유·장려하기로 이 회의 주지와 목적을 정하였다고 하니 아름답다. 이 일이여. 대저 동서 여러 나라를 물론하고 인류 사회가 극히 몽매한 시대에는 여자의 신분이 일개 재산물이나 또는 그 남자의 완롱적 부속품으로 간주되는 데 불과하여 능히 인류 동등의 가치를 얻지 못하였으나 그 후 중엽(중세)에 이르러 소위 사인 제도(士人制度)가

성행함에 따라 그 부인의 환심과 애교를 사고자 하여 그 빈소(嚬笑)가 남자에게 중하게 여겨져 점차 여자의 지위가 높아짐을 알게 되었다. 그러나 당시 기사의 사상이 결코 그 여자와 동등한 권한을 중시하게 된 것이 아니라, 단지 그 사회가 여자를 애련하는 정절이 전에 비해 조금 귀함에 이르렀을 뿐이었는데, <u>1789년 프랑스 대혁명이 일어남에 따라 여자의 자유권이 더욱 발달하여 그 국가 정무에 대해 가히 남자와 동등한 자격을 가졌다고 하고, 그 국왕에게 참정권을 청구한 사실이 있다. 이후 이 논의가 구라파 전국에 전파되어 혹 국회에서 일대 변론도 있고 혹 학자 사회의 위대한 저술도 있었다. 금일 호주 정치에서는 부인의 선거권을 허용한 일도 있다고 하니, 이에 현금 구미 제국은 그 여자의 지위 권한이 특별히 남자에 비해 서로 현격한 차이가 없다고 해도 지나친 말이 아니다.</u> 이런 세상에서 우리 대한 부인 사회를 보면, 이미 위에 서술한 바와 같이 상고의 몽매시대와 같아, 여자 일신의 지위와 권한이 조금도 자유로운 상태가 없고, 단지 남자의 구속과 압박을 받아 비록 총명하고 지혜로운 재질이 있더라도 감히 타고난 기능을 드러내어 발휘할 방법이 없고, 단지 인류 사회의 일개 버려진 물건이 되어 족히 인격의 가치가 없는 자라고 일컬었더니 다행히 금일 존귀하신 황족비 이하 기타 고귀한 부인들이 먼저 창의하여 일반 여자 사회에 관한 덕육, 지육, 실업 공예와 자선 사업을 목적으로 민간의 우매한 부인 여자를 차례로 훈도하여 그 지위의 비천함과 지식의 암매함을 일신하고자 하니, 그 고명한 의지와 목적을 생각하면 이 미거는 단지 일반 여자의 지위 가치를 위해 축하할 뿐만 아니라 우리 집안의 일시동인(一視同仁)하는 광휘를 드러내는 데 있으며

이 논설에서는 대한부인회가 황족비와 대관 부인들을 중심으로 조직되었지만, 우리나라 여성의 지위와 가치 향상에 직접적인 관련을 맺고 있다고 주장한다. 특히 고대와 중세(中葉)의 여성의 지위와 1879년 프랑스 대혁명 이후 여성의 지위, '자유권'과 '참정권'에 관한 지식 등이 거

론된 점은 1905년 이후 여성운동이 전통적 악습 탈피 문제뿐만 아니라 사회 구조나 정치적인 문제로 확장될 가능성을 보이고 있다는 점에서 의미 있는 일로 보인다.10)

근대 계몽기에 등장한 또 하나의 여성 단체로 '한성자혜부인회'는 경제 문제에 관심을 가진 단체로 알려져 있다. 이 단체는 1908년 5월 5일 결성되었으며 기관지 『자선부인회잡지』(최찬식 편집·발행)를 발행하였다.11) '자선'을 단체명으로 사용한 데서 알 수 있듯이, 여성의 경제 생활에도 많은 관심을 기울였음을 확인할 수 있는데, 다음도 그 중 하나이다.

【 慈惠婦人會의 小手工12) 】

深邃흔 閨房內에 數千年 破鎖ᄒ야 男子와 同等되ᄂ 資格을 喪失ᄒ고 家族中 劣等으로 長時光陰에 羈絆을 未脫ᄒ든 我韓에 婦人社會가 西來震蕩ᄒᄂ 風潮를 遭遇ᄒ야 重門을 洞開ᄒ고 自由自在로 物靈된 人格을 一朝에 索還ᄒ니 吾儕가 日昔 婦人界를 爲ᄒ야 獻賀不已ᄒ거니와 窃自思惟ᄒ기를 旣히 閉鎖를 開放ᄒ야 物靈된 人格을 索還흔 以上에ᄂ 人格된 義務를 着着히 履行ᄒ야 瑞西에 赤十字를 刱設ᄒ고 傷卒을 救療흠과 佛國에 自由魂을 絶叫ᄒ야 一身을 犧牲ᄒ든 某某夫人과 并驅齊進ᄒ야 廣大흔 婆心과 沸騰흔 熱血도 全國의 婦人을 唱ᄒ며 導ᄒ야 庸庸흔 髫婦로 愧死키를 期圖ᄒ야 婦人界特色을 大東에 表示흠이 엇지 日夜로 顒祝ᄒᄂ 者ㅣ 아니리오. 然而 今日에 現狀을 默察흠이 漢城內 婦人社會가 虛實이 相蒙ᄒ고 眞贗이 相雜ᄒ야 表面上으로 論ᄒ면 名譽ᄂ 不無흘지나 內容을 詳聞ᄒ면 社會의 本領이 前進치 못ᄒ고 缺点이 或 有ᄒ야 幽閑貞淑흔 社會에 體面을 壞汚ᄒ니

---

10) 부인 참정권의 이론적 기반에 대해서는 나진 저, 김상연 역술(1907)의 『국가학』 제5장 '가족과 사회'에서도 비교적 상세히 소개된 바 있다.

11) 홍인숙(2006), 「근대 계몽기 여성 글쓰기의 양상과 여성 주체의 형성 과정: 1908년 대한 매일신보, 여자지남, 자선부인회 잡지를 중심으로」, 『한국고전연구』, 2006.12 참고. 이 잡지는 국립중앙도서관 디지털 미디어로 확인할 수 있다.

12) (논설) 『황성신문』, 1909.8.6.

識者의 慨歎홈이 如何ㅎ다 云ㅎ리오. 何幸乃者에 慈惠夫人會 諸氏가 鐵鑪野礦에 錚錚혼 金聲을 特振ㅎ야 慈惠에 留心ㅎ고 實業에 用力ㅎ야 天下의 無告혼 四窮을 救恤홀 目的으로 該會를 創立ㅎ고 日者會議혼 結果로 多大혼 金額을 各捐ㅎ야 小手工組合所를 擬設ㅎ고 爲先城內에 孤危無托혼 婦女를 募集하야 手工을 敎授하야 一方으로 濱死혼 人命의 生活을 得路케 하며 一方으로 技術을 傳習하야 富源을 濬開혼다 聲聞이 日至하니 此等消息을 側聽홈이 天賜福音이 何處로 落來하듯시 蹶然起舞홈을 自不能禁하노라.

번역 깊은 규방 내에 수천 년 갇혀 남자와 동등한 자격을 잃고 가족 가운데 열등하게 오랜 세월을 구속을 벗어나지 못하던 우리 대한 부인사회가 서양에서 활발히 들어온 풍조를 만나 거듭된 문을 열어젖히고 자유자재로 영물된 인격을 하루아침에 되찾으니, 우리가 일찍 부인 세계를 위해 축하하였으나 깊이 생각하기를 이미 닫힌 문을 개방하여 영물된 인격을 되찾고자 하는 이상에는 사람된 의무를 착착 이행하여 스위스가 십자가를 창설하여 부상자를 구제하고, 프랑스에 자유혼을 절규하여 일신을 희생하던 몇몇 부인과 아울러 세상을 구제하고자 광대한 심장과 끓어오르는 뜨거운 피도 전국의 부인을 부르짖으며 이끌어 쓸데없이 늙어 죽지 않게 하고자 부인 세계의 특색을 우리나라에 나타내고자 하는 것이 어찌 밤낮으로 축하할 일이 아니겠는가. 그러나 금일 현상을 조용히 살펴보면 한성 내 부인 사회가 허실을 알 수 없고 옳고 그름이 혼란스러워 표면으로 말하면 명예는 없지 않으나 내용을 자세히 들어보면 사회 본령이 진보하지 못하고 결점이 있어, 한가하고 정숙한 단체에 체면을 더럽히니 식자들이 개탄함이 어떠하다 말하겠는가. 다행히 자혜부인회 여러 사람이 철로야광(鐵鑪野礦)에 쟁쟁한 쇳소리를 울려 자혜(慈惠)에 뜻을 두고, 실업에 힘써 천하의 무고한 4궁을 구제할 목적으로 이 회를 창립하고 이전에 회의한 결과 많은 금액을 각각 의연하여 소수공조합소를 설립하고 우선 성내에 의탁할 곳 없는 부녀를 모집하여 수공을 가르쳐 한편으로 빈사한 사람이 살아갈 길을 찾게 하며, 한편으로 기술을 전습하여 잘사는 원천을 밝혀주고자 한다고 하니, 이 소식을 들이니 하늘이 내린 복음이 어느 곳에 떨어질 듯이 일어나 춤출 듯함을 금하기 어렵다.

이 논설에 따르면, 이 시기 한성 내의 여성 단체가 다수 존재했으나, 각 단체의 허실과 진상을 알기 어렵다고 하였다. 자선부인회가 조직한 '소수공업조합소'는 빈민 여성 구제 및 실업 교육을 목표로 하고 있음을 알 수 있다.

1905년 이후 여성 단체와 관련된 다수의 논설에서 '남녀 동등권', '자유권', '경제 문제' 등을 논의하게 된 것은 1900년대 여성 문제 인식과는 차원이 다른 것으로 볼 수 있다. 일반적으로 1900년대 전후의 여성 문제는 '축첩제도', '조혼의 폐해' 등과 같은 여성 차별과 관련된 것이었으며, 문명개화를 위해 이러한 악습을 철폐하고 제도를 개혁해야 한다는 논의가 보편적이었다. 그러나 1905년 이후의 여성운동은 기존의 악습 철폐를 넘어 다양한 여성 문제를 다루기 시작했다는 점에서 의미가 있다.

이러한 문제 가운데 하나가 이른바 '기생(妓生)' 또는 '창기(娼妓)' 문제이다. 조선시대 기녀(妓女)는 신분상 천인이지만, 예능인으로 간주되는 경우가 많다. 그러나 자본주의가 발달하면서 '성의 상품화'에 따라 '창기 문제'가 발생하게 된 것이다. 이와 관련하여 1908년 경시청에서는 '기생 및 창기 단속 규정'을 제정·반포한 것으로 나타나는데, 다음을 참고할 수 있다.

【 娼妓規則13) 】

妓生及娼妓의 團束 規程을 警視廳에셔 制定 頒布ᄒᆞ얏다ᄂᆞ딕 其 條件이 如左ᄒᆞ니

一條 唱妓及妓生으로 爲業ᄒᆞᄂᆞ 者ᄂᆞ 父母나 或은 此에 代ᄒᆞᆯ 親族의 聯羅

---

13) (잡보) 『황성신문』, 1908.9.27.

홈 書面으로써 所轄警察署를 經ᄒ고 警視廳에 申告ᄒ야 認可證을 受홈

二條 娼妓ᄂ 警視廳에셔 指定ᄒᄂ 時期에 組合을 設ᄒ고 規約을 定ᄒ야 警視廳에 認可를 受홈

三條 警視廳은 風俗을 害ᄒ거나 世上 公安을 紊亂ᄒᄂ 虞가 有ᄒ쥴노 認ᄒᄂ 時ᄂ 爲業을 禁止或停止홈

四條 認可證을 受치 아니ᄒ고 爲業ᄒᄂ 者ᄂ 拾日 以下의 拘留나 拾圜 以下의 罰金에 處ᄒ다더라

번역 기생 및 창기의 단속 규정을 경시청에서 제정·반포하였다는데, 그 조건이 다음과 같다.

1조 창기 및 기생으로 업을 삼는 자는 부모 혹은 이를 대신할 친족이 관련한 서면으로 소할 경찰서를 경유하여 경시청에 신고하여 인가증을 받음

2조 창기는 경시청에서 지정하는 시기에 조합을 설립하고 규약을 정하여 경시청에 인가를 받아야 함

3조 경시청은 풍속을 해치거나 세상 공안을 문란하게 할 우려가 있다고 인정할 때는 영업을 금지 혹은 정지함

4조 인가증을 받지 않고 영업하는 자는 십일 이하의 구류나 십환 이하의 벌금에 처한다고 한다.

외형상 창기 규칙은 풍속을 해치거나 공안 문란을 막기 위한 것이라고 규정하였으나, 이 규칙은 자본주의 사회에서 성의 상품화가 본격적으로 이루어지고 있음을 반영하는 것으로 보인다. 더욱이 이 시기 소위 '기생조합'이 출현한 것은 주목할 일이다.

【所謂 妓生組合14)】

目下 吾人의 遭値혼 境遇로 言ㅎ면 果何等困難이며 何等危險고. 觸手에 無非荊棘이오 動足에 即是溝壑이라. 苟其動物의 靈性이 有혼 者면 엇지 恐懼儆戒心이 無ㅎ며 憤悱自强心이 無ㅎ리오. 宜乎全般社會가 一致奮發ㅎ고 一意惕勵ㅎ야 各其生活을 希望ㅎ는 目的으로 學問 及 實業等事에 汲汲着手 ㅎ고 孜孜盡力ㅎ여야 轉禍爲福ㅎ고 傾否回泰ㅎ는 生機가 有홀 것이오 況 且 今日은 時局의 風潮도 一般 人民의 思想이 漸次 開明 程度에 進ㅎ야 獘風 惡習이 稍稍 改良되고 新知識과 新事業이 步步進就홀 時代가 아닌가 乃近 日 漢城界에 風俗을 傷敗ㅎ고 産業을 耗損케ㅎ는 惡社會15)의 種類가 許多 ㅎ야 演劇場과 雜技局과 花月宴에 達官貴人과 遊郎冶女가 隊隊逐逐ㅎ야 貴 重혼 歲月을 消遣ㅎ며 生活의 資本을 浪擲ㅎ야 荒淫侈靡의 習이 日益滋長 ㅎ고 恐懼憤發의 態는 槪乎未見인 則眞所謂 安其危ㅎ며 利其灾ㅎ야 樂其所 以敗亡者니 窃히 世道와 人心을 爲ㅎ야 寒心者ㅣ 多ㅎ더니 又 壹層 可驚可 怪ㅎ고 可駭可歎홀 惡社會가 發現ㅎ니 所謂 妓生組合所가 是라. 此其何許浮 浪無業輩의 怪惡叵測혼 計圖로 組織홈인지 不知ㅎ거니와 所謂 花債의 股票 額을 二圜式으로 作定ㅎ야 亂行發賣ㅎ민 少年 蕩子의 沒覺輩들이 酒色界에 便利를 得혼지라. 於是乎該股票의 百枚千枚가 逐日發售되야 財産을 攫取ㅎ 는것이 不可勝箕이라ㅎ니 此風이 不戢ㅎ야 一向蔓延ㅎ면 其毒害의 彌滿홈 이 竟何極가 所謂 妓生組合所云者가 비록 猥屑汚賤ㅎ이 足히 擧論홀 것이 無홀 듯ㅎ나 一般 人民의 風俗과 産業에 對ㅎ야 實로 無窮혼 損害가 有혼 者니 政界에 在혼 官人들은 或知而任實ㅎ는지 不知ㅎ거니와 吾儕는 不得不 一棒을 擧ㅎ야 猛打를 加ㅎ노라.

 지금 우리가 당면한 상태로 말하면 과연 어떤 곤란이며 어떤 위험 에 있는가. 손에 닿는 것에 형극이 없지 않고 움직이면 구렁텅이

---

14) (논설) 『황성신문』, 1908.11.21.
15) 근대 계몽기 '사회(社會)'라는 말은 '단체'라는 뜻으로도 사용되었다.

가 곧 그것이다. 진실로 동물의 영성이 있는 자라면 어찌 두렵고 경계하는 마음이 없으며 분개하고 자강하는 마음이 없겠는가. 마땅히 사회 전반이 일치 분발하고 분려하는 뜻을 펼쳐 각기 생활을 희망하는 목적에서 학문과 실업 등의 일에 시급히 착수하고 더 진력하여야 화가 복이 되고, 기울어지는 현실을 회복하는 생기가 있을 것인데, 하물며 지금은 시국의 풍조도 일반 인민의 사상이 점차 개명하는 상태로 진보하여 폐풍 악습이 조금씩 개량되고 신지식, 신사업이 점점 진취되는 시대가 아닌가. 이에 근일 한성(漢城)에서 풍속이 패상하고 산업을 손상케 하는 나쁜 단체가 허다하여, 연극장과 잡기국과 화월연에 고관 부인들이 드나들고 놀기 좋아하는 사내들과 여자들이 대오를 따라 귀중한 세월을 소비하며, 생활의 자본을 낭비하여 황음하고 사치하여 쓰러지는 풍습이 점차 고조되고, 두려워하고 분발하는 태도는 대개 볼 수 없으니 곧 진실로 편안하면 위태롭고 이로움이 재앙이 되어 즐거움은 곧 패망하는 요인이 되니, 진실로 세상의 도리와 인심을 위해 한심한 것이 많다고 하더니 더 한층 놀랍고 괴이하고 두렵고 탄식할 나쁜 단체가 출현하니 소위 기생조합소가 그것이다. 이 어찌 부랑배 무업자들을 허가하여 괴악망측한 계교와 의도로 조직한 것인지 알 수 없으나, 소위 화채(花債)의 고표액(股票額)을 2원씩으로 정하여 난행 발매하니 젊은 탕아 지각없는 무리들이 주색계에 편리함을 얻은지라, 이에 이 고표가 백매 천매가 날로 판매되어 재산을 던져 버리는 것이 헤아릴 수 없다 하니, 이 풍속이 그치지 않아 만연하게 되면 그 해독이 가득하여 극치에 이르면 소위 기생조합소라는 것이 비록 외설되고 천하여 능히 말할 것이 없을 듯하지만, 일반 인민의 풍속과 산업에 실로 무궁한 손해가 있으니, 정계에 있는 관인들은 혹 이 사실을 알고나 있는지 모르겠으나 우리들은 부득불 매를 들어 맹렬히 질타하고자 한다.

이 논설에 따르면, 1908년 11월 당시 한성에 '기생조합소'가 설립되었음을 알 수 있는데, 이 조합소에서는 매춘을 목적으로 하는 '고표'를

발행하고 있었다. '인민의 풍속'과 '산업'에 해를 끼치는 일이기 때문에
사회적 질타를 목적으로 이 논설을 게재한 것이지만, 이 문제는 그 이
전 사회에서는 찾아볼 수 없는 새로운 여성 문제 가운데 하나인 셈이
다. 이 문제는 엄밀히 말하면 도덕적인 문제라기보다 성의 상품화, 곧
여성의 지위와 가치의 문제로 볼 수 있는데, '창기', '기생' 등의 문제가
사회적 이슈로 대두되는 것은 1930년대 중반의 '공창 폐지(公娼廢止)'에
이르러서이다.

2.2. 여자 교육의 필요

여성의 지위와 역할은 여자 교육의 필요성을 자각시키는 데 중요한
요소이다. 전통적인 여성 교육은 가정 내, 또는 가문을 중심으로 이루
어졌지만, 근대 계몽기에는 여자 교육이 반드시 이루어져야 한다는 주
장과 함께 여자 교육을 위한 시설(학교)이 등장하기 시작했다. 우리나라
최초의 여자 교육 시설은 1886년 5월 31일 설립된 이화학당이다. 그
후 1887년 6월 애니 앨러스가 학생 1명을 대상으로 정동 여학당(정신여
학교의 전신)을 열었고, 1895년 이후에는 다수의 여학교가 설립되었다.
그러나 1900년대 초까지 설립된 여학교는 대부분 선교사를 중심으
로 한 학교였으며, 실제 여자 교육이 크게 확장된 것은 아니었다. 이러
한 상황에서 근대 계몽기의 여성운동은 대부분 '여자 교육론'과 밀접한
관련을 맺는다.
여학교 설립운동이 본격화된 것은 1898년 9월 1일 '찬양회'라는 부인
단체가 조직된 때로 볼 수 있다. 이 단체의 결성 과정을 자세히 알 수는
없으나 여학교 설립이 필요한 이유와 학교 설립 계획을 통문으로 돌렸
다.[16] 이에 대해 『독립신문』과 『제국신문』에서는 우리나라에서 여학교

---

16) (잡보) 「녀학교」, 『독립신문』, 1898.9.9. 이 기사에 따르면 통문을 돌린 날짜는 광무 2년

설립과 관련된 논의가 처음 있는 일이라고 하여, 논설로 찬양의 뜻을 표현하였다.

【 찬양회의 여학교 설립 관련 논설 】

ㄱ. 녀학교 통문을 본즉 대한 녀인들이 녀학교를 설시ᄒᄂᆫ 일은 대한에 처음되ᄂᆫ 일이라. 우리가 반갑고 하례ᄒᄂᆫ 뜻으로 대강 의견을 말ᄒ노라. (…중략…) 인민의 교육을 넓히 ᄒ야 지식을 비양ᄒ랴면 동몽 교육과 녀인 교육이 시급ᄒ니 첫지 사름마다 어렷슬 째에 비호ᄂᆫ 것이 쟝셩ᄒᆫ 후에 비호ᄂᆫ 것보다 쉽고 속ᄒ며 전국 ᄋ히들을 잘 글ᄋ쳐 노ᄒ면 전국 인구가 다 교육이 될 터이니 챵챵ᄒ다 ᄒ지 말고 정부와 인민이 급히 쇼학교를 도쳐에 확쟝ᄒ야 교육의 긔쵸를 삼는 것이 죠켓스며 일본과 다른 기화ᄒᆫ 나라를 보면 다 쇼학교의 큰 힘과 돈을 들이니 만일 리롭지 아니ᄒ면 엇지 이리ᄒ리요.

ᄌ고이릭로 어느 나라 ᄉ긔를 보던지 녀인의 교육을 도라보지 아니ᄒᄂᆫ 나라ᄂᆫ 무식ᄒ고 잔약ᄒ고 맛츰ᄂᆡ 망ᄒ여 녀인의 교육을 힘쓰ᄂᆫ 나라ᄂᆫ 점점 흥왕ᄒᄂᆫ 것은 구미 각국을 보아도 알겟도다. 사름마다 셰샹에 나면셔브터 지각 비홀 동안은 어머니 슬하에 자라ᄂᆫ 고로 그 어머니의 지식과 학문 유무가 ᄌ녀의 교육에 크게 관계가 되ᄂᆫ 것이니 만일 녀인 교육이 셩ᄒᆼ면 사름마다 지식 잇ᄂᆫ 어머니의 교훈을 밧을 것이니 셩인ᄒᆫ 후에 엇지 총명ᄒᆫ 사름이 되지 아니ᄒ리요.

또 안히를 동양 문ᄌ에ᄂᆫ ᄂᆡ죠라 ᄒ니 이ᄂᆫ 안에셔 돕ᄂᆫ다 홈이라. 그러ᄒ나 불ᄒᆼ히 동양 완고ᄒᆫ 학문에 녀인을 쳔히 녁이여셔 녀ᄌᄂᆫ 기와와 집셕이 ᄀᆺᄒᆫ 쳔ᄒᆫ 물건에 비ᄒ야 녀ᄌ난 귀히 보지 아니홀 쑨 아니라 심지어 강도라 ᄒ며 아비를 놉히고 어미를 낫게 녁이며 안히ᄂᆫ 밥이나 짓고 쌸ᄂᆡ나 ᄒ고 심부름이나 ᄒᄂᆫ 노예로 대졉ᄒ니 엇지 ᄂᆡ죠가 되리요. 기화

9월 1일이며, '리소ᄉ, 김쇼ᄉ'라는 인물이 통문을 돌리는 사람으로 나타난다.

혼 나라의 녀인은 학문이 남ᄌ와 다를 것이 업셔셔 무슴 일이던지 가히
의론ᄒ을 ᄆ호 고로 안히가 되면 남편을 도아 대쇼ᄉ를 ᄀ치 분별ᄒ며 ᄌ녀
를 올혼 길노 교육ᄒ야 집안이 몬져 흥ᄒᄂ 고로 젼국이 ᄌ연 흥왕ᄒ나니
셔양 녀인은 과연 닉죠라 ᄒᄂ 것이 올커니와 동양 녀인들은 불과 사나히
의 노복이라 엇지 통탄ᄒ지 안으리요.

—(론셜)『독립신문』, 1898.9.13

  ㄴ. 북촌셔 부인네들이 녀학교 설시ᄒ을 ᄯᄉ로 리김 두쇼ᄉ가 입학 권면
ᄒᄂ 말과 학교 셜시ᄒᄂ 쥬의로 통문을 지어 돌녓다ᄂ 말 ᄭ지는 본신문
에 이왕 닉엿거니와 이런 일을 ᄃᄒ야셔는 다만 보아 넘기기만 ᄒ거시
아니리고 대강 다시 셜명ᄒ노라. 그 통문에 ᄒ엿스되 셰샹에 남녀가 다를
거시 업거늘 엇지 남ᄌ의 버러다 주ᄂ 것만 먹고 심규에 안져 압졔만 밧
으리오 문명혼 나라에셔들은 녀ᄌ가 어려셔 붓허 학교에 다니며 각종 학
문을 빅화 학문이 남ᄌ만 못ᄒ지 안은고로 남녀가 동등권이 잇스되 슬프
다 우리는 그럿치 못ᄒ야 셰샹 형편을 모로고 병신 모양으로 지닉엿스니
유지ᄒ신 동포 형뎨들은 녀아들을 우리 ᄉ로 셜립ᄒᄂ 학교에 보닉여 각
항 학문을 공부식이라고 ᄒ엿ᄂ지라. 우리 나라 부인네들이 이런 말을
ᄒ며 이런 ᄉ업 챵셜ᄒ을 ᄉᆡ각이 날쥴을 엇지 ᄯᄒ엿스리오. 진실노 희한ᄒ
빅로다. (…즁략…) 이 녀학교 셜시혼다는 ᄉ건을 ᄃᄒ야 우리 의견을 좀
말ᄒ려 ᄒ노라 드른즉 이일 쥬션ᄒᄂ 부인네가 이 ᄯᆺ슬 의론 혼지가 임의
오릿셔 합의혼지 거의 삼빅여인이라 ᄒ니 참 감ᄉ혼 일이어니와 이 즁에
엇던 부인이 지식과 문견이 넉넉ᄒ야 ᄂᆷ의 나라 문명혼 학문으로 교ᄉ
노릇ᄒ을만혼이가 잇ᄂ지 마치 밋을슈 업ᄂ지라. 만일 혹 지식 잇ᄂ 교ᄉ가
업셔셔 규칙과 목적이 분명치 못ᄒ면 그 일홈은 아름다우나 실효가 업시
될 염녀가 잇ᄂ지라 웨그런고 ᄒ니 학교는 셜시ᄒ고 그즁에셔 이젼 학문
이나 ᄀ으쳐셔 칠거지악이 잇스면 사나희가 맛당히 ᄇ린다던지 녀ᄌ는
안에 쳐ᄒ야 밧글 말치 못혼다는 등속 교훈이나 빅ᄒ게 ᄒ을디경이면 오히

려 글 ♀기지 안는것만도 못홀터이오 쏘흔 규칙이 업시 사름을 모하 노흐
면 ᄌ연 힝실은 빗홀 거시 업고 란잡흔 디경을 면치 못홀 터이니 긔위
셜시ᄒ는 바에는 힘을 좀 더 뻐스면 외국에 학문잇는 부인을 맛져다가
교육ᄒ는 일과 모든 ᄉ무를 쥬장하게 쥬션ᄒ야 학도들을 기명홀 학문도
ᄀᄅ치고 힝동과 사름 교재ᄒ는 법이며 놈의 나라 사름의 싱각ᄒ는 의향
을 빗호게 ᄒ면 이러케 쥬션흔 부인네들은 춤 큰ᄉ업홀 사름들이 되겟고
나라에 홍왕홀 근본이 될 줄노 밋노라.

　　　　　　　　　　　—『제국신문』 제1권 28호 광무2년 9월 13일

　이 두 논설은 찬양회 여학교 설립 통문 직후 발표된 논설이다. 『독립
신문』의 논설에서는 찬양회의 여학교 설립 통문을 대상으로 '어머니로
서의 자녀교육', '아내로서의 내조' 등을 근거로 여자 교육의 필요성을
지지하는 데 중점을 두었고, 『제국신문』에서는 찬양회의 여학교 설립
논의를 찬성하면서도 여학교 설립의 실질적 효과를 거두기 위한 방안
을 논의하는 데 중점을 두었다. 『제국신문』 논설에 나타나듯이, 찬양회
에 동조한 회원은 300명에 이른다. 이 단체는 1898년 9월 13일 '순성학
교(順成學校)'를 설립하고, 그해 10월에는 이 학교를 관립으로 해 줄 것
을 상소한다.[17]

　여학교 설립은 근본적으로 여자 교육론을 기반으로 한다. 이 시기
여자 교육론은 관념적인 수준일지라도 '남녀 동등권'을 기본으로 하며,
여자 교육이 문명개화의 기본 조건이라는 점을 강조한다. 순성학교 관
립 건의를 위한 상소문은 이를 잘 반영한다.

---

17) (잡보) 『독립신문』, 1898.9.15. '잡보'에 따르면 9월 13일 오전 10시 안영수, 이광하, 신석
　　린 등이 굽은다리 이시선 씨의 집에 모여 학교 이름을 '순성'으로 정하고, '양성원(養成
　　院)'을 설시하여 부인들이 자본금을 마련하기로 했다고 보도한 바 있다. 이때 찬성원장으
　　로 윤치호가 선정되었다. 또한 『독립신문』 1898년 10월 12일자 잡보, 『매일신문』 1898년
　　10월 13일자 잡보에는 부인들이 이 학교를 관립으로 운영할 것을 상소한 내용을 보도하
　　였다.

【 슌셩학교에셔 샹소ᄒ 소초를 엇어 좌에 긔지ᄒ노라.18) 】

복이 학교란 쟈ᄂ 인지를 비양ᄒᆞᆸ고 지식를 확쟝ᄒᆞᆸᄂ 거시라. 고로 녯적에 국에 학이 잇스며 당의 샹이 잇스며 가에 슉이 잇슴은 홀노 남즈만 교휵홀 ᄲᆞᆫ 아니라 비록 녀즈라도 ᄯᅩ한 교도지방이 잇스와 내측과 규범 등 션훈이 구비ᄒᆞᆫ엇스오며 구미 각국으로 말ᄉᆞᆷᄒᆞ와도 녀학교를 셜입ᄒ여 각 항 지예를 학습ᄒ와 긔명 진보에 니르럿스온즉 엇지 아국에만 녀학교가 업스오릿가. 유 아 대황뎨 폐하ᄭᅴᆸ셔 즁흥의 운을 응ᄒᆞᆸ시고 독입의 업을 건ᄒᆞᆸ오셔 도을 빅유신ᄒ시며 셩택이 방유ᄒᆞ오셔 관사립 학교들를 셜립ᄒ샤 인지를 발달케 ᄒᆞ오시니 의여 셩지라 흠죵 도무ᄒᆞᆸᄂ이다. 대져 인지ᄂ 학문에 잇습고 학문은 교휵에 잇ᄂ지라 근일 독립협회의 목젹을 듯스온즉 츙군 이국ᄒᆞᄂ 마음으로 공평졍직ᄒ 의리를 잡아 쳔폐에 글월을 올이여 셩춍을 보좌ᄒᆞᆸ고 국강을 부지코져 흔다 ᄒᆞ오니 우리 폐하의 신민된 쟈ㅣ 뉘 아니 흠감ᄒ오릿가. 심지어 나무 쟝ᄒᆞ와 과실 파ᄂ 아힌ᄉᆞᆯ지라도 의연금을 내여 이국졍셩을 표ᄒᆞ는ᄃᆡ 신쳡 등ᄉᆞᆯ스온 분ᄃᆡ 지류인들 엇지 병이지심이야 업스오릿가. 그러ᄒᆞ오나 혹 비방ᄒᆞᄂ 론의와 비쳑ᄒᆞᄂ 문ᄌᆞ가 업지 아니ᄒᆞ와 쳥문에 현혹이 잇스오며 츙역을 분변치 못ᄒᆞᄂ 쟈ㅣ 죵죵 유지라 ᄒᆞ오니 이ᄂ 다름 아니오라 비록 남쟈라도 학식이 업스와 시의에 영합ᄒ고져 ᄒᆞᆸᄂ 주의라. 그러ᄒᆞ오면 도로혀 학문 잇ᄂ 녀쟈만도 못ᄒᆞ오니 일로써 미루워 녀쟈라도 ᄯᅩ한 츙이지심과 문명지학을 힘쓰ᄂ 이만ᄉᆞᆯ지 못ᄒ온지라. 소이로 신쳡등이 찬양회을 셜시ᄒ와 츙이 이ᄯᅳᆺ를 규즁으로붓터 일국이 흥왕케 ᄒᆞ랴 ᄒᆞ오나 학교가 아니면 총혜ᄒᆞᆫ 녀아등을 비양홀 도리가 업습기로 감히 외월을 불피ᄒᆞᆸ고 츙쟝을 실폭ᄒᆞ와 졔셩앙유어유광지하ᄒᆞ오니 복걸셩명은 깁히 통쵹ᄒᆞ오셔 학부에 칙령을 나리오샤 특별히 녀학교을 셜시ᄒᆞ야 방년묘아 등으로 학업을 닥거 동양에 문명지국이 되ᄋᆞᆸ고 각국과 평등의 ᄃᆡ우를 밧기를 복망

18) 『매일신문』, 1898.10.13.

ᄒᆞ압ᄂᆞ니 다 신첩 등은 무임병영 긔간지지 근미ᄉᆞ이문ᄒᆞ압ᄂᆞ니다. 광무 이년 십월 십일

상소문의 소초(疏抄)에 따르면, 여학교 설립이 개명진보의 조건이며, 남녀 모두 충애지심(忠愛之心)과 문명지학(文明之學)을 힘써야 동양의 문명국이 되고, 세계 각국과 평등한 대우를 받을 수 있다는 지극히 평범한 논리를 내세운다. 그러나 이러한 논리가 당시에 모든 사람들에게 쉽게 수용될 수 있었던 것은 아니었으며, 찬양회 회원들에 대한 부정적인 소문이나 비판도 비교적 많았던 것으로 보인다. 이는 『독립신문』 1898년 12월 7일자 잡보 '부인회 소문'과 12월 10일 '부인회 설명' 등의 기사를 통해 확인할 수 있는데, 당시 찬양회 부인들이 회표를 만들어 돈 있는 부인들만을 참여하게 한다는 비판과 그에 대한 찬양회의 반박을 보도하고 있다.

순성학교 이후 1900년대에 이르러서 여자 교육론은 계몽운동과 관련된 중심 주제의 하나를 이룬다. 다음 논설을 살펴보자.

【 女子亦宜敎育事爲[19) 】

人種之生에 有男有女ᄒᆞ니 男은 稟乎陽故로 有剛强之德ᄒᆞ며 女ᄂᆞᆫ 稟乎陰故로 有柔願之義라 以是로 陰陽이 相交ᄒᆞ야 成天地之道ᄒᆞ며 男女ㅣ 相濟ᄒᆞ야 生天地之化ᄂᆞᆫ 萬古不易之理라 以此見之컨딕 男女有平等之權은 徒可知矣어늘 東洋 學問으로ᄂᆞᆫ 泰西에 男女平等權이 有ᄒᆞ야 才德을 敎育도ᄒᆞ며 事爲에 任用도 한다 함을 異常한 別件事로 歸ᄒᆞ니 我의 淺見에ᄂᆞᆫ 非但 泰西風俗이라. 東洋에도 男貴女賤이라ᄒᆞᄂᆞᆫ 定案은 本無ᄒᆞᆫ것마ᄂᆞᆫ 東洋人이 東洋學問도 未分함으로 平等權을 不行함이라 (…中略…) 自古若是흠은 不講ᄒᆞ고 女子를 壓制ᄒᆞᄂᆞᆫ 惡習만 漸長ᄒᆞ야 敎育도 不施ᄒᆞ며 事爲도 不預케 흠으로

---

19) (논설) 『황성신문』, 1900.4.9.

女子의 學問이 暗昧ㅎ고 知識이 偏隘홀 싼 아니라 夫婦의 相待홈도 漸漸無禮ㅎ야 其妻를 罵打도ㅎ며 其夫를 反背도 ㅎᄂ 變怪가 百出ㅎ니 可勝嘆哉아. 現今에도 女士가 種種히 有홈은 可知홀건이 養賢堂金氏ᄂ 女學校를 設立ㅎ야 女子의 敎育을 熱心ㅎ고 原州林氏ᄂ 經史를 博習ㅎ고 時勢를 占宜ㅎ야 論議가 綜明ㅎ니 女子도 學問이 若是ㅎ면 邦家文明홀 氣像이 十分發達홀것이니 女子의 敎育을 實施ㅎ고 事爲를 責備ㅎ이 天地之道를 並行不悖케 홀지어다.

번역 사람이 태어날 때 남자와 여자가 있으니, 남자는 양의 기운으로 태어나 굳세고 강한 덕이 있으며, 여자는 음의 기운으로 태어나 부드럽고 온유한 품성이 있다. 그러므로 음양이 상교하여 천지의 도를 이루며 남녀가 서로 구제하여 천지의 조화를 만드는 것이 만고에 바꿀 수 없는 이치이다. 이를 보건대 남녀의 평등한 권리는 누구나 알 수 있는 일이지만, 동양의 학문은 태서에서 남녀 평등권이 존재하여 재덕을 교육하며 사업에 임용한다는 일이 이상하고 특별한 사건으로 돌리니 나의 얕은 식견으로 보면 비단 태서의 풍속이겠는가. 동양에도 남자는 귀하고 여자는 천하다는 정해진 안은 본래 없었지만, 동양인은 동양 학문도 분별하지 못하기 때문에 평등권을 행하지 않은 것이다. (…중략…) 자고로 이와 같을진대 연구하지 않고 여자를 압제하는 악습만 점차 자라나 교육도 시키지 않고 사업도 참여하지 못하게 하여 여자의 학문이 암매하고 지식이 편중할 뿐만 아니라 부부가 서로 대함도 점차 무례하고 그 처를 꾸짖고 때리기도 하고, 남편을 배반도 하는 변괴가 자주 일어나니 가히 탄식하지 않겠는가. 현금에도 여사(女士)가 종종 나타남을 알 수 있거니와 양현당 김씨는 여학교를 설립하여 여자 교육을 열심히 하고 원주 임씨는 경사(經史)를 널리 익혀 시세를 옳게 판단하여 논의가 총명하니, 여자도 학문이 이와 같으면 우리나라의 문명한 기상이 충분히 발달할 것이니, 여자에게 교육을 실시하고 사업을 맡도록 하여 천지의 도를 아울러 행하고 그릇되지 않게 할지어다.

이 논설은 양현당 김씨와 원주 임씨가 여학교를 설립한 일을 축하하는 의미에서 남녀평등과 여자 교육의 필요를 역설한 논설이다. 1900년대 초라는 점에서 순성학교 설립 시기와 큰 차이는 없으나, '평등권'을 거론한 점에서 여성 문제 인식이 점차 확장되어 가는 경향을 보여준다.

이러한 흐름에서 각종 사회 단체가 활발히 조직되기 시작하는 1905년 이후에는 '여자교육회'가 탄생한 것도 주목할 현상이다. 여자교육회는 1906년 7월 6일 총재 이각경(李珏卿), 대변인 김운곡(金雲谷)으로 하여, 양규의숙에서 처음 조직되었다.[20] 이 단체의 주요 목적은 제1회 통상회에서 행한 진학신(秦學新)의 연설에 나타난다.

【 女子教育會 演說[21] 】

大抵 本會를 發達흠은 此三大 目的이 有ᄒᆞ니라.

一은 敎育課이니 各敎育課ᄂᆞᆫ 本會의 主旨가 되야 學齡의 適當흔 聰俊 閨娘은 相勸相告ᄒᆞ야 學校敎育을 專力 敎授케 ᄒᆞ야 及其 成功日에ᄂᆞᆫ 賢母良妻의 資質을 完備ᄒᆞ야 第二世 子女의 胎敎와 家庭敎育을 養修ᄒᆞ며 국가의 東梁을 作흘 거시오 中年 以上이 된 貴婦人은 本會를 贊成ᄒᆞ고 團體를 擴張ᄒᆞ야 新知識과 新學問을 講究 演述ᄒᆞ야 良箴美論을 肺腑에 銘佩ᄒᆞ며 (…中略…) 二ᄂᆞᆫ 女工課이니 여공과ᄂᆞᆫ 勤修新學ᄒᆞ며 以廣知識ᄒᆞ야 實業 發達흠을 要흠이니 蠶桑組織 裁縫 其他 各種 女子의 工藝를 發達ᄒᆞ야 富源을 成흘 거시오, 三은 衛生課니 위생과ᄂᆞᆫ 家庭衛生을 注意ᄒᆞ야 育兒法과 調病術을 硏究ᄒᆞ며

번역 대저 본회가 발달하는 데는 이 세 가지 목적이 있다. 하나는 교육과이니 각 교육과는 본회의 주지가 되어 학령에 적당한 총준 여자 아이를 서로 권고하여 학교교육을 전력하여 가르치게 하여 그것이 성공

---

20) (논설) 「부인 개명」, 『만세보』, 1906.7.8.
21) (잡보) 『만세보』, 1906.8.1~3.

하는 날에 '현모양처'의 자질을 완비하여 제2세 자녀의 태교와 가정 교육을 수양하며 국가의 동량을 만들 것이요, 중년 이상이 된 귀부인은 본회를 찬성하고 단체를 확장하여 신지식과 신학문을 연구하고 익혀 좋은 말과 아름다운 논의가 폐부에 새겨질 수 있도록 하고 (…중략…) 둘은 여공과이니 여공과는 부지런히 신학문을 배우고 지식을 넓혀 실업을 발달하게 함을 필요로 하니 잠상 조직과 재봉 기타 각종 여자의 공예를 발달케 하여 부원을 이룰 것이며, 셋은 위생과이니 위생과는 가정위생에 주의하여 육아법과 조병술을 연구하며

이 연설에는 여자교육회를 조직하는 목적이 '현모양처론', '실업 교육론', '위생교육'에 있음을 나타내고 있다. 비록 신지식과 신학문이 강조되고, 이를 바탕으로 한 '문명진보'를 촉구하고 있으나, 현모양처는 근대 계몽기 여자 교육의 중심 이데올로기가 되고 있음을 의미한다. 또한 실업 교육을 통한 부원(富源) 마련은 여성의 평등권이나 경제적 지위와 관련된 사상으로 보이나, 그 자체가 사회 구조와 경제 발달을 자각한 상태에서 이루어진 것은 아니다. 여자교육회는 1906년 11월 전국 규모의 단체를 결성하고자 했던 것으로 보이는데, '여자교육회 취지서'가 각 신문에 실린 것은 11월에 이르러서이다.

【 女子敎育會 趣旨書[22] 】

是會ᄂᆞᆫ 何를 爲ᄒᆞ야 組織ᄒᆞ얏ᄂᆞᆫ고. 女子敎育을 爲ᄒᆞ야 我韓 有志者가 組織ᄒᆞ야 成ᄒᆞᆫ 者이라. 我韓 四千年來에 女子敎育이라 흠을 未聞ᄒᆞ얏더니 今에 是會를 組織흠은 何事인뇨. 我韓이 文明에 漸就ᄒᆞᄂᆞ 風潮가 一時에 啓發흠을 瑧ᄒᆞ야 現今時代에 第一主義로 認定ᄒᆞ야 全國 女子의 向上 進步上에 贊成홀 範圍와 義務를 持有ᄒᆞ야 同役을 糾合흠이라. 有志 婦人의 糾合흔

---

22) (잡보) 『대한매일신보』, 1906.11.1; (잡보) 『만세보』, 1906.12.2.

者 幾何에 達ᄒ얏ᄂ뇨. 我韓 女子가 男子 壓制力을 受ᄒ고 深閨에 禁錮ᄒ야 人道上 缺點을 包有ᄒᆫ 감정을 融解ᄒ고 一般 社會에 同等 權利를 克復코ᄌ 흘지며, 第一 敎育에 在ᄒ야ᄂ 善知識을 覺悟ᄒ야 滿腔熱血을 鼓發ᄒᄂ 特性이 有ᄒᆫ 貴婦人이 二百八十餘名에 達ᄒ야 是會를 成立흠이라. 然則 是會ᄂ 女子 敎育의 主腦되고 機關되ᄂ 四千年 創有ᄒᆫ 一部 文明社會이라 稱하겟도다. (…中略…) 女子敎育會 發起人 秦學新

번역 이 회는 무엇을 위해 조직하였는가. 여자 교육을 위해 우리 대한의 유지자가 조직하여 이룩한 것이다. 우리 대한 4천년에 여자 교육이라는 말을 듣지 못했더니 지금 이 회를 조직함은 무엇을 위한 것인가. 우리 대한의 문명이 점차 진보하는 풍조가 일시 계발함을 다해 지금 시대에는 제일주의로 인정하여 전국 여자의 향상 진보에 찬성할 범위와 의무를 갖고 이 역할을 규합한 것이다. 유지 부인으로 규합한 자가 얼마나 되었는가. 우리 대한의 여자가 <u>남자의 압제를 받아 깊은 규중에 갇혀 사람의 도리상 결점을 가진 감정을 융해하고</u>, 일반 사회에 동등 권리를 회복하고자 할 것이며, 가장 먼저 교육에서 좋은 지식을 깨우치게 하여 가슴 깊이 끓는 피를 고취하게 할 특성을 가진 귀부인 280여 명에 이르러 이 회를 조직한 것이다. 그러므로 이 회는 여자 교육의 중심 사상이 되고 기관이 되는, 4천년 처음의 일부 문명한 단체라고 일컬을 수 있다. (…중략…) 여자교육회 발기인 진학신

취지서에 등장하는 여자 교육론은 '전국 여자의 향상 진보', '일반 사회의 동등 권리 회복' 등이다. 여기서 향상 진보는 관념적인 '문명론'과 같은 의미로 해석할 수 있으며, '동등 권리' 또한 이 시대 널리 퍼져 있던 용어의 하나로 볼 수 있다.

이러한 흐름에서 1905년 이후의 여자 교육 담론은 이 시대 각종 학회보에서도 빈번히 찾아볼 수 있다. 다음과 같은 자료가 대표적이다.

【 근대 계몽기 학회보 소재 여자 교육론 자료 】

1906.07.31	대한자강회월보	제1호	尹孝定	[演說] 40~46쪽: 女子教育의 必要
1906.08.24	태극학보	제1호	金洛泳	녀주교흌
1906.09.24	태극학보	제2호	女史 尹貞媛(윤뎡원)	본국 졔 형졔미의게
1906.10.24	태극학보	제3호	女史 尹貞媛	추풍일단(奇書)
1906.11.24	태극학보	제4호	女史 尹貞媛	공겸의 졍신
1907.01.01	서우	제2호	柳東作	[教育部] 女子教育
1907.02.24	태극학보	제7호	女史 尹貞媛	獻身的 精神
1907.04.25	대한자강회월보	제10호	女史 尹貞媛	獻身的 精神
1907.05.01	서우	제6호	天津報	袁總督 夫人 演說: 天津報 照謄
1907.07.25	대동보	제3호		女子教育이 富强之要
1907.07.25	대한구락	제2호	金華山人	[講演] 女子의 教育
1907.10.30	낙동친목회학보	제1호	文乃郁	女子教育論
1908.02.01	서북학회월보 (서우+한북학회)	제15호	金河琰	女子教育의 急先務
1908.03.01	서북학회월보 (서우+한북학회)	제16호	日本 巖谷松平의 부인 巖谷孝子	女子之光明
1908.09.24	태극학보	제24호	竹廷	學窓餘話
1908.09.25	기호흥학회월보	제2호	柳李夫人 原著	胎教新記
1908.10.25	기호흥학회월보	제3호	柳李夫人	胎教新記
1908.10.25	호남학보	제5호	崔俊植	[隨事規諷] 女校必要
1908.11.25	기호흥학회월보	제4호	柳李夫人	胎教新記
1908.12.25	기호흥학회월보	제5호	柳李夫人	胎教新記
1908.12.25	기호흥학회월보	제5호	한남녀ᄉ	긔셔
1909.01.25	기호흥학회월보	제6호	李喆柱	女子教育이 爲尤急
1909.01.25	기호흥학회월보	제6호	柳李夫人	胎教新記
1909.02.25	기호흥학회월보	제7호	柳李夫人	胎教新記
1909.03.25	기호흥학회월보	제8호	柳李夫人	胎教新記
1909.04.20	대한흥학보	제2호	東海滄夫 姜邁	女子界의 進步
1909.07.20	대한흥학보	제5호	틱빅山人 譯	結婚ᄒᆞᆫ 娘子의게 與ᄒᆞᆫ 書: 패트릭 헨리의 연설문 번역 등재
1909.10.20	대한흥학보	제6호	滄海子	女學生의게 醫學 研究를 勸告ᄒᆞᆷ
1909.10.01	서북학회월보 (재간행본)	제1권 제16호	新民子	女學生 諸氏여
1910.01.01	서북학회월보 (재간행본)	제1권 제19호	秋醒子	感覺性이 女勝於男乎아

30여 편의 학술 잡지 수록 자료의 대부분은 '여자교육의 필요'에 관한 것이다. 이 시기 대부분의 여자교육 담론은 가정의 책임자, 현모양처를 길러내는 일에 초점을 맞추었다. 이 점에서 근대 계몽기의 여성운동은 여성해방운동으로서의 기능을 수행한 것은 아니다. 다만 여성 교육 담론에서 사회 구성원으로서의 여성의 역할을 인식한 논문도 일부 출현한다.

【 女學生의게 醫學 硏究를 勸告흠23) 】

女學生 諸君! 諸君은 다힝이 富裕흔 家庭에 生ᄒ야 革新의 時代에 處흠에 閨門深鎖의 生活을 脫ᄒ고 學術硏究의 責任을 帶흔 學生으로 <u>我大韓 一千萬 女子同胞를 代表홀 資格이 具備흔 諸君이라</u>. 其 責任의 重大흠이 엇지 男學生의게 一步를 讓ᄒ리오. 諸君의 心理를 想像으로 解剖홀진딘 學業을 成就ᄒᄂ 日에ᄂ <u>深奧흔 學術노 敎育의 進涉을 協贊홀지며 穩健흔 筆舌노 女界의 警鍾을 標榜홀지며 圓滿흔 家庭으로 賢妻의 手腕을 發揮ᄒ지니</u> 此等 萬般 事業이 모다 諸君의 豫期ᄒ난 바이라. 엇지 滿腔의 誠意로 諸君의 前途를 預祝치 아니리오만은 事엔 輕重이 有ᄒ며 時엔 緩急이 有ᄒ다ᄂ 古語와 如히 諸君의 預期ᄒᄂ 此等 事業은 모다 長遠의 計라. 今日에 不爲ᄒ면 明日에도 亦 可ᄒ고 今年에 不爲ᄒ면 明年에도 亦 可홀 ᄯᆞᆫ 不是라. 幾人의 能力으로난 到底히 偉大흔 效果를 獲得키 難ᄒ다 謂홀지라. 이에 <u>本 記者ᄂ 一種 緊緊急急한 問題를 諸君의게 提呈ᄒ노니 卽 醫學硏究가 是也ㅣ라</u>. (…中略…) 然ᄒ나 感氣, 時氣, 몸살 等 病崇난 男女에 共通흔 者이라. 醫學發達의 程度를 隨ᄒ야 死則俱死오 生則俱生이라. 誰冤誰咎홀 바이 無ᄒ려니와 <u>特히 女子에만 限ᄒ야 附隨흔 者난 卽 子宮病, 帶下症, 月經不順症 等이 是也ㅣ라</u>. 此 症에 一罹ᄒ면 乃父 乃母의게도 開口說去키 不能ᄒ고 設使乳 時의 勇을 鼓盡ᄒ야 百般의 羞를 含ᄒ고 一次 略告ᄒ더래도 彼此

---

23) 창해자(蒼海子, 1909), 「女學生의게 醫學 硏究를 勸告흠」, 『대한흥학보』 제6호, 1909. 10.

皆 曰 寧死언정 女子의 體膚난 男子의 診察에 露供키 不可라 ᄒ야 千愁萬淚로 一身을 埋過타가 病勢가 愈篤ᄒ면 最後의 結果난 不過是, 天賦의 芳年을 一條로 斷送ᄒ야 全家의 悲哀痛嘆을 惹起ᄒ야 和氣를 損傷케 할 外에ᄂ 他策이 頓無ᄒᄂ니 此ㅣ 엇지 我韓民族의 一大 缺点이 아니리오. 右에 略陳ᄒ 바ᄂ 諸君과 不侫이 同耳同目한 바 悲絶慘絶ᄒ며 忍見忍聞치 못할 事實의 萬一이라. (…中略…) 此에 對ᄒ야 其 救濟의 方策이 有二ᄒ니 一은 消極的 方面이오 二ᄂ 積極的 方面이라. 消極的 方面은 即 破壞主義니 諸君의 能力으로 古來의 內外法을 一捧으로 打破ᄒ기 可能ᄒ가? 果然 如許ᄒ 能力이 有ᄒ진딕 本 記者도 呶呶反覆ᄒ 必要가 無ᄒ나 想像ᄒ건딕 數千年 來習與成性ᄒ 慣俗을 一朝打破ᄒ기난 到底히 預期치 못ᄒ지라. 차라리 穩健ᄒ 方便으로 積極的 方面을 進取ᄒ야 自手로 硏究ᄒ며 實際로 救濟ᄒᆯ만 不如ᄒᄂ니 如斯히 蕙姉蘭妹의 芳心을 傾注ᄒ야 斯界에 供獻ᄒᆯ진딕 第一은 道德上 至大ᄒ 名譽를 傳ᄒᆯ지오 第二ᄂ 神聖ᄒ 韓民의 一分子되기에 不愧ᄒᆯ지오 第三은 物質的 益이 莫大ᄒ야 百年 生活이 自足頗裕ᄒᆯ지니 此ㅣ 엇지 今日 學生 諸君에 對ᄒ야 唯一無二ᄒ 良策이 아니리오.

번역　여학생 제군. 제군은 다행히 부유한 가정에서 태어나 혁신의 시대에 처하여 규중의 깊이 닫힌 생활에서 벗어나 학술 연구의 책임을 진 학생으로, 우리 대한 일천만 여자 동포를 대표할 자격을 갖춘 제군들이다. 그 책임의 중대함이 어찌 남학생에게 일보를 양보할 수 있는가. 제군의 심리를 상상하여 분석하면 학업을 성취하는 날에 심오한 학술로 교육의 진보를 도울 것이며, 온건한 필설로 여자계의 경종을 드러낼 것이며, 원만한 가정으로 현처(賢妻)의 수완을 발휘할 것이니, 이들 만반 사업이 모두 제군이 예측하고 기약할 수 있는 일이다. 어찌 가슴 깊이 진실로 제군의 앞날을 축하하지 않겠는가마는, 일에는 경중이 있고 때에는 완급이 있다는 옛말과 같이, 제군이 예측하는 이러한 사업들은 모두 길고 원대한 계획들이다. 오늘 하지 않더라도 내일 할 수 있고, 금년에 하지 않으면 내년에 할 수 있으며, 몇 사람의 능력으로는 도저히 큰 효과를 거두기 어렵다 할 것이다. 이에 본 기자는 하나의 긴급한 문제를 제군에게 제안하니 곧 의학 연구가 그것이다. (…중략…) 그러나 감기, 시절에 따른 병, 몸살 등의 병증은 남녀에게 공통된 것이다. 의학 발달의 정도를 따라 죽으면 모두 죽고 살면 모두 사는 것이니 누구를 원망할 바는 없지만, 특히 여자에게만 있는 병이 있으니 자궁병, 대하증, 월경 불순증 등이 그것이다. 이 병에 걸리면 아버지나 어머니에게도 입을 열기가 어렵고 혹시 어렸을 때 용기를 다해 모든 부끄러움을 참고 한번 알리더라도 피차 차라리 죽을지언정 여자의 신체를 남자에게 진찰하기 어렵다 하여 천추만려로 일신을 감추다가 병세가 심해지면 최후의 결과는 어쩔 수 없이, 천부의 꽃다운 나이를 떠나 보내어 모든 가족의 비통함을 야기하여 가족 화목을 손상케 할 수밖에 다른 방법이 없으니 이 어찌 우리 대한 민족의 일대 결점이 아니겠는가. (…중략…) 이에 대해 구제 방법이 두 가지가 있으니 하나는 소극적 방면이요, 둘은 적극적 방면이다. 소극적 방면은 곧 파괴주의이니 제군의 능력으로 고래의 내외하는 방법을 한번에 타파할 수 있는가? 과연 이와 같은 능력이 있다면 본 기자도 힘써 반복할 필요가 없으나, 생각하건대 수천년 래 습관이 되어온 관습을 하루아침에 타파하는 것은 도저히 기대할 수 없으니, 차라리 온건한 방법으로 적극적 방면으로 나아가 스스로 연구하고, 실제로 구제하는 것만 같지 못하다. 이와 같이 자매들의 아름다운 마음을 기울여 이 방면에 공헌하고자 하면, 첫째는 도덕상 큰 명예를 전할 수 있고, 둘째는 신성한 우리 민족의 한 구성원이 되는 데 부끄럽지 않을 것이요, 셋째는 물질적 이익이 커서 백년 생활이 풍족할 것이니 이 어찌 금일 학생 제군에게 유일무이한 좋은 방책이 아니겠는가.

이 논설은 여학생으로서 의학 전문 교육을 받을 필요가 있음을 역설한 논설로, 동경의학교와 동경여자의학교를 소개하고자 하는 목적도 갖고 있었다. 논설의 주요 내용이 전통적인 '현모양처' 의식을 탈피하지 못한 상황이지만, 의학 분야에서 여성으로서의 역할을 강조한 점으로 볼 때, 여성운동의 맹아(萌芽)를 보이는 논설이다. 비록 '성차별'이라는 용어를 사용하지는 않았지만, 수천 년 이어온 '내외 관습'을 언젠가는 타파해야 한다는 의식을 갖고 있고, 여성병 문제는 시급히(적극적으로) 해결해야 할 문제라는 의식을 갖고 있다. 물론 여기서도 논설의 필자는 '창해자'라는 필명을 고려할 때 남성으로 추정되며, 여성 의학을 공부할 수 있는 여학생들도 당시의 사회 구성원으로 볼 때 '부유한 가정에서 태어나 혁신의 시대를 사는' 소수의 특권층 자제들이어서 본격적인 여성해방운동이 전개된 것은 아니라는 한계를 갖고 있다.

2.3. 가정 교육과 현모양처론

근대 계몽기 여자교육의 필요성은 사회적 존재로서의 여성의 역할보다 전통적, 가족 구성원으로서의 여성의 역할에 초점이 맞추어져 있다. 그렇기 때문에 육아의 책임자, 가정 교육의 책임자, 곧 '현모양처'로서의 기능을 역설하는 내용이 다수를 이룬다. 예를 들어 윤효정(尹孝定)의 연설이나 김낙영(金洛泳)의 '녀ᄌ교휵'을 비롯하여, '태교신기(胎敎新記)'를 번역 등재한 것이 이를 대표한다. 그 가운데 순한글로 기록된 김낙영의 '녀ᄌ교휵'의 일부를 살펴보자.

【 녀ᄌ교휵24) 】

사름의 일싱에 튱효 군ᄌ라 도젹 쇼인이라 ᄒᄂ는 거시 다 어려슬 쎄에 교휵 잘 밧고 못 밧은 거에 달녓ᄂᆞ미 흰 조희와 ᄀ치 물드리ᄂ는 ᄃ되로 빗시 ᄂ고 맑은 물과 ᄀ치 그릇을 ᄯ라 형용이 변ᄒᄂ는 것 ᄀ혼 <u>어린ᄋ히의 셩품을 ᄀᄅ치ᄂ는 거시 젼혀 그 어머니의게 인ᄉ즉</u> 어머니 된 이ᄂ는 맛당히 뎍당ᄒ 학문을 비호워야 홀 터인고로 뎌 문명ᄅ를 틔셔 모든 나라들이 <u>녀인</u>

---

24) 김낙영(1906), 「녀ᄌ교휵」, 『태극학보』 제1호, 1906.8.

의 권셰를 놉혀 주며 고등흔 학문 뎡도로 녀학교를 만히 셜립ᄒᆞ여 왼 나라 녀ᄌᆞ를 구름곳치 모호와 이훗딕의 어진 어머니와 어진 안히가 되여 이러케 둥대흔 소임을 감당흘 만ᄒᆞ게 가라치니 오늘 어린 계집ᄋᆞ희들은 이훗딕 ᄌᆞ손의 어머니라. 지금 이 녀ᄌᆞ들을 교휵식이지 아니하면 이ᄂᆞᆫ 쟝릭의 나라 샤회를 멸망식히ᄂᆞᆫ 것과 다름이 업슬지라. 이 말이 비록 과ᄒᆞ고 외람흔 듯ᄒᆞ나 그럿치 아니ᄒᆞ니 집안은 곳 샤회의 긔쵸오 ᄌᆞ녀ᄂᆞᆫ 즉 집안은 근본이라. 만일 ᄌᆞ손이 픽악ᄒᆞ면 집안이 불힝ᄒᆞ고 샤회가 멸망ᄒᆞ리니 엇지 무섭지 아니ᄒᆞ리오. 쟝릭 문명의 긔쵸를 맛혼 부인의 즉분을 잘 짓히게 ᄒᆞᄂᆞᆫ 것은 오늘 여러 부모되신 이의 녀ᄌᆞ교휵을 힘쓰ᄂᆞᆫ 딕 잇ᄉᆞ즉 여러 부모ᄭᅴ셔 이곳치 즁흔 소임을 두 엇기에 매엿ᄂᆞᆫ지라. 엇지 평안히 잇셔셔 조곰도 너러늘 싱각이 업서 희마ᄒᆞ게 누어 잇스리오. 우리 신명ᄒᆞ오신 대황뎨 폐하ᄭᅴ오셔도 거륵ᄒᆞ신 죠셔를 ᄂᆞ리우샤 일반 신민으로 학문을 힘쓰게 ᄒᆞ엿스오니 우리 인민된 쟈ᄂᆞᆫ 몸이 망ᄒᆞ고 목슴이 다ᄒᆞ도록 정셩을 다ᄒᆞ여 일변으로 셩지를 밧드러 딕답ᄒᆞ고 일변으로 나라의 용밍흔 정신을 예비케 ᄒᆞ옵시기를 ᄀᆞ졀히 ᄇᆞ라옵ᄂᆞ이다.

이와 같이 '어진 아내, 어진 어머니'로 표상되는 현모양처론은 다수의 가정 교육 담론과 태교 담론을 낳았다. 그 결과 이 시기 학술 잡지에는 30여 편의 가정 교육 논설류가 수록되었으며, 박정동(1907)의 『신찬가정학(新撰家政學)』(우문관), 현공렴(1907)의 『신편가정학(新編家政學)』(일한도서인쇄주식회사), 『한문가정학(漢文家政學)』(일한도서인쇄주식회사) 등의 저작물도 출현하였다.[25]

학술 잡지에 나타나는 여자교육 담론은 '현모양처', '태교', '여성의 덕성'을 강조하는 것들이 대부분이다. 이 점은 계몽적 차원에서 여성운

---

25) 김경남(2015), 「근대계몽기 가정학 역술 자료를 통해 본 지식 수용 양식」, 『인문과학연구』 46, 강원대학교 인문과학연구소.

동이, 여성보다 남성 중심으로 전개되었으며, 전통적인 의식을 탈피하지 못한 상태에서 진행되고 있음을 보여준다. 이러한 경향은 이 시기 출현한 다수의 여성 독자를 대상으로 한 잡지에도 반영되는데, 1906년 6월 창간된 『가뎡잡지』[26]도 '여성'보다는 '가정'을 제호로 하였으며, '맹모교자(孟母敎子)'(제1호 김병헌), '주아적 교육'(제1호 조중환), '아들의 부조를 더할 일'(제1호, 조중환으로 추정) 등과 같이 자녀 교육에 주안점을 두고 있다. 또한 1908년 4월 창간된 『여자지남(女子指南)』도 최초의 여성 단체로 알려진 '여자보학원(女子普學院)'에서 발행한 잡지이지만, 사장은 윤치오, 발행원 지석영이었듯이 남성 중심에서 여자교육 문제를 다룬 셈이다. 다만 이 잡지에는 '부인 김일은', '부인 김여ᄌ' 등의 여성 필자가 '여자 교육의 필요'와 관련한 글을 남겼는데, 그 가운데 일부는 근대 여성으로서의 인식 전환을 보이는 부분도 발견된다.

【 학셜, 부인 김여ᄌ[27] 】

ᄌ고로 국가란 명칭이 싱할 시ᄂᆞᆫ 일뎡흔 토지며 통치자의 복종ᄒᆞᄂᆞᆫ 다슈 인민이 취합ᄒᆞ야 일 무형적 동물을 경흔 쟈라. 고로 인민이라 칭할시ᄂᆞᆫ 남녀를 합칭ᄒᆞᄂᆞᆫ 쥴은 여러 사름이 다 아ᄂᆞᆫ 빈니 한 남ᄌ와 한 녀ᄌ라도 쏘 일반 나라에 일 분ᄌ니 남ᄌᄂᆞᆫ 나라에 쓸 사름이오 녀ᄌᄂᆞᆫ 나라에 못 쓸 사름이라 할 ᄌ가 반다시 업슬지니라. 현금 세계에 부귀빈쳔과 문명 야만을 구별할진디 셔양 제국은 하고로 여피히 부국강병이며 문명에 참예ᄒᆞ고 우리나라ᄂᆞᆫ 부강과 문명에 참예치 못ᄒᆞᄂᆞᆫ요. 슯흐다. 이쳔만 동포ᄂᆞᆫ 타국에 노례를 불면ᄒᆞ고 삼쳔리 강토ᄂᆞᆫ 외인이 반쥬ᄒᆞ야스니 피인에 쌍인지 닌 나라 쌍인지 조셔이 알 슈 업스니 이런 ᄶᆞ를 당ᄒᆞ야셔 누구한테 밀리오.

---

26) 이 잡지는 1906년 6월 25일 창간, 1907년 1월까지 7호 발행 후 휴간, 1908년 1월부터 8월까지 총 14호까지 발행되었다. 처음 편집 겸 발행인은 유길선(兪吉宣)이었으나, 나중에는 신채호(申采浩)로 바뀌었다.

27) 『여자지남』제1호(1908.4).

빅셩이 편안ᄒᆞ즈면 나라가 편안ᄒᆞ여야 홀 것이니 빅셩이 말 안이ᄒᆞ면 토지가 말ᄒᆞ리오. 이런 ᄢᆞ를 당ᄒᆞ여서 타국에 노례를 면ᄒᆞ고ᄌᆞ ᄒᆞ면 그 근원은 교육에 잇고 그 교육 근원은 일쳔만된 일반 부인ᄭᅴ 달엿스니 그 부인은 힘을 얼마콤 쓸 줄 모로노라 ᄒᆞ리오. 한집으로 말ᄒᆞ드리도 항용 부인이 집에만 잇슬지니 그 부인이 례의를 숭상ᄒᆞ면 그 아들도 례의를 숭상할 것이오, 그 부인이 악흠을 힝ᄒᆞ면 그 ᄌᆞ녀도 악ᄒᆞ게 되리니 고로 그 ᄌᆞ녀 교육도 그 부인에 슈즁에 달린 줄을 확신ᄒᆞ노니, 일쳔만 부인이 일쳔만 남ᄌᆞ를 가르치면 그 나라에 문명이 무엇이 어려우리오마ᄂᆞ 만약 그 부인이 우미ᄒᆞ면 그 ᄌᆞ녀도 교육이 엇던 것인 줄 알지 못ᄒᆞ리니 여ᄎᆞᄒᆞ면 그 나라 망ᄒᆞ기를 근심ᄒᆞ리오. 고로 그 국에 문명 발달이며 부국강명은 부인에게 잇ᄂᆞ 줄을 확신ᄒᆞ노니 깃부고 깃부다. 금일 대한 녀ᄌᆞ들은 대한 교육을 담부ᄒᆞ야쓰니 근근 ᄌᆞᄌᆞᄒᆞ야 쥬소불히ᄒᆞ기를 바라노라.

이 논설은 국권 침탈기 '국가' 개념을 전제로 문명 진보를 위한 여자교육의 중요성을 강조한 글로, 망국을 피하고 부국강병을 위해 부인의 각성과 여자교육이 중요함을 역설한다. 그러나 이 또한 '여성해방'의 차원이 아니라는 점에서 근대 계몽기 여성운동의 한계를 드러내는 것으로 볼 수 있다.

2.4. 여성의 경제 문제 인식

여성 문제는 본질적으로 여성의 지위와 밀접한 관련을 맺는다. 그러나 근대 계몽기의 여성 문제는 전통적 가족제도나 조혼 문제, 여성의 사회활동 제한 등을 벗어나야 한다는 차원에서 시작되었으며, 현모양처로서의 기능을 다하거나 그것을 바탕으로 국가에 공헌해야 한다는 입장에서 여자교육의 필요성이 강조되는 경향이 우세했다. 그럼에도 국권 침탈기 여성의 노동문제나 경제 활동에 관한 인식에도 변화를 보

이기 시작한다. 이 점은 근대 계몽기 여성 문제에 대한 질적 변화를
의미한다.

【 女子 及 勞動社會의 知識 普及홀 道28) 】

第一節 時代의 變易: 國을 男子의 國이라 ᄒ며 貴族의 國이라 ᄒ며 政府
의 國이라 ᄒ야 國論이 惟彼 少數人에 在ᄒ며 國事를 惟彼 少數人에 在ᄒ고
男子의 平等數되는 女子와 男子中 大多數되는 勞動同胞를 皆壹隅 排擯ᄒ야
國의 盛衰休戚治亂存亡을 壹則不敢問케 홈은 太古의 痴話로 惡習이라. 然
이나 古代라는 人類와 交通이 罕ᄒ야 國家의 競爭이 少ᄒ야 外敵이라 ᄒ는
것은 壬辰 丙子의 乍來驟去ᄒ는 倭胡入寇섇이며 革世라 ᄒ는 것은 新羅 高
麗의 此亡彼紹ᄒ는 王朝革性섇이라 아모리 巨大호 變亂이 有ᄒ야도 此國
의 只是此國人의 國이라. 故로 此等 癡話에 被欺ᄒ야 國民의 權利 義務를
擧ᄒ야 彼少數人(卽 男子 及 貴族)에 讓홈도 猶可ᄒ다 ᄒ려니와 今日이야
何日인가. 此檀君四千三世紀 時代는 弱肉强食의 時代어늘 此時代를 猶古時
代로 知ᄒ야 女子는 男子만 依賴ᄒ며 勞動者는 貴族만 依賴ᄒ고 國家 事業
을 不關ᄒ면 此 競爭 極烈호 十字街頭에 彼少數人이 엇지 國事를 善做ᄒ리
오. (…中略…) 第三節 學問界의 誤解: 吾儕가 今日 勞動界와 女子界에 教育
勃興홈을 頂祝不已ᄒ는 바나 但 一點缺憾을 抱ᄒ는 비 有壹ᄒ노라. 今人이
學問 二字를 誤解ᄒ야 泥古者는 漢文을 學問으로 知ᄒ며 우 新者는 外語를
學問으로 知ᄒ야 勞動 餘暇에 無多時間으로 工夫를 做코즈 ᄒ는 同胞에게
도 此 外國 言語 文字를 教授코즈 ᄒ니 其 誤解가 何其甚ᄒ뇨. 交際와 通商
이 可無치 못홀지라. 故로 外國 言語 文字를 學習ᄒ는 人도 可無치 못홀지
나 然이나 外國 言語 文字를 是最重호 學問이라 ᄒ야 大多數 人民으로 此를
學習케 ᄒ면 (壹) 愛國心을 戕賊홀지며 (二) 工夫의 效果가 極難홀지며 (三)
人의 厭退心을 生홀지니 試思ᄒ라. 既往 漢文이 全國에 爛漫ᄒ야 惟此를

28) (논설)『대한매일신보』, 1907.11.26~27.

學問으로 知훈 故로 壹般 國民이 魔境에 陷ᄒ야 伏羲 皇帝ᄂ 自己 祖先갓치 誦ᄒ되 檀君 扶婁ᄂ 何時代 君王인지 不記ᄒ며 崑崙 黃河ᄂ 吾家 田園갓치 認ᄒ되 長白 鴨綠은 何處 山川인지 不知ᄒ야 國家精神을 消磨케 ᄒ얏스며 佶屈贅牙ᄒ 文字를 童年부터 學習ᄒ야 今年 通鑑 初卷 明年 通鑑 二卷 又明年 通鑑 三卷에 歲月을 盡送ᄒ야 他種 物理를 研究ᄒ 餘暇가 無케 ᄒ얏스며 又 此로 由ᄒ야 國民 知識 普及의 路를 塞ᄒ지 아니ᄒ얏는가.

번역 제1절 시대의 변이: 나라를 남자의 나라라고 하며, 귀족의 나라라고 하며, 정부의 나라라고 하여 국론이 오직 저 소수인에게 있으며, 국사가 오직 저 소수인에게 존재하고, 남자와 같은 수의 여자와 남자 가운데 대다수를 차지하는 노동 동포를 모두 한쪽 귀퉁이에 몰아내고 나라의 성쇠 휴척 치란 존망을 묻지 못하게 함은 태고의 어리석은 말로 악습이다. 그러나 고대는 인류와 교통이 드물어 국가의 경쟁이 적고, 외적이라는 것은 임진 병자의 잠깐 침입했던 왜적과 오랑캐들 뿐이며, 세상을 개혁한다는 것은 신라 고려가 망하고 새로 서는 왕조의 역성혁명뿐이다. 아무리 거대한 변란이 있어도 이 나라는 단지 이 나라 사람들의 나라이다. 그러므로 이들의 어리석은 이야기에 저들이 속고, 국민의 권리와 의무를 들어 저 소수인(즉 남자와 귀족)에 양보함이 가하다 할 것이나, 오늘날이 어떤 날인가. 이 단군 사천삼백년 시대는 약육강식의 시대이거늘, 이 시대를 오직 옛날 시대로 알고, 여자는 남자에게 의뢰하며, 노동자는 귀족만 의지하고, 국가사업을 돌아보지 않으면 이 경쟁이 극렬한 십자가두에 저 소수인이 어찌 국사를 잘 다스리겠는가. (…중략…) 제3절 학문계의 오해: 우리들이 금일 노동계와 여자계에 교육이 발흥됨을 진실로 축하하여 마지않는 것은 단지 하나의 안타까운 마음을 갖는 바가 있다. 오늘날 사람들이 학문(學問) 두 글자를 오해하여, 옛날 것에 물든 자는 한문(漢文)을 학문으로 알고, 또 새로운 것을 추구하는 자는 외국어를 학문으로 알아, 일하고 남는 시간이 많지 않은 데서 공부를 하고자 하는 동포에게도 이 외국 언어 문자를 가르치고자 하니, 그 오해가 어찌 심하지 않은가. 교제와 통상이 가히 없지 못할 것이므로 외국 언어 문자를 배우는 사람도 없지 않겠지만, 그러나 외국 언어 문자를 가장 중시하여 학문이라고 하고 대다수 인민에게 이를 배우게 하면 (1) 애국심을 손상하게 할 것이며, (2) 공부의 효과가 극히 어려울 것이며, (3) 사람들이 실증내고 퇴보하는 심리가 생겨날 것이다. 이왕 한문이 전국에 난만하여 오직 이를 학문으로 아는 까닭에 일반 국민이 어려운 지경에 빠져 중국의 복희, 황제는 자기의 조상처럼 읊조리며 단군 부루는 어느 시대 임금인지 기억하지 못하며, 곤륜 황하는 우리집 마당같이 인식하되 장백 압록은 어느 곳 산천인지 알지 못하여 국가정신을 소멸 마모케 하였으며, 굽고 장황한 문자를 어릴 때부터 학습하여 금년 통감 초권, 내년 통감 2권, 또 그 다음해 통감 3권에 세월을 다 보내고, 다른 것 물리를 연구할 겨를이 없게 하였으며, 또 이로 말미암아 국민의 지식 보급의 길을 막히게 하지 않았는가.

『대한매일신보』의 논설에서는 '노동자'와 '여자'를 같은 입장으로 간주하고, '남자'와 '귀족'의 전횡에 대해, 여자와 노동자의 '국론(國論)', '국사(國事)' 참여가 중요함을 주장하고 있다. 물론 여기서도 '국민 지식 보급' 차원에서 '국가정신'을 바탕으로 한 여성의 국사 참여를 의도하는 데 그쳐, 여성의 지위나 여성 노동자의 해방 문제 등을 거론한 것은 아니다. 그럼에도 국권 상실기 '남자'와 '귀족' 등의 소수자에 대한 '동등수'의 '여성'의 역할을 인식한 점은 근대 계몽기 여성문제 인식에도 변화의 기운이 싹트고 있음을 의미한다.

3. 일제 강점기 여성 해방론

3.1. 일제 강점기 여성운동의 흐름

일제 강점기 각종 사회운동은 3.1독립운동을 전후로 큰 변화를 보이고 있다. 정효섭(1971)에서 알 수 있듯이, 여성운동에서도 3.1독립운동 이전의 여성운동은 '보호회(保護會)', '예수교 부인회' 등과 같이 기독교 단체를 중심으로 이루어졌다. '보호회'는 1900년 감리교의 부인자선단체로 출발하여, 1919년까지 활동한 것으로 알려져 있으며, '예수교 부인회'는 1910년 조직되어 여성의 인권 향상과 계몽 사업을 진행하였다. 이들 단체는 국권 침탈기 '국채보상운동'과 같은 사회 활동에도 적극적으로 참여하였으나, 여성문제의 본질인 성차별과 억압으로부터의 해방 등을 주장한 것은 아니었다. 이 점에서 1920년대 여성운동은 질적인 변화를 보인 것으로 평가할 수 있다. 다음을 살펴보자.

【 女性運動[29)] 】
조선의 여성운동은 운동의 역사가 아직 썰른 데다가 운동에 대한 社會的 環境은 너무나 不利한 것이다. 그리고 일반 男性도 그러하지마는 <u>일반 女性의 사상은 너무나 傳統的이오 너무나 因襲的이다.</u> 사회 내부에서의 운동, 일반 여성을 상대로 하는 운동, 말하자면 사회 환경을 絶對로 무시하지 못하는 조선의 女性運動이라. 사상이 頑冥할사록 傳統에 저진 生活일사록 새로운 현상, 새로운 運動에 대하야 더 굿센 反動이 이러나는 것이니, 이것이 朝鮮女性運動, 아니 일반 동양여성운동의 큰 難關이다. <u>東洋流의 儒敎道德, 男尊女卑, 賢母良妻의 사상에다가 아직도 大家族制度를 완전히 버서나지 못한 가정생활의 환경 안에 머무는 婦人들과 女學生, 理想은</u>

---

29) 성산학인(1926), 「조선사회운동개관(7)」, 『동아일보』, 1926.1.7.

天堂의 幻影에다 두고 現實의 생활은 虛榮心의 支配를 밧고 잇는 人形, 奴隷的 根性에 저저서 屈從의 屈從됨을 알지 못하고 오직 僞善을 高調하고 假美를 崇尙하는 남성의 기호를 맛추기 위하야 음악, 예술, 문학이라는 감정 학문을 吸收하기에만 급급하야 情的 榮養過多症에 陷하고 시시비비의 理智에 暗昧한 그들의 전통을 파괴하는 곳에서만 가능한 朝鮮의 女性運動이니, 이것이 他部類에 속한 운동에 비하야 여성운동의 특별한 노력을 要하는 점이다. 재래 조선에서 新進女性이라는 자들은 적어도 學校를 卒業하고 능히 外出하는 女子는 거의 전부가 基督敎의 공기 중에서 敎養을 바든 자들인 관계상 다소 理智的으로 發達한 女性들은 개성에 눈쓴 자가 極少數이오 권리와 의무에 대한 사상이 극히 薄弱한 賢母良妻의 도덕과 남존여비의 관념을 無意識中에 是認하고 信奉하야 現實의 不合理에 대한 反抗意識, 압흐로의 解放意識을 아주 結餘하엿다 하여도 과언이 아닐 만한 상태에 잇다. 그럼으로 조선에는 오래동안 婦人은 基督敎 傳導人 現社會制度下에서 理想的 家庭을 建設하랴는 쏠조아적 文化運動은 잇섯스나 인간으로서의 全的 解放을 目的하는 女性의 社會運動, 女性의 階級運動은 잇지 못하엿섯다.

1926년 '사회운동 개관'의 차원에서 쓰인 이 논문은, 1920년대 이전의 여성운동과 그 이후의 여성운동이 어떤 차이를 보이는지 잘 요약하고 있다. 이 글에 따르면 당시 조선의 여성 사상은 '전통적, 인습적'이었으며, '유교 도덕', '남존여비', '현모양처', '대가족제도'를 특징으로 하고 있었다. 이러한 상황에서 부르주아적 문화운동으로서의 여성운동은 허영적이고 위선적이며, 가식적이라고 비판하고 있다.

이 논문에 나타난 바와 같이 여성운동은 '부르주아적 문화운동'과 '사회운동' 또는 '계급운동' 차원의 여성운동으로 구분된다. 특히 1920년대 이후의 여성운동은 '여성해방'을 위한 '계급운동'으로서의 방향 전환을 목표로 한 경우가 많았는데, 이러한 운동에서는 차별적이고 억압적인 여성을 '계급'으로 인식하고, 그 원인을 연구하며 조직적인 해방을 목표로 한 경우가 많았다. 정효섭(1971)에 따르면 1920년대 전반기 각종 여성 단체는 서울과 지방을 합쳐 100여 개 이상 존재했던 것으로 보이는데, 1927년 '근우회(槿友會)'가 조직되기 이전까지 활동했던 대표적인 단체로는 다음과 같은 것들이 있다.

【 1920년대 전반기 대표적인 여성 단체30) 】

연도	단체명
1919	혈성단부인회(血誠團婦人會, 대한적십자회), 대한애국부인회(大韓愛國婦人會), 대한민국애국부인회(大韓民國愛國婦人會, 혈성단과 애국부인회의 합체), 동아부인상회(東亞婦人商會) 등
1920	조선여자교육협회(朝鮮女子教育協會), 학흥회(學興會), 경성여자청년회(京城女子青年會), 여자앱윗청년회(女子앱윗青年會) 등
1921	기독여자전도대(基督女子傳道隊)
1922	조선여자청년회(경성여자청년회 개편), 여자고학생상조회, 불교여자청년회, 조선여자기독교청년회, 조선여자침공회(朝鮮女子針工會)
1923	토산애용부인회(土産愛用婦人會), 경성여자공제국(京城女子共濟局), 대한간호협회, 대한기독교절제회연합회(大韓基督教節制會聯合會), 천도교내수단(天道教內修團) 등
1924	조선여성동우회(朝鮮女性同友會)
1925	경성여자청년동맹(京城女子青年同盟), 경성여자청년회, 여성해방동맹
1926	중앙여성동맹, 경성여자청년회, 여성해방동맹
1927	근우회(槿友會)

이 단체 가운데 1924년 조직된 '조선여성동우회'는 그 당시 여성운동을 주도했던 '정종명, 허정숙, 정칠성, 박원희' 등이 중심이 되어 서울의 각종 단체와 연합하여 전국적인 조직을 갖추고자 했던 단체로, 조직적인 여성운동을 전개한 대표적인 단체로 알려져 있다. 이 단체의 활동에 대해 『동아일보』 1925년 1월 1일자 '사회운동개관'에서는 다음과 같이 서술하고 있다.

---

30) 정효섭(1971), 『한국여성운동사』, 일조각, 133쪽.

【 女性運動31) 】

在來 부루주아 女性은 '賢母良妻主義'로 現社會制度 下에서 이상적 가정을 건설하는 것이 그들의 最高 理想이엿고, 부루주아 여성 중에 進步 分子들은 한껏 文化運動에 參加한 것뿐이엿다. 그러나 필경 역사의 法則이 命하는 思潮는 여성 사이에도 社會問題를 연구하며 社會運動에 趣味를 가진 分子가 나타나서 階級的으로 自覺한 女性運動이 점차 發芽하엿다. 1924년은 女性運動의 發芽期이다. 資本主義가 發達됨을 따라 女子勞働者가 증가되고 女子 勞働階級의 사이에도 反抗意識이 潑潑하게 되엿나니 재작년 이래 고무 女職工 罷業(고무여직공 파업)을 위시하야 작년에는 이러한 罷業이 각지에서 頻出하게 됨은 확실히 조선 여성운동의 원인이 되엿다. 京城 고무 女工罷業, 仁川 精米會社 女工罷業은 과연 현대 資本主義 發達의 伴隨하는 사실이다. 이에 이러한 女性의 自覺을 배경으로 하고, 여성운동의 精英의 發起로 작년 5월에 京城에서 朝鮮女性同友會(조선여성동우회)가 조직되엿나니 이제 그 綱領을 보면,

一. 本會는 社會 進化 法則에 의한 新社會의 건설과 女性解放運動에 立할 일군의 訓練과 敎養을 期함

二. 本會는 朝鮮女性解放運動에 참가할 女性의 團結을 期함

以上의 강령을 세우고 나타난 該會는 出世의 時日이 尙淺하야 可擧할 戰績이 別無하나 장래 朝鮮 女性運動은 이것을 系統으로 하고, 점차 진전될 것이니 과연 該會의 책임이 輕하지 안하다.

이 논문에 따르면 여성운동은 '부르주아 여성운동'과 '계급적 자각'을 바탕으로 한 여성운동이 구분된다. 이른바 '문화운동' 차원에서 여성 계몽을 부르짖는 여성운동은 전자에 속하며, 계급적 자각을 바탕으로 반항의식을 갖고, 여성해방을 목표로 하는 운동은 후자에 속한다.

---

31) 『동아일보』, 1925.1.1.

이 논문에서는 1924년 '조선여성동우회'가 창립 강령에서 '사회 진화 법칙'을 전제로 '신사회 건설', '여성해방운동'을 표방하였으며, '여성 단결'을 표어로 여성운동을 조직화하고자 한 점에서, 계급적 자각운동 으로서의 여성운동을 시작한 단체로 평가한 것이다.

이러한 평가는 계급적 관점 또는 사회주의 차원에서 여성운동의 일 면을 평가한 것으로 볼 수도 있으나, 근본적으로는 1920년대에 이르러 여성문제의 인식 범위와 연구 방법에 큰 변화가 일어났음을 의미하는 것으로 볼 수 있다. 특히 이 시기 '여성해방'은 정치적 차원에서의 '남녀 평등권', '참정권 문제', 경제적 차원에서의 '여성 노동자 문제', 사회적 차원에서의 '가족제도'와 '혼인 문제', '연애 문제' 등이 주요 과제로 대 두되었다. 『동아일보』 1928년 1월 6일자 견원생(鵑園生)이라는 필명의 '조선 여성운동의 사적 고찰'은 이러한 여성운동의 흐름을 잘 나타내 준다.

【 朝鮮 女性運動의 史的 考察[32] 】

현사회 卽 資本主義 社會 이전의 사회는 封建主義 社會이엇다. 그 봉건 주의 사회의 秩序는 일반 여성의 인격, 권리를 여지업시 쌔아서 버리어 가장 柔順한 양으로 맨들엇다. 여성 자신들이 意識하고 아니하얏슴을 불 문하고 세계는 분명히 그들의 恨의 바다이엇다. 눈물의 골(谷)이엇다. 그 러나 여성의 그와 가튼 지위는 그 시대의 남성들 쏘는 여성들 自身까지 생각하얏든 것과 가티 영원한 天定八字는 아니엇스니 시대는 變하얏다. 사회는 변하얏다. 인민의 自由, 平等의 絶叫聲은 봉건사회의 弔鐘으로서 世界에 울리어젓다. 개인의 권리의 획득을 위한 새사람들의 犧牲的 싸움 의 대가로서 자본주의 사회가 建設되엇다. 여성운동은 실로이 變遷과 한 가지 出發한 것이다. 그들은 시대에 눈썻다. 그들을 가두엇든 封建的 閨房

---

32) 『동아일보』, 1928.1.6.

이 얼마나 불합리한 것인가를 알게 되어 人形的 地位로부터 奴隷的 地位로부터 解放하야 自由의 한사람으로서 사회에 서고저 蹶起한 것이다. 그것이 즉 封建制度에 대하야 싸운 女性運動이다.

歷史의 約束은 한 時代的 價値 이상을 대표하지 못하는 것이엇다. 만인의 自由, 平等을 약속한 자본주의 사회가 실현한 것은 其實 사회 全員의 一部分, 그나마도 전원 중 소수밧게 아니되는 일부분만의 자유, 평등에 不過하얏스니 사회는 利害 相反한 兩大 階級으로 갈라지게 되엇다. 그리하야 그 양대 계급간에 階級的 싸움이 開始되어 한편은 現秩序를 영원히 保守하고저 고집하게 되고, 한편은 다시 더 조흔 미래를 마지하고저 急進하게 되엇다. 이와 가튼 계급적 대립은 동시에 女性의 분열 대립을 招來하게 되엇스니 於是乎 階級的 女性運動이 역사적 필연으로서 全開하게 되엇다. 고로 근대 여성운동은 그 본질상 2계단으로 구별되는 것이다. 그리고 그 階段의 구별은 先進 各獨立國에 잇서서는 분명히 看取할 수 잇도록 전개되엇다.

그러나 조선에 잇서서는 사회의 進化가 正當的으로 진행되지 못하얏다. 쌀하서 女性運動도 正當的으로 발전하지 못하얏다. 쑨 아니라 사회 전체가 有力하게 發展하지 못한 그만큼 여성운동도 쌀하서 유력하게 발전하지 못하얏다. 이와 가튼 모든 관계에 의하야 朝鮮 女性運動을 史的으로 考察하는 것도 대단히 困難하다. 그러나 여성운동이 오래 전부터 잇서온 것만은 사실이며, 또 現存에는 비교적 유력하게 된 것이 사실이니, 如何히 곤란할지라도 그것을 歷史的으로 分明히 하야 노흘 필요가 잇다고 생각된다. 그 필요에 대하야 幾十分之一 쏘는 幾百分之一이라도 답하야 보려는 것이 나의 이 小稿의 目的이다.

나는 조선 女性運動의 至今까지의 階段을 3기로 난호아서 愛國婦人會 創立 後로부터 女性同友會 創立 後까지를 第一期, 女性同友會 創立 後부터 槿友會 創立 이전까지를 第二期, 槿友會 창립 이후를 第三期로 한다. 삼일운동 이후만을 문제 삼음으로 이와 가티, 구분되지마는 그 이전의 시대도 너흐면 第一期가 사물 過去로 향하야 延長될 것은 물론이다.

한국 여성운동사에 대한 최초의 기록이라고 할 수 있는 이 논문에서는 봉건시대로부터 자본주의 시대로 전환되는 과정에서 여성운동은 '인형적(人形的)'[33]·노예적 지위의 여성이 자유와 평등, 개인의 권리를 획득하기 위한 투쟁으로 이어졌으며, 소수의 자유와 평등을 보장하는 자본주의 사회에 대립하여 계급적 여성운동이 필연적으로 일어난다고 주장한다. 이를 전제로 이 논문에서는 '애국부인회', '여성동우회', '근우회'를 주목하였다.

이에 따르면 제1기의 주요 단체인 '애국부인회'는 1919년 6월 민족운동 차원에서 조직된 비밀 단체[34]로, 김원경, 오현주, 최숙자, 오현관, 김마리아, 황애시덕 등 당시 주요 여성 사회운동가들이 참여한 단체였다. 애국부인회는 1919년 10월 회장 김마리아, 부회장 이혜경, 총무 황애시덕, 서기 신의경, 부서기 김영순, 재무장 장선희, 적십자회장 이정숙 등으로 중앙기관을 조직하고, 각 지부를 정리하여 조직적 활동을 전개하던 중 1개월만에 비밀이 탄로나 대부분의 간부와 회원이 체포되었으며(김원경, 김마리아, 황애시덕은 징역 3년, 이정숙, 장선희, 김영숙은 징역 2년) 이에 따라 회를 해산하였다. 이처럼 어려운 환경에서 진행된 여성운동이었지만 이 논문에서는 애국부인회의 활동을 기독교적 분위기에서 진행된 '부르주아 여성운동'으로 규정하고 있는데, 그 이유는 '여권운동의 성질(남자와의 대립)'이 미약했기 때문이라고 한다.[35] 달리 말해 계급적 여성운동은 '남녀평등'을 전제로 여성의 지위 향상을 목표

---

33) 이 용어는 1920년대 입센의 '인형의 집'이 소개되면서 여성의 지위를 상징하는 용어로 쓰였다.

34) 현재까지 이 단체에 대한 연구가 충분히 이루어진 것으로 보기는 어렵다. 다만 김종일(1968)의 「항일 애국투사 김마리아」(『녹우회보』 10, 이화여자대학교 사범대), 이선이(2016)의 「선각자 김마리아에 대한 선교적 조망」(『선교신학』 44, 한국선교신학회) 등과 같이 단체를 주도했던 인물에 대한 연구가 활발하다.

35) 이러한 차원에서 1920년대 초 기독교나 민족주의 운동하에서 일어난 여성운동, 또는 여성교육운동은 대부분 부르주아적 여성운동이라고 하였다. 특히 1920년 9월 김원주 등이 발행한 『신여자(新女子)』(4호까지 발행됨)도 이 범주에 속한다고 하였다.

로 하는 운동이라는 것이다.

제2기는 앞선 시기와는 달리 무산계급 여성운동이 일어난 시기라고 규정한다. 이를 대표하는 단체가 1924년 5월 조직된 '조선여성동우회'였으며, 대표적인 인물로 주세죽(朱世竹), 허정숙(許貞淑), 정종명(鄭鍾鳴), 박원희(朴元熙), 최성삼(崔聖三), 이춘수(李春壽), 우봉운(禹鳳雲), 정칠성(丁七星), 김현제(金賢濟), 김필애(金弼愛), 오수덕(吳壽德) 등으로, 이들은 대부분 사회주의자들이었다. '사회 진화 법칙', '신사회 건설', '여성 해방운동' 등을 강령에 포함한 이 단체는 '여공 파업'을 비롯한 계급운동에 주력하고, 남녀평등 사상을 고취시키는 데 주력하였다. 이 점은 한국의 여성운동사에서 질적인 변화를 보인 것으로 평가할 수 있다. 다만 이러한 운동도 그 당시 일본의 여성운동과 밀접한 관련을 맺었던 것으로 보이는데, 이 논문에서는 그 당시 동경에서 창립된 '삼월회'[36]의 역할도 매우 컸던 것으로 기술하고 있다.

제3기는 제2기의 활동 과정에서 분파되었던 '여성동우회', '경성여자청년동맹', '경성여자청년회'의 반목이 해소되고 '근우회(槿友會)'를 조직한 이후의 활동을 의미한다. 근우회는 1927년 4월 26일 유영준(劉英俊), 양매륜(梁邁倫), 이요휘(李孝輝), 차사백(車士百), 박경식(朴慶植), 신알베트(新알베트), 서필선(徐弼善), 김은도(金恩道), 김일엽(金一葉), 정소군(鄭昭君), 이현경(李賢卿), 유각경(兪珏卿), 현신덕(玄德信), 임순분(林順分), 김지자(金智子), 김선(金善), 길정희(吉貞姬), 임흥순(林興順), 박신우(朴新友), 황신덕(黃信德), 김순복(金順福), 김활란(金活蘭), 방신영(方信榮), 김영순(金英順), 정칠성(丁七星), 진숙봉(秦淑鳳), 주세죽(朱世竹), 신숙경(申淑瓊), 최활란(崔活蘭), 김미리사(金美利士), 이은혜(異恩惠), 홍애시덕(洪愛施德), 강정희(姜貞熙), 정종명(鄭鍾鳴), 정자영(鄭子英), 조원숙(趙元淑), 최은

---

36) 삼월회는 1925년 3월 동경에서 창립된 단체로, 황신덕(黃信德), 박순천(朴順天), 권명범(權明範), 주경애(朱敬愛), 이현경(李賢卿) 등이 중심 인물이었으며, 사회주의 선언 강령을 발표하였다.

희(崔恩喜), 김순미(金順美), 손정규(孫貞圭), 박원희(朴元熙) 등 그 당시 주요 단체 인물이 모두 참가하여 조직한 단체이다. 당시 근우회 창립은 민족주의와 사회주의 대립을 해소하기 위해 조직된 '신간회'와 마찬가지로, 전조선 여성운동의 통일체를 구성해야 한다는 차원에서 큰 기대를 모았다. 다음은 근우회 활동의 의미를 추론할 수 있는 사설이다.

【 여성운동에 대한 일고찰: 犧牲과 奮鬪의 精神[37] 】

　종래의 世界史가 남성 일방의 世界史요, 現在의 사회제도가 男性本位의 사회제도라. 痛論하는 것은 점차 覺醒해 온 新女性 運動者 방면으로의 切實한 부르지짐이다. 일이의 先進國을 제하고는 여성은 依然 政治的 選擧 被選擧의 자유가 업고 경제상으로 人妻로서의 재산의 所有權이 업스며 사회적으론 侮蔑과 本意 아닌 尊敬을 밧는 것이 無僞할 世界의 현상이다. 各方面에 뒤떨어진 朝鮮 社會에 잇서서 이상 정치적 경제적 사회적 各方面에 여성의 無視를 밧는 것은 預言할 여지가 업다. 一部 知識階級間에 가정적으로 어느 정도 自由한 平等한 夫婦道가 行하고 잇다 할지라도, 일반 민중은 의연 古來의 傳統에 만족치 안흐면 안 될 쑨 아니라, 일보 가정을 써나면 누구나 政治的 經濟的 社會的으로 不利한 지위에 處하게 되엇다. 이러한 불합리한 사회제도를 匡正하기 위하야 意氣 잇는 先覺 女性 가운데 그 奮起를 보게 된 것은 宜勢 當然하다 말하지 안흘 수 업다.

　조선에 女性運動이 일어나기는 基督敎가 수입된 이래 敎會에서 啓蒙思想을 바든 것이 대개 그 시초라 말할 것이다. 그 후 기미년을 지나 女子의 向學熱이 팽창되자 일부 여성 가운데 女性解放運動(여성해방운동)을 부르지즌 것이 第二階段이오, 진정한 의미의 覺醒의 第一步라 할 것이다. 그러나 이것이 모다 分散的이엇고 具體的 綱領가튼 것을 들지 못한 점에 잇서서 眞實한 여성해방운동의 중요한 가치를 가지지 못하얏섯다. 그 후 사정

37) 『동아일보』, 1929.7.26.

의 發達과 한가지하야 과거의 운동을 反省하고 주위 사정을 參酌하야 전 조선적의 여성단체를 創立하얏스니 즉 槿友會가 그것이며, 실천의 가능은 第二問題로 잡고라도 綱領 及 政策을 든 점에 잇서서 획기적 事實이라 할 것이다.

　同會의 강령의 요점은 사회적 경제적으로 남성 同樣의 自由와 權利를 요구하는 데 잇는바 금년 第二回 전국대회에 提出할 議案 중 행동 강령에 도 이것이 강조되어 잇는 것은 該問의 소식을 斟酌할 수 잇다. 一. 女性에 대한 社會的 法律的 一切 差別 撤廢, 一. 一切 封建的 因習과 迷信 打破 등이 이것이다. 農民 婦人의 경제적 이익 옹호라든가 부인 勞働의 賃金 差別 撤廢 가튼 자는 조선의 현상에 비추어 遠大한 理想에 속하는 자어니와 하여간 종래의 隸屬狀態에 잇든 여성의 지위를 향상하랴 하는 노력에 잇 서서는 의당한 주장이라 한다. 이것만으로도 조선의 여성이 점차 覺醒해 왓다 하는 것은 不誣할 사실이다. 그러나 금후 槿友會는 그 강령의 실현을 위하야는 위대한 결심과 노력을 요하는 것은 물론이다. 何故뇨 하면 기존 세력 즉 法律 及 社會制度에 대하야 支持的 態度를 取하는 여성 이외의 諸勢力 밋 여성 지도자 자체의 사회적 困難性 등이 굿세게 색리를 부치고 잇는 까닭이다.

이 사설에서 알 수 있듯이, 근우회의 강령에는 '여성에 대한 사회적, 법률적 차별 철폐', '봉건적 인습과 미신 타파'가 들어 있다. 한국의 여 성운동이 세계사적 흐름과 마찬가지로 근우회를 중심으로 부르주아 적·계몽적·분산적·비구체적 여성운동에서 조직적·구체적 여성운동으 로 진화했다는 입장에서, 당시의 시급한 여성문제가 '남성과 동등의 자 유와 권리'를 요구하는 것, '사회적·법률적 차별'을 철폐하는 것 등에 있음을 강조한 점은 일제 강점기 여성운동의 진화된 모습임에 틀림없 다. 그러나 이 시기 여성운동이 비록 전조선적 조직체를 갖추고자 했을 지라도 일제 강점 상황에서 각종 운동이 탄압을 받았고, 여성운동 지도자와 여성 대중의 관계가 밀접하지 못했던 점, 전통적인 인습의 영향 등에 따라 해방운동으로서의 여성운동이 순탄했던 것만은 아니다. 그렇기 때문에 일제 강점기 말기 전시 체제 하에서 '애국부인회', '애국자녀단' 등과 같이 친일적 여성단체 활동이 나타나기도 하였다.[38]

3.2. 다양한 여성 문제 인식과 여성해방운동

한국 여성운동사에 대한 다수의 논문에서 확인할 수 있듯이, 일제 강점기의 여성운동은 '계몽적·부르주아적 여성운동'에서 '사회적·계급적 여성운동'으로 변화해 왔음은 틀림없는 사실이다. 이는 일제 강점기 여성 담론이 근대 계몽기에 비해 다양화되고 여성문제에 대한 분석적 논문이 출현하는 데서도 확인할 수 있다. 특히 1920~30년대 『동아일보』에는 여성문제와 관련한 심도 있는 논문이 다수 게재되었는데, 그 가운데 다음 주제들은 주목할 만한 것으로 보인다.

【 『동아일보』 소재 주요 여성 담론 】

ㄱ. 여성문제 또는 부인문제 개관

. 1920.8.16~17. 김려생, 여자해방의 의의(2회)

. 1922.6.13~6.30. 이쿠다조코·혼마히사오(生田長江 本間久雄), 부인문제 개관(15회)

. 1925.1.2. (사설) 부인문제에 대하야(1회)

. 1926.1.1~1.4. 허영숙, 부인문제의 일면: 남자할 일 여자 할 일(4회)

. 1928.1.6. 두원생, 조선 여성운동의 사적 고찰(1회)

---

38) 일제 강점기 여성 단체의 친일 활동에 대해서는 신영희(2012)의 「전시체제기 애국부인회 조선본부의 군사 후원 사업과 애국 자녀단」(『지역과 사회』 30, 부경역사연구소), 박윤진(2007)의 「대일본 부인회 조선본부의 결성과 활동」(『한국문화연구』 13, 이화여자대학교 한국문화연구원) 등을 참고할 수 있다.

. 1929.1.1~3. 최의순, 십년간 조선 여성의 활동: 배태긔에서 활약긔에, 활약긔에서 다시 침톄긔에(3회)

. 1929.7.26. (사설) 여성운동에 대한 일고찰: 犧牲과 奮鬪의 精神 (1회)

ㄴ. 여성의 지위, 남녀평등 관련

. 1920.7.9~10. 봉서산인, 인권과 남녀평등(2회)

. 1922.1.25~27. 변희용, 남녀투쟁의 사적 고찰(3회)

. 1928.1.3~5. 허정숙, 부인운동과 부인문제 연구: 조선 여성의 지위는 특수(3회)

. 1932.1.16~23. 신동엽, 상고 조선여성 地位考(7회)

. 1932.1.26~2.2. 신동엽, 상고 조선 자유애혼속고 (7회)

ㄷ. 가족제도 관련(이혼문제)

. 1922.3.8~15. 오사카 마이니치 신문, 현대 혼인문제의 연애 외 요소(6회)

. 1924.1.2~4. (기사) 이혼문제의 가부(2회)

. 1924.2.18~25. 어수갑(魚秀甲), 일부일처제의 역사(2회)

ㄹ. 경제적 지위 문제(어멈 문제)

. 1926.11.3~11.5. (기사) 어멈문뎨: 사람 대접 못밧는 불상한 안잠자기(3회)

. 1928.3.14. (기사) 조선 어멈: 중산계급 필두로 귀족 몰락의 조종(1회)

. 1929.11.12~13. 최○경, 직업부인이 되기까지 무서운 황금력(2회)

. 1934.1.1~1.4. (사설) 조선부인의 당면문제(3회)

. 1936.1.1~10. (특별논단) 고양생, 여성의 갈곳은(6회)

. 1936.1.11~15. (특별논단) 尹敬信, 여성의 갈 길은 직장이냐 가정이냐(3회)

ㅁ. 정치적, 사회적, 법적 문제(공창 문제)

. 1927.6.22~23. (시평) 조선 여성의 정치적 상식(2회)

. 1929.3.21. (사설) 공창 폐지안(1회)

. 1934.6.16~7.4. 김정실, 공창문제는 어데로 가나(11회)

. 1934.12.9. (사설) 공창폐지운동에 대하야(1회)

. 1934.12.9. (사설) 화류병에 대한 특별 계심(1회)

. 1936.4.1~25. 정광현, 조선여성과 법률(10회)

ㅂ. 여성생활

. 1931.11.1~20. 世專醫, 李明赫, 女性과 家庭生物學(13회)

ㅅ. 신여성(모던걸) 논쟁/연애문제

. 1925.6.17. (사설) 최근 신여성의 경향(1회)

. 1926.1.4. (사설) 부인운동과 신여성(1회)

. 1926.2.25~27. (사설) 현하 청년과 연애문제(3회)

. 1926.10.11~15. 옥순철, 자기해방을 망각하는 조선의 신여성(5회)

. 1926.10.29~11.3. 옥순철, 과도기의 일반 여성과 조선 여성의 민감성(3회)

. 1927.4.2~4.9. 광산, 신여성과 정조관념(7회)

. 1927.4.14~17. 유영준, 광산 씨의 신여성 정조관(4회)

. 1927.4.28~29. 최활, 정조문제에 대한 답변 수칙(2회)

. 1927.6.15. 김영식, 신여성에게(1회)

. 1927.8.20~24. 김안서, 모단(毛斷)썰과 남성해방연맹(4회)

. 1929.2.23~24. 성동파, 결혼난과 신여성(2회)

. 1929.4.10~25. 신여성의 가족생활(15회)

. 1931.4.22~5.9. 雲從學人, 貞操의 장래(10회)

일제 강점기 여성운동 담론에서 주목할 것은 근대 계몽기의 '여자교육담론'에서 '부인운동', '여성운동', '여성해방운동'이라는 용어가 일반화된 사실이다. 이러한 담론 가운데 일부는 일본 여성운동가들의 이론을 번역한 것도 있지만, 여성문제에 대한 체계화, 이론화가 이루어지고 있음은 여성운동의 진보를 의미하는 것이다.

이와 같은 진보는 여성운동에 대한 사적 고찰을 주제로 한 논문에서 찾아볼 수 있는데, 앞서 살펴본 두원생(1928)의 '조선 여성운동의 사적 고찰'뿐만 아니라, 1929년 1월 1일부터 3일까지 연재된 최의순(崔義順)의 「십년간 조선 여성의 활동: 배태긔에서 활약긔에, 활약긔에서 다시 침체긔에」에서도 확인할 수 있다. 특히 최의순의 논문은 여성운동사를 '배태기(애국부인회 중심)', '활약기(조선여성동우회, 근우회)', '침체기(근우회의 분열)'로 나누고, 조선 여성운동의 방향을 제시하고자 했다는 점에서 의미가 있다.

여성운동의 본질인 여성의 지위, 곧 남녀평등과 관련된 논문도 다수 발견된다. 그 가운데 변희용(1922)의 「남녀투쟁의 사적 고찰」은 여성문제도 다른 사회문제와 마찬가지로 사회 진화의 법칙에 따라 생겨난 문제이며, 경제적 차원에서 자본주의 발달에 따라 양성 불평등이 생겨났다는 입장을 취하고 있다. 이에 따르면 성 불평등은 '몽매시대 → 야만시대 → 사유재산제도 발생과 국가조직 성립'의 순서에 따라 양성의 지위가 전도된 현상으로 규정하고 있으며, 이를 해결하기 위해서는 자본주의 경제조직이 근본적으로 붕괴되어야 한다는 주장을 펼친다. 이러한 주장은 사회주의 이론이 만연되는 상황에서 여성문제를 바라보는 기본 입장이 되었다. 그후 신동엽(1932)의 「상고 조선여성 지위고(上古朝鮮女性 地位考)」, 「상고 조선 자유애혼속고(上古 朝鮮 自由愛婚俗考)」는 여성의 지위에 관한 역사적 고찰을 목적으로 한 논문인데, 식민지 현실에서의 여성 지위 문제보다 역사적 문제에 관심을 기울인 것은 식민시대 현실문제에 대한 연구가 쉽지 않았기 때문으로 보인다.

여성의 지위는 곧 가족제도나 경제 문제 등으로 이어진다. 특히 가족제도와 밀접한 관련을 맺는 주제는 '혼인', '이혼' 등이다. 혼인문제는 오사카 마이니치 신문의 연재물을 번역한(1922) 「현대 혼인문제의 연애외 요소」, 어수갑(1924)의 「일부일처제의 역사」 등이 있다. 전자의 논문에서는 연애와 혼인을 성욕과 관련지어 설명한 점이 특징인데, 연애는 개인적 성욕 충족 과정으로 해석하고, 혼인은 사회적·윤리적 의무와 관련지어 영속적 생활을 유지하는 제도로 규정한다. 특히 현대의 혼인은 여성의 정신적 특질 발휘를 목표로 해야 하는데, 그것이 '부인운동'이라고 주장한다.

식민시대 여성운동이 여성문제 해결과 해방보다 '부인운동'으로 일 컬어질 경우가 많았음은 다수의 기사에서도 확인할 수 있다. 이 부인문 제는 가족 내의 성차별보다는 전통적인 '현모양처' 또는 가족 경제의 책임자를 강조하는 차원에서 대두된 문제로 볼 수 있다. 이 점에서 여 성의 경제 활동과 관련한 기사나 논문도 빈번히 게재되었는데, 그 가운 데 대표적인 문제가 '어멈문제(안잠자기)', '직장문제', '부업문제' 등이 었다. 1926년 11월 3일부터 5일까지 연재된 「어멈문데: 사람 대접 못 받는 불상한 안잠자기」나, 최○경(1929)의 「직업 부인이 되기까지 무서 운 황금력」, 고양생(1936)의 특별논단 「여성의 갈 곳은」 등은 이를 반영 한다. 이처럼 여성의 경제 활동과 관련한 다수의 특집 기사나 논문이 게재되기는 하였지만, 그것이 경제적 차원에서 여성문제를 어떻게 다 루어야 하는지를 학리적으로 분석한 논문은 찾기 어렵다. 이러한 경향 은 1920년대의 대표적인 여성잡지인 『신여성』(1923.9~1931.7)이나 1930 년대의 『여성』(1935.4~1940.12)도 비슷한데, 여성의 경제 활동, 곧 '직업 부인' 문제는 경제적 도움이 되는 조언 차원을 벗어나지 못할 경우가 많았다.

여성의 정치적, 사회적, 법적 문제와 관련한 관심은 여성 문제의 본 질 가운데 하나이다. 그러나 식민시대의 여성문제에서는 이러한 주제 가 심도 있게 논의되지 못했던 것으로 보인다. 다만 1930년대 '공창문 제(公娼問題)'가 대두된 것은 주목할 일이다. 이 문제는 1929년 일본의 후쿠시마(福島), 후쿠이(福井) 등지에서 공창 폐지운동이 본격화된 것과 깊은 관련을 맺고 있는데, 『동아일보』 1929년 3월 21일자 사설에서 '공 창 폐지안'이 거론되기 시작하였다.[39] '공창(公娼)'은 국가가 허가한 매 음제도라는 차원에서 자본주의 체제 하의 '성의 상품화'와 밀접한 관련

---

39) 『동아일보』, 1929.3.21. 이 사설은 당시 일본 사회민중당 아베(安部磯雄)이 공창폐지안을 대상으로 쓴 것이다.

을 맺고 있지만, 본질적으로는 '도덕'의 문제가 아니라 '신분'과 '경제'의 문제에 해당한다.

【 公娼 廢止案[40] 】

공창이 현대 産業革命 이후의 家族制度의 破壞로서 인한 필연적 산물인 것은 呶呶할 필요가 업다. 가정에 잇서 滿足을 구하지 못하는 賃金 勞働者, 下級 俸給者들를 만족케 하랴 하고 가정을 일울 수 업는 下級 女子들을 賃金 女工과 카페 女給으로 내는 外에 娼女로서 그 勞働을 팔게 하자는 것이, 公娼制度의 존재 理由이다. 공창은 인간으로서의 休息處인 가정의 破壞의 産物이며 인간의 道德的 풍기를 頹廢케 하는 惡制度이다. 창녀의 생활은 人類 解放 이후의 노예생활이며 現代 社會가 표면만을 裝飾하는 反對的 暗黑面이다. 법률상 창녀는 勞賃 관계로 되어 잇스나 사실상 경제에 속박된 그들은 거의 終身的 賣身者이다. 이가튼 악제도가 상금껏 存在한다 하는 것은 현대 문명인의 恥辱이라 안흘 수 업다.

이 사설에서는 공창을 '가정 파괴의 산물', '도덕적 풍기를 퇴폐케 하는 악제도'로 규정하고, 창녀의 생활을 '노예생활', '경제에 속박된 종신적 매신자'라고 규정한다. 그렇기 때문에 '현대 문명인'의 치욕을 면하기 위해 공창을 폐지해야 한다고 주장한다. 이 주장은 공창 발생의 요인, 공창과 사창(私娼)의 관계, 여성의 지위나 사회, 경제, 법적 문제 등의 종합적 차원을 고려한 주장이라고 보기는 어렵다. 특히 그 당시 공창 폐지를 주장하는 사람들의 주된 이유가 '사회 풍교(社會風敎)', '국민 건강' 등에 맞추어져 있었음을 고려한다면, 공창 제도의 본질이 규명된 것은 아니다. 식민지 조선에서의 공창문제는 1934년 일본의 '창기 취체 규칙' 폐지와 관련하여 다시 논란이 되었다. 김정실(1934)의 '공창문제

---

40) 『동아일보』, 1929.3.21.

는 어데로 가나'는 이 시기 공창 문제를 분석한 대표적인 연재물로 볼 수 있는데, 그 당시 인신매매 현상을 구체적인 사례 중심으로 제시하고, 그로부터 공창 폐지가 필요함을 주장하였다. 이처럼 공창 문제를 거론한 것은 여성운동 차원에서 진일보한 면을 보인다. 그러나 이 시기 공창 폐지의 근거가 매음(賣淫)과 관련된 도덕 문제, 경제적 핍박 등과 같이 '자본주의 체제 문제'나 '개인 문제'로 단순화된 점은 공창제도의 본질을 간파한 것으로 보기는 어렵다.

엄밀히 말하면 공창 문제는 사회 구조적인 문제이자, 식민시대 조선 여성의 삶과 직결된 문제였다. 달리 말해 단순히 경제적 차원의 문제가 아니라 사회적, 법적 보호를 받지 못하는 식민지 여성의 문제였다. 그러나 식민시대 여성의 법적 지위가 보장되지 못하는 상황에서 공창문제는 단순한 사회문제 또는 추상적인 자본주의 시대의 성의 상품화로 간주되었을 가능성도 있다. 식민시대 여성의 법적 지위와 관련된 논의가 활발하지 못한 것도 이러한 상황과 크게 다르지 않다. 『동아일보』의 경우 여성의 법적 지위 문제는 정광현(1936)의 '조선 여성과 법률' 이외에 특별한 논문이 발견되지 않는다. 이 논문에 따르면 당시 여성과 법률문제에 관한 몇 편의 논문이 발표되었다고 하는데,[41] 이와 관련한 자료는 현재까지 찾기 어렵다. 그럼에도 정광현(1936)의 논문에서 '여성 정조와 관련한 법률'과 여성의 '법률상 능력(행위능력, 권리능력, 의사능력, 민사책임능력, 형사책임능력)'을 살핀 것은 의미 있는 일로 보인다. 다만 이러한 법적 고찰이 그 당시 여성운동의 방향을 제시하는 데 직접적인 영향을 주었는지는 확신하기 어렵다.

---

41) 정광현은 『이화』 제4집에 「조선 여성의 법률상 지위」, 『조선중앙일보』 1933년 12월~1월 사이에 「여성의 법률」을 연재한 것으로 알려져 있다. 또한 당시 김활란이 『여론(女論)』 제1권 제4호에 「여성 정조 문제」를 게재하였다고 한다.

4. 식민시대 여성운동의 본질과 한계

4.1. 식민시대 여성운동의 본질

앞서 살펴본 바와 같이, 일제 강점기 여성운동사에 관한 몇 편의 논문을 참고하면, 3.1독립운동 이후 여성운동이 활발히 전개되었음을 알수 있다. 특히 '애국부인회', '조선여성동우회', '근우회'의 활동을 중심으로, 여성운동이 큰 변화를 보였다는 인식은 일제 강점기 여성운동사를 인식하는 논자들의 공통된 논리였다. 그럼에도 일제 강점기의 여성운동은 여성문제 인식 태도와 범위, 여성운동의 주도층과 객체로서의조선 여성을 인식하는 방법 등에서 여러 가지 한계를 갖고 있었던 것으로 보인다.

여성문제는 연구 대상이나 방법에 따라 다양한 접근이 가능하다. 여성학이 발달하면서 성에 관한 생리적·의학적 접근을 비롯하여, 사회구조, 경제적, 법적, 문화적 관점의 다양한 접근이 이루어지고 있음은특별한 주의를 기울이지 않아도 쉽게 이해할 수 있다. 그럼에도 식민시대의 여성문제는 시대사조에 따라 '청년운동', '학생운동'과 쉽게 분리되지 않은 채 '부인운동', '현모양처론', '신여성론' 등이 혼재된 시기로볼 수 있다.

일제 강점기 여성운동의 특징은 정효섭(1971)에서 정리한 바와 같이신교육을 받은 기독교 여성이 중심이 되었다. 기독교적 자유와 평등, 박애정신이 전통적 인습에 갇혀 있는 한국의 여성문제를 인식하고 해결하는 데 적절한 사상이었기 때문이다. 그러나 일제 강점기의 여성운동은 이른바 소수 지식인 중심의 여성 계몽운동이자 식민시대의 정치·사회적 요인에 의해 그 인식 범위와 활동상이 제약적일 수밖에 없었다.

이 점은 여성운동을 표상하는 여성잡지류를 통해서도 짐작할 수 있다. 예를 들어 『신여성』의 경우 제2권 제7호(1924.10)부터 연재된 「부인

문제: 부인의 참정권 운동」, 제10호 「부인운동과 인격문제」(이상 김윤경), 제3권 제2호(1925.2)의 「인간 본위의 부인문제」(북악산인), 「부인운동의 조류」(ST) 등과 같은 학술적 차원의 논문이 없는 것은 아니지만, 1920년대 여성잡지의 대부분은 여성문제를 '부인문제'로 인식하고, '인격 개조', '수양'의 차원을 중시하는 경향이 있었다. 곧 여성문제도 여성의 의식 개조, 생활 개조, 풍속 교정 차원으로 접근하거나, 경우에 따라서는 '성문제'가 흥미 위주로 가볍게 다루어지기도 하였다.

그렇기 때문에 일제 강점기의 여성문제는 여성잡지보다 일간 신문의 연재물이나 『신동아』(1931.11~1936.7)와 같은 종합잡지의 논문에서 좀 더 심층적으로 다루어지는 경향이 있다. 『신동아』의 경우 통권1호부터 제57호까지 대략 90여 편의 여성 관련 자료가 발견되는데, 여성문제의 특징을 거론한 홍효민의 「현대 여성의 부동성: 소위 모더니즘 편린」(1931년 12월호), 남녀평등과 가족문제에 관한 백촌학인의 「이상사회의 남녀관계」(1932년 4월호), 「가족제도와 가정제도」(1932년 5월호), 「유치원 교육과 가정교육」(1934년 4월호), 여성의 경제문제를 대상으로 한 김활란의 박사논문 「직업전선과 조선 여성」(1932년 8월호), 공창문제에 대한 이영준의 「의학상으로 본 공사창 문제에 대하여」, 법률 문제에 관한 최태영의 「부인의 법률상 지위」, 이인의 「부인의 필요한 법률 상식」(이상 1935년 5월호), 여성운동의 경향을 정리한 황신덕의 「조선 부인운동의 사적 고찰」, 홍효민의 「최근 세계 부인운동의 발전」(이상 1935년 5월호) 등은 이 시기 여성문제를 비교적 학리적 차원에서 분석한 논문으로 볼 수 있다. 그 가운데 하나인 홍효민(洪曉民)의 「현대 여성의 부동성」을 살펴보자.

【 현대 여성의 부동성 】

녀성사회에 잇서서 모계시대(母系時代)를 제해놋코는 전혀 녀성은 남자의 종속적(從屬的) 물건이오 노예적(奴隷的) 생활을 하여온 것은 거의 근대 로동자(近代勞働者)와 가튼 것이다. 곳 다시 말하면 모권시대(母權時代)에서 남성에게 그 지위(地位)와 경제력(經濟力)을 쌔앗긴 이후로는 노예와 반노예(半奴隷)의 생활을 하엿든 것은 봉건사회(封建社會)에서는 볼 수 잇고, 쏘한 오늘날 자본주의 사회(資本主義 社會)에서도 볼 수 잇는 것이다. 그러나 자본주의 사회에 잇서서는 한 개의 새로운 도덕(道德)이 수립되엿나니, 그것은 곳 무엇이냐 하면 현모량처주의(賢母良妻主義)인 것이다. 그러나 현모량처주의는 조금도 진전(進展)됨이 업시 근대 녀성들은 극도로 타락하야 매매혼(賣買婚)과 매음(賣淫)이라는, 무서운 도덕적 범죄를 여지업시 하게 되고, 동시에 중세긔(中世紀)에 잇든 녀성은 자긔 남편에게 대하야 절대로 정조(情操)를 직힐 것이라는 것이 변하야 자유(自由)라는 미명(美名) 미테서 방종(放縱)이라는 놀나운 모순(矛盾)을 가저오게 되엿다. (…중략…) 이와 가티 녀성 그 스스로가 전혀 근대적 푸로레타리아의 성질이 씌워져 잇슴에 불구하고 근대 녀성은 어찌하면 어엽쌔게 보일 수 잇슬가, 어찌하면 로력 업시 지낼 수 잇슬가. 그들은 이러한 공상(空想)과 아울너 급격(急激)한 자본주의적 몰락(沒落)에 의하야 그들 녀성은 한 남성은 안해로만 되어 잇지 안케 되는 것이다. 그것은 자본가 계급의 호색한(好色漢)은 한 개의 녀성과 한 개의 안해로만은 만족되지 안는 것이다. 그리하야 그들 자본가 계급이 수립한 현모량처주의의 도덕률(道德律)은 자본가 계급 그가 스사로가 이것을 쌔트리고 근대 녀성으로 하야금 인육시장(人肉市場)으로 내어 몰리게 하는 것이다. (…중략…) 이리하야 우리는 년년이 자본가 계급의 몰락과 아울너 근대 로동자의 실직군(失職群)과 어멈, 갈보, 작부(酌婦)로 팔여가는 사람을 얼마든지 볼 수 잇게 되는 것이다.

여성문제에 대한 사적 인식(史的認識)을 요약적으로 드러내는 홍효민의 논문은 여성의 지위가 모계사회의 '모권시대(母權時代)'에서 중세 이후 '종속적·노예적' 지위로 격하되고, 자본주의 사회에서의 노동자적 지위로 격하되었다고 주장한다. 이러한 인식에서 '현모양처주의'는 자본주의적 도덕일 뿐이며, 자본주의 경제체제 하에서 여성은 자본가 계급에게 노동력을 제공하여 생활비를 벌지 못할 경우 프롤레타리아와 결탁하거나 자본가에게 굴종하게 된다고 설명한다. 그는 이처럼 두 가지 성격을 띤 상황을 '유동성'이라는 말로 대신한다. 곧 근대 여성은 '현모양처'가 되든지 아니면 '인육시장'에 팔려가게 된다는 것이다. 이러한 인식 하에서 홍효민은 근대 실직 여성 노동자나 '어멈(안잠자기)', '매음 문제' 등에 주목한다. 또한 근대 여성(특히 조선의 여성)은 자본주의 물질문명의 '화사·경조(華奢輕佻)'라는 외적 모순과 여성 스스로 황금에 팔려가는 내적 모순의 부동성(浮動性)을 함께 갖고 있다고 주장한다. 그렇기 때문에 이를 탈피하기 위하여 '근대 노동운동'과 결탁하지 않으면 안 된다고 결론을 내린다.

홍효민의 여성문제 인식은 계급적, 사회주의적 관점의 시대사조와 일치한다. 당시 시대상황에서 '민족문제'와 '계급문제'의 상관성을 고려한다면, 그의 문제 인식 태도에서도 식민 수탈에 따른 여성문제는 그다지 심각하게 논의되지 못한 셈이다. 물론 수탈에 대한 자유로운 표현이 제약된 상황임을 고려할 때, 민족문제나 수탈상에 대한 논의 부족이 자의적인 것인지 아니면 타의적인 것인지를 밝히기는 어렵다. 그럼에도 일제 강점기 여성문제 인식이 다분히 주관적이고 비현실적인 면이 있었음을 부정하기는 어렵다.

4.2. 신여성(모던걸) 담론의 한계

일제 강점기 여성운동의 불완전성을 드러내는 표지 가운데 하나는 이른바 '모던 걸(신여성)' 논쟁이다. 다음을 살펴보자.

【 毛斷껄과 남성해방연맹42) 】
'毛斷이다? 첨듯는 말인걸.' 傑하며 머리를 흔드는 이도 업지 아니할

모양이니 우선 人事나 식혀놋코 보자. 毛斷傑(모단걸)이란 온갖 奇異한 것을 好奇的으로 粗製濫作(조제남작)하는 現代品하나이라 하면 그만일 것이다만 넘우도 茫然한 말이 되고 보니 한거름 들어가서 진고개니 종로니 하는 繁華한 거리를 중심잡고서 머리를 싹고 안경을 쓰고 짧분 스커트를 입은 아가씨들이 사뭇 급한 일이나 잇다는 듯시 왓다갓다 한다는 말을 해놋코 저 英語로는 '모던. 걸'이라나 무어라 하는 것을 낫낙은 漢字音으로 밧꾸어 놋코 보니, 毛斷傑이라는 三字가 써러젓다고 하자. 이만큼 소개를 해 노핫스면 여러분 중에는 "아이구, 무어라고, 저 머리 싹고 양복 입고 단니는 處女로구만."할 것이니 이제부터는 다른 이야기를 하자. 古來로 여자 전체를 形容한 말은 모하놋는다 하면 팔만대장경과 量을 닷코게 되라는 엇던 小說家의 말도 잇거니와 이 毛斷傑들의 얼골일지 의복일지 행동일지 표정일지 語法일지 하는 것을 이 만혼 語庫에서 골나내여 적절하게 쓸 수가 업스니 곳이 옴기면 물건이 다르고 시대가 밧꾸면 習俗이 틀닌다는 말이 果然이다. 그들을 形容키에는 新造語가 잇슬 쓴이니 이런 것들일랑 學者니 好事者니 하는 이들에게 일임하기로 하고, 毛斷傑의 정의나 내려볼가. 갑작스럽은 輸入品이 되야 그런지 참말 글자대로의 십인십색도 십인십색이거니와 쌔쑥이 쇠죄 흘으는 지내간 言語로는 무어라고 定義를 내려 일정한 범위 안에 집어너흘 수가 업스니 이 쏘한 難事의 하나이다. 갑은 머리를 싹고 양복을 입고 남자들과 억개를 겻코 단니니 不良少女라 하며 더럽다는 듯시 시침이를 쎄고, 을은 社會制度에 대하야 革新를 주장하며 女權運動을 高唱하니 思想家라 하며 경의를 표하며, 병은 연극을 잘하니 女優라 하며 技能을 탄복하고, 정은 音樂과 文學을 討論하니 藝術家라 하며 好意를 표하는 판이니, 무엇이라고 잡아서 말할 수가 업지 아니한가. 참말 物件은 볼 탓이란 그것인가 보다. 모단걸은 모단걸이라 할 수밧게 업는 것이다. 더군다나 그들의 行動과 思想도 假量을 잡을 수가 업서 性格破産을 당하야

---

42) 김안서(1927), 「모단걸과 남성해방연맹」, 『동아일보』, 1927.8.27.

엇절 줄을 몰으는 것이 모단걸이라는 생각도 낫다. 밤 깁흔 거리에서 불량소녀로 빗틀거리며 酒酊(주정)을 하든가 보드니 언제 발서 思想家로 女權運動이니 社會改良에 대하야 高論을 吐하며 戀愛至上主義者로 '사랑에 아 목숨이고 세상이 다 무어냐'를 불으며 封建時代의 여성보다도 못하지 안케 男尊女卑의 德을 찬송하는가 하면 이번에는 小說家 詩人으로 돌변하야 이 소설에는 因襲의 낡은 째를 벗지 못햇느니 저 詩歌에는 부르의 色彩가 농후하야 맘에 드느니 하는 말을 하니, 맑스·노르다우의 말을 빌으면 "國民의 黃昏에 나타난 世紀末的 變質者"가 현대의 모단걸인 듯하야 무어라 正義를 내리울 수가 업다.

'신여성'은 말 그대로 신교육을 받은 여성, 또는 신사상을 갖고 있는 여성을 의미한다. 이 용어는 근대 계몽기부터 쓰이기 시작했지만 본격적으로 사용된 것은 1925년 전후로 볼 수 있다. 『동아일보』의 경우 1924년 이후 '신여성'을 제목으로 하는 논설과 기사가 본격적으로 등장하며,[43] 1925년 6월 17일에는 「최근 신여성의 경향: 심상시하지 못할 현상」이라는 사설까지 실렸다. "최근에 와서 모든 것이 권위가 없다." 라고 시작하는 이 사설에서는, 재래의 권세와 인물, 제도가 그 가치를 잃어버리고 사회 모든 곳에 '자유와 방종'이 만연하는 사회에서, 소위 신여성이라고 하는 "신교육(新敎育) 받은 여자들의 의복 사치" 문제를 집중적으로 질타하고 있다.

【 最近 新女性의 傾向[44] 】

경제상으로 何等 自立的 處地에 잇지 못한 자로 浪費를 하는 것은 첫재에 그 심산이 무모하고 경솔하며 浮虛함을 표시함이오, 더욱히 학교에 在

---

43) 1924년에는 20건 정도의 '신여성' 기사가 등장하며, 1925년 32건, 1926년 36건 등으로 급증한다.
44) 『동아일보』, 1925.6.17.

學하는 學生의 身分으로 그 부형에게 依賴하야 생활하는 사람이 신분에 合當하지 못한 華麗한 의복으로 장식하는 것은 인간으로서 가장 卑賤한 心理의 所有者가 아니고 무엇인가. 그리하야 생활상 기분이 享樂에 쓸니고 현실에 견제를 당하야 理想이 고결하지 못하고 의지가 薄弱하야 低級의 文藝에 心醉하며 眼前의 安樂에 惰落한다. 露國 啓蒙期의 女性들은 理知力을 존중하야 專制 政府가 무리한 압박정책으로 여자의 外國 留學과 국내 專門學校의 入學을 嚴禁하엿스나 생명을 걸어가면서 智的 發展에 노력하여 왓다. 그러나 요새의 조선 여자는 高等普通 程度까지는 매우 猛烈한 向學心으로 나아가나 女子高等普通學校만 졸업하면 공부하려는 熱도 나리려니와 더욱히 讀書라고는 아니하는 편이 대다수이니 이 시기에 處한 조선 여성이 이리되는 것은 사회적 原因도 업지 아니하나 新女性 自體의 輕薄과 淺短과 無遠慮가 그 원인이 아니고 무엇이냐. 자체가 그 처지를 理解하고 그 생활을 維持 向上하기에 着眼하며 노력하는 신념이 업는 개인이나 民族은 어느 곳 어느 時를 勿論하고 敗하며 亡할지니 금일 朝鮮人의 처지와 생활 형편으로 보아서 특히 최근 無謀 脫線的인 소위 신여성의 행동을 擧하야 여자교육에 當局한 人士의게 일언을 충고하고 新女性 自體에 대하야 그 猛省을 促한다.

신여성에 대한 비판은 의복의 사치에만 국한되지 않는다.『동아일보』 1926년 1월 4일자 사설 '부인운동과 신여성'에서는 신교육을 받은 여성들의 탈선행위를 비판하며 '정치적, 경제적' 문제를 해결하지 못한 부인운동이 신여성의 악습(惡習)에 빠져드는 현상을 지적한 바 있으며, 1926년 1월 5일자 여의(女醫) 이태산 여사의 '현하 조선이 요구하는 여성'에서도 "소위 신교육을 받았다는 조선 신여성의 대개는 자기의 처지와 개성에 눈뜨지 못하고, 오직 허영에만 심취하여 감상적(感傷的) 생활로 도리어 그 지위를 타락하게 하는 감이 있다."고 술회한다. 이처럼 1925년 이후 신여성 담론이 본격화되면서, 여성운동에 대한 왜곡된 시각이 만연되기 시작한 것이 일제 강점기 여성운동의 특징 가운데 하나이다.

신여성 담론의 중심 주제 가운데 하나는 '연애'와 '정조' 문제이다. 여성운동 차원에서 연애문제는 남성 중심의 봉건사회, 자본주의 경제의 구속을 받는 여성의 굴종적 지위를 벗어나기 위한 본질적인 문제로 인식되었던 문제이다. 앞서 살펴본 바와 같이『동아일보』1922년 3월 8일부터 15일까지 연재된 오사카 마이니치 신문 기사를 번역한 '현대 혼인 문제의 연애 외의 요소'의 경우 '연애와 성욕', '남녀 간의 거리' 등을 전제로 연애가 생겨나는 이유를 설명하고, '연애지상주의' 세계관은 완전한 세계관이 되지 못한다고 주장한다. 여성해방이 남성의 구속과 억압으로부터의 해방을 의미하고, 그러한 해방의 하나가 자유연애라는 등식으로 이어질 경우, '연애 문제'와 '정조 문제'는 신교육을 받은, 곧 여성해방에 참여하는 여성의 표지(標識)처럼 인식될 수 있다. 이러한 상황에서 1927년 이후 정조 문제가 사회적인 이슈로 대두되었다.『동아일보』의 경우 1926년 2월 25일부터 27일까지 연재된 '현하 청년과 연애문제', 1927년 4월 2일부터 9일까지 연재된 광산(光山)의 '신여성과 정조관념', 이와 관련한 논쟁으로 1927년 4월 14일부터 17일까지 연재된 유영준의 '광산 씨의 신여성 정조관', 4월 28일부터 29일까지 연재된 최활의 '정조문제에 대한 답변 수칙' 등이 대표적인 정조 논쟁에 해당한다. 물론 여기서 논란이 되는 정조 문제는 '여성의 정조'에 관한 것이며, 논쟁의 주안점은 '정조 문제'의 '도덕성' 대 '경제문제'와 관련한 것이었다. 이러한 논쟁이 경박하게 흐를 경우 '자유연애'나 '연애지상주의', '정조문제' 등이 신여성을 대표하는 표지로 간주되는 셈이다. 1931년 4월 22일부터 5월 9일까지 연재된 운종학인의 '정조의 장래'는 정조를 상품으로 간주하고, '매소부(賣笑婦)'와 '매음(賣淫)'을 찬미하게 되는 과정, '제일야(첫날밤)의 권리'나 '허영 문제'를 역사적으로 증명하고자 하면서도 '정조 문란'이 최근 여성계의 특징이라고 주장한다.

'여성미(女性美)'와 관련된 문제도 신여성 담론의 연장선에 있다.『동아일보』 1929년 6월 25일자 성동생(城東生)의 '여성미의 표준'은 '만평' 형식의 짧은 글이지만, 신여성 담론이 일반화된 시대의 여성에 대한 관념이 고착화되는 경향을 보여준다.

【 女性美의 標準[45] 】

녀성의 미에 대한 일반의 관념도 녯날과 오늘이 대단히 달라젓다. 녯날 사람들의 미를 감상하는 표준은 오롯이 얼굴에 잇섯스니 얼굴만 어엿브면 대개는 미인이라 하얏다. 그리고 포류(圃柳)의 질이라야 더욱 미인이 되어 금상첨화의 늣김을 보는 사람에게 주엇다. 그러나 지금에는 얼굴샌이 아니라 여러 가지로 부분뎍 미(部分的 美)를 발휘하야 어느곳이든지 한곳에 충분한 매력만 보이면 그것을 극단으로 발전을 시켜 미로써의 상당한 성가를 발휘한다. 사실 사람의 출생함이 어쩌한 숙명뎍 우연인 만큼 전톄를 통하야 아무러한 결뎜이 업시 모다 미를 가지기는 매우 어려운 일이다. 아모리 여러 가지 것이 잘생겻다 하드라도 그 가운데에 특히 한 분이 잘낫다면 다른 부분은 그 아름다운 것으로 인하야 평범해 보이오 파무처 보이는 것은 사실이다. 그럼으로 근래 와서는 모든 사람들의 취미가 첨단화(尖端化)하야 령리한 녀성들은 자신에 가진 여러 부분 중에서 가장 미뎍이 될 것을 진찰하야 발견하기를 게을리 하지 안는 경향이 생기어 가령 눈썹이 조흔 사람이면 그 눈썹을 주톄를 삼아 거긔에 응하야 모든 됴화를 구하게 되며, 코가 조흔 사람이면 코를 주톄 삼아 모든 미를 발휘하게 되며, 육톄의 미를 철뎌히 발휘하야 모든 결뎜을 한가지로 미로 보충하랴고 노력한다. 사실에 잇서서 보는 사람도 역시 여러 가지 결뎜이나 추(醜)를 그 녀성에서 차즈랴 하지 안코 어썬 미를 발견하랴 한다. 이것이 현대의 녀성미를 찾는 표준이라면 어느 정도까지 이 사회에 추부로 탄식하는 녀성은 훨신 그 수효가 듬으로질 것이다. 그리고 정신의 미를

---

45) 『동아일보』, 1929.6.25.

<u>찾는 경향도</u> 보인다. 더욱 반가운 일이다. 이 정신미는 표정미(表情美)와 아울러 현대 녀성의 두가지 보배다.

이 글은 육체적인 미, 표정미를 중심으로 여성의 미를 논하고 있으며, 미를 발견하고 만들어 갈 수 있는 것이라는 관점을 취하고 있다. 비록 정신미를 찾는 경향을 언급하고 있기는 하지만, 여성과 미의 관계가 밀접함을 전제로 미를 만들어 가는 문제를 논의의 대상으로 삼는다. 1930년대 여성미의 기준이나 유형에 대한 논의는『신동아』제3권 제4호 목화생(木火生)의「근대 여성미의 해부: 나라를 따라 다른 미관(美觀)」과 같은 논문도 있다. 이 논문에서는 미를 '인종미(人種美 또는 개성미)', '정신미(精神美 또는 理智美)', '자연미(自然美)'로 나누고, 신체를 기준으로 한 미를 자세히 설명한다. 예를 들어 '눈과 눈썹', '입술과 이', '팔, 가슴, 배', '허리, 신장' 등이 그것이다.

일제 강점기 여성의 미에 대한 고정관념은 '미의 발견', '미의 창조'와 관련지어, '화장법(化粧法)'에 대한 관심을 낳게 하였다.『동아일보』의 경우 1933년 10월 12일부터 생활문화의 차원에서 '화장독본'을 연재한 바 있는데, 이러한 현상은 근대 계몽기까지는 찾아볼 수 없는 현상이다.

【 생활문화: 화장독본의 주요 내용46) 】
- 1933.10.12. 화장독본(1), 제1과 크림과 가루분만으로 하는 화장법
- 1933.10.13. 화장독본(2). 제2과 입술 연지를 바르기 전에 거울을 보시오
- 1933.10.14. 화장독본(3), 제3과 화장품은 앗기지 말고 쓰십시오.
- 1933.10.15. 화장독본(4), 제4과 손톱이 툭툭하야 빛깔이 없는 분은
- 1933.10.19. 화장독본(5), 제5과 머리털을 좋게 하기 위하야 맛사지 하는 법
- 1933.10.20. 화장독본(6), 제6과 얼골을 길게도 짧게도 할 수 잇는 비법은—

---

46)『동아일보』, 1933.10.12~10.28.

- 1933.10.21. 화장독본(7), 제7과 양미간의 주름을 없이 하자면
- 1933.10.22. 화장독본(8), 제8과 지진 머리에는 귀장식은 안 어울려
- 1933.10.25. 화장독본(9), 제9과 입연지 찍는 것과 눈썹 그리는 법
- 1933.10.26. 화장독본(10), 제10과 팔치꿈치 살이 굳으면 양장하면 흉해
- 1933.10.27. 화장독본(11), 제11과 웃을 때에 볼이 쑥 들어가거든 어떠케?
- 1933.10.28. 화장독본(12), 제12과 속눈섭을 지지면 눈이 총명하여집니다

'독본(讀本)'은 근대 계몽기 이후 읽기를 목적으로 하는 교과용 도서의 한 형태의 도서이지만, 차츰 '필수 교양'을 의미하는 독서물로 의미가 변화한다. 이러한 차원에서 '화장법'을 '독본'으로 명명한 것은 그만큼 '화장'이 사회적 관심사가 되고 있음을 의미한다.47)

4.3. 현모양처와 가정 담론

일제 강점기 여성운동의 특징 가운데 하나는 자본주의 질서 하에서 생성된 것이라고 매도되던 '현모양처주의'가 여전히 위력을 발휘하고 있다는 사실이다. 현모양처는 근대 계몽기 민족주의나 국가주의 차원에서 '2세 국민 양성'과 밀접한 관련을 맺는 이데올로기이다. 이 점은 일제 강점기도 마찬가지인데, 여자교육 담론의 상당수가 가정의 책임자, 육아의 책임자, 곧 어머니로서의 역할을 강조하는 데 중점을 둔다. 특히 1930년대 『동아일보』 '가정란'의 경우 '어머니의 힘', '위인의 어머니'를 소개하는 연재물이 다수 등장한다. 예를 들어 1930년 1월 3일부터 6일까지 연재된 '어머니를 위하여', 1932년 1월 17일부터 3월 25일까지 연재된 「어머니의 힘」, 1932년 4월 21일부터 6월 10일까지 연재된

---

47) 이러한 독서물은 여성잡지에 더 빈번히 등장한다. 예를 들어 『여성』 제1권 제4호(1936.7) 홍종인의 「미인과 성음미」, 제1권 제6호 김용준의 「모델과 여성의 미」 등이 대표적이다. 이 잡지는 매호마다 여성미와 관련한 글을 싣고 있다.

김병곤의 「조선편: 큰 어른 길러낸 어머니의 힘」 등이 대표적이다.

'어머니의 힘'은 30회에 걸쳐 연재되었는데, 여기에 소개한 어머니는 '맹자, 나폴레옹, 괴테, 가필드, 워싱턴, 프레드릭 대왕, 장개석, 간디, 후버, 카네기' 등 동서양 위인의 어머니이다. 이 가운데 '맹자의 어머니' 일화는 전통적으로 널리 알려진 일화이나, 다른 위인의 어머니 일화는 이 시기에 소개되어 광복 이후까지의 '어머니 역할'을 제시하는 규범으로 작용한다. 이 점은 '조선편 큰 어른 길러낸 어머니의 힘'도 마찬가지인데, 24회에 걸쳐 연재된 이 글에는 '동명성제, 석탈해, 김유신, 최응, 강감찬, 정문, 김부식, 송유, 정몽주, 성간, 남효온, 정인지, 박광우'의 어머니가 소개되어 있다. 이뿐만 아니라 1932년 2월 20일부터 2월 29일까지 6회에 걸쳐 연재된 '시새대 어머니에게 열 가지 드릴 말슴'은 이 시대 어머니 담론의 성격과 내용을 잘 보여준다.

【 새시대 어머니에게 열가지 드릴 말슴[48] 】
- 1932.2.20. 아이들을 몹시 꾸짓는 어머니에게
- 1932.2.23. 아이들을 불양케 하는 어머니에게
- 1932.2.24. 아이들을 불건강케 하는 어머니에게/ 아이들을 인형시하는 어머니에게
- 1932.2.26. 아이들에게 무관심한 어머니에게/ 아이들에게 지나친 간섭하는 어머니에게
- 1932.2.28. 아버지의 위엄을 일케하는 어머니에게/ 아이를 가진 어머니에게
- 1932.2.29. 연애에 대하야 리해가 업는 어머니에게/ 자녀를 보내는 어머니에게

---

48) 『동아일보』, 1932.2.20~2.29.

이 연재물은 '새시대'를 표방하였지만, 근본적으로 어머니의 현모(賢母)로서의 역할을 강조하는 내용으로 구성되어 있다. 이러한 경향은 1938년 4월 8일부터 7월 18일까지 연재된 '어머니독본'에서도 나타난다.

가족 구성원으로서 여성의 역할은 '어머니'에 그치지 않는다. 『동아일보』 1937년 10월 29일부터 12월 30일까지 30회에 걸쳐 연재된 '새며느리 독본'은 출가한 며느리로서 시부모와 남편을 어떻게 섬겨야 하는가를 강조한 독서물이며, 1939년 7월 6일부터 9월 25일까지 38회에 걸쳐 연재된 이만규(李萬圭)의 '가정독본'은 '어버이와 자식', '시모와 며느리', '딸의 가치', '여성의 미', '여성과 가정', '신랑 신부에게', '보다 나은 결혼', '가정 화락의 법칙', '자녀 교육의 비결', '여자교육의 중대성', '남녀 간의 교제', '여성과 직업' 등 가정과 사회 구성원으로서 여성의 모든 역할을 규정하는 독본이었다.49) 이 독본의 집필 목적은 이만규(1941)의 '머리말'에 잘 드러난다.

【 머리말50) 】

가정은 생물적으로 보면 생산장(生產場)이요, 사회적으로 보면 세포단(細胞團)이다. 생물의 번역이 자연에만 맡겨두는 데 있지 않고, 과학적 원리를 응용하여 인위로 촉진시키는 데 있는 것이 많고, 사회의 발전이 습속(習俗) 그대로 되는 것이 아니요, 문화적 연구를 기대려 시대적으로 개혁하는 데 있는 것이다. 조선 재래의 가정은 이 과학적 인위와 문화적 개혁이 없이 자연 그대로 습속 그대로 방임하여 몇 백 년을 지나왔다. 이것이 오늘날 가정생활에 불합리가 많게 된 원인이다.

---

49) 이만규의 '가정독본'은 1941년 영창서관에서 『현대문화 가정독본』이라는 책명으로 발행되었다. 그뿐만 아니라 이 시대에는 『결혼독본』(1939, 동경출판사), 김상덕(1941)의 『어머니독본』(경성 동심원판) 등과 같은 여성 독자를 대상으로 한 독본이 다수 발행되었다. 이들 독본은 대부분 '현모양처주의'를 고수한다.

50) 여기서는 1941년 영창서관의 『현대문화 가정독본』을 대본으로, 박용규가 해설한 창작과 비평을 옮겼다.

이것을 다시 비평하고 검토하는 것이 이 <u>시대의 요구</u>가 아닌가 하여 이 독본을 쓴 것이다. 그런데 가정문제 전체를 통하여 검토하려면 범위가 큰 것이다. 과학적으로는 의식주 산아(産兒) 치료에 들어가 그 자세한 조목이 백 천 가지로 퍼지고, 문화로는 습속, 종교, 교육, 경제, 법률, 도덕, 예의, 예술, 직업, 용어(用語)에 미쳐 그 자세한 조목이 또한 백천 가지로 넓어질 것이다. 그러나 출판지면 관계로 다 들 수 없고 다만 근본적 원칙만에서 몇 가지를 택하여 검토한 것이 이 독본의 요목(要目)이요, 훨씬 더 심각하고 철저하게 검토하고 개혁을 강조할 것이 얼마나 많은 것을 모르는 바가 아니나, <u>과도기에 있어</u> 어느 정도까지 환경에 조화성이 있고 실현에 가능성이 있는 한계를 스스로 정하였기 때문에 더 나아갈 길을 중도에서 멈추면서 스스로 불만을 가진 것이 이 독본의 내용이니, 이 점은 독자 여러분이 필자의 고충을 이해하여 주면 하는 것이요, 이 앞으로 이 독본을 발단으로 하여 더 자세한 조목과 더 진보된 내용을 가진 글이 여러분의 머리를 통하여 사회에 나오기를 필자 자신이나 뭇 가정을 위하여 깊이 바라는 바이다.

연재물을 종합하여 한 권의 책을 내기 전에 쓴 이 머리말은 이 시기 가정 내에서의 여성의 역할이 무엇이었으며, 어떠해야 하는가를 집약한다. 전통적으로 내려온 가정생활의 불합리를 개혁하고, 시대적 요구에 부응하고자 한 의도를 나타내면서, '과도기'적 교훈을 제시하고자 하였지만, 독본에서 언급한 여성의 역할은 철저히 '계몽적(啓蒙的)' 차원의 역할에 머물고 있다.

4.4. 여성과 노동 문제

역사적으로 계몽운동이 소수 지식인을 중심으로 한 '계도적 운동'이었음은 17·18세기 서양의 계몽사조에서도 잘 나타난다. '계몽'은 본질적으로 다수의 무지자(無知者)를 전제로 한다. 이 점에서 계몽의 주체와 객체 사이의 갈등이나 부조화는 한국 계몽운동의 역사에서도 나타난다. 일제 강점기 여성문제에서도 '여성 노동 문제'는 계몽의 주도자와 다수의 조선 여성 대중(또는 여성 농민) 간의 괴리를 보일 경우가 있다.

여성운동 차원에서 부인의 직업문제는 '경제적 독립'의 문제로 간주되는 경향이 있었다. 예를 들어 이쿠다 조코(生 田長江)·혼마 히사오(本間久雄)의 '사회문제 12강'을 번역 등재한 '부인문제 개관'51)에서는 부인의 직업문제가 산업혁명 이후 대두되었으며, '경제적 독립'에 대한 자각과 밀접한 관련이 있다고 설명한다. 특히 이 논문에서는 경제적 독립에 따른 '부인 직업 찬성론'과 '모성 보호론'을 중심으로 한 반대론을 비교적 상세히 논의하고 있는데, 세계대전 이후 부인의 직업문제는 여성의 능력, 참정권 등과 맞물려 급속한 진보를 보였다고 결론을 짓는다.

그러나 식민시대 조선에서의 여성 직업 문제는 단순히 남성과의 관계, 또는 경제적 독립의 문제로만 간주될 수는 없었다. 그렇기 때문에 다수의 여성운동사에서도 '계급적 여성관'에 따른 '여공파업(女工罷業)'과 같이, 여성의 생존권이나 노동문제와 관련지어 여성의 직업문제를 바라보는 경향도 나타났다. 그러나 이러한 견해는 식민 당국자들의 탄압과 사회주의자들에 대한 검거를 거치면서 차츰 사라지고, 생활환경 개선을 위한 '부인 근로', '부업 문제' 등에 집중하는 경향을 보인다. 이러한 경향은 식민 통치에 부응한 『매일신보』에 빈번히 나타나는데, '여성 부업', '모범촌', '농촌진흥', '자력갱생' 등의 용어가 이를 대변한다. 이 점에서 일제 강점기 여성의 직업문제 또는 부인의 부업 문제 등은 식민 당국자들의 '계몽운동'과 밀접한 관련을 맺고 있는 셈이며, 조선인이 중심이 된 대중매체에서도 식민 지배정책으로서의 부인 계몽운동의 본질을 고려하지 않은 채, 이 문제를 다룬 경향도 있다.

---

51) 『동아일보』, 1922.6.26.

【 一致團結 旗幟下에 勤儉 貯蓄과 文盲退治[52] 】

　조선의 농촌은 날을 거듭할수록 심한 경제의 피폐로 몰약의 과정을 밟고 잇슨지 오래인 중에 여긔치 안엇든 곡가창덕과 세계공항으로 가일층 농촌파경을 여실히 목도케 하고 마럿다. 급기야 그들은 자손 대대로 살게 될 줄 알엇든 정든 고향과 친척을 눈물로 리별하고 의지할 데 업는 무리가 되고 말며 단지 하나 밋천이 되는 힘(勞動力)만 밋고 늘근 부모와 어린 처자를 이끌고 로동자의 수요가 만히 되는 도회지로 몰니지 안으면 화전(火田)을 일구려고 준험한 산속에로 들어가 멧수와 가티 성명을 이어가려 하는 참상을 우리는 사시로 목도하는 터이다. 과연 우리 농촌의 압날은 엇지 귀결될 것인가?

　우리는 귀가 압흐도록 귀농운동의 절규를 드럿고 보왓스되 그들은 다만 탁상의 공논으로 변하고 만다. 천만번의 탁상보다도 실지로 농촌에서 쌔다른 선각자들이 농촌개량과 협력일치 근검저축 문맹타파로 분진하야 생활의 인도와 무식에서 쌔닷고 압날에 운명에 개척하는 그들이 우리의 농촌을 구해낼 지도자가 아니고 누구인가 절망과 비애를 늣기다가도 다시금 갱생(更生)의 서광(曙光)과 환희(歡喜)의 힘세인 매력을 잡을 수 잇슴은 곳곳에 모범 농촌이 잇서서 농촌 공황시대를 이루고 잇는 이 째에도 윈동리의 생활은 극히 윤택하며 범유천지를 이루고 잇는 곳이 잇스니 이 난 충남 도내에서 첫손을 꼽는 대전(大田) 가상리(佳狀里) 모범농촌이라 한다.

　긔자는 이 동리의 시설을 견문하고 시설을 널리 소개하야 타의 산 표본이 되얏스면 하고 지난 삼일 답사해 오든 터이엿섯다. 가상리 진흥회(振興會) 정영대(鄭永臺) 권상채(權常采) 량 씨를 차즈매 동리의 시설을 일일이 소개하여 준다. 오십일호의 동리가 십오년 전만 하여도 거개 동민이 도박이 안이면 음주로 농사를 삼는 터이엿섯는데 사년 전부터 진흥회를 조직하고 리민이 일치 협력케 된 후로는 서로 징오하고 질시하는 폐단은 점차

52) 『매일신보』, 1931.11.18.

로 업서지고 일치단결로 잡긔와 음주는 서로 경계하고 징벌하야 지금에는 화긔가 넘치며 호상 부조로 '못트'를 삼는 터이라 한다.

　과거 수백년 조선의 부녀자들은 <u>썩은 봉근적의 풍으로 다만 규중에서 의복과 음식이나 짓고 야외노동은 극히 천시하야 하류배들이 할 일인 줄 알든 폐풍 타파</u>하고 거동일치하야 오십일호의 부녀자가 늘근이 외에는 모다 출농하야 부인의 로동이 감내할 제초 이양 파종 등에 종사키 시작하야 지금에는 일하지 안는 늘고 병드른 이까지 놀고 잇슴을 미안하게 예기게 되엿다 한다. (…중략…) 동리의 미취학한 빈한한 가정의 아동을 쌔우치기 위하야 가동 야학원(佳東 夜學院)을 설립하고 <u>국어, 산술, 한글의</u> 과목을 교수하는 바 현재 남학생 사십명 여자 오명이 취학하고 잇는 터이다. (…중략…) 종래 농촌에 이르면 린근 농부를 고용할 쌔에는 조석 이외에 삼사회의 주초(酒草)를 제공하는 폐단이 잇서서 부단한 공비가 잇슬 쑨 아니라 가정의 부인들은 일할 쌔이면 밥지어 대기에 분주한 터이엿섯는대 이 악습을 철폐하고 정시의 조석만 메기기로 한 까닭에 무단한 객비가 업서지게 되얏스며 밥쑨 농사 쌔에 한시가 긴요한 쌔이라 한유하게 된 부녀자들도 모심는 일 갓혼 수월한 일에 조력하게 됨으로 일거에 량득이 되는 터이다. (쯧)

　이 논설은 1930년대 조선총독부 중심으로 본격화된 '농촌진흥운동', '모범촌 운동' 사례를 중심으로, 농촌 부인들의 근검·저축을 찬양한 글이다. 당시 농촌진흥운동이나 자력갱생운동이 전개되면서, '부인 근로'라는 미명하에 여성 노동력 향상을 목표로 한 다수의 계몽활동이 전개되었다. 이 점은 일제 강점기 여성의 노동운동이 남성에 대한 경제적 독립, 자본가에 대한 노동자의 대립 문제뿐만 아니라 식민지 여성 노동력 수탈이라는 또 다른 문제를 안고 있었음을 의미한다. 이를 고려할 때, 1930년대 이후 빈번히 등장한 '부업 담론'이나 '부인 근로' 문제는 계몽운동의 혼종성(混種性) 차원에서 좀 더 분석적 접근이 필요하다. 예를 들어 『동아일보』 1933년 12월 14일부터 16일까지 보도된 '일시의 걸인굴(乞人屈) 지금엔 모범촌란(模範村落)'과 같은 기사는 '도로 개선', '공동 우물 개량', '근검 저축', '문맹퇴치', '비료 자작 자급', '부업 장려', '공동 경작'을 통해 신태인(新泰仁)의 한 부락이 모범촌으로 거듭났다는 내용의 기사인데, 1932년부터 본격화된 '자력갱생운동'을 긍정적으로 수용한 기사이다.53) 만주 침략과 병참기지화를 목적으로 식민 조선의 생산성 향상을 도모했던 자력갱생의 이데올로기와 여성 노동의 문제가 '근검·저축', '부업 장려'의 구호 속에 '노동력 착취'의 본질이 은폐되는 경우가 많았다.

이러한 차원에서 '근로 여성과 노동입법'에 대한 문제가 제기되기도 했는데, 다음을 살펴보자.

【 勤勞女性과 勞動立法54) 】

조선의 공업화 속도는 참으로 놀랄 만한 것이어서 25년 전에는 약 8천 인밖에 안 되든 工場 勞動者가 지금와서는 약 10만인을 算하게 되엇다. 금후로 日滿 經濟뿔록이 유기적 발전을 보여 만주와 일본 내지와의 교역이 頻煩하여지면 그럴스록 조선의 농업적 지위는 저하되지 안흘 수 없는 것이며, 또 그 지위가 저하될스록 조선은 농업에서 다른 산업으로 그 산업의 주방향이 移行될 가능성이 잇는 것이요, 또 늘어가는 窮民의 剩餘 勞動力은 조선의 공업화를 더욱 촉진하게 할 것이니, 공장 노동자수가 이에 따라 격증되어 갈 것도 명약관화한 일이다. 그리고 조선 공업은 특히 輕工業 部門에 잇어서 그 비약적 발전을 보여줄 것이므로 부인노동자는 남자 노동자의 늘어가는 속도보다 일층 더 빠를 것을 斟酌케 되는 만큼 앞날 조선의 女工問題는 조선 노동문제에 더욱 중대한 몫을 차지하게 될

---

53) 자력갱생운동에 대해서는 권병탁(1983)의 「자력갱생운동(1932~1936)의 정체」(『사회과학연구』 3(1), 영남대학교 사회과학연구소)를 참고할 수 있다.
54) 『동아일보』, 1935.4.20.

줄 믿는다. (…중략…) 그들은 남성이 아니요, 여성인 고로 가장 劣惡한 노동조건에서 일하여 주고 잇으며, 또 酷使에도 유순히 응하고 잇는 것이 사실이므로, 그들 자신의 독자적 노력으로 그 노동조건을 향상한다든지 또는 그 보건문제 같은 것을 해결한다고 하는 것은 심히 기대키 困難한 것이 사실일 것 같다. 그러므로 最低勞賃制, 最高勞動時間制, 最低年齡制, 노동재해 급 길흉 부조제, 표준 위생 실시제, 최저 휴일 급 병고, 분만 휴가제, 해고 경우 특별 규정 등 일체에 관한 가장 고도의 사회정책적 입법이 먼저 필요한 것은 물론이요, 이것의 효과적 실시를 위하야는 엄밀한 감독 제도까지도 요구되지 안홀 수 없는 것이다.

이 사설은 병참기지화 정책이 본격적으로 실시되는 시점에서 식민지 조선의 여성 노동 문제를 다루고 있다는 점에서 식민정책과 여성문제의 갈등을 포함한다. 그러나 노동 문제를 공론화하고, 여성 노동의 문제점을 드러내어 계몽하는 문제를 자유롭게 논할 수 있는 환경은 아니다. 그렇기 때문에 일제 강점기 여성 노동 문제에 대한 계몽이나 여성 노동자의 자각 문제는 여전히 한계를 보일 수밖에 없다.

참고문헌

1. 기본자료

『東亞日報』(1920~1945)
『朝鮮農民』(1925~1930)
『朝鮮日步』(1920~1945)

2. 논저

강동진(1970), 「日帝支配下의 勞動夜學」, 『歷史學報』 46, 역사학회, 1~39쪽.
강혜경(1995), 『한국 근현대 청년운동사』, 풀빛.
고은지(2002), 「개항기 계몽 담론의 특성과 계몽가사의 주제 표출 양상」, 『우리어문연구』 18, 우리어문학회, 219~255쪽.
구자황(2008), 「근대 독본문화사 연구 서설」, 『한민족어문학』 53, 한민족어문학회, 1~40쪽.
김경남(2014), 「근대 계몽기 여자 교육 담론과 수신·독본 텍스트의 내용 변화」, 『한국언어문학』 89, 한국언어문학회, 149~171쪽.
김경일(1995), 『한국독립운동의 역사(29): 노동운동』, 독립기념관.
김관식(1907), 「愛國ㅎ는 誠心」, 『대한유학생회학보』 2.
김기대(1996), 「일제가 개신교 종파운동 연구」, 한국정신문화연구원 박사논문.

김덕순(2011), 「신사참배 문제가 한국교회에 미친 영향에 관한 연구: 경안 노회 사례를 중심으로」, 칼빈대학교 박사논문.

김상덕(1941), 『어머니독본』, 경성 동심원판.

김선필(2015), 「한국 천주교회 지배구조의 형성과 변형: 교회 쇄신을 위한 사회학적 검토」, 제주대학교 박사논문.

김순석(2001), 「조선총독부의 불교정책과 불교계의 대응」, 고려대학교 박사논문.

김승태(2006), 「일제의 식민지 종교정책과 한국 기독교의 대응: 1931~1945」, 한국학중앙연구원 박사논문.

김승혜 편저(1986), 『종교학의 이해: 종교연구 방법론을 중심으로』, 분도출판사.

김양선(1971), 『한국기독교사연구』, 기독교문사.

김영덕 외(1972), 「부록」, 『한국여성사』 1~2, 이화여자대학교 출판부.

김용달(1995), 『한국독립운동의 역사(28): 농민운동』, 독립기념관.

김용달(1997), 「春圍의 '민족개조론'의 비판적 고찰」, 『도산사상연구』 4, 도산사상연구회, 290~310쪽.

김용달(2009), 『농민운동』, 경인문화사.

김재영(2007), 「일제강점기 형평운동의 지역적 전개」, 전남대학교 박사논문.

김정일(2016), 「한국 기독교사에 있어 재건교회의 탄생과 성격 연구(1938~1955)」, 숭실대학교 박사논문.

김준엽 외 (1969), 『韓國共産主義 運動史』, 고려대학교 아세아문제연구소.

김준엽·김창순(1967), 『한국공산주의운동사』, 아세아문제연구소.

김택호(2003), 「개화기의 국가주의와 1920년대 민족개조론의 관계 연구」, 『한국문예비평연구』 13, 한국현대문예비평학회, 269~287쪽.

김현준(1935), 「현대 사회사상의 동향」, 『신동아』 5(4).

김형국(1999), 「1919~1921년 한국 지식인들의 개조론에 대한 인식과 수용에 대하여」, 『충남사학』 11, 충남대학교 사학회, 119~145쪽.

김형국(2001), 「1920년대 초 民族改造論 검토」, 『한국근현대사연구』 19, 한국근현대사학회, 187~206쪽.

김형목(2009), 『교육운동』, 독립기념관 한국독립운동사연구소.

김효전(2003), 『국가사상학』, 관악사

노영택(1980), 『日帝下 民衆敎育運動史』, 探求堂.

노진곤·류정희(1997), 『여성학』, 신성.

류시현(2009), 「1910~1920년대 전반기 안확의 '개조론'과 조선 문화 연구」, 『역사문제연구』 21, 역사문제연구소, 45~75쪽.

마가렛 미드, 이경식 역(1980), 『남성과 여성』, 범조사.

명원호(1931), 「신간회 분규 측면관」, 『신민』 65, 1931.3.

문일평(1940), 『호암전집』 2, 조선일보사 출판국.

문혜진(2015), 「일제 시민지기 종교와 식민정책: 경성신사 사례를 중심으로」, 한양대학교 박사논문.

민족사바로찾기국민회의(1995), 『대중운동』, 민문고.

박두육(2014), 「근대 한국불교의 자강운동에 대한 연구」, 동방대학원 박사논문.

박만규(2016), 「도산 안창호의 개혁사상과 민족개조론」, 『역사학연구』 61, 호남사학회, 227~253쪽.

박붕배(1987), 『국어교육전사』(상), 대한교과서주식회사.

박성진(1997), 「1920년대 전반기 사회진화론의 변형과 민족개조론」, 『한국민족운동사연구』 17, 한국민족운동사학회, 5~64쪽.

박세준(2015), 「천도교에 대한 역사사회학적 연구: 국가와의 관계 변화를 중심으로」, 고려대학교 박사논문.

박슬기(2011), 「이광수의 개조론과 기독교 윤리」, 『한국현대문학연구』 35, 한국현대문학회, 69~93쪽.

박애경(2013), 「조선 후기 개화기 시가 연구의 쟁점과 과제」, 『한일 근대어문학 연구의 쟁점』, 소명출판.

박용권(2007), 「1930년대 조선예수교장로회 연구: 국가주의에 대한 대응을 중심으로」, 장로회신학대학교 박사논문.

박용옥(1976), 『이조 여성사』, 한국일보사.

박철희(2009), 『청년운동』, 독립기념관 한국독립운동사연구소.

박태영(2014), 「구한말과 일제식민통치 시대의 북미 선교사들의 정교 분리 연구」, 숭실대학교 박사논문.

박한용(2013), 「일제강점기 조선 반제동맹 연구」, 고려대학교 박사논문.

박헌영(1925), 「역사상으로 본 기독교의 내면」, 『개벽』 63.

박혜수(2013), 「이승만의 기독교 활동과 '기독교 국가론' 구현 연구」, 연세대학교 박사논문.

박환(2005), 『식민지 시대 한인 아나키즘 운동사』, 선인.

백낙준(1973), 『한국개신교사』, 연세대학교 출판부.

부산대여성연구소(2000), 『여성과 여성학』, 중앙적성출판사.

서연호(2003), 『한국연극사』, 연극과인간.

서진영(1991), 『여자는 왜?』, 동녘.

성주현(2008), 「일제강점기 천도교청년당의 대중화운동」, 『한국독립운동사연구』 30, 독립기념관 한국독립운동연구소, 257~297쪽.

송길섭(1987), 『한국신학사상사』, 대한기독교출판사.

숙명여자대학교 아세아여성문제연구소(1981), 『여성학』, 숙명여자대학교 출판부.

스칼라피노, 이정식 외역(1983), 『신간회연구』, 동녘.

신용하(1987), 『한국근대사회사연구』, 일지사,

신용하(1989), 『한국근현대의 민족문제와 노동운동』, 문학과지성사,

심상훈(1996), 「1920년대 안동지역의 청년운동」, 『안동사학』 2(1), 안동대학교 사학회, 109~164쪽.

심상훈(2001), 「일제강점기 의성지역의 청년운동과 성격」, 『조선사연구』 21, 조선사연구회, 115~138쪽.

아도르노·호르크하이머, 김유동 역(2001), 『계몽의 변증법』, 문학과지성사.

안수림(2013), 「일제하 기독교 통제법령과 조선기독교」, 이화여자대학교 박사논문.

안호상(1982), 『청년과 민족운동』, 탑영출판사.

야나부 아키라, 김옥희 역(2011), 『번역어의 성립』, 마음산책.

에른스트 카시러, 박완규 역(1995), 『계몽주의의 철학』, 민음사.

오문석(2013), 「1차 대전 이후 개조론의 문학사적 의미」, 『인문학연구』 46, 조선대학교 인문학연구소, 299~323쪽.

오병수(2006), 「『개벽』의 개조론과 동아시아적 시공의식(時空意識): 중국의 『해방여개조』와 비교를 중심으로」, 『사림』 26, 수선사학회, 227~261쪽.

원응상(1898), 「개화의 삼원칙」, 『친목회회보』 6, 대조선 재일본유학생친목회.

유길준(1895), 『西遊見聞 全』, 교순사.

유홍렬(1947), 『한국천주교회사』, 가톨릭출판사.

유홍렬(1973), 『(증보)한국천주교회사』, 가톨릭출판사.

윤여탁 외(2005), 『국어교육 100년사』, 서울대학교 출판부.

윤춘병(1984), 『한국 기독교 신문·잡지 백년사』, 대한기독교출판사.

이능직·윤지선 공역(1947), 『달레 조선교회사서설』, 대성출판사

이능화(1928), 『조선 기독교 급 외교사』(간행지 미상).

이동근(2007), 「일제강점기 수원청년동맹의 활동과 인물」, 『한국민족운동사연구』 51, 한국민족운동사학회, 189~230쪽.

이만규(1941), 『현대 가정독본』, 영창서관(1994, 창작과비평사).

이명영(1975), 『재만 한인 공산주의 운동 연구』, 성균관대학교 출판부.

이숙화(2017), 「대종교의 민족운동」, 한국외국어대학교 박사논문.

이윤선(2007), 「조선농민사의 사회운동」, 한림대학교 석사논문

이인직(1906), 「사회」, 『소년한반도』 1, 1906.11.

이종국(1991), 『한국의 교과서』, 대한교과서주식회사.

이태영(1957), 『한국이혼제도연구』, 여성문제연구원.

이현주(2003), 「일제하 수양동우회의 민족운동론과 신간회」, 『정신문화연구』 26(3), 한국학중앙연구원, 185~209쪽.

이화여자대학교 한국여성연구소(1989), 『여성학』, 이화여자대학교 출판부.

이화여자대학교 학술대회준비위원회(1987), 『한국의 여성 고등교육과 미래의 세계』, 이화여자대학교 출판부.

이화여자대학교(1958), 『한국여성문화논총』, 이화여자대학교 출판부.

임종국(1982), 『일제 침략과 친일파』, 청사.

장규식(2000), 「일제하 기독교 민족운동의 정치경제사상: 안창호 이승만 계열을 중심으로」, 연세대학교 박사논문.

장규식(2009), 「1920년대 개조론의 확산과 기독교사회주의의 수용·정착」, 『역사문제연구』 21, 역사문제연구소, 111~136쪽.

전갑생(2012), 「1920년대 거제지역 청년운동 연구」, 『한국독립운동사연구』 41, 독립기념관 한국독립운동연구소, 157~202쪽.

전택부(1978), 『한국 기독교청년회 운동사』, 정음사.

정광(2010), 『조선후기 사회와 천주교』, 경인문화사.

정동근(1991), 『현대사상의 체계 분석』, 정훈출판사.

정연욱(2013), 「1920년대 한일 이상주의 문화운동의 딜레마에 대한 일고찰: 수양동우회와 아타라시키 무라의 비교 분석을 통하여」, 『일본어교육』 65, 한국일본어교육학회, 185~196쪽.

정용서(2010), 「일제하 해방 후 천도교 세력의 정치운동」, 연세대학교 박사논문.

정진석(1999), 『문자보급운동교재: 조선일보·동아일보 1929~1935』, LG상남언론재단.

정효섭(1971), 『한국여성운동사』, 일조각.

조동걸(1976), 『日帝下韓國農民運動史』, 한길사.

조배원(2000), 「수양동우회 연구: 조직 변화와 운동론을 중심으로」, 『도산 사상연구』 6, 도산사상연구회, 137~161쪽.

조용만 외(1970), 『趙容萬日帝下의 文化運動史』, 民衆書館.

조정봉(2007), 「일제하 야학교재 『農民讀本』과 『大衆讀本』의 체제와 내용」, 『정신문화연구』 30(4), 한국학중앙연구원, 63~87쪽.

조찬석(1984), 「1920년대 한국의 청년운동」, 『논문집』 18(2), 인천교육대학교, 233~258쪽.

周商夫(1913), 『新名詞訓纂』, 上海: 上海掃葉山房.

중화전국부녀연합회 편, 박지훈 외 공역(1991), 『중국여성운동사』, 한국여성개발원.

지수걸(1985), 「朝鮮農民社의 團體性格에 관한 硏究」, 『歷史學報』 106, 역사학회, 170~180쪽.

진덕규(1991), 「1920년대 社會主義 民族運動의 性格에 대한 考察: 조선노농총동맹을 중심으로」, 『한국독립운동사연구』 5, 독립기념관, 91~112쪽.

천도교 중앙총부 교서편찬위원회(2006), 『천도교약사』, 천도교중앙총본부.

천도교청년회 중앙본부(2000), 『천도교청년회 80년사』, 천도교청년회중앙본부.

최남선(1915), 『신자전』, 박문서관.

최덕교(2004), 『한국잡지백년』 2, 현암사.

최배은(2011), 「근대 청소년 담론 연구」, 『한국어와 문화』 10, 숙명여자대학교 한국어문화연구소, 123~170쪽.

최배은(2013), 「한국 근대 청소년소설의 형성과 이념 연구」, 숙명여자대학교 박사논문.

최주한(2004), 「改造論과 근대적 개인: 1920년대 초반 『開闢』지를 중심으로」, 『어문연구』 32(4), 한국어문교육연구회, 307~326쪽.

최주한(2011), 「민족개조론과 相愛의 윤리학」, 『서강인문논총』 30, 서강대학교 인문과학연구소, 295~335쪽.

한국가톨릭노동청년회(1977), 『가톨릭 노동 청년운동의 지침』, 한국가톨
    릭노동청년회.

한국부인회총본부(1985), 『한국여성운동약사』, 한국부인회총본부.

허수(2009), 「제1차 세계대전 종전 후 개조론의 확산과 한국 지식인」, 『한
    국근현대사연구』 50, 한국근현대사학회, 37~54쪽.

허재영(2009), 『근대 계몽기 어문정책과 국어교육』, 보고사.

허재영(2012), 『계몽운동·문자보급 자료 총서』 4, 역락.

허재영(2016), 「20세기 초 청년운동과 청년독본의 의의」, 『어문논집』 68,
    중앙어문학회.

현상윤(1915), 「반도 청년의게 붓침」, 『학지광』 4, 학지광발행소, 1915.2.

홍승표(2015), 「일제하 한국 기독교 출판동향 연구: 조선예수교서회를 중
    심으로」, 연세대학교 박사논문.

홍윤표 해제(1992), 『이언언해(易言諺解)』, 홍문각.

황선희(2001), 「일제 강점기 천도교 청년운동의 종합적 연구: 천도교청년
    회」, 『한국민족운동사연구』 28, 한국민족운동사학회, 317~321쪽.

황재군(1985), 『한국 고전여류시 연구』, 집문당.